La Cultura

867

DELLO STESSO AUTORE

Cosa Grigia

Giacomo Di Girolamo

Dormono sulla collina

1969-2014

ilSaggiatore

All'indirizzo

dormonosullacollina.ilsaggiatore.com

il lettore può trovare percorsi di lettura, approfondimenti sui protagonisti e la bibliografia di ogni singola voce.

Sito & eStore – www.ilsaggiatore.com
Twitter – twitter.com/ilSaggiatoreEd
Facebook – www.facebook.com/ilSaggiatore

Dormono sulla collina

a Serena e Adele

I morti sono furfanti che fingiamo di amare
benché a volte li sentiamo parlare
esattamente come ci parlarono,

e li vediamo sorridere come un tempo sorrisero
con i capelli vividi che avevano in vita.

JAMIE MCKENDRICK

La letteratura vive solo se si pone degli obiettivi smisurati,
anche al di là d'ogni possibile realizzazione.

ITALO CALVINO, *Lezioni americane*

Perché, senza entrare nel merito,
è soltanto questione di spirito.

VLADIMIR VYSOTSKIJ, *De profundis*

Sommario

1972

1973

1974

1975

1976

1977

1978

1985

1986

1987

1988

1999

2000

2001

2006

2007

2008

2009

2010

2011

2012

Prefazione

State attenti all'Italia: è una forma pericolosa. A dare il titolo a questa opera, *Dormono sulla collina*, è un verso del poeta Edgar Lee Masters, ripreso e tradotto e cantato da Fabrizio De André. Non è in questo modo però che vanno le cose.

L'Italia, che sembra importare tutto, è un potente immaginario che crea da sé eventi di portata mondiale, figure universali e figurine adesive, esplorazioni e scoperte. C'è un modo di sopravvivere tutto italiano, il che significa che l'Italia dispone di una difesa tutta sua contro la morte. Se, saltando oltre 1250 pagine, andate a vedere come finisce questa storia, scoprirete di quale difesa si tratta: è il rudere, l'anima che si fa fossile, una commistione che rappresenta la memoria e il superamento dell'oblio.

È certamente la *Spoon River* italiana, quella allestita da Giacomo Di Girolamo. Di Girolamo, già autore dell'*Invisibile* (Editori Riuniti) e di *Cosa Grigia* (pubblicato per questa casa editrice), si configura qui, a tutti gli effetti, come uno scrittore per eccellenza. È egli autore che percorre i sentieri della scrittura come immersione; scrittore che esonda, quando la corrente è lieve; che carezza, quando ci sarebbe da sferrare un pugno. La tragedia, la commedia, persino la comicità; emergono qui relitti di ogni fenomeno linguistico, che non può che essere fenomeno umano.

Qui Giacomo Di Girolamo si configura come autore enciclopedico, anche. La sua è una forma deviata e poetica dell'enciclopedia delle enciclopedie, cioè quella dei Lumi francesi, il cui *Discorso preliminare* è scritto da d'Alembert. Vi si legge:

> Un tribunale – che diventò potentissimo nel mezzogiorno dell'Europa, nelle Indie, nel Nuovo Mondo – condannò un celebre astronomo, colpevole di

aver sostenuto che la Terra si muove, e lo dichiarò eretico; all'incirca come il papa Zaccaria qualche secolo prima aveva condannato un vescovo perché non condivideva l'opinione di Sant'Agostino circa gli antipodi, e aveva intuito la loro reale esistenza seicento anni prima che Cristoforo Colombo li scoprisse. In questo modo l'abuso dell'autorità spirituale, congiunta a quella temporale, obbligava la ragione al silenzio, e poco mancò che si negasse al genere umano il diritto di pensare.

Siamo all'inizio della *Encyclopédie* e tutto è italiano: Galileo, Colombo, i vescovi e i papi, perfino il santo naturalizzato. C'è un peso della storia che grava sulla Nazione. Il suo passato è sempre il suo futuro, ha tradotto l'impero in una forma di primato della scoperta e ha fondato l'idea stessa di immaginario moderno.

Chi dorme sulla collina sono i morti, che enunciano le arti e i mestieri praticati in vita, gli esempi della commedia umana eletti a emblemi della tragedia collettiva. Non sarà però un caso che la prima «voce» di questo coro non sia umana: a parlare è la Bomba di Piazza Fontana. È uno degli innumerevoli inizi italiani e a cantarlo è un ordigno capace di segnare l'immaginario di quell'Italia che possiamo in modo equivoco definire «contemporanea»: là dove accade sempre tutto in contemporanea.

Anni plumbei, anni mirabili, anni di schermi televisivi accesi e di fari spenti nella notte, anni di pop e di partiti popolari, con le inevitabili afferenze di mafie, logge, piovre, rivoluzioni mancate, riforme promesse e promesse rimandate, cronache nere e cronache rosa, un partigiano come presidente e presidenti campioni di partigianeria. Si potrebbe andare avanti all'infinito, iniziando dal 1969 e arrivando a oggi.

Questa enciclopedia collettiva e letteraria evita proprio di andare avanti all'infinito.

Sceglie le voci dei propri poetici fantasmi e li fa parlare in prima persona, singolare e plurale, guidando chi legge in una stupefazione che non può non dare le vertigini, come appunto fa l'autentica narrazione di storie, sempre e ovunque.

È significativo che la composizione e la pubblicazione di un simile compendio di storia e immaginario avvenga in un tempo come il presente, in cui sembra affievolirsi la memoria e i liceali stentano a ricordare chi fossero Aldo Moro o Enrico Berlinguer (due tra le migliaia di personaggi che affollano la scena di quest'opera). L'avvento di quelle «reti», che in Italia si chiamavano «cibernetiche» nel 1970 e «social» nel 2014, ha condotto a una sorprendente esportazione della memoria, fuori da tutti noi. Il progressivo imporsi dell'onnipresenza di Wikipedia, al pari della pervasività di tutto il Web, sembra avere ottenuto un duplice effetto. Da un lato esiste una deresponsabilizzazione della memoria, con tutto ciò che questo comporta. Si va a cercare fuori di sé il ricordo: nomi, date, identità – ovunque i database e i motori di ricerca hanno preso il sopravvento. E, d'altro canto, insieme all'esplosione di saperi e di memorie istantaneamente raggiungibili con una ricerca su smartphone o pc, ha presentato il conto una certa poesia di cui la memoria collettiva è sempre stata costituita.

Una bellezza liberatoria o consolatoria o esplorativa governa la scelta, il percorso, l'elezione che si compiono ricordando. Qui interviene lo scrittore, che è un filosofo e un giornalista, come in effetti è, appunto, Giacomo Di Girolamo, eroico estensore di questa enciclopedia italiana sterminata ed epica, lirica e folta di dati. Sembrerebbe l'impronta di una mente, impressa su pagine di carta. E lo è, ma non si riesce a distinguere dove quella mente sia individuale (dell'autore) o collettiva (di tutti noi). È un atto di precisa poetica che ha fatto sì di depositare le moltissime note di quest'*opus magnum* in Rete e non su carta. Poiché la ricognizione, per quanto letteraria, è rigorosa e precisa, esistono gli apparati.

Ci siamo abituati a leggere uno degli infiniti atti fondativi dell'Italia, cioè la *Commedia* dantesca, con il testo che corre sopra uno sproposito di notazioni. Tuttavia il poema di Dante rimane appunto un poema e come tale lo si può leggere, prescindendo dalle note. In un tempo dei saperi diffusi e condivisi, l'opera rimane il testo dell'autore, che è sempre chiarissimo e definisce gli eventi e i personaggi, mentre le informazioni di base sono stabilmente reperibili fuori, in Rete.

I migliori morti della nostra vita parlano qui in qualità di spettri, come in tutta la letteratura. E parlano da fantasmi, come in tutte le occasioni di unità nazionale, il cui apice è forse televisivo, per quanto riguarda l'arco temporale che occupa questo cantico delle creature italiane. Si tratta di Alfredino, un primato esclusivamente italico: la morte per la prima volta trasmessa in diretta su piccolo schermo e, incredibilmente, non fatta vedere, consumata in un buco.

Quel buco compare senza soluzione di continuità nella vicenda italiana:

nella Banca nazionale dell'agricoltura in piazza Fontana lo si vede inghiottire cose e persone nel luogo preciso della detonazione; il pozzo artesiano di Vermicino è un foro intorno a cui si muove tremulo il presidente; il «buco» del Banco ambrosiano o di Parmalat fa sparire le sostanze e le sicurezze degli azionisti, in una misura eccessiva, mai raggiunta nella storia internazionale. Foro di pallottola, conca oscura del dopobomba, vuoto del tubo catodico – l'Italia accade storicamente e poeticamente come fossa scoperta, come traforo e miniera, come buco nero che inghiotte la luce della ragionevolezza. Del resto, all'Italia appartiene la maternità della Bomba per eccellenza: fu Enrico Fermi a procurarne la matrice atomica.

Questa è un'opera indefinibile: è una caratteristica, da sempre, di tutte le opere autentiche.

Tra enciclopedia e romanzo (criminale o epico) si dà una via di mezzo: potremmo dire: è l'antologia. Eppure nemmeno il genere antologico riesce a dare conto di un immaginario ordinato e impazzito come il nostro. Il fiore della fantasia italiana si presenta qui attraverso un intreccio di voci, di motivetti, di slogan politici e pubblicitari, di frasi tratte da canzoni o intercettazioni. L'Italia, paese via via bel, senza, normale, vecchio, corrotto, per essere illustrato esige operazioni al tempo stesso coraggiose e caute.

Una nazione capace di assassinare un proprio poeta si merita la sua condanna in forma di assoluzione, proprio il canone che portò Pasolini a definire l'Italia «un equilibrio caotico». Tentiamo allora una definizione. «Equilibrio caotico»: può essere una delle tante formule per descrivere l'opera che tenete in mano.

Andrea Gentile
luglio 2014

Sorelle d'Italia – Piazza Fontana, Milano

12 DICEMBRE 1969

Dov'è Pietro che vende bestiame? E Carlo, il nonno di Elisabetta?
Dov'è Luigi: cerca ancora i suoi clienti? E Paolo, che non ce la faceva a riposare? Dov'è Angelo, padre di undici figli?
Dove sono Giovanni, Attilio, Gerolamo?
Il gestore del cinema, il macellaio, l'agricoltore.
Cercateli, cercateli in piazza Fontana.

Sono entrati in una banca, sono usciti a pezzi.
In un tappeto di vetri rotti.

Noi bombe siamo la grammatica della storia patria: Piazza Fontana, Brescia, la stazione di Bologna, l'*Italicus* eccetera, eccetera, eccetera... come recitava Gaber. E io sono, in tutti i sensi, la sorella maggiore. L'inizio di una strategia. Il peso di una verità negata che lo Stato italiano ancora oggi porta dentro di sé.
Ore 16 e 37. Banca nazionale dell'agricoltura. Diciassette vittime, ottantotto feriti. In televisione, a *Canzonissima*, Massimo Ranieri canta «Se bruciasse la città». Mancano dodici giorni a Natale.

Ricordatemi come volete: la bomba contro il popolo, luna rossa d'odio, il giorno dell'innocenza perduta, primo rintocco di campana.
Io sono l'erezione cutanea nella grigia nebbia padana che ha sfregiato il viso bello del Paese. Ma chi non ha avuto la sua inquietudine adolescenziale? C'è sempre un momento in cui bruci tutti i ricordi del tuo passato, tutte le bambole con cui dormivi. Lo cantavano pure i Pooh alla loro «Piccola Katy». Canzone, non a caso, del 1968.

Io sono quel momento.
Così fragorosa, così evidente da rendere stucchevole ogni tentativo di cercare una scusa.
Così allarmante da procurare – negli anni a venire – un silenzio profondo.
Un silenzio che è la fine del mondo.

Chiudi pian piano e ritorna a dormire
nessuno nel mondo ti deve sentire...
Ciao ciao, piccola Katy.

Sorelline d'Italia – Le altre bombe

12 DICEMBRE 1969

Disse la gente: a piazza Fontana forse è scoppiata una caldaia.
Ma fu questione di attimi.
Poi arrivammo noi, le sorelle minori, a spiegare che non si trattava di un incidente nella storia d'Italia; semmai di un deragliamento.
Altra emergenza: una bomba nella sede milanese della Banca commerciale italiana, in piazza della Scala. Viene fatta brillare.
Ma la radio interrompe i programmi, come in una giostra dei gol: 16 e 55.
Attenzione, attenzione, qui Roma. Chiediamo la linea: una bomba esplode in via Veneto, all'ingresso della Banca nazionale del lavoro.
17 e 20, c'è una bomba davanti all'Altare della Patria.
17 e 30, bomba in piazza Venezia, quattro persone ferite.

Cinque attentati in cinquantatré minuti.
E gli italiani a chiedersi: cosa sta succedendo?
Qualcosa di organizzato e potente, rispondiamo noi.
Mica caldaie.

Per capire da dove veniamo, dovete capire dove eravate.
Riassunto delle puntate precedenti: l'Italia è un Paese in fermento. C'era stato il '68 e gli operai avevano cominciato a protestare.
«Agnelli e Pirelli ladri gemelli» era uno degli slogan del movimento operaio.
«L'autunno caldo» lo chiamavano i giornali. Capelloni, operai in marcia, gente che contesta, scioperi per chiedere case, soldi e diritti. Lo Statuto dei lavoratori, che per la prima volta riconosce i diritti di chi sta in fabbrica.

L'apertura di tutte le facoltà universitarie ai diplomati delle scuole medie superiori.
E c'è qualcuno a cui questo non piace.
No, non si può più dormire.

Chi è stato a mettere le bombe?
La Polizia sarà sveltissima: sono stati gli anarchici. Anche perché, si sa, gli anarchici fanno questo: mettono le bombe. C'è subito un colpevole: Pietro Valpreda. Ballerino, squilibrato, drogato. Anarchico, appunto. C'è anche un tassista, Cornelio Rolandi, che lo ha portato fino alla banca; dice che aveva una borsa.
C'è una verità ufficiale, robusta come una caldaia di piombo pronta a esplodere. Perché dubitare?

Giuseppe Pinelli

FERROVIERE, 15 DICEMBRE 1969

Forse è davvero una questione di caldaie impazzite, perché io sono morto di caldo, a Milano, a dicembre.

> *Quella sera a Milano era caldo*
> *ma che caldo che caldo faceva*
> *«Brigadiere apra un po' la finestra»*
> *e ad un tratto Pinelli cascò.*

Io sono l'anarchico, quello morto accidentalmente.
No. Io sono l'anarchico che si è suicidato.
No. Io sono l'anarchico che hanno visto spingere giù, dal balcone della Questura di Milano.
No. Io sono l'unica vittima in Italia di una malattia rarissima, il «malore attivo», per fortuna non contagiosa.
E sono l'unico a essere ricordato nel luogo della morte con due targhe. In una si dice: UCCISO INNOCENTE NEI LOCALI DELLA QUESTURA DI MILANO.
Nell'altra: INNOCENTE MORTO TRAGICAMENTE.
Potrebbero metterne una, a fare sintesi di tutto: SI APRE, PER CAMBIAR ARIA, UNA FINESTRA E UN CORPO PIOMBA NEL CORTILE.

Ma io ero soprattutto un ferroviere.
Mi piaceva stare con gli amici, leggere, studiare l'esperanto.
Che ne sapevo di teoria del volo?

La bomba di piazza Fontana fu il primo tocco di campana del mio funerale. Io non lo sapevo, non lo sapeva nemmeno quel giovane commissario che

mi fermò due ore dopo la strage. Mario Calabresi, si chiamava. Ci odiavamo con rispetto. C'eravamo visti in così tanti cortei, io che sfilavo, lui che controllava. Alla fine era nata una specie di amicizia. Io gli avevo regalato anche l'*Antologia di Spoon River*, lui invece mi aveva dato *Mille milioni di uomini*, un diario di viaggio di Enrico Emanuelli. Ero orgoglioso di quel libro.
Mi ha detto: seguimi con il motorino fino in Questura. E io l'ho fatto.
Quarto piano, ufficio politico. Tre giorni stremanti di interrogatorio.
Cattivo mangiare, poco dormire. Fumare tantissimo, fumare tutti, come turchi.
Con il freddo che faceva aprirono pure la finestra per fare arieggiare un po'.
Calabresi mi interrogò a lungo. Peccato che fosse in un'altra stanza a quell'ora di notte, quando accesi la mia ultima sigaretta e il mio corpo si esibì nella scomposta e fatale imitazione di un volo.
Un volo anarchico.
Un ruotare sgraziato sulla ringhiera.
Questo precipitare nel vuoto.
La brace della sigaretta che mi accompagna, come un lumino di un camposanto.
A Pietro Valpreda, il mio amico ballerino, sarebbe venuto meglio.

Armando Calzolari

UFFICIALE DI COPERTA, 28 GENNAIO 1970

La decisione di passare alla maniere forti, di cominciare a mettere qualche bomba qua e là fu presa a Roma, in una riunione segreta tenuta il 15 novembre 1969. In un appartamento nei pressi di piazza Tuscolo si riunirono alcuni esponenti della destra estrema, tra cui io, militante, tesoriere e uomo di fiducia di Junio Valerio Borghese del Fronte nazionale.

Non condividevo quella linea. Abbandonai la seduta dopo una violenta discussione.

Ero nazionalista, ammiravo i colonnelli greci e Mussolini, non mi piacevano i negri e i comunisti, ma non avevo mai picchiato nessuno.

Succede il pasticcio del 12 dicembre, la Polizia lavora sulla pista degli anarchici, ma tutti sappiamo che il depistaggio non potrà durare a lungo.

Scompaio la mattina di Natale del 1969.

Porto Paulette a fare un giro, dico a mia moglie.

Paulette è il nostro setter. È così dolce.

Trovano me e Paulette un mese dopo, i corpi affioranti nel piccolo pozzo di un cantiere.

Meuccio Ruini

POLITICO, 6 MARZO 1970

Noi parlavamo con il compasso in mano.
Siamo stati i grandi architetti della Costituzione italiana.

Come ha ricordato il leader del Grande Oriente d'Italia, Gustavo Raffi, al momento di fondare la Carta costituzionale del nostro paese «tra i settantacinque membri c'erano ben sette, otto massoni e in sede di Assemblea costituente un terzo del totale era composto da componenti della loggia».

Uno ero io.

Giambattista Fanales

MEDICO, 13 APRILE 1970

Io ero detto il medico dei poveri. Nella Sicilia più misera curavo gratuitamente chi non aveva i soldi per pagarsi le medicine.
Come in quella canzone di De André…

Da bambino volevo guarire i ciliegi
quando rossi di frutti li credevo feriti
la salute per me li aveva lasciati
coi fiori di neve che avevan perduti.

Un sogno, fu un sogno ma non durò poco
per questo giurai che avrei fatto il dottore
e non per un dio ma nemmeno per gioco:
perché i ciliegi tornassero in fiore,
perché i ciliegi tornassero in fiore.

E quando dottore lo fui finalmente
non volli tradire il bambino per l'uomo
e vennero in tanti e si chiamavano «gente»
ciliegi malati in ogni stagione.

E i colleghi d'accordo, i colleghi contenti
nel leggermi in cuore tanta voglia d'amare
mi spedirono il meglio dei loro clienti
con la diagnosi in faccia e per tutti era uguale:
ammalato di fame incapace a pagare…

Bandiera gialla

PROGRAMMA RADIOFONICO, 9 MAGGIO 1970

Già solo l'annuncio irritava i vecchi ma eccitava i giovani:

A tutti i maggiori degli anni 18, a tutti i maggiori degli anni 18, questo programma è rigorosamente riservato ai giovanissimi, ripeto, ai giovanissimi, tutti gli altri sono pregati quindi di spegnere la radio o sintonizzarsi su altra stazione...

Giuseppe Ungaretti

POETA, 1° GIUGNO 1970

Anche io ho partecipato a una trasmissione radiofonica.
Si chiamava *L'approdo.*
Una trasmissione di quelle che la Rai oggi non fa più.

«Abbiamo in sala il poeta Giuseppe Ungaretti!» Mi presentavano così nei teatri. Perché quello, nonostante tutto, era un tempo in cui definirsi poeta non significava nulla di eccentrico. Pallido, mi facevo strada verso il palco, salutando i contadini e gli operai che venivano ad ascoltarmi. A loro pensavo quando leggevo in televisione i versi dell'*Odissea.*

Io, che ho raccontato l'atrocità del male e della morte in guerra – tutto un dolore che mi è rimasto dentro come un pianto –, fui il poeta «di chiara fama» di questo porto sepolto, ma quando ci fu da nominare un senatore a vita, il presidente della Repubblica Saragat preferì Eugenio Montale. Mi venne da pensare questi versi: «Montale senatore / Ungaretti fa l'amore».

Voi, naufraghi senza allegria, mi amate perché ho scritto poesie brevi, che non costa fatica imparare a memoria, a scuola fate riassunti sulla mia vita, copiate analisi del testo già pronte.

Sono il più lieve tra gli incubi del vostro esame di maturità.
Ecco cos'è oggi un poeta.

Bruno Labate

FERROVIERE, 15 LUGLIO 1970

Questo non è il tempo dei poeti. È il tempo dei ferrovieri morti lontano dai binari.

È il luglio del 1970 quando Reggio Calabria esplode. Come una bomba. Ma la bomba siamo noi.
Perché Reggio scende in piazza? Perché non vuole che Catanzaro diventi capoluogo di Regione, scrivono i giornali.
Vi dico che non è vero: scendiamo in piazza perché l'Italia ha vissuto un miracolo, l'industrializzazione, il boom economico, la ricchezza. Ma non è stato il nostro miracolo. Qui c'è miseria, miseria vera, ecco perché esplode Reggio. Non certo per una questione di campanile, ma per una questione, anzi per la questione per eccellenza: quella meridionale.
Il 15 c'è una grande manifestazione di piazza. Cittadini e Polizia si scontrano. La sera sull'asfalto rimango io: il corpo di un ferroviere – come l'anarchico Pinelli –, iscritto alla Cgil, raccolto con il torace sfondato accanto a una barricata, dopo una carica della Polizia: la prima vittima dei fatti di Reggio.

Dal giorno dopo sarà guerriglia.

Quelli che erano sul direttissimo alla stazione di Gioia Tauro

22 LUGLIO 1970

Il treno del sole era come una lunga biscia nera schizzata di sangue, il parroco del Duomo, con la stola violacea, passava lungo l'interminabile convoglio di dolore...

... sul posto della sciagura, fra ululati di sirene e grida di disperazione, mentre la fiamma ossidrica cercava, ostinata, di agevolare il tentativo per strappare al groviglio delle lamiere gli ultimi corpi straziati... La scena del delitto si è presentata agli occhi dei soccorritori in tutta la sua gravità. Gente che fuggiva, calpestandosi. Membra umane che sporgevano sanguinanti dal groviglio. Pianti, isterismi, paura e disperazione. Tutto intorno valigie e fagotti...

Annamaria Fallarino Casati

MARCHESA, 30 AGOSTO 1970

Pelle olivastra, compatta e levigata, spalle diritte, fronte spaziosa, sopracciglia arcuate, ciglia finte, zigomi pronunciati, naso dritto, capelli castani lunghi e folti, bocca grande, labbra piene, denti bianchissimi, seno abbondante, glutei tondi, alti e sodi, attiravo gli sguardi ammirati e vogliosi degli uomini senza fare nulla.

Incontrai il mio futuro marito, Camillo Casati Stampa di Soncino, nel 1955. Travolti dalla passione, prima andammo a convivere, poi ci sposammo nel 1961.
Per amore, ho ceduto a tutte le fantasie sessuali di mio marito. Organizzava festini proibiti in cui mi guardava e mi fotografava mentre mi concedevo ad altri.
Se sarai brava dopo ti possiederò io e vedrai come godremo, mi diceva, mentre mi guardava scopare.
In una di questa occasioni conobbi Massimo Minorenti. Divenne il mio amante.
La sera del 30 agosto, in preda alla gelosia, Camillo caricò il fucile e ci uccise tutti e due.
Poi si sparò sotto il mento.

Camillo Casati Stampa di Soncino

MARCHESE, 30 AGOSTO 1970

È accaduto un bel mattino,
che il marchese di Soncino
dà la sveglia in senso lato
a qualcun che lo ha svegliato

Casa nostra, costruita nel XVI secolo, fino al Quattrocento era un monastero che accoglieva le suore benedettine.
Nel Settecento il conte Giulini la fece ristrutturare per farne una residenza che divenne dei Casati.

Qui, io, il marito pazzo, l'assassino di sua moglie e del suo sfortunato amante, adesso giro senza pace, nel palazzo enorme con questo proprietario nuovo che l'ha comprato da mia figlia per due soldi.
Mi fa divertire tanto, però…

Ieri guardavo mia moglie accoppiarsi con altri: soldati, marinai, camerieri, burini. Li pagavo per farla godere. E io guardavo. Al mare con Anna mi divertivo a inventare nuovi giochi: la facevo rotolare sulla sabbia, poi chiamavo due avieri per farle togliere i granelli dalla pelle con la lingua.
Altri giochi proibiti provavamo nelle nostre interminabili sere.
Poi la gelosia mi travolse.

Massimo Minorenti
STUDENTE, 30 AGOSTO 1970

Io sono quello fuori posto.

Durante una festa di beneficenza conobbi la marchesa. Ero giovane, bello e squattrinato. Subito lei mi presentò al marito e iniziammo un *ménage à trois*. Camillino mi chiamava «il capellone».
Con Anna ci incontravamo di nascosto dal marchese in un albergo o in casa di un mio amico. Lei chiedeva amore, io avevo bisogno di soldi. Un po' me li dava lei, un po' Camillo per le mie prestazioni sessuali. Mettevamo soldi da parte, e con Anna progettavamo la fuga.
Capii che sarebbe finita male quell'estate quando, durante un'orgia, dopo un festino, Camillo mi trattò in malo modo.
Mentre possedeva sua moglie, dopo che mi aveva scalciato dal letto, mi guardava dritto negli occhi.
E il suo era lo sguardo di un pazzo disposto a tutto pur di non far andare via sua moglie, il suo giocattolo, la sua bambola.

Mauro De Mauro

GIORNALISTA, 16 SETTEMBRE 1970

Forse è un vento invisibile quello che mi ha portato via.

Amici miei, pensatemi così.
Sono andato a ritirare il premio Pulitzer per quell'inchiesta che avevo detto di voler fare, e che nessuno ha letto mai. Quella storia di potere e di intrighi che mi ha inghiottito nel suo buco nero, lasciando a voi il mistero della mia scomparsa.
Mistero: che categoria abusata. Serve sempre a mettere il velo sui casi più oscuri.
Mistero: un gorgo intossicato di piste, voci, veleni, polveroni e depistaggi.
Mistero: giusto per fare una sintesi di tante cose, di Palermo e della mafia, del sabotaggio dell'aereo di Enrico Mattei, il presidente dell'Eni, del coinvolgimento di Eugenio Cefis, che ne prenderà il posto, dei servizi segreti e delle logge massoniche, del mio amico, il principe nero Borghese, e del suo golpe. Lui fu fascista, come me, e la sua rivoluzione era quel colpo di Stato che sarà un tragicomico singhiozzo. La mia rigenerazione, invece, fu quella democratica dell'*Ora*, il quotidiano di Palermo, di un giornalismo dall'impronta civile.
Mistero: un unico imputato per la mia sparizione, Totò Riina.
Assolto.
Poi nulla. Solo depistaggi, certificati con una sentenza che dice: «Questa vicenda è stata massacrata da un massiccio e mirato depistaggio che ha conosciuto il suo momento cruciale nella fase più delicata delle indagini».

Angelo Campanella

CONDUCENTE DI AUTOBUS, 17 SETTEMBRE 1970

Nel settembre 1970 hanno luogo gli episodi più violenti della rivolta di Reggio Calabria, che sfociano in una sanguinosa guerriglia urbana. L'apice degli scontri si raggiunge il 17.
L'emittente clandestina Radio Reggio Libera aveva diffuso un proclama: «Reggini! Calabresi! Italiani! La battaglia contro l'ipocrisia e lo strapotere della mafia politica e dei baroni rossi riguarda l'avvenire di tutti gli italiani. Essa cesserà solo alla vittoria con l'instaurazione di una vera democrazia. Viva Reggio capoluogo! Viva la nostra Calabria! Viva la nuova Italia!».

Per strada Ciccio Franco guidava la rivolta, tra barricate, scontri, cariche della Polizia.
Io non c'entro nulla. Sono un lavoratore onesto.
Mi sto riposando sulla veranda di casa, quando mi raggiunge il colpo di un moschetto.
Lascio il mio posto all'azienda municipale autotrasporti e sette figli.

E anche il mio assassino non avrà mai un nome.

Vincenzo Curigliano

BRIGADIERE, 17 SETTEMBRE 1970

Dopo la morte di Campanella è il caos.
Vengono svaligiate alcune armerie.
Il Tribunale e la Questura di Reggio sono presi d'assalto.
Il questore dà l'ordine di non reagire.
E io non reagisco.
Il mio cuore collassa.

Angelo Rizzoli

EDITORE, 24 SETTEMBRE 1970

Un giorno, il *Time* mi chiese una biografia. Chiamai Gaetano Afeltra e lo pregai di scriverla lui, quella nota biografica. «Faccia lei» gli dissi. «Le detto solo l'inizio, l'attacco: Rizzoli è uno che se fa pipì in strada, a quell'angolo, nasce un fiore, perché Rizzoli ha culo. È chiaro, ha preso ben nota?» Confondevo Tolstoj con Dostoevskij, perché non ero acculturato. Ma nel capire le cose della vita avevo l'intuito di chi è nato poverissimo e orfano di padre. Dallo storico orfanotrofio di Milano, il Martinitt, uscii nel 1905, con un diploma di tipografo e 850 lire di risparmi. Avevo 16 anni. Impiegai quei soldi per farmi un guardaroba decente e per affittare un sottoscala. Cominciai a stampare biglietti da visita e le etichette «Manila» per le cassette di frutta. Così nacque l'impero Rizzoli. Valentino Bompiani disse di me che ero più furbo di Mondadori.

A me piaceva giocare al casinò. Entravo, mi riempivo di fiches, andavo da una roulette all'altra, davo manciate di fiches ai croupier, che già sapevano i miei numeri e le mie combinazioni preferite, e me ne andavo senza guardare il gioco. Perché? Non bisogna stare troppo addosso ai soldi. Se no se ne vanno.

Gli anarchici della baracca

26 SETTEMBRE 1970

Tutto quello che accadeva a Reggio Calabria non ci convinceva. Cominciammo a chiedere, indagare. E scoprimmo che a Gioia Tauro il Treno del Sole non era deragliato per un incidente, ma per un attentato, che la destra eversiva era in cabina di regia dietro ai disordini di Reggio, che si faceva aiutare dalle 'ndrine, e che c'era un filo che univa Sud e Nord, Reggio e Milano, i Moti e Piazza Fontana.
Prendemmo appuntamento a Roma, con la redazione di *Umanità nuova*, il giornale degli anarchici.
«Abbiamo scoperto cose che faranno tremare l'Italia» annuciammo al telefono.
Partimmo in macchina in cinque.

Non siamo arrivati mai.
Vicino Frosinone fummo travolti da un camion.
Trasportava barattoli di conserva. Incidente, certo.
Ma le borse con tutti i nostri documenti non sono state mai ritrovate.

Quello che noi avevamo capito subito, i pentiti lo diranno solo negli anni novanta.

Nera era la nostra bandiera.
Nera la mano di Reggio.
E nera la verità che noi sapevamo, e che fu cancellata, in quella notte in Italia.
Nera.

Le vittime dell'alluvione di Genova

7-8 OTTOBRE 1970

Nera che porta via che porta via la via
nera che non si vedeva da una vita intera così dolcenera nera
nera che picchia forte che butta giù le porte.

(Non è l'acqua che fa sbadigliare
ma chiudere porte e finestre chiudere porte e finestre)

Nera di malasorte che ammazza e passa oltre
nera come la sfortuna che si fa la tana dove non c'è luna luna
nera di falde amare che passano le bare.

(Altro da traslocare
non ne ha non ne ha)

Acqua che non si aspetta altro che benedetta
acqua che porta male sale dalle scale sale senza sale sale
acqua che spacca il monte che affonda e terra e ponte.

(Non è l'acqua di un colpo di pioggia
ma un gran casino un gran casino)

Acqua di spilli fitti dal cielo e dai soffitti
acqua per fotografie per cercare i complici da maledire
acqua che stringe i fianchi tonnara di passanti…

Leonarda Cianciulli

SERIAL KILLER DETTA «LA SAPONIFICATRICE», 15 OTTOBRE 1970

All'acqua preferivo il sapone.
Perché? Perché ero totalmente pazza, dissero i giudici. I giornali poi erano pieni di titoli, nel 1946, delle mie «marmellate di sangue, garofano e cannella». E allora lasciatemi cantare...

Blblblblllu
le mille bolle blu
blblblblllu
le vedo intorno a me
blblblblllu
le mille bolle blu
che volano e volano e volano
blblblblllu
le mille bolle blu
blblblblllu
mi sento dondolar
blblblblllu
tra mille bolle blu che danzano
su grappoli di nuvole

Un golpe

7 DICEMBRE 1970

Dalle mie parti si venerava il generale Giovanni de Lorenzo. Era lui che, nel 1964, aveva tracciato la strada. Una strada viscida, come sapone.
Aveva raccolto la sfida il padre nobile dell'operazione, Junio Valerio Borghese. Per fare un colpo di Stato il ricettario prevede: una crisi economica vistosa, un governo instabile, partiti e movimenti irrequieti, paura delle riforme, clima apocalittico. E queste cose c'erano, c'erano tutte. Ci vogliono uomini e forze che spendano tempo, denaro, influenze per creare un clima di fondo adatto affinché la gente cominci a chiedere: «Vogliamo il Paese in mani forte e sicure!».
Nome in codice «Tora, Tora», come i giapponesi a Pearl Harbor.
«Sembra facile», come diceva l'omino con i baffi nella pubblicità della caffettiera a Carosello.
Agitare per bene e farla, questa benedetta apocalisse, questa presa strozzante. Se no è commedia.
Solo che non era prevista la pioggia. E la pioggia porta bene alle spose, ma è fastidiosa per dei golpisti in viaggio sulla via Olimpica a Roma.

Sono stato uno starnuto senza raffeddore. Colpa dell'anziano Valerio, colpa degli innocui colonnelli in pensione, dei fanatici giovanotti più esperti in karate che in sommosse, dei forestali di Cittaducale, in provincia di Rieti: erano loro l'esercito del principe.

Si può fare un golpe con «base» in una palestra?
E il momento dei colonnelli non arrivò. Si rimase con «un pugno di sabbia», come la canzone dei Nomadi al *Disco per l'estate*, e un proclama strozzato. Che nessuno ha mai letto, e nessuno ha mai ascoltato.

Un proclama strozzato
8 DICEMBRE 1970

Italiani, l'auspicata svolta politica, il lungamente atteso colpo di Stato ha avuto luogo. La formula politica che per un venticinquennio ci ha governato, e ha portato l'Italia sull'orlo dello sfacelo economico e morale ha cessato di esistere. Nelle prossime ore, con successivi bollettini, si saranno indicati i provvedimenti più importanti ed idonei a fronteggiare gli attuali squilibri della Nazione. Le forze armate, le forze dell'ordine, gli uomini più competenti e rappresentativi della nazione sono con noi; mentre, d'altro canto, possiamo assicurarvi che gli avversari più pericolosi, quelli che, per intendersi, volevano asservire la patria allo straniero, sono stati resi inoffensivi. Italiani, lo Stato che creeremo sarà un'Italia senza aggettivi né colori politici. Essa avrà una sola bandiera. Il nostro glorioso tricolore. Soldati di terra, di mare e dell'aria, Forze dell'Ordine, a voi affidiamo la difesa della Patria e il ristabilimento dell'ordine interno. Non saranno promulgate leggi speciali né verranno istituiti tribunali speciali, vi chiediamo solo di far rispettare le leggi vigenti. Da questo momento nessuno potrà impunemente deridervi, offendervi, ferirvi nello spirito e nel corpo, uccidervi. Nel riconsegnare nelle vostre mani il glorioso tricolore, vi invitiamo a gridare il nostro prorompente inno d'amore: Italia, Italia, Viva Italia!

Saverio Saltarelli

STUDENTE, 12 DICEMBRE 1970

Piazza Fontana, un anno dopo.
Una manifestazione per non dimenticare.
Tanti compagni per le strade di Milano. L'atmosfera è elettrica.
Una circolare del ministero del Divieto: è vietato ogni corteo.
Ma noi della Sinistra rivoluzionaria non ci siamo fermati.
Molti vengono dal Sud. Io, per esempio, sono pugliese.
Nonostante i divieti della Polizia, ci siamo!
Ci sono disordini.
Un lacrimogeno mi spacca il cuore.

Senti, Saltarelli,
portalo via quel cadavere lì
andiamo, non lasciamolo in mezzo ai piedi
ci dà un po' fastidio...
Per favore, sii gentile...
popopò po, po, po pò.

Gianfranco Carminati
OPERAIO, 7 GENNAIO 1971

Brucia Milano, brucia.
Bruciano le macchine in strada e i portoni dei palazzi.
Bruciano le molotov esplose in piazza.
Bruciano gli occhi dei ragazzi sotto le cariche della Polizia.
Bruciano i tralicci dell'Enel.
Bruciano le fabbriche. Quella dove lavoravo era la Pirelli di via Lanzi. Un incendio inghiottì gli pneumatici del deposito, e me.
Ad agire erano i neofascisti del Movimento d'azione rivoluzionaria.

Antonio Bellotti

POLIZIOTTO, 16 GENNAIO 1971

È l'Italia che brucia, non solo Milano. E a noi ci mandano in giro a fare i pompieri.
A Reggio Calabria ci sono ancora scontri violenti, manifestazioni di protesta, sempre per quella maledetta faccenda dello spostamento del capoluogo di Regione a Catanzaro. Dicono che ci sia dell'altro, i neofascisti, una miseria che fa paura, ma io sono qua per mettere ordine, non per fare domande. Noi poliziotti ci muoviamo in centinaia, come mandrie. Ci mandano da un capo all'altro della penisola senza capire cosa fare. Da Padova a Reggio, a prendere botte, e poi ritorno. Ci mettono sul treno, ci dicono dove andare. Treno 880, stazione di Reggio Calabria, direzione nord, via dal caos. Ma nelle nostre stazioni non ci sono donne a salutare, amici che aspettano un rientro. No, ci sono manifestanti che protestano, che tirano pietre contro di noi.

Un sasso sfonda il finestrino del convoglio e il mio cranio.

Giuseppe Malacaria
OPERAIO, 4 FEBBRAIO 1971

Agente Bellotti, tu venivi dal Nord e sei andato a morire qui, nel Sud più profondo. Ma noi che cosa dovremmo raccontare, che da questa miseria non ci siamo mai mossi?

Labate... Campanella... Centola... io, operaio ucciso a Catanzaro durante una manifestazione antifascista contro chi fomentava la rivolta.

A proposito. Vi siete mai chiesto cos'è successo in Calabria? E perché?

La città fu certo un laboratorio per la destra eversiva nell'ambito della strategia della tensione.
Ma non fu solo quello.

Fu anche la somma di collera antica.

E siamo noi, l'operaio e gli anarchici, il padre di famiglia e quelli sul treno, il contadino e il pensionato, siamo tutte vittime, vittime senza giustizia, che a collera sommarono collera.

Anche per te, poliziotto del Nord.
Perché anche questo è il tuo Paese.
Anche tua è la rabbia.

Barcollando – Tuscania
6 FEBBRAIO 1971

La collera della terra, quella l'avete mai provata?
Noi sì.
Questione di pochi attimi, alle 19 e 09.
Quella sera si doveva inaugurare il nuovo teatro comunale. Il sipario si alzò lo stesso. Sul palco, i nostri corpi scomposti. Attori muti nelle urla di dolore del paese intorno.

Alessandro Floris

FATTORINO PORTAVALORI, 26 MARZO 1971

Un altro sipario si alza nella storia d'Italia.

Io non lo sapevo, ma entravo in scena per primo: la vittima numero uno delle Br prima ancora che fossero le Br, a Genova. Si chiamava, la banda, XXII Ottobre, quasi la caricatura di un gruppo terroristico.
Avevano necessità di soldi, e dovevano fare una rapina.
Io ero un fattorino dell'Istituto autonomo case popolari. Il capo della banda, Mario Rossi, il nome più banale d'Italia, e il suo complice Augusto Viel volevano rubarmi la valigetta con i soldi degli stipendi del mese. Solo che dopo lo scippo io ho inseguito i rapinatori, il motore della loro Lambretta si è inceppato. Ero lì per acciuffarli. Allora Rossi ha impugnato la sua Smith & Wesson, una calibro 38, e mi ha ucciso.
C'è una foto famosa che immortala la scena, plumbea madeleine degli anni di piombo. Grazie a quella foto Rossi verrà preso e condannato all'ergastolo. Per farlo uscire sequestreranno un giudice, e un altro lo ammazzeranno per vendetta.
Ma tutto questo io non lo sapevo.
Chi va in scena per primo non conosce mica tutto il copione.

L'articolo 553 del codice penale

31 MARZO 1971

La pillola anticoncezionale era stata scoperta nel 1956, e dal 1961 era in commercio in tutta Europa tranne in Italia.
Il bastione ero io, l'articolo del codice penale che puniva con la reclusione «l'incitamento contro la procreazione». Le donne che usavano la pillola, in Italia, potevano essere arrestate.
Quante proteste… Ma Ogino Knaus che male gli aveva fatto? Un cantante, Gianfranco Manfredi, ci scriverà su anche un pezzo:

Se tu vuoi giacere con
l'uomo che desideri attieniti
a questi miei consigli
alla scienza io non credo
mi fa forte la certezza frutto d'anni
e figli d'esperienza
solo due parole e il gioco è fatto
questa è la risposta…

Con Ogino Knaus
riscopri la famiglia
con Ogino Knaus
più donna tu sarai…

Angelo Bergamonti

MOTOCICLISTA, 4 APRILE 1971

Ero il primo attore delle due moto.
Anche perché gli eroi son tutti giovani e belli.
Almeno quelli delle due ruote.
Per cancellare le corse motociclistiche dalle strade fu necessario un incidente mortale, il mio.
Mi è stato fatale il circuito di Riccione, durante una gara della Temporada Romagnola.
Si correva tra le strade delle città della riviera, a metà tra la gara e la festa popolare, in quella che era la terra dei motori per eccellenza.
Si correva tra gente eccitata, pali della luce, alberi, chioschi, viali, monumenti.
Tutto questo finì il giorno della mia caduta.

Pioveva forte, e io contendevo la vittoria a Giacomo Agostini, volevo dimostrare di essere più forte di lui.
Fino a quel rettilineo.

Pietro Scaglione

MAGISTRATO, 5 MAGGIO 1971

Il mio fu il primo omicidio eccellente di un magistrato commesso in Sicilia nel dopoguerra.
Purtroppo la scia – fino all'ultimo, Paolo Borsellino – sarà lunghissima: ventisette.
E fui anche la prima vittima di mafia della quale si cercherà di infangare la memoria, con accuse e illazioni. Altro che il protagonista del film di Petri… Fui sospettato di tutto.

La verità è quella che, tanti anni dopo, ha detto il pentito per antonomasia, Tommaso Buscetta: ero un nemico giurato della mafia, indagavo, tra le altre cose, sulla scomparsa del giornalista Mauro De Mauro.
E inseguivo un filo, che portava da De Mauro al potente Vito Guarrasi e al boss Luciano Liggio e all'omicidio di Enrico Mattei, il presidente dell'Eni…

Antonino Lo Russo

AGENTE DI CUSTODIA, 5 MAGGIO 1971

La mattina dell'agguato, come ogni giorno, il procuratore capo Pietro Scaglione si recava al Cimitero dei cappuccini nel centro della vecchia Palermo, per deporre un mazzo di fiori sulla tomba della moglie.
Io, che ero l'agente di custodia, lo accompagnavo.
In macchina commentavamo i titoli dei giornali: «La mafia? Un'invenzione dei comunisti e dei giornali del Nord».

«E *Indagine su un cittadino al di sopra di ogni sospetto* l'ha visto?»
«Sì, dottore, ma non l'ho capito. Davvero chi appartiene alla legge sfugge al giudizio umano?»
«Al giudizio umano, non so. Però al giudizio divino non si sfugge mai, Lo Russo.»
«E al giudizio della mafia, dottore?»
L'auto dei killer ci tagliò la strada.

Eccolo, il giudizio della mafia.

E qualcosa nella storia d'Italia cambiò.

Milena Sutter

RAGAZZINA, 6 MAGGIO 1971

Un corpo che viene riportato a riva, appesantito da un cintura da sub con sei piombi da un chilo, gonfio e con il volto sfigurato.
Pezzi di carne mangiati dai pesci.
La camicetta a fiori, il maglione giallo e la blusa blu che avevo il giorno in cui fui rapita.
Al collo un catenina d'oro con un nome: Milena.

Questi sono i miei amabili resti.
Ma io non sono Susie Salmon.

Massimiliano Ferretti

NEONATO, 6 GIUGNO 1971

Se vi sembra giovane Milena Sutter, che aveva 13 anni quando venne uccisa, allora cosa pensate di me, che avevo sette mesi?
Ho imparato presto che non per tutti c'è posto nel mondo.
Non per la mia famiglia, che viveva in alcune case popolari occupate di via Tibaldi, a Milano. Loro, e tanti altri, si erano presi le case che il Comune non gli voleva dare.
Per fare sgomberare le palazzine, duemila agenti spararono candelotti lacrimogeni.

Uno mi colpì.

Arnoldo Mondadori
EDITORE, 8 GIUGNO 1971

1912 Bibliotechina de La Lampada
1920 Le Grazie
1921 Enciclopedia dei ragazzi
1925 Almanacco Letterario
1926 Le Scie
1929 I libri gialli
1932 Medusa
1932 I romanzi della palma
1933 I romanzi di cappa e spada
1933 Collezione dei grandi viaggi aerei e delle esplorazioni
1934 I classici italiani
1935 *Topolino*
1935 *Il cerchio verde*
1937 Omnibus
1938 *il Settebello*
1938 *Grazia*
1939 I classici moderni
1940 Lo specchio
1947 I classici contemporanei stranieri
1947 *bolero film*
1947 *Confidenze*
1949 I libri d'oro
1950 Universale Ragazzi Mondadori
1950 *Epoca...*

Erano tempi in cui i libri si vendevano come il pane...

«America, primo amore»

CANZONE, 23 GIUGNO 1971

Avevo il marchio di Mauro Lusini, quello di «C'era un ragazzo che come me amava i Beatles e i Rolling Stones». La Rai gliel'aveva censurata nel 1965. E lo stesso fece per il mio testo. Per la radio e per la tv di Stato non potevo andare in onda.
Racconto la disillusione di una generazione di ragazzi italiani cresciuti con il mito della cultura americana. Vi sembra questa una buona ragione per una censura?

America, America, ma che mondo sei
ti amo, ti odio, ancora non so
hai in mano la fiamma della Libertà
e l'altra la croce del Ku Klux Klan.

America, America, a un passo da qui
sei sempre dovunque anche dentro di me
lassù sulla Luna un piede c'è già
ma l'altro è rimasto sulla tomba di John Brown.

America, America, di Buffalo Bill
amico di indiani, apache e cheyenne
nei pascoli verdi son nate città
ma chi sta morendo laggiù ad Alcatraz.

Cornelio Rolandi

TASSISTA, 16 LUGLIO 1971

Fossi stato in America sarei diventato un eroe, invece... non vivevo più... non vivevo più.

Avevo sempre in mente il fatto, anche sul lavoro il cervello macinava sempre quella cosa lì, quella del 12 dicembre 1969.

Sul mio taxi me ne stavo al posteggio di piazza Beccaria. C'era un po' di foschia e da una piazza vicina, chiamata Fontana, veniva il brusio del mercato dei sensali dinanzi alla Banca nazionale dell'agricoltura.

Lo vidi subito, appena uscito dalla galleria del Corso. Aveva una valigetta nera, portava un cappotto scuro, col bavero alzato. Entrando in auto, si chinò per posare la valigia e allora, con gli occhi, lo fotografai, pam! Faccia a faccia, a venti centimetri di distanza.

Mi disse: «In via Albricci, passando per via Santa Tecla». Avevo fatto venti metri di questa strada, quando mi ordinò di accostare: «Attenda un attimo, torno subito». Nello scendere, diede un gran botto alla portiera. Brutto fesso, pensai, ma chi ti credi? E me lo guardai bene un'altra volta. Anche se il taxi era vecchio, quella botta per me era un colpo al cuore. Dopo quattro, cinque minuti tornò, ripartimmo, lo scaricai all'angolo di via Albricci. Solo in quel momento mi accorsi che non aveva più la borsa.

Cominciai a pensare a quella borsa il sabato sera. Sapevo della strage e dei sedici morti. Cornelio, mi dicevo, *sta tent che l'è quel là*.

E giù a pensare, a pensare, a pensare.

Vedevo la tivù e il mio cervello lavorava. *La mia miè la me diseva*: Cornelio, lascia perdere, che magari non è lui.

Ma io niente.

La notte fra domenica e lunedì ero come un leone in gabbia, quasi mi strappavo i capelli. Alle quattro e mezzo mi misi a piangere che svegliai tutti. Poi mi decisi.

Alla mattina corsi dai Carabinieri di via Valpetrosa e cascai addosso al primo maresciallo che trovai: «Devo riferire qualcosa sull'attentato». «Santo Dio!» esclamarono, e si misero subito a scrivere.

Centinaia di foto senza trovare quella buona. Infine a casa. Alle 19 ero di nuovo nell'ufficio del questore. Il dottor Guida prese un foglio piegato a metà, dentro c'era una foto. Me la mostrò.

«Ci pensi bene, è lui?»

«Sì, forse è lui» risposi.

Era smagrito, aveva le guance incavate, ma era il mio cliente di quella sera.

«Come si chiama?» chiesi.

Mi risposero: «Valpreda».

Il dottor Guida mi diede un buffetto sulla guancia e mi disse: «Bravo Rolandi, hai finito di fare il tassista: ti sei sistemato».

Invece finii di vivere: un *casciaball*, un contafrottole, un megalomane, un confidente della Polizia, un fascista dell'Msi, a me, che ero iscritto al Pci. E le lettere anonime, le minacce per telefono, il terrore di imbattersi in un cliente pazzo.

Neanche se quella bomba l'avessi messa io.

I miei giorni divennero un tunnel buio con al fondo l'incubo del processo: la folla, Valpreda, i fotografi, le domande degli avvocati.

Ma non ci sono mai arrivato.

Ho detto la verità, ma ho paura di avere mentito.

Dante Baldari

ANTIQUARIO, 15 AGOSTO 1971

Ho cercato la verità, e come tanti altri nella storia d'Italia, non ci sono arrivato.

Negli ultimi mesi avevo iniziato a raccogliere informazioni sulla morte del mio amico Armando Calzolari.
E poi? Un incidente di caccia – riuscite a crederci? – mentre ero ospite del principe Edoardo Ruspoli, in Tanzania.

Anna Maria Pierangeli
ATTRICE, 10 SETTEMBRE 1971

Di tempo per leggere i giornali non ne avevo.
Ma sono finita su molte riviste, eccome.
Ero Pierangeli, la diva italiana di Hollywood.
Senza l'esuberanza di Sophia Loren o l'intensità di Anna Magnani.
Ma ero quella che recitava con Paul Newman, che aveva avuto un flirt con Kirk Douglas e un unico grande amore, James Dean, il mio Jimmy.

«There aren't many like you...» mi dicevano.
E ci ho creduto così tanto che sono morta in fretta.

Alberto Pirelli

IMPRENDITORE, 19 OTTOBRE 1971

Era il 28 gennaio del 1872 quando mio padre, l'ingegnere Giovanni Battista Pirelli, costituì a Milano la società «G.B. Pirelli & C» per la fabbricazione di articoli in gomma elastica. Nel 1960 inaugurammo il «Pirellone», il grattacielo nel cuore di Milano che fu per tanti anni il più alto d'Europa, e che poi fu acquistato dalla Regione Lombardia.
Lavorano nel gruppo 60mila persone. Pirelli è il quinto produttore globale di gomme – 5,65 miliardi di euro nel 2011 – e assembla 66 milioni di pezzi.

Vittorio Ambrosini

AVVOCATO, 20 OTTOBRE 1971

Una vita tra arditismo, socialismo e comunismo.

Poco prima di morire scrivo al mio amico Franco Restivo, ministro dell'Interno: «Sono al corrente di alcuni retroscena su Piazza Fontana. Gli autori della strage vanno ricercati nel gruppo dei dissidenti usciti dall'Msi che sono andati in licenza premio in Grecia». La Grecia è quella dei colonnelli. Le indagini subiscono una svolta: si scopre che gli anarchici con Piazza Fontana non c'entrano nulla. Verrà spiccato un mandato d'arresto per tre esponenti di Ordine nuovo: Franco Freda, Giovanni Ventura e Pino Rauti. Con loro finiscono sotto accusa anche i «servizi deviati», come quel capitano dei Carabinieri, Antonio Labruna.

Poi anch'io, come Pinelli, faccio un volo dalla finestra del settimo piano della clinica in cui ero ricoverato.
Ma non è malore attivo.
Diranno: suicidio.
Eppure, vi sembra suicidio quello di uno che si butta da un piano diverso da quello in cui è ricoverato, che non presenta segni di frattura alle braccia, accompagnato da un infermiere che nessuno conosceva e nessuno vedrà più?

Edgardo Ginosta

TESTIMONE, 6 NOVEMBRE 1971

Come Vittorio Ambrosini, anche io sono un testimone di quello che è successo prima di Piazza Fontana.
Anch'io mi suicido.
Dicono.
E sono il morto numero 9 dal 12 dicembre.

Luciano Bianciardi

SCRITTORE, 14 NOVEMBRE 1971

Siete impantanati nelle sabbie mobili del consumismo, del desiderare tutto a ogni costo.

Mentre negli anni sessanta festeggiavate Agnelli, Pirelli e tutti gli altri che avevano costruito i miracoli dell'economia italiana, a me non sfuggiva il ruolo centrale delle fabbriche nel cambiamento sociale e politico:

«Faranno insorgere bisogni mai sentiti prima. Chi non ha l'automobile l'avrà, e poi ne daremo due per famiglia, e poi una a testa, daremo anche un televisore a ciascuno, due televisori, due frigoriferi, due lavatrici automatiche, tre apparecchi radio, il rasoio elettrico, la bilancina da bagno, l'asciugacapelli, il bidet e l'acqua calda.
A tutti. Purché tutti lavorino, purché siano pronti a scarpinare, a fare polvere, a pestarsi i piedi, a tafanarsi l'un con l'altro dalla mattina alla sera. Io mi oppongo».

In questa epoca malata avete ancora bisogno di un romantico come me.

Giuseppe Gilera

IMPRENDITORE, 20 NOVEMBRE 1971

Che cosa c'è di più romantico delle due ruote?
Ho fondato, nel 1909, l'unico marchio italiano che da più di cent'anni produce ininterrottamente motociclette.

La mia prima moto l'ho costruita a ventidue anni. Poi vennero la Quattro Bulloni 500 e la Otto Bulloni, talmente famosa per i suoi record mondiali da finire pure dentro una canzone degli anni trenta: «Possente Gilera, tu sei il sogno, tu sei la primavera».

Joe Adonis

GANGSTER, 26 NOVEMBRE 1971

La primavera per me fu l'aria eccitante della New York degli anni trenta, l'amicizia con Lucky Luciano, il giro del gioco d'azzardo e della prostituzione.

Mi facevo chiamare Joe Adonis. Oggi c'è un poeta arabo che si chiama così. Una sua poesia mi piace particolarmente:

> *La tua bocca è luce*
> *nessun fulgore*
> *è degno dei suoi orizzonti.*
>
> *La tua bocca è luce*
> *l'ombra è in un fiore.*

La potrei dedicare alla mia pistola.

Giacomo Fauser

CHIMICO, 7 DICEMBRE 1971

Primavera non bussa, lei entra sicura
come il fumo lei penetra in ogni fessura
ha le labbra di carne, i capelli di grano
che paura, che voglia che ti prenda per mano.
Che paura, che voglia che ti porti lontano.

Ma guardate l'idrogeno tacere nel mare
guardate l'ossigeno al suo fianco dormire:
soltanto una legge che io riesco a capire
ha potuto sposarli senza farli scoppiare.
Soltanto la legge che io riesco a capire.

La mia poesia era la chimica.
Il mio piccolo capolavoro: la sintesi dell'ammoniaca a partire dall'azoto atmosferico.

Dino Buzzati

SCRITTORE, 28 GENNAIO 1972

Scrissi io l'editoriale in prima pagina, sul *Corriere della Sera*, nel giorno della Liberazione. Si intitolava: «Cronaca di ore memorabili».

E le montagne dei partigiani erano anche le mie montagne. Uomini, cime, imprese: le storie delle montagne erano le mie storie, da Bàrnabo in poi. I monti sono nei miei racconti, nei romanzi, anche nei miei quadri. Chi ha dato tanto alla montagna, chi per la montagna ha rischiato con accanimento la vita, a questo amore resterà legato per sempre.

Ma per consentire a mia moglie e ai miei amici di disperdere le mie ceneri sulle Dolomiti è servita addirittura una legge della Regione Veneto, nel 2010.

Per me è stato un ritorno sentimentale a qualcosa che ho amato e sognato.

Stefano Pirandello

COMMEDIOGRAFO, 5 FEBBRAIO 1972

Per me la montagna era quella dei giganti, e il titolo di un dramma di mio padre che tentai di completare, senza successo.
Perché non può avere successo il figlio di Pirandello.
Come artista dovetti ricorrere a uno pseudonimo: Stefano Landi.
Come figlio, fui un figlio prigioniero, il primogenito di Luigi. Mio padre segnò subito il mio destino: «Stefanuccio… esiste per me… com'io lo penso».

Morire non si può.
E nascere neppure. In verità,
come da sempre nati,
come per sempre vivi, siamo qua.

Giangiacomo Feltrinelli
EDITORE, 14 MARZO 1972

Il miliardario comunista.
L'antiborghese insoddisfatto.
Si parlava tantissimo di me, come dei libri che pubblicavo: *Il Gattopardo*, *Il dottor Živago*.
Ero ricco, avevo tutto, ma volevo di più. Capovolgere il sistema, come avevano fatto Che Guevara e Fidel Castro, inventare un'altra vita anche usando la violenza.
O forse era solo autodistruzione.

Quando trovarono il mio cadavere, con la faccia in su, le braccia aperte, un pezzo di gamba disintegrato, tutta l'erba intorno inzuppata nel mio sangue, cominciò il secondo massacro. Scrissero che ero un miliardario sovversivo, un bombardiere figlio di papà, lo snob dell'esplosivo, un boy scout di 47 anni, il mentecatto di via Andegari, lo stratega della violenza di lusso.

Semplicemente, ero «un povero ricco che non poteva soffrire i ricchi», come scrisse Camilla Cederna.

Un uomo infelice.
E, come tutti gli uomini, infelice a modo suo.

«Reading means resisting.»

Quelli che erano sul volo Alitalia AZ 112

5 MAGGIO 1972

Se leggere è resistere, leggete qui. È uno stralcio del rapporto del vicequestore Giuseppe Peri. Lo prenderanno per pazzo:

Il 5-5-1971 il delitto Scaglione fu il primo inteso come consumato contro il titolare di un Organo dello Stato cui è demandata l'attuazione del potere punitivo, per indebolirne la credibilità.
L'eversione della società costituita sulla base delle Istituzioni democratiche è iniziata con tale delitto ed è continuata, ad un anno preciso di distanza, con altro delitto purtroppo di strage.
Il 5-5-1972, verso le 22.30, si ebbe la tragedia di Montagna Longa con la morte dei 115 passeggeri del DC-8.
Non è convincente per lo scrivente che sia un caso fortuito che proprio il 5 maggio del '71 e del '72 si verifichino rispettivamente un grave duplice omicidio per screditare l'autorità dello Stato ed un disastro aereo che getta nel lutto e nell'angoscia numerose famiglie generando giudizi perplessi sulla causa.
Ci si pone il dilemma: attentato o disgrazia causata da improvviso guasto?
L'ipotesi dell'attentato è corroborata dalle seguenti circostanze obiettive:
quella sera era l'ultimo giorno della campagna elettorale;
parecchi cittadini di Carini, mentre erano in piazza a sentire l'ultimo comizio, insolitamente videro un aereo che sorvolava la zona e, come scrisse la stampa, già in fiamme;
il pilota del DC-8, sorvolando Punta Raisi, diede la precedenza all'aereo proveniente da Catania ritardando, pertanto, di dieci minuti l'atterraggio;
i cadaveri, secondo i medici legali, si presentavano disintegrati, cosa che non avviene, invece, a seguito di urti violenti;
non fu identificata la 115ª vittima.

Ammessa l'ipotesi che anche tale disastro, come la strage del treno «Italicus» ed altre stragi del Nord attribuite a trame eversive, come quella di Piazza della Loggia a Brescia nel giugno del 1974, di Piazza Fontana a Milano nel dicembre del 1969, sia un anello della «Strategia della tensione», si deve ammettere che...

Franco Serantini

ANARCHICO, 7 MAGGIO 1972

Sono morto durante un violento pestaggio della Polizia nel corso di una manifestazione antifascista.
Leggere è resistere? Leggete piuttosto di chi resiste. Questo è un passo del mio ultimo interrogatorio in commissariato:

«Chiesto all'imputato per quale ragione si era recato ieri sera nel luogo della città dove si verificarono i tumulti, risponde: "Ci andai perché ci si crede"».

Luigi Calabresi

COMMISSARIO DI POLIZIA, 17 MAGGIO 1972

Un giorno magari avremmo sorriso con il ferroviere Pinelli di tutto quell'andare e venire di manifestanti in Questura, i controlli, le tensioni.
Avremmo sorriso piano, come sorridono i vecchi.
Ci saremmo confessati piccoli segreti e verità già note.
Tutto passa, tutto è passato, avremmo commentato.

Invece poi scoppiò la bomba di Milano, e segnò anche il mio destino e quello del Paese.

Cominciò quella giornalista di costume, Camilla Cederna, l'amica di Feltrinelli e degli anarchici. Decise di abbandonare i tic della borghesia milanese per accusarmi della morte di Pinelli: «Un catalogo di bugie dette con disinvoltura». Continuò Dario Fo con lo spettacolo *Morte accidentale di un anarchico.* Fecero eco i giornali di sinistra e il leader di Lotta continua, Adriano Sofri. Alcuni intellettuali chiesero la rimozione dal mio incarico.

Calabresi ritorna in ufficio,
però adesso non è più tranquillo.

Gli operai nelle fabbriche e fuori
stan firmando la vostra condanna,
il potere comincia a tremare
la giustizia sarà giudicata.

Calabresi con Guida il fascista
si ricordi che gli anni son lunghi:

prima o poi qualche cosa succede
che il Pinelli farà ricordar.

Sono morto con due colpi di pistola, uno alla nuca e uno alla schiena, due mesi dopo Feltrinelli.

E dopo la mia morte il fuoco non è cessato, i miei familiari sono stati offesi e umiliati. Io ho perso loro. Loro hanno perso me.

Finché mio figlio Mario ha ritrovato me, papà Gigi, sotto la cima del Monte Bianco, in una di quelle mattine che regalano cieli trasparenti e pensieri nitidi. E quel giorno ha capito: «Era giusto guardare avanti, camminare, impegnarsi per voltare pagina nel rispetto della memoria».

Antonio Ferraro, Donato Poveromo, Franco Dongiovanni

CARABINIERI, 31 MAGGIO 1972

C'è ancora un ultimo rigo da scrivere.

La strage di piazza Fontana, la misteriosa morte di Giuseppe Pinelli, il golpe Borghese, la rivolta di Reggio Calabria, la nascita delle Brigate rosse, le prime violenze di piazza, il primo sequestro terroristico, la morte di Giangiacomo Feltrinelli, l'assassinio del commissario Luigi Calabresi.
E noi, a chiudere il triennio che avrebbe sconvolto la storia d'Italia fino a trascinarla in un vortice di violenza.

La trappola per noi della stazione dei Carabinieri di Peteano cominciò con una telefonata: «Senta, vorrei dirle che xè una machina che la gà due busi sul parabreza. La xè una cinquecento bianca, visin la ferovia, sula strada per Savogna».
In televisione davano Inter-Ajax. Noi partimmo a vedere. La macchina c'era. I fori pure. Quando tentammo di aprire il cofano, la macchina esplose.

Carlo Falvella

STUDENTE, 7 LUGLIO 1972

Un ciclo si chiude, un altro si apre, quello degli agguati e delle spedizioni punitive tra i militanti di estrema destra e di estrema sinistra.
Io sono il primo: studente di Filosofia accoltellato dall'anarchico Giovanni Marini sul lungomare di Salerno.
Lui si costituisce subito, ha ucciso un ragazzo.
E invece per la sinistra diventa un eroe, perché io ero un «fascista» e «uccidere un fascista non è reato». Parte la campagna innocentista, fatta di saggi, canzoni, comitati, cortei, slogan («I veri assassini / han la camicia nera / anarchico Marini / fuori dalla galera»).
Fo, Caproni e Moravia gli fanno i complimenti per le poesie scritte in carcere, lo definiscono «il poeta dei folli e dei giusti».
Ha solo tirato fuori un coltello mentre stava litigando con me.

Due bronzi

16 AGOSTO 1972

La nostra sfortuna fu incontrare un sub romano, Stefano Mariottini. Era uscito per una battuta di pesca nel mare di fronte a Riace, in Calabria, e vide una spalla spuntare dalla sabbia del fondale. «Un morto» pensò. Eravamo noi.

Con quelle facce un po' così, facce di bronzo – la battuta è facile –, potremmo dire che stavamo meglio nascosti nel mare. Fuori, abbiamo fatto di tutto: gli spot, i cartoni animati, i giramondo.

Ci hanno poi messo in un museo quasi inaccessibile, senza indicazioni, oppure in uno scantinato, per un restauro che non finisce mai.

Ci hanno pescati, acclamati, dimenticati.

Non era meglio il mare?

Mariano Lupo

PIASTRELLISTA, 25 AGOSTO 1972

Neanche la placida Parma si è salvata dalle tensioni che stavano salendo nel Paese.
Eppure i segnali c'erano.
Qualche giorno prima della mia morte, il capo dell'Ufficio politico della Questura di Parma in un rapporto interno denunciava con tanto di nomi l'esistenza di «un vero e proprio piano di provocazione e intimidazione di chiaro stile fascista, messo in atto di recente a Parma da un gruppo di fanatici allo scopo di fomentare disordini».
Ma al questore non interessava.
Un gruppo di neofascisti mi uccide con una pugnalata nel mio cuore rosso e combattente.
«Non ce l'abbiamo con i comunisti ma con i terroni» mi avevano minacciato.
Io venivo dalla Sicilia più antica, Cammarata.
Sulla mia lapide è scritto: MARIO OPERAIO IMMIGRATO, COMUNISTA, UCCISO DALL'ODIO E DALLA VIOLENZA DEI FASCISTI. LA GIUSTIZIA PROLETARIA TI VENDICHERÀ.

Ivan Boccaccio

MILITANTE DI ORDINE NUOVO, 6 OTTOBRE 1972

Siamo stati noi a uccidere i tre carabinieri a Peteano con la Fiat 500 imbottita di tritolo. Solo che la verità si scoprirà molto dopo, perché i carabinieri erano stati depistati bene e cercavano gli autori di quella strage tra gli anarchici.

Cinque mesi dopo l'attentato insieme ad altri due salgo a bordo di un aereo di linea diretto da Ronchi dei Legionari a Vienna. Parrucca bionda, bomba a mano nella valigetta, pistola nel taschino. Non appena decolla prendo in ostaggio i passeggeri. In cambio del loro rilascio chiedo: duecento milioni da destinare a Ordine nuovo, la liberazione di Franco Freda, un aereo per fuggire al Cairo. «Non credete che faccio sul serio?»

L'aereo rientra a Ronchi, la trattativa continua. Undici ore. Faccio scendere i passeggeri, voglio in cambio il carburante.
Poi la Polizia fa irruzione.

Giovanni Spampinato

GIORNALISTA, 27 OTTOBRE 1972

Facevo il corrispondente da Ragusa per *L'Ora*.
Avevo pubblicato un'inchiesta approfondita sul neofascismo in Sicilia e i suoi collegamenti con ambienti mafiosi.

C'era un campo di girasoli, e mangiavamo i semi ancora verdi. C'erano le mucche, e la sera facevano la ricotta… Il padrone di casa, o un suo figlio, era cacciatore. C'erano bei cani, ma molto seri. Un giorno legarono un cane in cortile, e stette lì forse per due giorni. Il cane ululava, si lamentava, era straziante. Ci dissero di non avvicinarci, aveva la rabbia. Poi lo abbatterono a fucilate. Ricordo l'odore della terra bagnata dagli acquazzoni estivi. Quell'odore mi inebriava…

Come poi hanno fatto con me.

Ennio Flaiano

SCRITTORE E SCENEGGIATORE, 20 NOVEMBRE 1972

Mi muovevo nell'atmosfera frizzante del dopoguerra a Roma, mi attardavo nei caffè di piazza del Popolo e via Veneto, luoghi del dialogo tra scrittori, artisti e giornalisti che facevano parte di quella «società della conversazione» ormai estinta. Mario Soldati e Vitaliano Brancati si scambiavano battute brillanti, io avevo una visione amara e pessimista degli italiani.
Ho ottenuto un clamoroso successo nel cinema con *La dolce vita*, che si rifà proprio all'ambiente che gravitava intorno a via Veneto. Divenni autore acclamato di soggetti e sceneggiature. Non riuscii tuttavia a realizzare il sogno di diventare regista.

Il 3 settembre 1972, poco prima di morire, scrivo sul *Corriere della Sera*: «Appartengo alla minoranza silenziosa. Sono di quei pochi che non hanno più nulla da dire e aspettano. Che cosa? Che tutto si chiarisca? È improbabile. L'età mi ha portato la certezza che niente si può chiarire: in questo Paese che amo non esiste semplicemente la verità».

Gli abitanti di un condominio di Roma

1º DICEMBRE 1972

Eravamo nelle nostre case, lì, in in largo Telese.
I botti ci sorpresero nel sonno, una specie di capodanno in anticipo.

Il muro del palazzo divenne la smorfia straziata di un unico volto.
L'odore di zolfo e di gomma bruciata.
I soccorsi arrivarono, come sempre per i poveri cristi, tardi.
Sotto, al pianoterra, c'era un negozio di scarpe.
Volarono dalle vetrine scarponi e stivaletti, ballerine e ciabatte. In molti ne approfittarono.

Loro sì che erano arrivati puntuali.

Antonio Segni

POLITICO, 1° DICEMBRE 1972

La malattia con me arrivò in anticipo, e sono stato presidente della Repubblica per soli due anni e mezzo, dal 1962 al 1964.

Però da capo dello Stato ho fatto una proposta semplice semplice, un suggerimento alle Camere: il presidente della Repubblica non deve essere rieleggibile, ho detto, perché bisogna evitare il danno delle continuità personali, proprie dei regimi ereditari e innaturali in un regime repubblicano. E poi è fondamentale eliminare qualunque, sia pure ingiusto, sospetto che qualche atto del capo dello Stato sia compiuto al fine di favorirne la rielezione.

C'è voluto mezzo secolo perché il pericolo da me evocato divenisse concreto. Ma ci siete riusciti. Certo che ci vuole coraggio...

L'obbedienza

15 DICEMBRE 1972

Cominciò tutto con quel prete, Don Lorenzo Milani:

«Bisogna avere il coraggio di dire ai giovani che essi sono tutti sovrani, per cui l'obbedienza non è ormai più una virtù, ma la più subdola delle tentazioni, che non credano di potersene far scudo né davanti agli uomini né davanti a Dio, che bisogna che si sentano ognuno l'unico responsabile di tutto».

E, con la legge che istituiva l'obiezione di coscienza, ci fu la fine del servizio militare obbligatorio.

Roberto Franceschi

STUDENTE, 30 GENNAIO 1973

Sono il compagno Roberto, morto assassinato dalla Polizia di Andreotti.
Avevo 23 anni e studiavo economia politica.
La sera del 23 gennaio il rettore dell'Università Bocconi vieta un'assemblea indetta dal Movimento studentesco. Noi la facciamo lo stesso, solo che la Polizia ci carica.
Negli scontri, gli agenti sparano.
Io vengo colpito.
Dopo una settimana in coma, muoio.

Come Amoroso, Ardizzone, Brasili, Dax, Pinelli, Luca Rossi, Saltarelli, Tinelli, Iannucci, Varalli e Zibecchi. Caduti per la Nuova resistenza.

I compagni non mi dimenticano, fanno sentire la loro voce: nuovi cortei, scioperi, scontri, il mio nome grida vendetta dai volantini ciclostilati distribuiti fuori dalle università italiane.

Ugo Mulas
FOTOGRAFO, 2 MARZO 1973

Dei volantini a me piaceva il nero dei caratteri, il bianco del vuoto intorno. Il colore non mi affascinava, e ho lavorato tutta la vita con il bianco e nero.

Nel breve arco di tempo della mia vita, sono stato il primo in Italia a mettere ordine nell'arte della fotografia. Cominciò tutto negli anni cinquanta al Bar Jamaica, luogo di ritrovo di intellettuali e artisti vicino all'Accademia di Brera. Mi prestarono una vecchia macchina fotografica, fui preso da un senso di potenza e di libertà che non mi abbandonò più.

Antonio Marino

POLIZIOTTO, 12 APRILE 1973

L'ultima istantanea nella mia retina è la parabola di una bomba a mano lanciata durante una manifestazione di neofascisti a Milano.

Io ero di Caserta, ed ero emigrato per trovare lavoro. Prima in Germania, a 16 anni, poi il concorso in Polizia e il trasferimento a Milano, la piazza calda di quegli anni, con manifestazioni di protesta e scene di violenza ogni giorno. Ogni mese spedivo con il vaglia postale lo stipendio ai miei genitori. Avevo sette fratelli. Ogni domenica chiamavo mia madre – la domenica le telefonate costavano meno – da una cabina telefonica. L'ultima volta le chiesi: «Vorrei comprarmi un vestito nuovo, tu che dici?».

«Scansatevi, ci sta arrivando qualcosa sulla testa» urlai ai miei commilitoni per farli indietreggiare. Un ragazzo non mi aveva sentito. Era il compagno del reparto più giovane. L'ho spinto via.

Ho salvato la sua vita, ho perso la mia.

Stefano e Virgilio Mattei

RAGAZZI, 16 APRILE 1973

Se volete fare un viaggio nella memoria e nel dolore delle vittime del terrorismo, dovete cominciare dall'immagine più agghiacciante di tutte, la nostra: Virgilio aggrappato alla finestra, noi divorati dalle fiamme che avevano invaso casa. Senza nessuno che ci spingesse via per salvarci la vita. Avevamo 8 e 22 anni, noi, le vittime del rogo di Primavalle, rione popolare della periferia di Roma.

Un commando di Potere operaio voleva punire nostro padre, Mario, ex netturbino, segretario della sezione locale dell'Msi. Appiccarono l'incendio alle tre di notte, dopo aver versato alcuni litri di benzina di fronte alla porta del nostro appartamento.
Sei figli avevano, i nostri genitori. Noi non ci siamo salvati.
Il giorno dopo, sotto casa, spunta un cartello: GIUSTIZIA PROLETARIA È FATTA.

Quale? Uccidere due ragazzi?

Giovanni de Lorenzo

COMANDANTE GENERALE DEI CARABINIERI, 26 APRILE 1973

La formula del cocktail eversivo è mia. Mai nessuno è arrivato più vicino di me al colpo di Stato. Come disse Pietro Nenni, feci «frusciar le sciabole». Ma mi fermai lì.
Era il 1964. Si chiamava «Piano Solo» perché la sua esecuzione doveva essere affidata solamente ai Carabinieri, escludendo Esercito e Polizia. Prevedeva l'arresto e la deportazione in Sardegna di 731 persone: politici, sindacalisti, intellettuali, giornalisti. Quando nel 1967 il piano fu scoperto, mi destituirono dal comando dell'Arma.

C'era il copione, mi mancavano gli interpreti. Il Paese ha prodotto tanti squadristi da scrivania e purtroppo pochi squadristi d'assalto. E il momento dei colonnelli non arriverà mai.

Quelli davanti alla Questura di Milano

17 MAGGIO 1973

Noi non sappiamo a quale destino andiamo incontro, anche quando ci sentiamo nel posto più sicuro, la Questura di Milano, per il gesto più innocente: una commemorazione.

Ci sono il ministro dell'Interno, il prefetto, il sindaco e le più alte autorità, per scoprire un busto in memoria del commissario Luigi Calabresi, un anno dopo il suo omicidio.
Vediamo una scintilla: è la bomba scagliata da un anarchico, Gianfranco Bertoli.
Viene subito bloccato. Dice che vuole vendicare la morte di Giuseppe Pinelli.

Nel 2002, dopo quasi 30 anni, si scoprirà che era in realtà un agente segreto, infiltrato nel Pci. Nome in codice: Fonte negro. I nuovi imputati della strage verranno tutti assolti nel 2005 per insufficienza di prove.

E, come sempre, l'unica certezza rimaniamo noi, le vittime di quella scintilla, che divenne fuoco, che divenne esplosione, che divenne strazio.

Carlo Emilio Gadda
SCRITTORE, 21 MAGGIO 1973

Le mie scintille:

agnatizio | alfana | arrondimiento | ascoso
bagatto | barbugliare | barellare | benignare | biasciare | bindello | borborigmo | brogiotto | brolo | brumista | buccinare | buggerare | butirro
cachettico | cachinno | calafato | càmola | canapione | carampana | carrucolatore | casigliano | chiarità | cianfrino | cifone | cilestro | cimasa | cognazione | colmigno
decumano | diorama | disparire | drupa
ecolalìa | egofonico | elisio | embricato | emunto | eslege | euresi
fantàsima | fluitare | fogazzaroide | formidando | fregativo | frugonico
gargarizzare | gemmante | germinare | gravame
imbestiare | imbibire | incantagione | inghirlandare | ingredienza
lappa| locupletare | lontanare | lucore | ludro | lumare | lùnula
maclaurizzare | madonnaiolo | malinconioso | mandra | manovellare | maradagalese | margniffa | marpiònico | medulla | minestrante | morsura | musogonico
nagòtt | narcissico | nìvolo
obbligativo | occludere | onnubilato | opinare | ossedere
padule | pampano | pastrufazianamente | pasturante | pedagno | pervenire | piscivùlvolo | politecnicale | polla | polluto | pragma
quartato | quarantottato
rabido | racconsolare | rigutinizzato | rorido/ròrido | rubesto
sàcculo | scaricabarilistico | scarligare | sciocchezzaio | serpentesco | serruchonese | sfanalare | simultanare | sperlusciato |svergolato
tabarrello | tiglioso | torquato | trasvolare | trepestio/trepestìo
umidore
vagolare | valsente | vaporare | velocipedastro | verzicare | viscerame
zaffiro/zaffìro | zirlo

Pietro Secchia

POLITICO, 7 LUGLIO 1973

Prima che la sede fosse svenduta, negli scantinati di Botteghe Oscure erano depositati tantissimi miei documenti, relazioni, mozioni.

Sono stato la memoria storica del Pci in Italia, e il responsabile della propaganda del tesseramento dei record: più due milioni di iscritti, una cifra mai più raggiunta. È per questo che Togliatti e la maggioranza del gruppo dirigente del Pci mi vollero ai margini del partito: gli facevo paura.

E poi, loro erano per il compromesso con la Dc, io simpatizzavo per la lotta armata.

Ero un comunista duro e puro.

E infatti gli americani non mi potevano vedere.

Sono stato l'ultimo politico europeo a visitare in Cile il compagno Salvador Allende prima del colpo di Stato di Pinochet.

Al ritorno, cominciai a stare male. Ne sono convinto: gli americani mi avevano avvelenato.

Raffaele Mattioli

DIRIGENTE D'AZIENDA ED ECONOMISTA, 27 LUGLIO 1973

Il vocabolario di Carlo Emilio Gadda lo conoscevo bene, perché nel mio ruolo di amministratore delegato della Banca commerciale italiana svolsi un'intensa azione di mecenatismo culturale: finanziai riviste, istituzioni, case editrici. E ospitai Gadda, sfollato dalla Firenze bombardata della primavera del '44. Gli feci avere anche committenze e un finanziamento per *Quer pasticciaccio brutto de via Merulana*. E lui mi ringraziò dedicandomi, nel 1953, le *Novelle dal Ducato in fiamme* (1953): «A Raffaele Mattioli / despota dei numeri veri / editore dei numeri / e dei pensieri splendidi / in segno di ammirata gratitudine».

Guido Morselli

SCRITTORE, 31 LUGLIO 1973

Non c'erano mecenati per me. E gli editori rifiutavano di pubblicare i miei scritti. Vittorio Sereni mi scrisse che «la Mondadori non pubblica libri di valore», come i miei. Italo Calvino mi scrisse lettere di apprezzamento, e poi più nulla.
Non c'è forse, nella storia della letteratura contemporanea, scrittore equiparabile a me per la singolarità della vicenda e l'accanimento dell'industria editoriale nel rifiutare ogni mio tentativo di pubblicare.

«Tutto è inutile. Ho lavorato senza mai un risultato; ho oziato, la mia vita si è svolta nella identica maniera. Ho pregato, non ho ottenuto nulla; ho bestemmiato, non ho ottenuto nulla. Sono stato egoista sino a dimenticarmi dell'esistenza degli altri; nulla è cambiato né in me né intorno a me. Ho amato, sino a dimenticarmi di me stesso; nulla è cambiato né in me né intorno a me. Ho fatto qualche poco di bene, non sono stato compensato; ho fatto del male, non sono stato punito. – Tutto è ugualmente inutile.»

Oggi sono lo scrittore postumo per eccellenza. Portano il mio nome borse di studio, premi letterari, titoli di convegni.

Il colera a Napoli

29 AGOSTO 1973

Cercano ancora il vibrione.
Eppure, io non fui una catastrofe, ma una condizione naturale, uno stemma urbano. Non arrivai tramite le cozze, né con qualche marinaio. Sono cresciuto, silenzioso, nella schifezza, dentro alla *purcaria,* con le *zoccole* che vanno e vengono umide di merda e sempre affamate. Ci sono mille buchi, nei vicoli, mille fessure, e in ognuno di essi, di notte, c'è sempre un occhio d'animale che sorveglia. La colpa è del vicolo. Il vicolo è un fiume. Se piove diventa un *lavinaio.* Se va in secco ci cresce ogni genere di bestie. E tutte vorrebbero entrare a farvi visita: gatti, cani, topi, lumache, lucertole, ragni, vermi, scarafaggi, serpenti, mosche, *moschilli* e zanzare. Altro che cozze! Qui tutto è vecchio, rognoso, umido e puzzolente. Il sudiciume nel vicolo è un frutto spontaneo, fatale. Perché il vicolo è entrata, uscita, balcone, terrazzo, spazzo, pattumiera. Per vivere puliti ci vorrebbero degli acrobati. La sporcizia non è una mania, una deformazione, una tendenza. È l'eredità di un'educazione che non c'è mai stata.

E ringraziatemi: ci voleva il colera per fare un po' di pulizia, per vedere Napoli un po' più pulita.
Sì, lo sappiamo, che sono tutti luoghi comuni, insopportabili e razzisti, quelli su Napoli. Ma sotto le note di colore c'è gente che soffre, e che si ammala. Ci sono io, il colera, appunto.
E vi detto questo telegramma: il folclore è una sporca bandiera di orrori.

Anna Magnani

ATTRICE, 26 SETTEMBRE 1973

Nel 1956, appena vinto l'Oscar, il primo telegramma di rallegramenti lo ricevo da Tennessee Williams: «La verità è che ieri sera è stato il tuo trionfo. Io lo sapevo bene eppure ho dovuto faticare a convincerti. Nessuna tranne te sarebbe stata capace di impersonare Serafina così come l'ho vista, perché Serafina sei tu. Non so se riuscirò mai a smettere di scrivere personaggi per te, anche se tu li rifiuti».

Luchino Visconti mi scrive: «Anna cara, ti sono teneramente vicino prendendo parte alla tua grande, meritatissima gioia che premia ancora una volta e nel modo più clamoroso la tua vita di grande artista e il tuo generoso, autentico talento. Tutti i tuoi veri amici si stringono oggi attorno a te commossi e soddisfatti per ripeterti il loro caldo compiacimento. Brava, brava, brava. Ti abbraccio».

Burt Lancaster mi manda un mazzo di rose. Jean Renoir si congratula: «*Bravò*. Sono pieno di gioia».

Bette Davis mi telegrafa in un italiano approssimativo: «Anna carissima, io lavoro con uno italiano, Ernest Borgnine, lui vencutto. Io competo con una italiana, Anna Magnani, lei vince. Voi italiani meglio se state a casa. Seriamente. Ernest e io mandiamo tutto la nostra amore e nostri congratulazione».

Walter Audisio

PARTIGIANO, 11 OTTOBRE 1973

Cominciai a leggere il testo della sentenza di condanna a morte del criminale di guerra Benito Mussolini: «Per ordine del Comando generale del Corpo volontari della libertà, sono incaricato di rendere giustizia al popolo italiano». Credo che Mussolini non abbia nemmeno capito quelle parole: guardava con occhi sbarrati il mitra che puntavo su di lui... Su quel corpo scaricai i cinque colpi. La Petacci, fuori di sé, stordita, si mosse confusamente; fu colpita e cadde di quarto a terra. Mussolini respirava ancora e gli diressi, sempre col Mab, un ultimo colpo al cuore. Erano le 16.30 del 28 aprile 1945.

Rosa dei venti

ORGANIZZAZIONE SEGRETA, 9 NOVEMBRE 1973

Noi aspettavamo un telegramma per dare il via all'azione e vendicare anche la morte di Mussolini, perché no? O forse ci bastava meno, un segnale in codice bastava. Gli amici dei servizi ci avrebbero avvisato. Ufficialmente il nostro compito era «proteggere le istituzioni contro il marxismo», e avremmo messo fine a questa Italia dove i giovani non amavano la patria, le donne volevano l'aborto e il divorzio, gli operai tenevano in scacco le aziende. O almeno, avremmo fatto il tentativo. Altro che «Piano Solo», altro che golpe Borghese. Tutto era organizzato in sei fasi, per bene. Con ciliegina finale: fucilazione di ministri e parlamentari socialisti e comunisti, dirigenti della sinistra, vecchi comandanti partigiani.
Poi tutto fu scoperto, e le cose saltarono.
Ma, per fortuna nostra, altre organizzazioni e altre sigle erano pronte a seguire il nostro lavoro e a fare il tentativo.

Vuoi vedere che, in silenzio, ci sono riusciti?

Bruno Maderna

COMPOSITORE, 13 NOVEMBRE 1973

La mia rosa dei venti: *Serenata per un satellite*, *Musica su due dimensioni* (il primo brano in assoluto a prevedere l'interazione tra un musicista dal vivo e un nastro registrato), la *Grande aulodia* per flauto e oboe soli con orchestra, *Biogramma*, *Aura*, *Quadrivium* per quattro percussionisti e quattro gruppi d'orchestra.

Eppure né la mia vita breve e trafelata, né le mie leggendarie composizioni sono bastate a fare di me un personaggio popolare.

Sono stato uno dei massimi talenti sperimentali del secolo, ma l'Italia mi ha dimenticato.

Ordine nuovo

MOVIMENTO POLITICO, 22 NOVEMBRE 1973

La musica per noi era una: colpire, colpire, colpire!

Altro che quei ventri molli del Movimento sociale italiano, asservito alla borghesia e all'imperialismo statunitense... Chi viene al nostro fianco ha la sensazione «che è propria del combattente quando a piè fermo attende l'istante per balzare dalla trincea e gettarsi nella mischia per colpire, colpire, colpire».
Tanto che per scioglierci è necessario un decreto firmato dal ministro dell'Interno Paolo Emilio Taviani. Viene applicata la legge Scelba per «riorganizzazione del disciolto Partito fascista». Non è facile. Nel governo democristiano c'è chi ritiene quell'atto incostituzionale.
Ma un giudice, Vittorio Occorsio, è riuscito a convincere il ministro Taviani.

«L'accanimento da lui usato nel colpire gli ordinovisti lo ha degradato a livello di boia. Anche i boia muoiono» scriveremo nel volantino di rivendicazione del suo omicidio, nel 1976.

Argo 16

23 NOVEMBRE 1973

Si potrebbe davvero scrivere una storia d'Italia con tutti i rottami degli aerei misteriosamente precipitati.
E dovete mettere anche i miei, come dei punti di sospensione...
Ero un Douglas C-47 Dakota dell'Aeronautica militare.
Mi chiamavano *Argo*, come «colui che tutto vede».
Quanti segreti di Stato ho trasportato prima di cadere?

Ufficialmente, servivo per delle missioni internazionali.
In verità, trasportavo quelli di Gladio per i loro addestramenti in Sardegna.
Altro che Rosa dei venti, roba più seria: atlantica.
Gladio era la rete paramilitare pronta a entrare in azione, in quegli anni, se il Partito comunista avesse vinto le elezioni. Non ce ne fu bisogno, certo. Ma ci fu bisogno di fare molto altro.

Se non fossi precipitato, se un giudice, Felice Casson, nel 1990, non avesse aperto un'inchiesta molti anni dopo, il presidente del Consiglio, Giulio Andreotti, non avrebbe mai rivelato l'esistenza di Gladio e io sarei solo un rottame, l'ennesimo, e nulla di più.

Quelli che erano all'aeroporto di Fiumicino

17 DICEMBRE 1973

Fu la strage terroristica più grave nella storia d'Europa fino a quella della stazione di Bologna, del 1980.
Più di Piazza Fontana.
Più di Piazza della Loggia.
Più dell'*Italicus*.
Eppure oggi si tende a sorvolare, quando si parla della strage di Fiumicino e del gruppo terroristico Settembre nero.
Non ci sono commemorazioni, non ci sono contestazioni, non ci sono comitati o associazioni dei familiari delle vittime e ovviamente non ci sono fischi per il politico di turno.
Come si fa a dimenticare il più grave attentato terroristico avvenuto in un aeroporto italiano?
Molti dicono: perché poi c'è stata la strage, sempre a Fiumicino, sempre a dicembre, del 1985. E strage scaccia strage, funziona così in Italia.
Ma invece non bisogna parlare di noi, perché provoca grande imbarazzo ammettere che in quegli anni i governi italiani permettevano ai terroristi palestinesi di agire liberamente in Italia, in cambio di un impegno a non colpire obiettivi italiani.
Qualcuno lo chiama «accordo Moro».
E quel giorno, chissà come mai, saltò.

Antonio Zara

FINANZIERE, 17 DICEMBRE 1973

Accadde tutto rapidamente e con una sincronia impeccabile.
Il primo gruppo di terroristi attaccava il Pan Am 110 nel terminal di Fiumicino; il secondo gruppo si precipitava verso un Boeing 707 della Lufthansa, insieme a sei ostaggi italiani. E sotto l'aereo si trovarono davanti me: agente Antonio Zara, vent'anni, e nessuna paura.
I terroristi mi immobilizzarono le braccia e dopo avermi detto di allontanarmi mi spararono alla schiena.

In un angolo un po' nascosto dell'aeroporto Leonardo da Vinci, a Fiumicino, c'è una lapide con il mio nome.
Tutto il resto è stato sepolto.

Raffaele Cadorna

GENERALE DI BRIGATA, 20 DICEMBRE 1973

C'è sempre bisogno di eroi, anche solitari, anche incoscienti.
Noi del Corpo dei volontari per la libertà, la prima struttura di coordinamento generale della Resistenza italiana, lo sapevamo bene.
Ed è così che abbiamo salvato la Patria.

Gino Cervi

ATTORE, 3 GENNAIO 1974

Don Camillo e i giovani d'oggi doveva essere il sesto film della serie di Don Camillo interpretato da me e Fernandel. Ma non lo vedrete mai, perché il mio grande amico che faceva la parte del pretaccio morì durante le riprese, e io non me la sentii di continuare.

Eravamo i protagonisti di «storie che il grande fiume raccoglie sulle rive della Bassa e porta al mare. Favole che sembrano storie vere o storie vere che sembrano favole? Difficile poterlo stabilire… difficile».

Angelo Sorino

MARESCIALLO DI PUBBLICA SICUREZZA, 10 GENNAIO 1974

La mia poteva essere, nel suo piccolo, una favola: quella di un funzionario di Polizia che vive a Palermo, indaga sulla mafia di Palermo, negli anni settanta e riesce ad arrivare vivo alla pensione.
In effetti in pensione ci ero andato, per raggiunti limiti di età, nel 1971. Ma la passione per il mio lavoro era così tanta che avevo chiesto di poter continuare a collaborare con i miei colleghi del quartiere di San Lorenzo, che era anche quello dove abitavo.
Chi è poliziotto è poliziotto sempre, anche in pensione. Raccoglievo informazioni, e riferivo ai miei colleghi.

Finché i capifamiglia della zona dissero basta. E i giornali il giorno dopo titolarono: «Agguato mafioso al maresciallo che sapeva troppo».

Quelli che lavoravano al carcere Don Soria di Alessandria

9 MAGGIO 1974

Il carcere, visto da dentro, è un luogo di lavoro normale come tanti altri. Quel giorno noi parlavamo del referendum sul divorzio, il primo dell'Italia repubblicana. Si votava domenica, e c'era un dibattito acceso in tutto il Paese tra i pro e i contro, anche ad Alessandria. Commentavamo poi gli episodi di cronaca nera dei giornali, le bombe dei terroristi rossi e neri, e un senso di inquietudine si impadroniva di noi quando qualcuno chiedeva ad alta voce: di questo passo, dove arriveremo?

La risposta arrivò di mattina presto. Nel carcere c'era una scuola, per conseguire il diploma di geometra. Gli alunni – detenuti Concu, Levrero, Di Bona – si presentarono puntuali, in classe. Con lo zaino. E dentro lo zaino le armi.

Ci presero in ostaggio. Facevano sul serio. Ma anche il generale Dalla Chiesa faceva sul serio e non era uno che accettava condizioni dai terroristi. Partì l'assalto. L'ordine era: non mettere in pericolo la vita degli ostaggi. Ma non fu rispettato.

Concu e Di Bona
DETENUTI, 10 MAGGIO 1974

Il carcere è la morte.
Anzi, meglio la morte che il carcere.
Lo sapevano a Firenze. Al carcere delle Murate c'era stata una rivolta e la Polizia aveva sparato uccidendo a febbraio Giancarlo Del Padrone, che aveva solo vent'anni, e scontava la pena per tentato furto.
A Genova si erano ribellati i detenuti del carcere di Marassi, e il movimento fuori dal carcere appoggiava le nostre proteste.

Poi arrivammo noi.

Detenuto Concu: presente
Detenuto Di Bona: presente

Scusi, professore: il massacro mica lo abbiamo fatto noi, lo ha fatto Dalla Chiesa. Eppure fu promosso a plenipotenziario del nuovo sistema carcerario italiano...

A che gioco giochiamo, professore?

Milleluci

PROGRAMMA TELEVISIVO, 11 MAGGIO 1974

Non gioco più, me ne vado. Non gioco più, davvero.
La vita è un letto sfatto, io prendo quel che trovo
e lascio quel che prendo dietro me.
Non gioco più, me ne vado. Non gioco più, davvero.
La faccia di cemento, tu parli e non ti sento
io cambio e chi non cambia resta là.
Non gioco più, lascia stare. Non gioco più ti assicuro.
Se ti faccio male poi ti passerà
tanto il mondo come prima senza voglia girerà.
Non gioco più, me ne vado. Non gioco più, ma davvero.
Non credere ai capricci di una foglia che col vento se ne va.
Non gioco più... Non gioco più... Non gioco più...

Silvio Ferrari

STUDENTE, 19 MAGGIO 1974

Il gioco è appena iniziato.

Il 1974, nel bresciano.
A gennaio l'ordigno davanti alla porta del municipio di Concesio.
A febbraio contro la Coop di viale Liguria a Brescia.
A marzo contro la sede della Cisl di Leno.
A maggio, la bomba di piazza della Loggia, durante una manifestazione del Comitato antifascista.

Nove giorni prima salto in aria sulla mia Vespa 125 piena di esplosivo: un chilo di tritolo con nitrato di ammonio e il detonatore elettrico innescato. Con me avevo alcune copie del numero unico di *Anno Zero*, la rivista di Ordine nuovo.

Il 19 maggio 1975, in occasione del primo anniversario della mia scomparsa, alcuni amici faranno pubblicare sul *Giornale di Brescia*, un necrologio molto particolare. Le iniziali dei nomi, lette in verticale, formavano la frase: «Camerata Silvio presente».

Ma prima, fiato alle trombe, il gioco a Brescia si fa duro.

Rischiatutto

PROGRAMMA TELEVISIVO, 25 MAGGIO 1974

Fiato alle trombe, Turchetti!

Sorelle d'Italia – Piazza della Loggia, Brescia

28 MAGGIO 1974

Dov'è Giulietta, la mamma di Alfredo? E Livia, l'insegnante?
Dov'è quel tale, Euplo, dal nome così strano? E Luigi, che era venuto da Foggia?
Dove sono Bartolomeo, Alberto e Clementina, Vittorio?
L'ex calciatore, la coppia di insegnanti, l'edile appena andato in pensione.
Cercateli, cercateli in piazza della Loggia.

Erano a una manifestazione contro il terrorismo.
Finirono sulle pagine di cronaca, la sillaba del sindacalista che parlava dal palco spezzata nella sua bocca.

Io sono la tromba del giudizio, quella che ti lascia senza fiato, la risposta alla domanda: che cosa si può fare?
Semplice: solo disperarsi, come in un definitivo addio. Come nella canzone dell'anno, il primo successo di Riccardo Cocciante, che di guerre se ne intende, lui che è nato a Saigon.
Io sono come l'urlo infinito di quel cantante basso, ma con una voce da dio: «E adesso spogliati come sai fare tu / ma non illuderti, io non ci casco più».
Ecco, io sono la bomba bella e senz'anima.
Solo che nelle storie d'amore c'è sempre una porta aperta alla speranza.
Nella storia di una bomba non ci sono porte, e se c'erano sono state divelte.
C'è solo un cratere, e al centro del cratere un cartello: «Qui non è successo niente».
Neanche tre mesi e farà il botto pure un treno, giusto per abituarvi all'idea: «E adesso so chi sei e non ci soffro più / tu mi rimpiangerai, bella senz'anima».

E la tromba suona il silenzio.

Giancarlo Esposti

MILITANTE NEOFASCISTA, 30 MAGGIO 1974

Silenziosi i carabinieri arrivarono al nostro campeggio improvvisato a Pian del Rascino, tra i monti vicino a Rieti. Eravamo lì in fuga da Milano dopo gli arresti dei camerati del Movimento d'azione rivoluzionaria.
Ero militante di Avanguardia nazionale, preso di mira da un tiratore scelto perché ritenuto tra i responsabili della strage di piazza della Loggia.
La responsabilità è dei fascisti, dicevano. C'era un brigadiere che diceva di avermi visto, avevano un identikit, ed era apparso su tutti i giornali. C'è anche il movente: i neofascisti hanno fatto la strage per vendicarsi degli arresti di Milano. Parte la caccia all'uomo. Ma quel giovane che tutta Italia cercava era senza la barba, io, l'avevo lunga da un mese…

Morto, non ho potuto difendermi.

Graziano Giralucci e Giuseppe Mazzola

AGENTE DI COMMERCIO E CARABINIERE IN CONGEDO, 17 GIUGNO 1974

Neanche noi, quella mattina, abbiamo avuto il tempo di difenderci.

Sono le 9 e 30 quando due militanti della colonna veneta delle Brigate comuniste combattenti, nate da una costola di Lotta continua, si presentano come simpatizzanti del Movimento sociale all'ingresso della sede dell'Msi di Padova.
Una volta entrati estraggono all'improvviso le P38 munite di silenziatore e ci ammazzano.

È il primo omicidio rivendicato dalle Brigate rosse.
Ma per sei anni, anche sotto la spinta di articoli apparsi sul *manifesto*, l'*Avanti!*, *l'Unità*, le indagini seguono la pista nera, e ci considerano morti in un regolamento di conti all'interno della destra.

Solo nel 1980 una brigatista pentita, Susanna Ronconi, dirà la verità su quella mattina.

Gigi Ghirotti

GIORNALISTA, 17 LUGLIO 1974

Tempo e verità vanno di pari passo, e se sei un giornalista lo sai.
Quando ho saputo di avere un tumore, il morbo di Hodgkin, e che mi restava poco da vivere, ho fatto quello che potevo. A quei tempi non c'erano i blog e le malattie non erano «social» come adesso. Allora sono andato alla trasmissione televisiva *Orizzonti della scienza e della tecnica* per dire: «Ho un cancro e lo so, parliamone insieme». Sono stato l'inviato della tv nel tunnel della malattia, ho raccontato lo stato di sfascio delle strutture sanitarie pubbliche, l'isolamento dei malati.

Sorelle d'Italia – Italicus

4 AGOSTO 1974

Dov'è quel ragazzo, Silver, che faceva il controllore, per pagarsi gli studi all'università? E Tsugufumi, il turista giapponese?
Dov'è la famiglia Russo, che viaggiava sempre unita?
Cercateli, cercateli su quel treno espresso Roma-Monaco di Baviera.

Sono entrati nella galleria di San Benedetto Val di Sambro. Non sono usciti più.

Il boato spaventoso, la galleria che avvampa.
Io sono la bomba totale, quella che viaggia con te, perché non va in vacanza e ti segue ovunque.
«Il vagone dilaniato dall'esplosione sembrava friggere, gli spruzzi degli schiumogeni vi rimbalzavano su. Su tutta la zona aleggiava l'odore nauseabondo e dolciastro della morte. Le fiamme erano altissime e abbaglianti.»

Andata e ritorno, si chiude un ciclo, cominciato nel 1969, il culmine di una campagna di terrore che aveva lo scopo di portare la guerra tra la folla, colpendo soprattutto i treni.
Io sono la bomba totale, come totale è il calcio di quel genio di Joan Cruijff che un mese fa ha portato l'Olanda alla finale dei Mondiali. Danzano tutti in quella squadra che incanta il mondo.
E io sono la bomba che danza, come un portiere capace di giocare da libero, che si muove elegante fuori e dentro l'area di rigore.
E tanto mi muovo che non mi prendete.

La verità è come l'acqua di un torrente, scorre e non riesci a tenerla tra le mani. Vorresti che arrivasse da qualche parte, a una foce, una fontanella, ma non puoi decidere in quale direzione va, e la tua fontanella è lì che singhiozza…

Aldo Palazzeschi

SCRITTORE, 17 AGOSTO 1974

Clof, clop, cloch,
cloffete,
cloppete,
clocchette,
chchch…

Albe Steiner

DESIGNER, 17 AGOSTO 1974

Rivoluzioni nei versi.
E poi rivoluzioni in pagina, rivoluzioni nella vita.
Una pagina di giornale fatta bene, con una buona grafica, un marchio riconoscibile aiutano a migliorare il mondo.
Forme, colori, spazi sono importanti.
Ho lavorato con i colori.
Io ho disegnato il marchio Coop, manifesti e opuscoli per il Pci, l'impostazione grafica dell'*Unità*, tante copertine per Feltrinelli ed Einaudi, i libri scolastici per Zanichelli.
La morte di Giangiacomo Feltrinelli, nel 1972, per me fu una specie di presagio.
Mi hanno dato premi e medaglie, alcune anche importanti, in Italia, in Giappone, in Inghilterra, anche gli Oscar internazionali. Ma dopo più di 35 anni di attività di designer, mi domandavo ancora con tristezza a cosa fosse veramente servito il mio lavoro.

Junio Valerio Borghese

MILITARE, 26 AGOSTO 1974

Molli intellettuali comunisti, preda di dubbi su cosa sia giusto fare o cosa no, bravi solo a tenere in mano una penna, incapaci all'azione, prendete esempio da me.
Ex organizzatore dei mezzi d'assalto della Regia Marina, ex comandante della X Mas della Repubblica fascista di Salò, ex gerarca dell'Msi. Duce del Fronte nazionale. Nel tempo libero mi occupavo di affari: terreni, immobili, finanza.

Numerose sono le vie del colpo di Stato. La mia, quell'8 dicembre del '70, passava per tre palestre. I miei camerati erano in mille, come i garibaldini. I mille alla rovescia. Le mani gli facevano prurito. Mi ricordo ancora le loro facce deluse, quando dopo ore di attesa lanciai la ritirata: il colpo di Stato è rinviato a data da destinarsi.

Loro volevano sentire: Attacco. Io dissi loro invece: Smobilitazione.

Dovevamo conquistare, armi in pugno, il ministero dell'Interno, la presidenza del Consiglio, Palazzo Chigi, la tv pubblica.
Il testo del proclama era già pronto. L'avrei letto bene, fermo, fiero. Un appello alle «forze sane della Nazione». Avrei formato un governo di salute pubblica, inviato i miei saluti a Nixon e Franco.

I mille aspettavano i camion con le armi. Ma arrivarono solo sedie, per non farli stancare troppo stando in piedi.

Non bisogna avere le caviglie gonfie, quando si fa un colpo di Stato.

Fabrizio Ceruso

UN RAGAZZO, 8 SETTEMBRE 1974

Al diavolo i fascisti!
Come a Londonderry, come in Palestina, come in Cile!
Occupiamo le fabbriche e poi occupiamo le case!
A San Basilio la battaglia è durissima, ma il movimento è con i baraccati.
Sono persone che non hanno una casa, sono persone che hanno diritto ad avere una casa.
Con le molotov! Con i sassi!

Arrivo da Lodi con lo zainetto, su un fianco c'è scritto con un pennarello BRIGATE ROSSE, dall'altra parte PIAZZALE LORETO. Sono con i compagni del collettivo. La lotta è dura. La Polizia urla, graffia, colpisce. Spara.
Una pallottola mi colpisce in pieno petto.
Vedo i compagni caricarmi in un taxi per una corsa disperata al pronto soccorso.
Vedo il quartiere che si spegne, le strade che rimangono al buio.
Poi non vedo.
Pagherete caro! Pagherete tutto!
Una rabbia che esplode, ma non è più la mia.

Banca privata italiana

ISTITUTO BANCARIO, 27 SETTEMBRE 1974

I finanziamenti segreti di Michele Sindona al principe Junio Valerio Borghese e alle altre formazioni neofasciste sono forse, tra le mille irregolarità contabili che nascondo, quelle più innocenti.

Quando mi chiamavo Banca privata finanziaria avevo sede a Milano e un solo sportello. Poi nel 1960 arrivò Michele Sindona. Divenni il cuore del suo impero.
Il finanziere siciliano era protetto da Giulio Andreotti e dalla sua corrente democristiana, aveva stretti legami con il Vaticano – dove imperversava Paul Marcinkus con il suo Ior –, con la mafia, con la massoneria più torbida, quella P2 di Licio Gelli che verrà scoperta solo parecchi anni dopo.
Quando nel 1973 le aziende del gruppo Sindona andarono incontro al crac, cominciò la mia fine.
La Banca d'Italia mi mise in liquidazione il 27 settembre 1974. Giorgio Ambrosoli, avvocato, fu nominato commissario liquidatore.
Neanche due settimane e la magistratura milanese emise il primo mandato di cattura per Michele Sindona.
Il 25 febbraio del 1975, dopo aver completato la ricostruzione dello stato passivo della Banca privata, Ambrosoli scrive alla moglie: «A quarant'anni, di colpo, ho fatto politica e in nome dello Stato e non per un partito».
Sindona lo farà uccidere da un sicario.

Luigi Salvatorelli

STORICO, 3 NOVEMBRE 1974

Sono stato tra i fondatori del Partito d'azione. Gente pacifica ma dura eravamo, noi antifascisti piemontesi.
Se l'Italia oggi, nonostante tutto, regge, resiste è per merito nostro, che avevamo una morale semplice e chiara, senza ammiccamenti servili.

Quella nostra Italia esiste ancora, nonostante l'indifferenza e la disattenzione che la circonda.

Guido Piovene

SCRITTORE, 12 NOVEMBRE 1974

... l'Italia.

La splendida Biblioteca Malatestiana di Cesena, il cuore della cultura della Romagna.
Benevento non è Napoli, e ci tiene a farlo sapere.
Sembra che Matera si affacci a un sottosuolo scoperchiato e abitato, che nell'insieme forma una città maggiore.
Ascoli Piceno è una tra le più belle piccole città d'Italia, e non ne vedo altra che le assomigli.
Conoscere Palladio, la Basilica, la Loggia del Capitanio e gli altri attraverso gli studi è una conoscenza imperfetta. Bisogna vederlo a Vicenza.
È fantasia dei friulani che la loro terra, con le montagne della Carnia, le colline dell'Udinese, la pianura, i paesaggi lagunari lungo la costa, le diverse razze e i colori vivaci di un tempo più antico del nostro, sia per se stessa un universo nella sua varietà.
L'uomo di Siena sente più profondo di tutto, di fronte alla propria Contrada, quello che fu chiamato «il demone di appartenenza».
La Calabria sembra essere stata creata da un Dio capriccioso che, dopo aver creato diversi mondi, si è divertito a mescolarli insieme.
Un viaggio nelle Marche, non frettoloso, porta a vedere meraviglie.

Vittorio De Sica

ATTORE E REGISTA, 13 NOVEMBRE 1974

Un italiano: Vittorio Domenico Stanislao Gaetano Sorano De Sica, ciociaro, padre del neorealismo, nato nel 1901, regista di culto ma anche attore popolare, bell'uomo, quattro premi Oscar: *Sciuscià*, *Ladri di biciclette*, *Ieri, oggi, domani*, *Il giardino dei Finzi Contini*.

Un tempo ero un enorme proprietario immobiliare grazie ai proventi dei film, possessore di luoghi anche simbolici della capitale: tutta piazza Santiago del Cile, tutta via Cortina d'Ampezzo, e gli studi televisivi Dear della Rai sulla Nomentana.
L'automobile a Roma ce l'aveva la mia famiglia, ce l'aveva Gronchi, presidente della Repubblica, ce l'aveva il chirurgo Valdone e altre dieci persone. Tutto perso al tavolo da gioco, con il croupier del casinò di Sanremo (nonché papà di Eugenio Scalfari) che mi dà il viatico: nel codice dei giocatori, le centomila lire per tornare a casa quando ti sei giocato tutto (l'alternativa era spararsi, come i granduchi russi, dietro le tende).

Pietro Germi

REGISTA, 5 DICEMBRE 1974

Vittorio, che tempi, i nostri. Noi raccontavamo vizi e paure dell'Italia.

L'Italia. Marcello. Il Domenico Soriano di *Matrimonio all'italiana*; il barone Fefè nel mio *Divorzio all'italiana*.

E ci pensi le critiche a sinistra, quando non si facevano i film impegnati? Ci accusavano di «populismo storicamente sorpassato», quando in realtà, nel raccontare le furberie piccole e grandi degli italiani, eravamo solo in anticipo sui tempi.

Zummo Minotti

PENSIONATO INVALIDO, 11 DICEMBRE 1974

SIGNORI DEL GOVERNO, SCUSATE SE NON SIAMO ANCORA MORTI.

C’era scritto così su uno dei cartelli della nostra manifestazione di protesta.
Eravamo invalidi di guerra, costretti a condizioni di vita ignobili.
La Polizia ci caricò.
E non ci fu più bisogno di scuse.

Silvano Ceccherini

SCRITTORE E ANARCHICO, 21 DICEMBRE 1974

Mi chiamarono il «romanziere galeotto», o lo «scrittore con le manette», perché passai più di vent'anni in galera, tra Porto Azzurro, Pisa, San Gimignano. Risse, furti, rapine a mano armata. Scrissi la mia vita in un romanzo, *La traduzione*, su fogli di carta igienica. Mi diede la fama, e un milione di lire sul conto corrente.

Giacomo Devoto
LINGUISTA, 25 DICEMBRE 1974

Sei la ragione per qui vivo
Lisa 6 la migliore ke io abbia mai incontrato, vorrei che stassimo insieme…
Non rubbare le penne, grazzie, e gli obrelli.
Si comunica che il custode oggi è assente per motivi di saluti.
Giuseppe se tutti li diavoli avrebbero il tuo viso anche l'inferno fosse paradiso.
Prendere l'osmarino davanti casa.
Servizio funebre a prezzo calimerato.
Si prega gentilmente di non aprire il portone se non si è sicuri ha nessuno.
Cercasi cane smarrito, si offre lauda ricompensa.
Non sporgare la sciugamano
Si prega di accompagnare con la mano il palazzo anche di notte
L'ombrello va depositato all'ingresso non portato a presso.

Se rinasco ho una missione: salvare qual è dall'apostrofo.

Carlo Levi

SCRITTORE, 4 GENNAIO 1975

«Noi non siamo cristiani.»

In Sicilia, a Pachino, le operaie romene si calano nei campi dalle quattro del mattino fino a sera per la raccolta del pomodoro a quaranta euro al giorno. E venti euro in più, se soddisfano anche le voglie del padrone.

In Calabria, negli agrumeti del reggino, un ghanese è pagato mediamente tre euro l'ora. Oppure trecento euro al mese, come «rimborso spese». Non può andare a protestare dai sindacati perché non ha un contratto. Non può andare dalla Polizia perché è un «clandestino».

Nel casertano, i bambini vengono sfruttati nei campi, ridotti a schiavi, malmenati. Alcuni muoiono. Tutti sanno, nessuno parla.

Oggi.

«In questa terra oscura, senza peccato e senza redenzione, dove il male non è morale, ma è un dolore terrestre, che sta per sempre nelle cose, Cristo non è disceso.»

Canzonissima

TRASMISSIONE TELEVISIVA, 6 GENNAIO 1975

Ce n'erano di cose per cui scandalizzarsi.

E infatti gli italiani si scandalizzavano, soprattutto per due cose: l'ombelico scoperto di Raffaella Carrà, e il suo Tuca Tuca.

Ma che musica, Maestro!

Antonio Macrì

BOSS DELLA 'NDRANGHETA, 20 GENNAIO 1975

Cristo non era un dio. Io sì.
Cristo si è fermato a Eboli, perché più giù ci sono io: Zzi 'ntoni, il boss dei due mondi. Il custode della 'ndrangheta. La guardiania, il contrabbando di sigarette, gli appalti pubblici, l'alleanza con Cosa Nostra.
Ero il più mafioso tra gli 'ndranghetisti. Sognavo un'alleanza di tutte le famiglie del Sud Italia, per mettere ordine e amministrare la giustizia.

La droga, mai. E neanche i sequestri di persona per fare soldi.

Le nuove leve di Don Mommo Piromalli di Gioia Tauro e dei fratelli Di Stefano di Reggio Calabria, invece, vogliono coinvolgere le famiglie che hanno messo radici negli Stati Uniti, in Canada o in Australia, per cominciare un traffico mondiale di droga.
Mi uccidono mentre sto giocando a bocce. Due scariche di mitra, alla testa e al torace.

Funerali solenni, migliaia di persone, negozi chiusi per lutto, delegazioni da tutto il mondo, tantissimi fiori, lacrime in chiesa.

Comincia la faida di Siderno. Un «ricambio generazionale», con più di duecento morti.

Leonardo Falco e Giovanni Ceravolo

POLIZIOTTI, 24 GENNAIO 1975

Sparò con il revolver a sangue freddo contro di noi un irreprensibile geometra del Comune di Empoli, Mario Tuti, assunto con tanto di raccomandazione vescovile. Si scoprirà poi che tanto irreprensibile non era, dato che era implicato in delitti gravissimi, come l'attentato all'*Italicus*. Ma noi non lo sapevamo. Dovevamo fare solo un semplice controllo amministrativo domiciliare a un professionista con la passione per le armi.

Luigi Dallapiccola
COMPOSITORE, 19 FEBBRAIO 1975

Piccola musica notturna.

Ma per la notte della Repubblica.

Tempus Destruendi.

Mikis Mantakas

STUDENTE, 28 FEBBRAIO 1975

Nella guerra della notte della Repubblica cado anch'io.

Venivo dalla Grecia. Mio padre era antifascista, mia madre aveva il nome di una dea, Calliope. Ero arrivato in Italia per studiare medicina e avevo legato con alcuni giovani dell'Msi.

La giornata è iniziata davanti al Palazzo di giustizia: è il settimo giorno del processo per la strage di Primavalle. Noi dell'Msi abbiamo protestato fin dalla prima udienza.
All'una l'udienza è sospesa. Noi torniamo al circolo di via Ottaviano, lì arriva un corteo di sinistra che prende d'assalto la nostra sede. Due dei manifestanti sparano verso l'ingresso. Noi usciamo dal retro, per sorprenderli e liberare la sezione.
Svoltato l'angolo, vengo preso in piena fronte da un proiettile sparato da Alvaro Lojacono, nome di battaglia «Otello», militante della sinistra extraparlamentare romana.
Grazie alle coperture familiari e politiche non verrà mai preso. Farà perdere le sue tracce per due anni. Nel 1978, ucciderà nel giro di pochi mesi tre giudici e gli agenti della scorta di Aldo Moro.

Emilio Lussu

POLITICO E SCRITTORE, 5 MARZO 1975

Non è la guerra.
Fare la guerra è una cosa, uccidere un uomo è un'altra cosa.

Giuseppe Vitaliano Principe

TERRORISTA, 11 MARZO 1975

Se non è guerra è guerriglia.

Noi dei Nuclei armati proletari siamo per la «rivolta generale nelle carceri e la lotta armata dei nuclei all'esterno».
È guerriglia, bisogna parlare con i delinquenti comuni dentro le carceri, convincerli all'insurrezione, come avvenuto ad Alessandria, dare loro una coscienza politica, come le Pantere nere americane.

Bisogna saper fabbricare gli esplosivi.

Io mi sono confuso.

Domenico e Michele Facchineri

BAMBINI, 13 APRILE 1975

Noi ci confondevamo ad ascoltare le storie dei grandi. C'era una faida tra la nostra famiglia e un'altra per il controllo di alcuni pascoli nella Piana di Gioia Tauro. Bisce contro *targagni*.
Ma noi non capivamo nulla, e a scuola la parola «faida» neanche l'avevamo studiata. Anche perché ci andavamo poco, dovevamo guardare i porci.
Avevamo undici e otto anni.
Ci hanno trucidato sul greto di un torrente.

Lo capimmo morendo il significato di quella parola, «faida». A morire in quegli anni furono più di ottanta. Noi, le prime bare bianche.

Fate qualcosa, qui si ammazzano tutti, fu l'appello della nostra maestra.

Claudio Varalli
STUDENTE, 16 APRILE 1975

Qui si ammazzano tutti.

Il 12 dicembre 1969 c'era stata la strage di piazza Fontana. All'inizio si seguì la pista anarchica, poi quella dei neofascisti. Il 28 maggio del 1974 una bomba in piazza della Loggia a Brescia. Anche questa pista porta ai neofascisti.
A Milano non passa giorno che non ci siano scontri. Il 13 marzo del 1975 alcuni studenti di medicina appartenenti ad Avanguardia operaia riducono in fin di vita a colpi di chiave inglese Sergio Ramelli, studente di destra. Già, le chiavi inglesi modello Hazet 36. Loro usano questo tipo di arma. Per questo li chiamano «gli idraulici».
Il 16 aprile c'è un'altra manifestazione, per il diritto alla casa. Partecipo anch'io, con il Movimento studentesco. Al ritorno, in piazza Cavour, incrociamo tre giovani del Fronte universitario d'azione nazionale che stavano facendo volantinaggio. Parte l'assalto. Due di loro scappano. Uno, Antonio Braggion, si rintana nella sua auto. Noi circondiamo la vettura, la colpiamo, spacchiamo i vetri. Lui spara tre colpi. Cado giù con la faccia insanguinata.

Mi avete visto?

Giannino Zibecchi

MILITANTE DI SINISTRA, 17 APRILE 1975

Ti ho visto la foto è sul «Giorno»
la faccia schiacciata per terra
sembrava una foto di guerra
eppure era solo Milano.

E c'è chi non sa che la lotta
diventa ogni giorno più dura
e c'è chi lo sa ma ha paura
e canta sempre più piano.

Ma c'è pure chi non si lascia piegare
dai neri e dai democristiani
c'è chi non aspetta domani
per dire la sua verità.

E c'è chi ci lascia la vita
come hai fatto tu a diciott'anni
ucciso dagli stessi tiranni
che ci rubano la libertà.

Questa canzone l'aveva dedicata Pino Masi a Claudio Varalli.

Il giorno dopo la sua morte scendiamo in piazza a Milano.
Muoio investito da un camion dei Carabinieri.

Salvatore Satta

GIURISTA E SCRITTORE, 19 APRILE 1975

Quando muore qualcuno è come se muoia tutto il paese. Dalla cattedrale – la chiesa di Santa Maria, alta sul colle – calano sui 7051 abitanti registrati nell'ultimo censimento i rintocchi che danno notizia che uno di essi è passato: nove per gli uomini, sette per le donne, più lenti per i notabili. L'indomani, tutto il paese si snoda dietro la bara, con un prete davanti, tre preti, l'intero capitolo (poiché Nuoro è sede di un vescovo), il primo frettoloso e gratuito, gli altri con due, tre, quattro soste prima del camposanto, quante uno ne chiede, e veramente l'ala della notte posa sulle casette basse, sui rari e recenti palazzi. Poi, quando l'ultima palata ha concluso la scena, il morto è morto sul serio, e anche il ricordo scompare. Rimane la croce sulla fossa, ma quella è affar suo. E infatti nel cimitero, meglio nel camposanto dominato da una rupe che sembra una parca, non c'è una cappella, un monumento...

Sergio Ramelli

STUDENTE, 29 APRILE 1975

Alla morte non si pensa a 17 anni.
È bella Milano in primavera, penso, tornando a casa da scuola.
Parcheggio il mio vecchio motorino, un Ciao, sotto casa.
Vengo aggredito e picchiato selvaggiamente con qualcosa che sembra una spranga.
Il commando è composto da otto persone. Solamente due mi colpiscono, gli altri fanno il palo, o bloccano la strada per impedirmi di scappare.
Mi colpiscono sul cranio, sempre sul cranio. Sono chiavi inglesi quelle spranghe, pesano tre chili e mezzo.

Hazet 36. Fascista dove sei?

Rimango steso per terra. Da una finestra una signora urla.
Gli aggressori, con tutta tranquillità, si allontanano.

La mia agonia dura 47 giorni.

Non avevo fatto sgarbi a nessuno, non avevo torto un capello a nessuno.
Avevo solo condannato, in un tema a scuola, l'uso della violenza da parte delle Brigate rosse.

La mia storia fa ancora paura.

Gli abitanti di vico Reale a Taranto vecchia

12 MAGGIO 1975

A noi non fu dato il tempo di avere davvero paura, perché con la paura ci vivevamo ogni giorno.
Lo chiamavano vico Reale, nome principesco, ma era una trappola per topi.
E i topi eravamo noi, gli abitanti della città vecchia di Taranto, uno dei borghi più antichi d'Italia, case sconquassate come la nostra lingua. Abitavamo in undici in una stessa stanza. Si aspettava da tempo la «riqualificazione». Per le «malsane condizioni delle abitazioni», non passava più da queste parti neanche la processione del Venerdì santo.

Facevamo pena pure al Cristo in croce.

Tre piani venuti giù, senza preavviso.
Un rumore sordo.

(E quarant'anni dopo vico Reale, Taranto vecchia più che a un grande patrimonio somiglia a un monumentale cimitero.)

Alberto Brasili

STUDENTE, 25 MAGGIO 1975

Il pensionato ucciso per caso.
Lo studente ucciso per motivi estremamente futili: io.
Indossavo eskimo e jeans, avevo barba e capelli lunghi. Agli occhi dei militanti di destra che erano in piazza San Babila, a Milano, ero dunque un comunista.

Come scrive Mario Capanna: «I militanti di destra avevano eletto nel cuore di Milano piazza San Babila, a quattrocento metri in linea d'aria dalla Statale e da piazza Duomo, come loro luogo di ritrovo e base permanente di provocazioni e spedizioni punitive… bastava transitare per San Babila con un eskimo addosso o avere una barba o portarci in tasca non dico *l'Unità*, ma qualsiasi giornale che non fosse *La Notte* per essere bastonati e, sempre più spesso, accoltellati. Sovente venivano distribuiti volantini contro il Movimento studentesco e il sindacato: chi li rifiutava o li accettava ma, appena visto il contenuto, li buttava via, veniva circondato e aggredito brutalmente».

Degli aerei militari Lockheed C-130 Hercules

MAGGIO 1975

Tra i militari girava questa filastrocca:

Il maresciallo di fureria
è il più ladro che ci sia.
Però quello di cucina
anche lui filibustiere
è il ladro del furiere.

Non sapevamo che più in alto si andava, più ladri c'erano.

Mara Cagol

TERRORISTA, 5 GIUGNO 1975

La mia vita? L'apprendistato politico all'Università di Trento, passando per il trasferimento a Milano, la fondazione delle Brigate rosse – il nome l'ho scelto io – assieme a mio marito Renato Curcio, fino ad arrivare alla morte, nel 1975.

Nell'ultima lettera ai miei genitori scrivo: «È giusto e sacrosanto quello che sto facendo, la storia mi dà ragione come l'ha data alla Resistenza nel '45. Ma voi direte, sono questi i mezzi da usare? Credetemi non ce ne sono altri. Questo stato di Polizia si regge sulla forza delle armi e chi lo vuol combattere si deve mettere sullo stesso piano... Oggi, in questa fase di crisi acuta occorre più che mai resistere affinché il fascismo sotto nuove forme "democratiche" non abbia nuovamente il sopravvento. Le mie scelte rivoluzionarie dunque, nonostante l'arresto di Renato, rimangono immutate».

Nel referto dell'autopsia è scritto: «Ferita da arma da fuoco con caratteri di entrata alla regione mediale del cavo ascellare sinistro con alone ecchimotico circostante e ferita da arma da fuoco con i caratteri di uscita sulla linea ascellare posteriore destra pressoché orizzontale rispetto al foro di entrata».

Sulla collina dove sono stata uccisa, ogni anno qualcuno porta fiori per me.

Giovanni D'Alfonso

APPUNTATO, 11 GIUGNO 1975

Anche quest'anno qualcuno ha portato dei fiori per Mara Cagol.
E un fiore per me, no?

Lo merito, anche perché la nostra indagine sul rapimento dell'industriale Gancia fu rapida e brillante.
Trovammo subito le auto dei rapitori, ed erano vicino alla Cascina Spiotta, nei dintorni di Acqui Terme. Uno di loro poi aveva fatto un incidente. Insomma, in poche ore Dalla Chiesa aveva capito che erano stati dei brigatisti, e che erano lì vicino.
Quando siamo usciti in pattuglia ho detto ai miei colleghi giovani: voi state in caserma.

Alla cascina non c'era nessuno di guardia. Bussammo, nessuno rispose. Dall'interno però giunse il rumore di una radio. Nel vano della porta si affacciò un uomo sui trent'anni. Aveva la mano destra ancora all'interno. Lo vidi strappare con i denti la sicura della bomba e lanciarla. I brigatisti, l'uomo e la donna, irruppero fuori sparando.

Dopo il violentissimo scontro a fuoco restiamo a terra in due: la brigatista che non si sa ancora chi è, e io, l'appuntato D'Alfonso.

Pochi minuti durò lo scontro a fuoco.
20 ore il sequestro di Gancia.
87 ore la mia agonia.

E nessun fiore, sulla collina, per me.

Francesco Ferlaino

MAGISTRATO, 3 LUGLIO 1975

Per me i colpi furono due, alla schiena, mentre stavo rincasando, a Lamezia Terme.

È stata la mafia, dissero, perché Ferlaino è stato presidente del primo maxiprocesso alla mafia, quello che, per «legittimo sospetto», da Palermo fu spostato a Catanzaro.

No, sono state le 'ndrine, perché Ferlaino ha fatto arrestare i responsabili dei sequestri a scopo di estorsione di quegli anni.

Questo si disse, e tanto altro ancora.

Ma né mandanti né esecutori sono stati mai individuati.

La Fiat 500

AUTOVETTURA, 4 AGOSTO 1975

Sono stata un mito. Elio e le Storie Tese mi hanno dedicato una canzone:

Come faranno quattro elefanti a stare in una Cinquecento?
Due davanti e due di dietro.
Come farò a far l'amore in Cinquecento,
con te davanti e il cambio dietro
turbato dal presentimento di
Cinquecento casse integrazioni,
Cinquecento bei milioni,
Cinquecento voti alle elezioni?

Cinquecento,
coi tuoi problemi di avviamento,
quell'avventura del momento.
Cinquecento, brum bruuuuuuum.

Cinquecento,
in camporella Cinquecento.
E il posteggio è facilitato.

Rosaria Lopez

STUDENTESSA, 30 SETTEMBRE 1975

Non è una 500 ma una 127. Posteggiata in via Pola.
Dall'auto giungono dei lamenti. Attirano l'attenzione dei passanti. Con l'intervento di un metronotte viene aperto il baule dell'auto. L'immagine che si presenta agli occhi dell'uomo è sconvolgente: due donne nude, coperte di sangue.
Siamo io e Donatella.
Donatella è ancora viva.

C'è chi cita quel film, *Arancia meccanica*, c'è chi dice che dietro il nostro massacro si nasconde una regia politica eversiva. Chissà, forse aveva ragione Pier Paolo Pasolini: «la criminalità dei neofascisti pariolini e dei teppisti sottoproletari ha un'identica origine: la distruzione dei valori tradizionali».

Negli anni settanta tutto assumeva connotazioni politiche. Ma non ci sono parole né spiegazioni logiche per raccontare quelle 36 ore di violenza – due notti e un giorno –, sopraffazione e morte al Circeo.

Mario Zicchieri

STUDENTE, 29 OTTOBRE 1975

«Avremmo voluto ammazzarne il più possibile. Dio se avremmo voluto! Ma non potevamo piazzare bombe o fare massacri. Li cercavamo, i fascisti, ma acchiapparli uno a uno non era un'impresa facile. Facevamo qualcosa, ma nulla in confronto a quello che avremmo voluto.»

È tutto così assurdo, senza logica.
Sono stato assassinato da un commando di terroristi vicini alle Brigate rosse mentre stavo per aprire la sezione del Movimento sociale italiano nel quartiere di Prenestino, a Roma. La mia morte fu voluta «per incutere terrore ai militanti di destra».
Nessuno è stato mai punito. Come per altri giovani attivisti missini degli anni settanta. Eravamo morti di serie B, non valeva la pena indagare troppo a fondo. E poi, uccidere un fascista non è reato, ed era normale che i terroristi di sinistra avessero il loro battesimo del fuoco sparando su ragazzini inermi davanti la sezione dei nemici…

Antonio Corrado

DISOCCUPATO, 29 OTTOBRE 1975

E io? Che non c'entravo nulla?
Se la violenza politica è assurda, quella che colpisce per errore come si può definire?
I neofascisti organizzano una ritorsione per vendicare la morte di Mario Zicchieri, mi scambiano per un dirigente di Lotta continua.
Mi uccidono sotto casa.

Non facevo attività politica.

Mi piacevano altre cose, per esempio andare al cinema.

Pier Paolo Pasolini

POETA, SCRITTORE, REGISTA, 2 NOVEMBRE 1975

Io sapevo. Ma non avevo le prove. Non avevo nemmeno indizi.

Voi adesso sapete. E avete anche le prove.

Eppure state muti.

Un campetto di calcio

2 NOVEMBRE 1975

Proprio lui, che amava il calcio, ed era anche bravo, doveva essere ucciso qui.
E io divento camposanto di un corpo solo, sul litorale a sud di Roma, di un corpo orrendamente sfigurato, il viso deturpato e otto costole rotte.

Nella mattina di quella domenica non ci sono partite, ma la silenziosa custodia di un uomo morto, vicino alla foce del Tevere, in questa landa desolata con qualche bassa costruzione tra strade dissestate e pozze fangose.

Muore così un poeta?

Io so. L'omicidio e il colpevole.

Ma vi sembra quello il cadavere atterrato e colpito selvaggiamente da un pischello di diciassette anni?
Ma non avete visto che sulla mia terra ci sono delle tavolette sporche di sangue? E che nel sedile dell'auto c'è un maglione verde che non è mai stato suo?

Il progetto di un libro

2 NOVEMBRE 1975

Quando Pasolini muore io sono solo una struttura fitta di appunti. *Petrolio* è il mio il nome.

«Ho iniziato un libro che mi impegnerà per anni, forse per il resto della mia vita. Non voglio parlarne, però: basti sapere che è una specie di "summa" di tutte le mie esperienze, di tutte le mie memorie.»

Per lui ero un libro molto importante. Avrei dovuto oltrepassare le duemila pagine.
Verrò pubblicato, sotto forma di appunti incompleti, nel 1993, diciotto anni dopo la sua morte.

«Nulla è più anarchico del potere, il potere fa praticamente ciò che vuole e ciò che vuole il potere è completamente arbitrario, o dettato dalle sue necessità di carattere economico che sfuggono alla logica comune.»

Carmine Apuzzo e Salvatore Falcetta

CARABINIERI, 27 GENNAIO 1976

Non pensate a noi, che ormai siamo morti.
Pensate ai vivi.
Non fate l'antimafia con in bocca i nomi delle vittime.
Fate l'antimafia per i vivi.

Liberatevi dagli slogan, dai nomi delle vittime di mafia imparati a memoria come una litania. Non risorgono, state tranquilli, ad alta voce o ripetuti nel silenzio, non tornano, non torniamo. Liberatevi dagli slogan: «Chi ha paura muore ogni giorno», «Un giorno questa terrà sarà bellissima», il «Fresco profumo di libertà» tanto caro a Paolo Borsellino, e via dicendo...

A proposito, voi il profumo di libertà non lo conoscete. Vi siete illusi di averlo respirato, ma non è vero. Perché nei vostri piccoli e grandi compromessi liberi non siete, e non volete anche esserlo. Vi piace l'antimafia da parata, non quella che vi invita a prendere per mano la vostra vita e a rivoltarla come un calzino.

C'è una persona che potrebbe spiegarvelo cos'è, davvero, il fresco profumo di libertà. Si chiama Giuseppe Gulotta. È stato accusato, ingiustamente, della strage di Alcamo Marina, quella in cui, il 27 gennaio 1976, siamo stati trucidati. Gulotta, che non c'entrava nulla, fu scelto come capro espiatorio. Aveva 19 anni. È stato dichiarato innocente dopo 22 anni di carcere e 36 anni di calvario giudiziario. La sua storia interroga molta parte dell'antimafia di questo Paese. Perché tra gli uomini che lo torturarono, che lo costrinsero a firmare una dichiarazione falsa, che si girarono dall'altra parte di fronte alla sua richiesta di aiuto, ci sono nomi che nell'antimafia ci hanno fatto carriera. E perché ad Alcamo Marina si intrecciano tanti misteri – ancora oggi non risolti – del nostro Paese.

Ecco, se volete capire cos'è il fresco profumo di libertà dovete chiederlo a lui, al risorto Beppe Gulotta. Lui sì che lo sa.

Altrimenti continuate a fare l'antimafia che ha in bocca i nomi dei morti, ma che si dimentica i vivi.

Una pellicola
29 GENNAIO 1976

Anche nella mia storia c'è un giudizio mutato negli anni.

Un pretore mi condannò al rogo per «immoralità e pornografia», al termine di un processo cominciato quattro anni prima, nel 1972, ancora prima di *Salò* di Pasolini.

«Esasperato pansessualismo fine a se stesso» diceva la sentenza.
«Bruciate quei negativi.»

Oggi, invece, chi guarda *Ultimo tango a Parigi* si commuove.

Alberto Mondadori

EDITORE, 14 FEBBRAIO 1976

Mio padre Arnoldo aveva fondato un impero, e scandiva la sua vita con i tempi delle rotative dei giornali e delle collane editoriali in uscita.
Io cercavo invece di avere il coraggio di guardare ancora oltre, e come responsabile editoriale della Mondadori ho intrecciato rapporti con Ernest Hemingway, Georges Simenon, Thomas Mann, Orson Welles.

Ma mio padre mi bloccava: troppo elitario, troppo di sinistra.

Pietro Valdoni

CHIRURGO, 23 NOVEMBRE 1976

Sono considerato il caposcuola della cardiochirurgia italiana. Tra i miei pazienti illustri anche Palmiro Togliatti. Lo salvai io quando un giovanotto, Antonio Pallante, gli esplose contro tre colpi di pistola mentre lui e Nilde Iotti uscivano da Montecitorio.
Il segretario del Pci si ristabilì prontamente.
Il mio conto fu particolarmente salato.
Quando consegnai a Togliatti la busta con il saldo del mio onorario, lui mi disse: «È denaro rubato».
Replicai, gelido: «Grazie. La provenienza non mi interessa».

Giuseppe Muscarella

COLTIVATORE E SINDACALISTA, 4 MARZO 1976

Era lo stesso Paese che discuteva di censura, che leggeva Hemingway e Sartre, dove si facevano dibattiti sul femminismo e la medicina faceva passi da gigante.
Era lo stesso Paese mio, io però mi spostavo con il mulo fra i terreni dei contadini nelle campagne vicino a Palermo per dire loro che dovevano ribellarsi alla mafia, che imponeva pure i concimi e i fertilizzanti.

Sul mulo ogni giorno: all'andata, che il sole non era ancora spuntato, al ritorno, dopo aver mangiato un pezzo di formaggio e una cipolla.
Lo stesso Paese.
Sul mulo quando mi hanno sparato alle spalle. Due fucilate.

Il mulo lo hanno impiccato.

Quelli che erano sulla funivia del Cermis la prima volta
9 MARZO 1976

Un'unica testimonianza, quella della sola superstite, la ragazzina di 14 anni che era in gita con la scuola e che si salvò per miracolo.
Pensava di morire, e invece da quel giorno la sua vita cambiò.

Raccontò dello schiocco che sentimmo tutti, come il rumore sordo del muscolo di un'enorme lingua che si scioglie.

E poi l'urlo.

La cabina che cade sul fianco della montagna dopo un volo di duecento metri, continua a correre sul terreno. Si ferma su un campo d'erba.

Aggiunge la ragazzina: da quel giorno non sono più andata a sciare.

La prima volta è una disgrazia.
La seconda, venti anni dopo, sarà invece follia.

Luchino Visconti

REGISTA, 17 MARZO 1976

La terra trema
Bellissima
Senso
Rocco e i suoi fratelli
Il Gattopardo
Boccaccio '70
La caduta degli dei
Morte a Venezia
Ludwig

La mia unica testimonianza d'amore furono vita e cinema.
Non è vero che nei miei film non c'è fede, non c'è sogno; bisogna saperli vedere. Sono storie di vinti, ma avete in mente *La terra trema*?

«Oggi siamo stati sconfitti, ma domani saremo tutti insieme e ce la faremo.»

Giuseppe Genco Russo

BOSS MAFIOSO, 18 MARZO 1976

Noi non saremo mai sconfitti, perché abbiamo la capacità di cambiare prima dei tempi, anzi, di dettare i tempi, e quasi quasi anche le mode. Ogni generazione ha la sua mafia, ogni mafia ha i suoi boss. E i boss hanno il loro capo.

Il 12 ottobre del 1957 all'Hotel delle Palme, a Palermo, ci eravamo riuniti noi, i capi delle più potenti cosche siciliane, insieme ai rappresentanti delle famiglie italoamericane, per decidere gli affari degli anni successivi. Decidemmo di trasformare la Sicilia nella nuova base logistica per la diffusione della droga in America. La riunione durò cinque giorni. Ma *quannu ci sunnu troppi cani supra un ossu, beato chiddu chi o stari arrassu*. Sapevo già che sarebbe iniziata la guerra...

Perché io queste cose le sapevo. Io ero Genco Russo, il re della mafia. Lo dissi pure al giornalista Giuseppe Fava, quando venne a intervistarmi a casa. A Mussomeli, in provincia di Caltanissetta, quando comandavo io non c'era un omicidio, uno schiaffo, un furto: tutto procedeva nell'ordine.

Eravamo tutti insieme, e ce la facevamo. Perché lo volevo io.

Enrico Pedenovi e Gaetano Amoroso

AVVOCATO E STUDENTE, 29 E 30 APRILE 1976

Noi non c'entravamo nulla, l'uno con l'altro. Anche qui, sulla collina, le nostre sono vite diverse.

Eppure è un unico fiato.

L'uno ucciso per vendicare l'altro. Che era stato ucciso per vendicare qualcun altro, e così via, fino all'origine del male, che non si vede, non si conosce. Dove comincia l'odio? Lo si sapesse, si andrebbe alla fonte, con un nodo scorsoio, a fermare il primo gemito di dolore, il primo «è stato lui».
Chi ha sparato per primo? Chi ha tirato la prima pietra?
Bastava che il tuo nome fosse nell'elenco di qualche giornale, su un volantino, e la tua vita poteva finire da un momento all'altro. Mentre portavi a passeggiare il cane o eri tu a pisciare in strada. Mentre andavi al lavoro in macchina, oppure andavi a piedi a messa.

Qualcuno avrebbe vendicato la tua morte. Questo lo sapevi.
Ma non ti importava un granché.
E in pochi lo capivano. Quindi ti mettevano in bocca sentenze di morte mai pronunciate.

Al rumore dello sparo sapevamo che ci avrebbero vendicato. Ma non ci importava.

L'ultimo pensiero è sempre per i figli, per le persone amate, i genitori.

Mica per i compagni, i camerati o la causa.

Barcollando – Friuli

6 MAGGIO 1976

L'Orcolat ci sorprese verso sera.

Chi sfuggì alla sua furia imparò una parola antica e nuova, anastilosi: raccogliere ogni pietra, numerarla, ricollocarla al suo posto.

Visitate oggi uno dei paesi che fu raso al suolo. Gemona, per esempio. Potete fotografare il duomo, passeggiare sotto i portici di via Bini.
Sembrano così com'erano prima del 6 maggio 1976.
Quello che il terremoto ha frantumato, gli scampati hanno ricostruito pezzo per pezzo.

Tranne le nostre vite, quelle non si ricompongono.

Luigi Di Rosa

MILITANTE DEL PCI, 28 MAGGIO 1976

Per noi ci vorrebbe un'anastilosi. Qualcuno che, come pietre raccolte per terra dopo un terremoto, ci ricollocasse al nostro posto, per dire ognuno la nostra storia.

A giugno ci sarebbero state le elezioni politiche, comizi e manifestazioni non si contavano.
Nella mia città, Sezze Romano, nell'Agropontino, centro tradizionalmente antifascista, quel giorno venne a fare un comizio l'onorevole Sandro Saccucci, esponente del Movimento sociale italiano, con i soliti fedelissimi. Arrivano in piazza, salgono sul palco armati di bastoni e pistole. Quando Saccucci dice: «Noi siamo un partito dalle mani pulite!», la reazione della piazza è immediata, si alzano fischi e canti partigiani. Lui si innervosisce: «Non volete sentirmi con le buone? Mi sentirete con queste!». E spara, spara, spara. La gente fugge. Lui salta in auto e con i suoi uomini corre fuori dal paese, continuando a esplodere colpi.

Uno mi colpisce.

A giugno Saccucci verrà rieletto in Parlamento con il doppio dei voti. A luglio la Camera ne autorizzerà l'arresto per il mio omicidio. Ma lui fuggirà all'estero.

Una carriera fortunata, dopo aver alzato il tiro...

Francesco Coco

MAGISTRATO, 8 GIUGNO 1976

Le Brigate rosse avevano alzato il tiro nell'aprile del 1974 quando sequestrarono un giudice, Mario Sossi, e chiesero, come richiesta per il suo rilascio, la liberazione dalle galere di otto membri del gruppo XXII Ottobre, tra cui Mario Rossi, quello che aveva ucciso quel povero fattorino di Genova, Alessandro Floris. La Corte d'assise d'appello di Genova fu favorevole allo scambio. Io, che ero procuratore della Repubblica, mi opposi. Non approvavo la trattativa con le Br, ed ero contrario allo scambio di ostaggi.

Le Br mi uccisero insieme a due uomini della scorta, mentre camminavo verso casa su un caruggio in salita, sotto un sole cocente. Fui il primo magistrato assassinato dalle Brigate rosse: una morte così lontana, che anche Wikipedia mi dedica una scarsa paginetta.

Nei cortei del '77 risuonò tante volte lo slogan «Coco Coco, è ancora troppo poco...»: quelli erano gli uomini, e i tempi.

Mia moglie, dopo qualche anno, dovette telefonare personalmente al presidente della Repubblica Leone per farsi riconoscere la pensione: «Per favore, ho tre figli, dobbiamo pur mangiare...».

Per favore, aggiungo io, dopo tanti anni, è possibile sapere i nomi di chi mi ha ucciso?

Antioco Deiana e Giovanni Saponara

CARABINIERI, 8 GIUGNO 1976

Quelli erano gli uomini e i tempi, procuratore Coco. E se oggi non c'è memoria e non c'è giustizia per lei, pensi cosa rimane di noi, che eravamo i suoi angeli custodi, l'autista e il brigadiere di scorta.

Non abbiamo neanche una pagina su Wikipedia.

Alfredo Maisto

BOSS DELLA CAMORRA, 24 GIUGNO 1976

Ahahah… Su Wikipedia mi hanno dedicato parole lusinghiere. «Uno dei più noti capi della camorra precutoliana» c'è scritto, quasi fossi una specie di imperatore romano.

Prima di Raffaele Cutolo, dei Bardellino, dei Nuvoletta, prima dei boss rampanti e disposti a tutto, c'eravamo noi, i guappi, quelli della vecchia camorra. Io, Don Alfredo, avevo in mano il commercio del mercato ortofrutticolo a nord di Napoli. E in poco tempo, negli anni cinquanta, mi ero guadagnato i galloni di boss dei boss nel napoletano.

Sono l'unico caso nella storia criminale napoletana di un boss morto nel suo letto. Una trombosi cerebrale arrivò prima dei killer. I miei tre figli non avranno la stessa fortuna.

Quattro ragazzini a Catania
7 LUGLIO 1976

Figli di madri senza fortuna.

Nel registro di classe, assenti.
Avevamo 13 anni e la nostra scuola era la strada, sapevamo fare già molte cose dei grandi.

Noi, pronti.
Come quasi tutte le mattine, ci aggiravamo sulle nostre Vespe 50 nei pressi del mercatino del quartiere di San Cristoforo, a Catania.

La signora anziana, goffa.
In una mano i sacchetti della spesa, nell'altra la borsa penzolante. Era pronta anche lei, insomma.

L'azione, rapida.
Il copione solito: la signora resiste, cade a terra, si rompe un braccio, magari. Ma noi già siamo lontani.

Il bottino, misero.
Poche lire. Chiavi di casa, santini, un rosario. Una carta di identità con il nome Santapaola. Quel Santapaola.

La punizione, esemplare.

Vittorio Occorsio

MAGISTRATO, 10 LUGLIO 1976

Per loro fu una punizione esemplare: «La giustizia borghese si ferma all'ergastolo. La giustizia rivoluzionaria va oltre. Un tribunale speciale del Movimento per l'ordine nuovo ha giudicato Vittorio Occorsio e lo ha ritenuto colpevole di avere, per opportunismo carrieristico, servito la dittatura democratica, perseguitando i militanti di Ordine nuovo».

Mi uccisero di sabato, sotto casa, ultimo giorno di lavoro prima delle ferie. Stavo andando in tribunale e mi trovai davanti due uomini armati di una mitraglietta Ingram: gli estremisti di destra Pierluigi Concutelli e Gianfranco Ferro.
Ero titolare delle inchieste sulla P2 e la formazione fascista Ordine nuovo. Nel 1973 ne avevo ottenuto lo scioglimento, e non era stato facile. A ottobre ci sarebbe stato un nuovo processo, per accertare i legami tra neofascisti, logge segrete, servizi deviati.

Trentadue giorni dopo il procuratore Coco a Genova, cadeva il secondo giudice per mano terrorista in Italia.

Ma stavolta è una mano nera.

Domenico Tripodo

BOSS DELLA 'NDRANGHETA, 26 AGOSTO 1976

Come le dita di una mano.
Io, Don Mommo Piromalli, Antonio Macrì eravamo i potenti capibastone della 'ndrangheta.
Tenevamo stretta nel pugno Reggio e la Calabria tutta, stringevamo alleanze. Io ero compare d'anello di Totò Riina, quando nel 1974 si sposò.

Poi arrivarono i moderni, patiti del traffico di droga e dei sequestri di persona.
Noi della vecchia guardia dicemmo di no, che non ci andava. Noi guardavamo agli appalti e al contrabbando.
Finì con la guerra, e io finii in galera. Il posto meno sicuro: il carcere di Poggioreale a Napoli. Fu la Nuova camorra organizzata di Raffaele Cutolo a uccidermi, per fare una cortesia ai De Stefano, che con loro dividevano il traffico di droga. Gli diedero cento milioni.
Mi massacrarono a coltellate mentre dormivo. Ma ho avuto la forza di alzarmi dalla branda e di chiudere in cella con me i due che erano stati scelti per farmi fuori.
L'indomani il secondino li trovò tremanti e piangenti accanto al mio corpo, infami.

Arrigo Benedetti

GIORNALISTA, 26 OTTOBRE 1976

La mia è stata un'avventura intellettuale novecentesca. Sono quello che in Italia ha inventato – e reinventato – i giornali.

Subito dopo la Liberazione, nell'estate del '45, a Milano, fondai *L'Europeo*, il settimanale grande come un lenzuolo che seguiva con spregiudicatezza il consolidarsi della democrazia in Italia e l'inattesa industrializzazione, a fianco della borghesia più illuminata.
Lo lasciai quando l'editore Rizzoli decise di farne un prodotto più popolare, e dopo un anno un nuovo settimanale è già pronto: si chiama *L'Espresso*. Lo dirigo fino al '63, continuo a collaborare fino al '67, quando litigò con il nuovo direttore, Eugenio Scalfari, sulla Guerra dei sei giorni.

L'ultimo giornale che dirigo è *Paese Sera*, quotidiano fiancheggiatore del Partito comunista. Eppure la mia raccomandazione sarà soltanto una: più giornalismo, meno ideologia.

Lotta continua

MOVIMENTO POLITICO, 5 NOVEMBRE 1976

Sei
Il numerone
Cinque più uno
Cinque più il numero jolly
Ambetto
10 e lotto
Superenalotto
Lotto on line
L'estrazione del martedì
L'estrazione del giovedì
Win for Life
L'ambetto, l'ultima novità

C'era l'Italia di Lotta continua.

Oggi c'è quella del lotto continuo.

La circolare Malfatti

3 DICEMBRE 1976

Nascere di questi tempi è un piccolo morire.

Mi firmò il ministro della Pubblica istruzione del governo Andreotti, Franco Maria Malfatti.
Siccome nelle università c'erano troppi studenti, veniva introdotto il numero chiuso, il divieto di dare più esami di una stessa materia, venivano aumentate le tasse.

Cominciò così il '77. A dicembre.

Uno strano movimento, di strani studenti.
A gennaio gli studenti di Palermo occuperanno la facoltà di Lettere. Il 31 verranno bloccate le attività didattiche in tutte le università italiane.
Manifestazioni, cortei, assemblee.
A Roma ci sono scontri e feriti gravi ogni giorno.
«Pagherete caro! Pagherete tutto!»
Il Pci si schiera con le forze dell'ordine, e romperà con il Movimento.
Al segretario Luciano Lama, il 17 febbraio, verrà impedito di parlare. È la famosa «cacciata di Lama» dalla Sapienza.
A marzo verrà ucciso a Palermo Francesco Lorusso, 25 anni, durante una manifestazione.
Qualche giorno dopo l'università di Bologna verrà sgomberata con i mezzi blindati inviati dal ministro dell'Interno, Francesco Cossiga.
E poi…

Ciccio Vinci

STUDENTE, 10 DICEMBRE 1976

Mi uccisero per un errore, in un episodio legato alla faida di Cittanova. Avevo 18 anni, ero dirigente della Giovanile comunista e fiero avversario delle cosche della 'ndrangheta. «Bisogna spezzare questa ragnatela che ci opprime» avevo detto durante un'assemblea studentesca.

Voi pensate che in Calabria non possa spuntare mai nulla di buono. E invece dopo il mio omicidio scesero in piazza migliaia di giovani e si misero a urlare sotto casa del boss.

Fu la prima manifestazione giovanile spontanea contro la mafia mai svolta in Italia.

Prisco Palumbo e Martino Zichittella

POLIZIOTTO E TERRORISTA, 14 DICEMBRE 1976

Abitavamo nello stesso Paese, ma sotto cieli diversi, e diverso era anche il dio di ognuno, del poliziotto come del terrorista.

Ogni tanto, come un improvviso temporale, capitava che i nostri cieli si scontrassero.
Come quel giorno.

I terroristi dei Nuclei armati proletari che organizzano un attentato per eliminare il vicequestore Alfonso Noce. Che aspettano che esca fuori dalla sua abitazione. Che aprono il fuoco con le pistole automatiche.

Il poliziotto che interviene e viene ferito a morte.
Il terrorista che per sbaglio viene colpito dai suoi stessi compagni.

Il cielo che torna sereno, dopo la tempesta, come vuole il poeta e come dicono i proverbi.

Fino al prossimo temporale.

Walter Alasia

TERRORISTA, 15 DICEMBRE 1976

Il barometro segnava tempesta, non ci voleva Bernacca per capirlo.

Avevo vent'anni. Ero un ragazzo normale, con una famiglia normale e un lavoro normale, alle Poste. Ma ero arrabbiatissimo. E Renato Curcio fu il primo a capirlo. Scoprii la politica. E la politica mi divorò.

Per capire chi e cosa sono stato per la storia delle Brigate rosse dovete considerare che una delle più importanti colonne, quella milanese, ha portato il mio nome proprio dal giorno in cui i poliziotti mi uccisero in un conflitto a fuoco. Vennero a prendermi a casa. Loro non spararono, io sì. Due fatti fuori. Mi colpirono poi mentre fuggivo.

Sergio Bazzega e Vittorio Padovani

POLIZIOTTI, 15 DICEMBRE 1976

A noi la Polizia non ha intitolato nessuna colonna, squadra, divisione speciale. Giusto un giardino, nel 2010, e le solite medaglie alla memoria. Un brigatista ucciso diventa un martire per i suoi, un poliziotto ucciso è un morto sul lavoro che crea rabbia e sdegno per pochi giorni, e poi diventa, semplicemente, statistica.

Eppure anche noi eravamo ragazzi normali, con famiglie normali e un lavoro normale, nella Polizia. E con un normale senso del dovere, che ci spinse a fare irruzione a casa di Walter Alasia e a non rispondere al fuoco, dato che c'erano con lui i genitori e il fratello.

Ci ha ucciso quello, il senso del dovere.

Bianca Gritti Daller

INSEGNANTE, 16 DICEMBRE 1976

Dimenticata io, come la bomba che mi ha ucciso.

Anche Brescia sembra aver dimenticato Piazzale Arnaldo. Forse perché Piazza della Loggia, due anni prima aveva già occupato tutta la toponomastica del dolore. E altro non si poteva sopportare.
Ma l'obiettivo era sempre quello: il terrore.
«Mi fu detto di porre l'ordigno in una zona di traffico... Il loro obiettivo era gettare terrore a Brescia» dirà uno degli esecutori.
È sempre strategia della tensione.
Ma la città non ricorda.
Il piazzale neppure. Là, contro la colonna, dove scoppiò la bomba, nel fazzoletto di terra tornato alla luce dopo la disintegrazione della pavimentazione in pietra, qualcuno addirittura in passato ebbe l'idea di piazzarci un portarifiuti.

Bomba dimenticata. Eppure, a differenza di Piazza della Loggia, questa bomba ha una verità giudiziaria svelata.

Ma la verità ha perso, nella lotta contro l'oblio.

E come l'altra bomba, anche qui, alla fine, non è successo niente.

Carosello

1° GENNAIO 1977

È passata l'età del bronzo, come l'età del ferro. È finita la televisione in bianco e nero. E addio Carosello.

Con la mia fine si chiude la tv del rito: «Dopo Carosello tutti a nanna!». E adesso invece i bambini vanno a letto quando vogliono, e il confine tra la veglia televisiva e il sonno si sposta sempre più avanti, sempre più avanti, fino a colonizzare tutta la notte, trovando sempre nuove scuse.

Achille Campanile

SCRITTORE E UMORISTA, 4 GENNAIO 1977

LE SCUSE TROVATE MALE

Personaggi:

IL SIGNORE COMPLETAMENTE CALVO
SUA MOGLIE

La scena si svolge nella casa del SIGNORE COMPLETAMENTE CALVO.

È notte. IL SIGNORE COMPLETAMENTE CALVO *rincasa a tarda ora. È stato a divertirsi con donne e teme che* SUA MOGLIE *gli faccia una scenata. Infatti la donna lo aspetta nervosa, con un viso che non dà a presagire la migliore delle accoglienze.*

IL SIGNORE COMPLETAMENTE CALVO *è completamente calvo. La sua testa sembra una palla di bigliardo.*

LA MOGLIE *(su tutte le furie, indicando l'orologio al* SIGNORE COMPLETAMENTE CALVO*)* *A quest'ora ti presenti, eh? Libertino! Dove sei stato?*

IL SIGNORE COMPLETAMENTE CALVO *(candidamente, non riuscendo a inventare lì per lì altre scuse)* *Sono stato dal parrucchiere a farmi la permanente.*

(Sipario)

Renato Barborini e Luigi D'Andrea

POLIZIOTTI, 6 FEBBRAIO 1977

Il sipario sulle nostre vite calò quando incrociammo il bandito Renato Vallanzasca.

Lo fermammo a un posto di blocco.
Aprì il fuoco.
Sullo svincolo di Dalmine gli spari interruppero il traffico.

Per Vallanzasca è stata chiesta la grazia. A lui sono state fatte interviste, dedicati romanzi e racconti, programmi televisivi.
Su di noi nessuno girerà un film, sulle vite strozzate nostre e di chi ci stava accanto, sul pianto disperato delle moglie e delle madri, sul singhiozzo inarrestabile dei figli.
Non facciamo audience.
L'assassino sì.

Se su di lui cala il sipario, il pubblico applaude e chiede il bis.

Voulez-vous coucher avec moi?

TRASMISSIONE RADIOFONICA, 13 FEBBRAIO 1977

La sera il pubblico si sintonizzava su un'emittente romana, Radio Luna, per ascoltare il primo programma erotico mai trasmesso in Italia.
C'era questa ragazza straniera, che nessuno aveva visto, ma che tutti desideravano.
Lei, con il suo fare svanito, l'italiano incerto in maniera eccitante, dava consigli su come fare l'amore.

Chiamava tutti «ciccioline» e «cicciolini».
E infatti, poi, arrivato il successo, scelse come nome «Cicciolina».

Dei sassi

17 FEBBRAIO 1977

Noi siamo quelli che colpirono Luciano Lama, il segretario del più grande sindacato comunista d'Europa, la Cgil, nel giorno di giovedì grasso del '77 alla cittadella universitaria romana, occupata da due settimane per protestare contro la famigerata circolare del ministro Malfatti.
Non importa chi ha dato il primo spintone, la prima bastonata. Non importa chi ha tirato il primo sampietrino. Noi sassi non abbiamo dietrologia. Non sappiamo neanche chi fossero gli «indiani metropolitani» e loro erano le mani che ci hanno scagliato, contro il servizio d'ordine del Pci. Si nascondevano dietro un pupazzone, con una scritta enorme: NESSUNO LAMA.

Certo che successe una cosa grave: Lama, quello che parlava a nome degli operai, delle tute blu, era convinto di poter portare a ragione gli universitari. Fu preso a sassate, dovette scappare.
In piazza, il caos. «Basta, basta, non ci si picchia tra compagni!»

Che beffa. Proprio in quel momento che del Pci si parlava come di un partito che sì, alla fine al governo ci poteva andare, i comunisti dimostrarono che non sapevano contenere l'ordine nelle piazze e nelle fabbriche, che autonomi e studenti e indiani erano più forti, meglio organizzati.
E giù documenti, volantini ciclostilati, articoli di giornale, analisi.
Carta vince su sasso, d'altronde.
Ma quella è la morra.
Nella realtà invece i sassi vincono su tutti, il grande capo dovette scappare, e con lui il Pci.

Le feste

5 MARZO 1977

Noi eravamo giorni di festa, segnati di rosso nei calendari degli italiani. San Giuseppe, il 19 marzo. L'Ascensione, il Corpus Domini, i santi Pietro e Paolo del 29 giugno, la festa delle Forze armate del 4 novembre, san Francesco d'Assisi, patrono d'Italia, il 4 ottobre.

Un decreto legge ci tinse del nero dei giorni normali. Era l'austerity.

Francesco Lorusso

STUDENTE, 11 MARZO 1977

È l'anno della più grande contestazione dopo i fermenti sessantottini, e segna l'inizio della fase più cruenta degli anni di piombo. Nelle piazze d'Italia si scontrano gli schieramenti politici, i movimenti studenteschi, i gruppi autonomi e le forze dell'ordine.
Bologna, città universitaria per eccellenza, sembra però immune dalla violenza e usa l'arma dell'ironia e della fantasia.
Fino all'11 marzo.

«Qui Radio Alice. Francesco è morto oggi, ammazzato dalla Polizia di Cossiga, ammazzato dai Carabinieri, senza che ci fosse una ragione per questo omicidio. I compagni che erano con lui sanno benissimo come sono andate le cose. Si è accasciato al suolo dicendo: mi hanno colpito.»

Cominciano gli scontri più violenti che Bologna abbia conosciuto dal dopoguerra. Si apre un'altra stagione. Non è più la città cantata da Francesco Guccini e Lucio Dalla.

I bolognesi non lo sanno, ma aspettano già quella bomba che distruggerà tutto la mattina del 2 agosto 1980.
Un conto alla rovescia velocissimo, verso quel giorno che cambierà la storia. Della città e dell'Italia.

Radio Alice

EMITTENTE RADIOFONICA, 12 MARZO 1977

Lavorare con lentezza
senza fare alcuno sforzo
chi è veloce si fa male
e finisce in ospedale
in ospedale non c'è posto
e si può morire presto.
Lavorare con lentezza senza fare...

(per dare voce a chi non ha voce)

Giuseppe Ciotta

BRIGADIERE DI PUBBLICA SICUREZZA, 12 MARZO 1977

Né lenti, né veloci. I miei giorni di lavoro erano tutti uguali. Si usciva di casa la mattina presto, si prendeva servizio, si faceva quel che si doveva: sorvegliare le scuole o le università, seguire un corteo, fare qualche arresto.

Dopo la morte dello studente Lorusso, anche a Torino la tensione era alta.

Velocissimi andavano invece quelli di Prima linea.
Si chiamavano ancora Brigate comuniste combattenti.
Avevano deciso di farsi conoscere.

«Non confondeteci con le Brigate rosse» dissero quando rivendicarono al telefono il mio omicidio.

Ma perché io?

Era apparsa una foto sul settimanale *Grand Hotel.* C'era Gianni Agnelli. Accanto, gli uomini che quel giorno gli erano stati assegnati di scorta. Uno ero io.

Claudio Graziosi

AGENTE DI PUBBLICA SICUREZZA, 22 MARZO 1977

Sono l'agente Claudio Graziosi, 21 anni, sono già sposato e sto per diventare padre. Salgo su un autobus. Non sono in servizio. Ma la donna accanto a me l'ho riconosciuta: è Maria Pia Vianale, esponente di spicco dei Nap, Nuclei armati proletari.

Sono l'agente Claudio Graziosi, un poliziotto che, se si trova davanti una terrorista, non fa finta di nulla. Ma come arrestarla su un autobus affollato, senza spargere sangue?

Sono l'agente Claudio Graziosi, dico al conducente, e chiedo, gentilmente, di cambiare percorso per arrivare a una sede della Stradale. Poi affronto la donna: «Sono un agente di Polizia, lei è in arresto». La Vianale è sorpresa, ma entra in azione un uomo che è salito con lei: Antonio Lo Muscio, un altro nappista. È armato e mi spara sette colpi alla schiena.

Vincenzo Caruso e Stefano Condello

CARABINIERI, 1° APRILE 1977

Non confondersi: è la prima regola per un carabiniere in Calabria.

Procedi piano, con prudenza, e avrai salva la vita.
Perlustriamo le campagne di Taurianova, la contrada Razzà, arriviamo a un casolare, nascosto da un agrumeto. Ci sono delle macchine posteggiate, troppe, una la riconosciamo, è la Fiat 127 di un pregiudicato.

Bisogna approfondire, la regola è questa.

C'è l'Italia che protesta, al Nord. E ci sono le bande che organizzano i sequestri di persona, al Sud.

Bisogna scendere dall'auto, informarsi.

Ci avviciniamo al casolare, ma non ci danno il tempo di capire.

Rocco e Vincenzo Avignone

'NDRANGHETISTI, 1° APRILE 1977

C'erano tutti, quel giorno, nel casolare di contrada Razzà.
La riunione è di quelle importanti e infatti non manca il capretto arrostito, il vino buono, il primo sale, le olive. Undici posti a tavola. La 'ndrina deve decidere alcune cose urgenti, come gli appalti per il centro siderurgico di Gioia Tauro.

Quando arrivano gli sbirri cominciamo a sparare.
Poi ci dicono: dobbiamo scappare. I pezzi grossi si devono mettere in salvo. Qualcuno deve fare scudo con il corpo.

Noi siamo i più giovani. I pezzi grossi riescono a scappare.

Settimio Passamonti

POLIZIOTTO, 21 APRILE 1977

Noi agenti facevamo scudo, sempre. Il nostro era il sacrificio quotidiano per permettere ai pezzi grossi del Paese di andare da qualche parte a fare i loro tavoli.
Come piacque agli italiani il discorso del ministro dell'Interno, Francesco Cossiga, quando venne ai miei funerali.

Ero un allievo della scuola per sottufficiali di Nettuno. Fui ucciso da due colpi di pistola durante alcuni scontri dalle parti dell'università.
Cossiga scese da un elicottero e disse: «Non ho il diritto di mandarvi a far uccidere da mani assassine, sono ben deciso ad agire, costi quel che costi, anche la mia poltrona. Non sarà più consentito che i figli dei contadini meridionali vengano uccisi dai figli della borghesia romana».

Quanto vi sentivate patriottici?
Ma anche Cossiga era un uomo del potere... e Giorgiana Masi e tutti gli altri lo avrebbero scoperto presto.

Fulvio Croce

AVVOCATO, 28 APRILE 1977

«Avvocato» chiama una voce. Sono le 15 e 12 del 28 aprile. Ho appena parcheggiato la macchina davanti al portone del mio studio. Sto per entrare nell'androne. «Avvocato.» Mi volto. Per un attimo vedo i miei «giustizieri» in faccia: due uomini e una donna. Poi subito tre spari. Quando sono a terra, altri tre spari.

«Un nucleo armato delle Brigate rosse ha giustiziato il servo di Stato Fulvio Croce al servizio del regime democristiano.» Così rivendica l'azione un volantino, nel linguaggio tradizionale dei comunicati di guerra delle Br.
«Se vogliono ammazzarmi potranno farlo facilmente» avevo confidato ai miei amici.
Il perché del mio omicidio è scritto sempre in quel volantino: «L'ultima operazione controrivoluzionaria di Croce è stata l'assunzione della difesa di militanti della nostra organizzazione». Durante il processo alle Br di Torino gli imputati avevano revocato il mandato ai legali di fiducia, e Paolo Maurizio Ferrari, a nome di tutti i suoi compagni Br, aveva detto in aula: «Gli avvocati che accettano il mandato di difenderci saranno considerati collaborazionisti di questo tribunale di regime e di ciò dovranno risponderne di fronte al movimento rivoluzionario».
Toccò proprio a me, in quanto presidente dell'ordine degli avvocati di Torino, nominare dieci avvocati d'ufficio...

Pasquale Polverino

CAMERIERE, 4 MAGGIO 1977

È quasi mezzanotte, e alla Taverna del Ghiotto, dove lavoro, c'è solo una coppia di fidanzatini. Poi ci siamo io e il proprietario. Metto a posto i tavoli, preparo tutto per il giorno dopo.

«Fermi tutti, questa è una rapina!» sento gridare alle mie spalle. Mi giro di scatto e mi trovo due uomini con il volto coperto da una calzamaglia nera, con un fucile a canne mozze.

Ma c'è ben poco da prendere. Pochi spiccioli.

Ci fanno girare verso il muro. Uno punta il fucile contro la mia schiena, l'altro controlla la cassa.

«Scappiamo, presto, sta arrivando qualcuno!» urla trafelato un terzo complice all'ingresso.

Dal fucile parte un colpo.

Come un'esecuzione.

Avevo 23 anni, e due bambini.

Giorgiana Masi

STUDENTESSA, 12 MAGGIO 1977

E forse è per vendetta
e forse è per paura
o solo per pazzia
ma da sempre
tu sei quella che paga di più
se vuoi volare ti tirano giù
e se comincia la caccia alle streghe,
la strega sei tu...

Sono morta a 19 anni. Colpevole di essere scesa in piazza per festeggiare l'anniversario della vittoria del referendum sul divorzio.
Dopo la sparatoria in cui era stato ucciso quell'agente, Passamonti, il ministro dell'Interno Cossiga aveva deciso di vietare tutte le manifestazioni pubbliche fino al 31 maggio, e il Partito comunista si era detto d'accordo.
Ma non si può fermare un fiume in piena con un decreto ministeriale.
Noi scendemmo in piazza. Non era una manifestazione di protesta, la nostra, era solo una festa.

C'è una foto che ricorda bene quel giorno: è quella di un poliziotto in borghese, un maglione chiaro con una striscia colorata, la pistola in pugno.

Quanti altri ragazzi, quanti poliziotti, quanti studenti sono caduti solo per aver osato scendere a manifestare?

Antonio Custra

POLIZIOTTO, 14 MAGGIO 1977

C'è una foto che diventerà il simbolo del '77 e del terrorismo in Italia: tre ragazzi con la faccia coperta da un fazzoletto. Uno punta verso la Polizia la P38, gli altri due scappano.

Da un corteo di Autonomia operaia si staccano alcuni giovani che sparano ad altezza d'uomo. Io vengo colpito in faccia da una pallottola che sfonda la visiera del casco.
Avevo 25 anni e una moglie incinta.

Un ragazzo muore, altri diventano assassini.

Uno di loro, Maurizio Azzolini, adesso è capo di gabinetto del vicesindaco di Milano. Ma davvero si può fare tutto in nome dell'oblio?

Delle tibie

2-3 GIUGNO 1977

Si può fare di tutto, anche decidere, a un certo punto, di puntare alle gambe. Indro Montanelli, Emilio Rossi e tanti altri. Azzoppati.

Solo che quando si spezzano le tibie vanno in frantumi anche alcune parole.
Sono questi i «compagni»? Quelli che sparano?
Si può chiamare «politica» l'esercizio della violenza?
Per qualcuno sì.

Noi cadute, con il nostro carico umano che sopportavamo, avrebbero dovuto prenderci come punti interrogativi, in maniera da prevenire: chi spara oggi al ginocchio, domani spara al cuore.
Fummo invece decomposti apostrofi nelle foto di quegli anni di piombo: e la didascalia diceva: «Il peggio deve ancora venire».

Roberto Rossellini

REGISTA, 3 GIUGNO 1977

«Bruttissimo! Banalissimo!» era il titolo delle recensioni di *Roma città aperta*. Eppure fece il giro del mondo.
«Questo cretino che confonde la cronaca con l'arte.»

Per *Stromboli Terra di Dio*, scrissero: «Rossellini ha rovinato Ingrid Bergman per sempre».

Antonio Lo Muscio

TERRORISTA, 1° LUGLIO 1977

Mi sono rovinato da solo.
Ho fatto il carcere, perché non volevo diventare soldato. In prigione ho cominciato a fare attività politica e sono entrato nei Nap, i Nuclei armati proletari. «Liberare tutti» era il nostro slogan.
Il 22 marzo, su un autobus, ho sparato alle spalle a un poliziotto, Claudio Graziosi: aveva riconosciuto e bloccato una «nappista», come ci chiamavano, Maria Pia Vanale. Era evasa da poco dal carcere.

Ero proprio seduto sulla scalinata della basilica di San Pietro in Vincoli a Roma con Maria Pia quando dei carabinieri ci hanno riconosciuto e riempito di piombo.

Leone e Cossiga si complimenteranno con loro per la «brillante operazione».

Giuseppe Russo e Filippo Costa

CARABINIERE E INSEGNANTE, 20 AGOSTO 1977

Noi continuiamo la nostra *passiata*, il carabiniere scomodo e l'amico professore, che se lo sapeva prima che quella notte li dovevano sparare a tutti e due (allo sbirro perché sapeva troppo e al professore perché avrebbe parlato assai) lo stesso l'avrebbe accompagnato, per cercare frescura nelle strade di Ficuzza, che c'è la bella aria che tira sotto il monte di Corleone e la notte è chiara chiara, la luna gialla della Madonna di mezzo agosto.
E passeggiavamo, e parlavamo. Oppure ci prendevamo una granita al bar.

«Peppe, e sulla strage di Alcamo Marina, che hai scoperto?»
«Non riesco a venirne a capo, Pippo mio. Troppi segreti di Stato.»
«E su Enrico Mattei, che hai scoperto?»
«Ah… sapessi. Secondo me c'entra la mafia.»
«Ma chi? I Corleonesi?»
Uno *taliàta,* a dire più di tante cose che era meglio non dire.
«Riina e Provenzano, Pippo mio. Sono vicino così.»

Anche loro erano vicini così.

Luigi Impastato

MAFIOSO, 19 SETTEMBRE 1977

Però Peppino, figlio mio, se solo mi avessi ascoltato… Se ti avessi educato come dicevo io, con i valori della famiglia… saresti ancora vivo, con una moglie, magari, una famiglia, dei figli.

E invece parlavi, parlavi…
E io a dire: Tano, vedi che ora si calma… E tu il partito, la radio… Tano, vedi che ora finisce… E tu i cortei e la pigliata per il culo… Tano, che fa?, lo mandiamo in America e non se ne parla più… E tu ancora a gridare che questi mafiosi ti facevano schifo…

Se solo mi avessi ascoltato, figlio, saremmo entrambi salvi.

Walter Rossi

STUDENTE, 30 SETTEMBRE 1977

Militavo in Lotta continua. Organizzammo un volantinaggio per protestare contro i gravi fatti avvenuti nei giorni precedenti: due studenti feriti a colpi di arma da fuoco all'Eur ed Elena Pacinelli, di 19 anni, raggiunta da tre proiettili, che in seguito la porteranno alla morte.
Eravamo in viale Medaglie d'oro, vicino a una sezione del Movimento sociale italiano. Uscirono alcuni militanti di estrema destra che, preceduti da un blindato della Polizia che si trovava nelle vicinanze, avanzarono verso di noi.
Dal gruppo dei neofascisti furono sparati alcuni colpi di pistola verso di noi. Fui colpito alla nuca.

Io avevo vent'anni. I miei assassini diciassette.

Lo Stato protegge chi mi ha ucciso.

Il Sid
SERVIZIO DI INTELLIGENCE, 1° OTTOBRE 1977

Lo Stato ha ben altro da proteggere.

Ufficio R: organo offensivo per l'attività di ricerca delle notizie
Ufficio D: organo difensivo per la tutela attiva del segreto
Ufficio Usi: organo difensivo per la tutela preventiva e statica del segreto
Reparto S: organo per la situazione
Ufficio I: organo per la sicurezza esterna

Il caso Mattei
Piazza Fontana
Le bombe di Trento
Il deposito di Camerino
Bertoli e la Questura di Milano
L'attentato all'*Italicus*
Il golpe Sogno

E tanti altri uffici che facevano cose che era meglio non sapere.

Roberto Crescenzio

STUDENTE, 3 OTTOBRE 1977

No, è meglio non sapere l'inferno in anticipo che mi è toccato vivere.
Il bar che frequentavo, l'Angelo Azzurro, era considerato un covo dei neofascisti, ma non era vero.
Un gruppo di militanti decise di prendere d'assalto il bar durante una manifestazione organizzata a Torino il giorno dopo l'uccisione di Walter Rossi.

Lanciarono una molotov.
Io mi chiusi nel bagno, per paura.
Ne lanciarono un'altra.
Mi colpì in pieno.
Mi accesi come una torcia.

Mi spengo io, si spegne il '77.
Finisce il Movimento, comincia la vera lotta armata.

Enrico Mino

GENERALE DEI CARABINIERI, 31 OTTOBRE 1977

Nel 1975 monsignor Giovanni Benelli, sostituto alla segreteria di Stato vaticana, mi chiese in forma riservata di fare un'indagine sull'appartenenza degli alti prelati alla massoneria. Un'alleanza che c'è solo in Italia. Nel resto del mondo, è risaputo, preti e massoni si odiano. Nel nostro Paese hanno fatto molti affari insieme.
In due mesi compilai un elenco di nomi. In cima c'era quello di Paul Marcinkus, il capo dello Ior. Lo consegnai ad Aldo Moro.

Nell'estate del 1977, un altro incarico. Me lo affida il cardinale Siri: indagare sui rapporti tra la massoneria e i prelati della curia, quelli più vicini al papa. Questa volta però non riesco a terminare la mia indagine. Il mio elicottero precipita.
E anche il primo dossier non si trova più.

Quaranta giorni prima dell'incidente sulle montagne della Sila, avevo parlato con Marco Pannella: «La supplico di accettare la protezione. Non posso dirle di più. Sul giorno di Giorgiana Masi, purtroppo aveva ragione lei. È qualcosa di enorme. Tra qualche settimana sarò in grado di darle l'elenco, i nomi. Sono settimane cruciali. Ho preparato un piano di riorganizzazione dell'Arma. Sono finiti, ma ci saranno i colpi di coda. Ieri ho comunicato che non prenderò più l'elicottero».

Giorgio La Pira

POLITICO, 5 NOVEMBRE 1977

Presto la Chiesa mi farà beato, mi chiamavano il «sindaco santo», ho dato il mio contributo alla scrittura della Costituzione italiana, insieme a Giuseppe Dossetti.

Eppure lo so perché mi ricordate: perché sono stato sindaco di Firenze.

Carlo Casalegno

GIORNALISTA, 29 NOVEMBRE 1977

Nel 1976 si aprì a Torino il processo alle Brigate rosse. Il clima era tesissimo. I cittadini chiamati a comporre la giuria popolare rinunciavano in massa. Dalle colonne della *Stampa* esortavo ognuno a non indietreggiare di fronte al terrorismo, a fare il proprio dovere.
Mi spararono quattro colpi in faccia. Morii dopo 13 giorni di agonia.
Fui il primo giornalista ucciso durante gli anni di piombo dalle Brigate rosse.

È nella scelta del bersaglio che si può misurare in modo netto e inequivocabile il confine che separa il terrorismo dalla rivolta urbana. I terroristi neri e rossi non sparano nel mucchio, non sparano all'avversario di opposto colore politico. Sparano al simbolo: il poliziotto, il giornalista, il manager, il politico, il magistrato.

Angelo Pistolesi

ATTIVISTA DI DESTRA, 28 DICEMBRE 1977

Che cosa rappresentavo per essere ucciso in quel modo? Niente di più che la pietra di un muro da far cadere, come lo era Luigi Di Rosa, il militante del Pci ucciso un anno prima a Sezze Romano.

Io quella sera ero lì.

Ero il braccio destro dell'onorevole Saccucci. Ed ero con lui quando, durante un comizio elettorale a Sezze Romano, aveva *dovuto* estrarre la pistola e sparare per difendersi dall'assalto dei comunisti. Nella sparatoria, era stato ucciso Di Rosa.

Saccucci fu dichiarato decaduto da parlamentare e trovò rifugio in Argentina per non essere arrestato. Aveva coperture eccellenti.

Io restai solo. Come una pietra al sole.

La vendetta si consumò tre giorni dopo Natale. Tre colpi di pistola in pieno petto, sotto casa mia, a Roma, mentre stavo andando al lavoro.

L'edicolante vicino pensò: sono gli ultimi botti di Natale di qualche ragazzaccio.

Il mio omicidio, rimasto senza colpevole come moltissimi altri di missini degli anni settanta, fu «oscurato» dieci giorni dopo dalla strage di via Acca Larentia.

Franco Bigonzetti, Francesco Ciavatta, Stefano Recchioni

STUDENTI, 7 GENNAIO 1978

A noi mica piaceva Jimmy Fontana. A noi piacevano gli Amici del vento, il primo gruppo di rock alternativo di destra in Italia. Le loro audiocassette andavano a ruba, i loro spettacoli facevano il pieno. E noi stavamo facendo volantinaggio per promuovere il loro concerto a Roma.

A noi mica piaceva Jimmy Fontana. Eppure è sua la Skorpion che ci ha uccisi in quell'agguato ancora oggi senza nome. Ed è la stessa che verrà utilizzata per uccidere l'economista Ezio Tarantelli nell'85, l'ex sindaco di Firenze, Lando Conti nell'86 e infine il senatore Ruffilli nell'88.

Acca Larentia era il nome della madre di Romolo e Remo.
In via Acca Larentia ci hanno pianto in silenzio le nostre madri.

Rimane come traccia un volantino: «Un nucleo armato, dopo un'accurata opera di controinformazione e controllo alla fogna di via Acca Larentia, ha colpito i topi neri nell'esatto momento in cui questi stavano uscendo per compiere l'ennesima azione squadristica. Non si illudano i camerati, la lista è ancora lunga...».

E il senso di qualcosa che cambia, in peggio. Nella guerra tra rossi e neri che una lite finisse in tragedia era già successo. Ma mai si era visto un agguato pianificato e rivendicato con estrema cura.

Molti neofascisti, dopo il nostro eccidio, abbandonano il Movimento sociale italiano, a cui davamo tutto, ma che non ci proteggeva mai, per scegliere la lotta armata.

Ora che l'ipocrisia inutile dei discorsi si è spenta,
ora che sei soltanto un ricordo,
ora ti voglio parlare: per chi sei morto?
Non importa, ci credevi. È stato inutile?
Non importa, ci credevi.

Giulio De Benedetti

GIORNALISTA, 15 GENNAIO 1978

L'unica cosa in cui credevo era il mio lavoro. Tutto il resto non mi importava. «Che caratteraccio che ha il direttore della *Stampa*» dicevano. Ma non mi importava. Mi prendevano in giro perché ero basso, perché avevo un ciuffo comico. Ma non mi importava. Giovanni Agnelli mi aveva dato carta bianca. «È un cinico di genio» dicevano. Una volta Agnelli tentò di interferire col mio lavoro: «Io non pretendo di spiegare a voi come si fanno le automobili» lo gelai. Quando entravo in redazione, esigevo che tutti si alzassero in piedi, come in classe. E poi io urlavo: «Seduti!».

Ho incarnato il potere e il fascino del giornalismo.

Fausto Dionisi
POLIZIOTTO, 20 GENNAIO 1978

Fascino nessuno.
Potere ancora meno.
Sei fai il poliziotto – se sei un poliziotto – in quel Paese tragico che è l'Italia alla fine degli anni settanta, sei solo il nemico di qualcuno.
Per sapere di chi, basta pensare.
Nel calendario c'è una data, pronta e muta, che ti aspetta.
La mia fu stabilita dai terroristi di Prima linea, il giorno in cui tentarono di assaltare il carcere di Firenze per fare evadere alcuni detenuti.
Tra gli organizzatori del piano c'era uno degli esponenti di spicco di Prima linea, Sergio D'Elia.
Prima lo condannano a trent'anni.
Poi riducono la pena a venticinque.
Poi la pena è dimezzata ancora.
Dopo dodici anni è scarcerato.
Nel 2006 è eletto deputato…
Fascino tanto.
Potere, pure.
Nessuno tocchi Caino, certo.
Ma perché continuare a infierire su Abele?

Gianfranco Spighi

NOTAIO, 7 FEBBRAIO 1978

Abele è la guardia giurata Franco Battagliarin, ferito mortalmente nel corso di un'insurrezione nella sede del *Gazzettino* a Venezia. Abele è Roberto Scialabba, ucciso a Roma dai Nuclei armati rivoluzionari.
Abele sono io. Un notaio di provincia, assassinato dalle ronde proletarie durante un'incursione nel mio studio nel centro di Prato per un esproprio. Quando si presentarono davanti alla mia scrivania, pensai fosse uno scherzo.

Tra chi mi ha assassinato c'è un giovane, Elfinio Mortati, che poi si è convertito al cattolicesimo: «Le carceri» dice oggi «sono contrarie al Vangelo».

Abele è mia moglie, che il 6 febbraio 1980 lascia un biglietto – «Così non posso più vivere» – prima di distendersi sul letto e spararsi un colpo alla tempia.

Riccardo Palma

MAGISTRATO, 14 FEBBRAIO 1978

Nel 1977 ci sono stati in Italia 1338 attentati, 23 morti, fra cui tre studenti, la gambizzazione del giornalista Indro Montanelli.
Lo Stato ha affidato al generale Dalla Chiesa la creazione delle carceri speciali: all'Asinara, a Favignana, a Cuneo... E io ero un suo collaboratore.
Non avevo paura.
Non avevo scorta.
Non sapevo che per le Br «anche la semplice funzione di servizio va punita con la morte».
Così, mentre uscivo di casa, mi sono sentito chiamare per nome: «Dottor Palma!». Poi, 14 colpi di una Skorpion scaricati sul mio corpo. Ero il direttore dell'Ufficio generale degli Istituti di prevenzione e pena al ministero della Giustizia. Non ero famoso, ma le Br di Mario Moretti hanno portato l'attacco al cuore dello Stato e io ero un loro obiettivo.

Dora Fabbo

CASALINGA, 19 FEBBRAIO 1978

Anni d'amore.
Ci eravamo sposati il 29 luglio e ogni 29 di tutti i mesi mio marito mi portava dei fiori. Mi aveva donato la sua esistenza da quando aveva vent'anni.

Anni di tensione e paure.
Una vita durissima. Il mio cuore non ha retto più. Al mio funerale il prete mi definì «la vittima più silenziosa del terrorismo».
Furono funerali blindati, come quelli di un boss o di un criminale. Si temeva per la sicurezza dei partecipanti.

Ero la moglie di Carlo Alberto Dalla Chiesa.

Franco Anselmi

TERRORISTA, 6 MARZO 1978

Mi chiamavano il Cieco di Urbino, perché ero stato pestato da un gruppo di comunisti durante il liceo e dopo tre mesi di coma mi ero risvegliato che non ci vedevo più tanto bene. Ma avevo le idee tremendamente chiare: la lotta con i Nuclei armati rivoluzionari, senza mai tirarmi indietro.
Il mio amuleto era il passamontagna intriso del sangue di Mikis Mantakas. Ero con lui quando l'avevano ammazzato. Lo portavo sempre con me.

L'avevo anche il giorno in cui decidemmo di rapinare l'armeria Centofanti, la più grande di Roma. Solo che non puoi pensare di rapinare un'armeria senza che qualcuno non spari un colpo…

L'8 marzo i Nar recapitarono un volantino all'Ansa: «Ha concluso nell'unica maniera possibile una vita dedicata all'anticomunismo militante. Si distingueva per la sua lealtà, per il suo coraggio, per la sua generosità… Onore al camerata Franco Anselmi. Siamo pronti a seguirti. Tremino i codardi, i corrotti, le spie».

Rosario Berardi

POLIZIOTTO, 10 MARZO 1978

L'Italia affrontava un processo, quello al nucleo storico delle Brigate rosse, che a Torino nessuno voleva fare, per la troppa paura.
Non c'erano giudici popolari che accettavano l'incarico.
Non c'erano avvocati che sostenevano la difesa, dopo quanto era successo al presidente dell'ordine degli avvocati, Fulvio Croce.
Non c'erano testimoni.
Più volte i giudici avevano dovuto ammettere l'«impossibilità tecnica» di celebrare il processo.

Facevo parte del Nucleo antiterrorismo. Avevo arrestato decine di terroristi, scoperto diversi covi.

Avrei voluto testimoniare.

E se a Torino si colpiva nel cuore un processo, a Roma si stava preparando l'attentato per eccellenza, quello al cuore dello Stato.

Raffaele Iozzino e gli altri della scorta di Aldo Moro

AGENTI DI SCORTA, 16 MARZO 1978

Roma, via Fani, incrocio con via Stresa. È in quel pezzo di strada che pulsa il cuore sanguinante dello Stato.

Mario Fani era un ragazzo, figlio di una nobile famiglia, morto a soli 24 anni per salvare un'altra persona.
Noi avevamo più o meno quell'età, e lavoravamo per difendere una persona, Aldo Moro.

Il presidente della Dc rappresentava il punto d'incontro delle forze che miravano a una svolta di grande respiro del sistema politico italiano. Insieme a Berlinguer, era il protagonista del cosiddetto compromesso storico.

Difendevamo una persona, un governo, un'idea di Paese.

Chi era al primo giorno di servizio.
Chi non avrebbe dovuto esserci perché era di riposo.

Quella mattina, intorno alle nove, che nell'aria era già primavera.

Difendere una persona.

Noi, quella mattina, non ci siamo riusciti.

Il compromesso storico

16 MARZO 1978

Qualcun altro preferiva chiamarmi «governo di unità nazionale», o «alternativa democratica».

Questa mattina il presidente Aldo Moro deve fare comunicazioni importanti e vuole essere puntuale. In Parlamento si presenta il nuovo governo che prevede anche l'appoggio esterno del Partito comunista guidato da Enrico Berlinguer. È lo sdoganamento dei comunisti in un grande paese europeo.

Si tratta di un passaggio obbligato per una democrazia matura, dirà Moro in Parlamento.
Lasciamoci alle spalle la Guerra fredda, continuerà.
Solo così può finire la strategia della tensione – penserà – e il rischio di una deriva eversiva in Italia.
Ho vinto le resistenze del mio partito, degli Stati Uniti, che sono da sempre ostili a un'alleanza tra la Dc e il Pci, di coloro che hanno scelto la lotta armata, commenterà con gli amici.

Ma al Parlamento Moro non ci arriverà mai.

Lui scompare e il quadro si stabilizza. Il Pci viene emarginato, a beneficio del Partito socialista italiano dell'emergente Bettino Craxi. La Democrazia cristiana resterà al governo fino alla rivoluzione giudiziaria di Tangentopoli.

Io rimango un'utopia.

I fantasmi di via Fani

16 MARZO 1978

In quell'incrocio dove sono morti degli uomini e una certa idea di Paese sono successe cose.
Cose che voi non sapete.
Che voi non capite.

Nella storiaccia di via Fani si agitano fantasmi.

Ogni tanto veniamo fuori:
una lettera anonima
un agente dei servizi che avrebbe scortato i brigatisti sino al luogo dell'azione
una moto che prima non c'era
l'ombra di un uomo che nessuno ha visto
il poliziotto che racconta: non mi hanno fatto indagare
l'altro che dice: hanno insabbiato alcune prove
un pentito che dice che c'erano degli affiliati alla 'ndrangheta
le confessioni di un sedicente agente segreto.

Fausto Tinelli e Lorenzo Iannucci

RAGAZZI, 18 MARZO 1978

Milano si fermò, attonita, per la nostra morte incomprensibile. Ci chiamavano Fausto e Iaio. Avevamo 18 anni e fummo ammazzati a pistolettate nella notte, in una via buia dietro al centro sociale Leoncavallo.
Quando Radio Popolare diede la notizia, migliaia di persone manifestarono nelle strade di Milano, in silenzio.
Due giorni prima era stato rapito Aldo Moro, la sua scorta sterminata dal piombo delle Br.
E noi, senza saperlo, ci siamo trovati al centro di una rete fitta di rapporti, conflitti, relazioni, causalità. Collaboravamo a un'inchiesta del nostro centro sociale sull'eroina spacciata nel quartiere da personaggi che facevano riferimento agli ambienti neofascisti. Ma non fu solo questo. C'erano i servizi segreti, le Br, una città blindata, l'ennesima resa dei conti. E noi in mezzo.

Per noi non c'è stata giustizia. Nel 2000 le indagini sul nostro omicidio verranno archiviate, come se la nostra morte rappresentasse un segreto di Stato. Si possono archiviare le indagini, ma la verità non dovrebbe essere mai archiviata. E invece, ci sentiamo come *desaparecidos*.

Viva l'Italia!

Lorenzo Cotugno

GUARDIA CARCERARIA, 11 APRILE 1978

Viva l'Italia?
L'Italia è morta, in quel mese di aprile del '78.

I giorni sono scanditi dai comunicati delle Br su Aldo Moro: la fine del processo popolare al presidente della Dc, la sua condanna a morte, le condizioni per il rilascio. Nei giornali non si parla d'altro: trattare non trattare, gli appelli del papa, le ricerche del covo. Moro scrive dal carcere ai suoi compagni di partito: «Possibile che siate tutti d'accordo nel volere la mia morte?». Lo chiedo anch'io ai brigatisti che mi tendono un agguato sotto casa, che non hanno pena nel vedermi ferito a terra.

Viva l'Italia?
L'Italia muore.
Come me.

Aldo Moro

POLITICO, 9 MAGGIO 1978

La Dc mi obbliga a morire.

Chi c'era dietro le Br? È come chiedersi: cosa c'è dietro l'angolo?
Su di me c'è un patto del silenzio, della reticenza e dell'oblio, tra le autorità governative italiane, le gerarchie vaticane, il fronte brigatista. Un patto che dura ancora oggi.

Sono stato doppiamente prigioniero e doppiamente giustiziato.
Prigioniero e vittima delle Brigate rosse, certo, che mi rapirono e mi uccisero per fermare il processo politico democratico e attaccare il cuore dello Stato.
Ma prigioniero e vittima dello Stato. Dello Stato che non mi volle né trovare, né salvare.
Fui prigioniero di Mario Moretti e dei suo compagni aguzzini, ma anche del potere che aveva in pugno le indagini e che nutriva, come le Br, un identico odio politico per la nuova stagione che avrei rappresentato.
Lo sapevano tutti dove mi nascondevano, Andreotti, Cossiga e tanti altri, ma nessuno ha fatto nulla per salvarmi.

Con me muore ignominiosamente la Repubblica.

Tre anni più tardi, il 27 aprile 1981, le Br rapiranno a Torre del Greco l'assessore all'Urbanistica della Regione Campania, Ciro Cirillo, grande elettore dei potenti ras nazionali della Democrazia cristiana. Io sono stato lasciato morire, per un assessore regionale che a ogni elezione procaccia decine di migliaia di voti lo Stato si mobilita alla grande, con un riscatto di svariati miliardi e contropartite ai clan camorristici che faranno da intermediari.

L'auto del signor Bartoli

9 MAGGIO 1978

Anno di produzione: 1970
Marca: Renault
Modello: R4
Porte: 5
Sedili: 5
Colore: amaranto
Capacità del serbatoio: 34 litri
Alimentazione: benzina
Velocità massima: 120 km/h
Numero di marce: 4
Caratteristiche tecniche: ideale per le gite in famiglia, ampio bagagliaio.

Parcheggiata come un segnaposto del Monopoli in via Caetani, perché è a metà strada tra piazza del Gesù e via delle Botteghe oscure. Tra la sede della Democrazia cristiana e quella del Partito comunista.

Aprite l'ampio e confortevole bagagliaio. Ci può stare anche una persona sdraiata, volendo.

Lo scatto, la molla.
Si solleva lo sportello.

Adesso specchiatevi.

Peppino Impastato

GIORNALISTA, 9 MAGGIO 1978

Sono morto qui, a Cinisi, io, Peppino, come Cristo, Impastato, come Cristo in croce. Ma non risorgo, non risorgo come Cristo. Mi sparerebbero anche oggi, nel pomeriggio, oppure con calma, domani, di mattina. Qui ha vinto l'interesse privato, il tornaconto, il voto di scambio. L'Italia peggiore ha vinto. Niente scuse, niente. Attenuanti, niente. Niente. Di silenzio è lastricato lo sguardo di Cinisi verso il mare. Eppure una volta l'anno si fa festa, il 9 di maggio. Ancora una volta. Si piange commossi il mio coraggio, sulla terra che lo ricopre. Mi dicono grazie, per sempre, ogni 9 di maggio.

Un manicomio
13 MAGGIO 1978

La legge è la numero 180. È nota anche come Legge Basaglia. Libera i matti, li libera (quasi) tutti.

Qui un ricordo non è uomo
e il più delle volte nemmeno donna
qui è il tempo che sta seduto
a mettere i numeri in colonna
Non per tracciare una rotta
che non si può dare, una via
quando a un acuto dolore segue
la più acuta fantasia.

L'uomo avrà quarant'anni
e i capelli da ragazzo
in camera ha un ritratto che
si è fatto da sé.

Chi venisse a prenderlo
una domenica
vedrebbe che bel mare che c'è.

Una gravidanza
22 MAGGIO 1978

Roba da matti. La legge è la numero 194.

Ave Maria,
piena di graz...

Giuseppe Di Cristina
BOSS MAFIOSO, 30 MAGGIO 1978

La Madonna della Catena, era lei che pregava noi.

Non avevamo bisogno di invocare i santi. Poteva invece accadere il contrario: se qualcuno dalle parti di Caltanissetta si rivolgeva a Dio, e Dio nulla poteva per esaudire le sue richieste, allora poteva chiedere a me, «la tigre».

La Madonna della Catena si fermava alla nostra porta. Sostava sotto il balcone di casa durante la processione che ogni anno si teneva nel mio paese, Riesi. Un giorno mio nonno uscì dal balcone, salutò la Madonna, fece un cenno alla folla. Poi baciò mio padre davanti a tutti: aveva passato il comando. E così fece mio padre con me. Stessa festa, stessa statua.
Per mezzo secolo abbiamo scritto la storia della mafia del feudo e poi di quella della droga.

Finché non arrivarono i Corleonesi.

E quando, dopo la morte del colonnello Russo, dissi che non ero d'accordo, che chi l'aveva ammazzato era più sbirro di lui, firmai la mia condanna. Decisi di fare la mia cantata a un capitano dei Carabinieri – dieci anni prima di Tommaso Buscetta. Gli investigatori, troppo prudenti, non vollero credermi.

L'ultimo Di Cristina, Antonio, verrà ucciso nel 1987, in una sera di fine estate. Otto proiettili calibro 7,65.
Con lui scomparirà la mia dinastia.

Antonio Santoro

MARESCIALLO DI POLIZIA PENITENZIARIA, 6 GIUGNO 1978

Ero il comandante delle guardie del carcere di Udine. Un anno prima ero stato attaccato dai giornali di estrema sinistra: articoli con accuse incredibili di peculato, corruzione, abuso di potere. Erano anni in cui chi voleva creare un bersaglio trovava facilmente le ragioni perché qualcuno lo mettesse nel mirino.
Denuncio Lotta continua, contando sulla solidarietà dei superiori, che però non verrà. Per sporgere querela, che è un diritto della persona, chiesi l'autorizzazione. Mi risposero che la querela è un atto di parte. Come a dire: se vuoi querelare, fa' pure. Non è il genere di appoggio che uno immagina di trovare. Ma se una guardia carceraria viene accusata ingiustamente, tutta la struttura che rappresenta dovrebbe sentirsi parte lesa. Fatto sta che fui lasciato solo.

Avevo 52 anni quando fui assassinato dai Proletari armati per il comunismo di Cesare Battisti.

Devono essere grati a coloro che non fecero nulla per difendermi.

Antonio Esposito

COMMISSARIO DI POLIZIA, 21 GIUGNO 1978

Il processo alle Brigate rosse si concluderà con la condanna di Renato Curcio a 15 anni di carcere, di Alberto Franceschini a 14 anni e sei mesi, di Prospero Gallinari a 10 anni.
Li conosco bene. Ho fatto parte del Nucleo antiterrorismo e ho indagato su di loro a Torino e a Genova con il maresciallo Rosario Berardi, ucciso il 10 marzo.
E da quel 10 marzo so che prima o poi toccherà a me. C'è un'auto sospetta che mi segue, mi sento osservato.

I giudici entrano in Camera di consiglio.

La vendetta dei terroristi non si fa attendere.

Mi aspettano sull'autobus, il 15.

Marcello Marchesi

PUBBLICITARIO, 19 LUGLIO 1978

Con quella bocca può dire tutto ciò che vuole.

Il signore sì che se ne intende.

Vecchia Romagna etichetta nera, il brandy che crea un'atmosfera.

Non è vero che tutto fa brodo.

Essere o benessere?

Falqui: basta la parola!

Ah! Aperol!

Salvatore Florio

COLONNELLO DELLA GUARDIA DI FINANZA, 26 LUGLIO 1978

«Colonnello, come dice la pubblicità: basta la parola! Si fidi.»
Così mi aveva detto il mio autista. Eravamo in Veneto, ed ero preoccupato che magari avesse un colpo di sonno. No, mi rassicurò. Eppure l'auto è sbandata e si è schiantata contro il guardrail.

Avevo una borsa con me, che scomparve, come spesso accade nella storia d'Italia. In quella borsa avevo alcuni documenti sul comandante della Guardia di finanza Raffaele Giudice, che era iscritto alla loggia segreta P2.
La mia sfortuna era cominciata proprio quando avevo deciso di indagare su un imprenditore di Pistoia, Licio Gelli, che era coinvolto nel traffico d'armi internazionale, nelle forniture di petrolio arabo, e in altre manovre poco chiare.
«È sicura l'esistenza di suoi rapporti con Giulio Andreotti» era scritto nella relazione di un'indagine che avevo fatto fare.
Anche quella relazione sparì. La troveranno a casa di Gelli, villa Wanda, nell'81.

Paolo VI
PAPA, 6 AGOSTO 1978

Stupire, non ho stupito nessuno.
E nulla ho fatto per attirarmi la simpatia della folla, il suo calore.
Non ero mica Roncalli.
Mi chiamavano Paolo il Mesto, altro che Paolo VI.

Giovanni Paolo I

PAPA, 28 SETTEMBRE 1978

Stupito io, quando fui eletto papa.
Stupiti i cardinali, quando dissi: «Mi chiamerò Giovanni Paolo, un nome per ognuno degli ultimi due pontefici».
Stupiti quelli che mi ascoltavano parlare.
Stupiti i giorni, che passavano così in fretta.
Sereno io, e stanco, quell'ultima sera.
Chissà come stupirò il mondo adesso, fu il mio ultimo pensiero.

Stupita mia nipote Lina. Mi ha trovato con la testa appoggiata lievemente sul cuscino, come se dormissi, con un'espressione serena e con un lieve sorriso.

Girolamo Tartaglione

MAGISTRATO, 10 OTTOBRE 1978

Oggi su Roma splende un bel sole autunnale, ma io non sono affatto sereno. Da mesi è in atto una campagna contro le carceri speciali da parte dei gruppi che praticano la lotta armata. Io ho partecipato alla stesura del nuovo testo sulla riforma carceraria e ho il timore di essere uno dei bersagli prescelti dai terroristi.

Otto mesi fa hanno ucciso un altro magistrato, Riccardo Palma, che si occupava di edilizia penitenziaria. Da febbraio una serie di attentati ha attraversato l'Italia. Il 10 marzo a Torino il maresciallo Rosario Berardi, dell'antiterrorismo. Il 16 marzo la strage di via Fani. L'11 aprile le Br uccidono l'agente di custodia Lorenzo Cotugno, poi, a Milano, il comandante degli agenti di custodia del carcere di San Vittore, Francesco Di Cataldo. Il 9 maggio viene ritrovato il cadavere di Aldo Moro. Il 21 giugno viene ucciso Antonio Esposito, capo dell'antiterrorismo di Genova.
Ecco perché mi sento in pericolo.

Oggi su Roma splende un bel sole autunnale, e io sto tornando a casa. Mi uccidono con due colpi, uno alla testa e uno al collo, mentre aspetto l'ascensore.

«Alle 14 e 15 abbiamo giustiziato il dottor Girolamo Tartaglione, della direzione generale del ministero di Grazia e giustizia. Qui Brigate rosse. Seguirà comunicato.»

Alfredo Paolella

ANTROPOLOGO CRIMINALE, 11 OTTOBRE 1978

Girolamo Tartaglione era un mio amico. Avevamo lavorato insieme sulla riforma delle carceri. E le Brigate rosse avevano nel mirino tutta l'amministrazione penitenziaria e chi collaborava con essa. Io negli istituti carcerari avevo un ruolo importante.

I funerali di Tartaglione erano previsti a Napoli per venerdì 13 ottobre. Ma io ai funerali di Girolamo non avrò il tempo di partecipare. Mi uccisero sotto casa, mentre uscivo per andare all'università. Nove colpi di pistola, di cui uno a bruciapelo alla tempia destra.

«Qui Prima linea» dirà una voce maschile chiamando la redazione del *Mattino* un paio di ore dopo «siamo stati noi a fare fuori Paolella, collaboratore di Stato e torturatore di prigionieri politici. Continueremo così a ogni provocazione.» È il primo omicidio rivendicato da Prima linea.

E i funerali miei e di Girolamo si sono tenuti alla stessa ora di quel venerdì, ma in luoghi diversi.

Giovanni Gronchi

SENATORE E PRESIDENTE, 17 OTTOBRE 1978

Piero Calamandrei, il giurista, aveva definito il ruolo del presidente della Repubblica come «vox Constitutionis».
Negli anni cinquanta, la mia prima esternazione informale, da capo dello Stato, suscitò un acceso dibattito fra i costituzionalisti sul tema: «Il presidente della Repubblica può parlare?».
Io pensavo, per esempio, che il mio compito non fosse solo quello di indicare il presidente del Consiglio, ma di attivarmi per risolvere le crisi di governo. E la cosa suscitava fortissime polemiche.

Un giorno questo scrupolo ci farà sorridere...

Salvatore Lanza e Salvatore Porceddu

GUARDIE DI PUBBLICA SICUREZZA, 15 DICEMBRE 1978

Noi dovevamo proteggere il carcere di Torino.
Eravamo due militari ordinari, venuti dal Sud a fare il loro ordinario servizio di guardia.
Ordinaria era anche la follia delle Br, la loro «campagna contro il trattamento carcerario dei prigionieri politici» decisa dopo l'istituzione, nel 1977, dei penitenziari di massima sicurezza.
La chiamavano «logica dell'annientamento».

Un'auto in corsa ci sventagliò addosso un mitra.
I proiettili schiumarono sui nostri corpi.

Quelli a bordo del DC-9 Isola di Stromboli
23 DICEMBRE 1978

Prima che si producesse un'oscillazione minima nell'assetto, o anche solo, forse, un'onda più alta delle altre, il DC-9 Isola di Stromboli, lungo 32 metri e pesante 44 tonnellate, con le sue 129 persone a bordo rimane sospeso poco sopra il pelo dell'acqua per la durata di nove secondi.

Uno, due, tre, quattro, cinque, sei, sette, otto e nove.

E poi fu tutta una grande profusione di schiuma.

Guido Rossa

OPERAIO, 24 GENNAIO 1979

C'era questo operaio, Francesco Berardi, che lasciava opuscoli inneggianti alle Brigate rosse vicino alla macchinetta del caffè all'interno dello stabilimento Italsider di Cornigliano. A me, che ero suo collega, ed ero anche un sindacalista comunista, è sembrato giusto denunciarlo.

È la prima volta che accade: un operaio che denuncia un operaio per attività filoterroristiche. Lo so, ci vuole coraggio.

Aldo Moro era stato ucciso da poco, e il partito e il sindacato erano stati molto chiari: bisognava prendere definitivamente le distanze dalla lotta politica extraparlamentare, vigilando contro il terrorismo e denunciando i comportamenti sospetti nelle fabbriche. E io a due cose tenevo in vita mia: al partito e alla montagna.
Era un giorno d'ottobre del '78. Berardi fu processato per direttissima. Io ero l'unico testimone d'accusa. Fu condannato, e si suiciderà in carcere.
Temendo per la mia vita, alcuni compagni operai mi fecero da scorta per un po' di mesi.
Non bastò a salvarmi.

Mario Francese

GIORNALISTA, 26 GENNAIO 1979

Non bastò a salvarmi aver capito molte cose prima degli altri sulla mafia. Mi occupai di tutto, della strage di Ciaculli, del primo processo ai Corleonesi, nel 1969, a Bari. Di quel contadino, Totò Riina. Guardate che è lui il nuovo capo della mafia, scrivevo. Mi occupai anche della diga Garcia, che stavano costruendo in quegli anni, vicino a Palermo. Un progetto di architetti e ingegneri mafiosi. Si stavano spartendo tutto.

«La repubblica dei mafiosi» fu il titolo del mio ultimo articolo, dove esaminavo tutti i movimenti delle famiglie mafiose dietro quella grande opera pubblica.

«Uomini del Colorado, vi saluto e me ne vado» dissi ai miei colleghi di lavoro uscendo dalla redazione quella sera, come ogni sera. I sicari mi aspettavano davanti casa.

Adesso la diga porta il mio nome.

Emilio Alessandrini

MAGISTRATO, 29 GENNAIO 1979

Ucciso perché troppo bravo. Avrebbero potuto scrivere così sulla mia lapide. Avevo 36 anni. Di me chiunque si poteva fidare. Ero il sostituto procuratore che a Milano si occupava della strage di piazza Fontana e dei gruppi terroristici, della loro follia criminale. Avevo scoperto la pista nera.
Cercavo però di capirne il disagio alla base, anche.
Non volevo la scorta. Non mi sarebbe servita, i casi di Coco e Moro lo dimostravano.
Mi uccisero, come fosse un gioco, con otto colpi di pistola mentre stavo andando a piedi in tribunale. L'omicidio fu rivendicato da Prima linea. Sul *Corriere della Sera* Walter Tobagi scrisse: «I terroristi hanno colpito Alessandrini per quel che aveva fatto, ma ancor più per quanto si apprestava a fare: un archivio sul terrorismo».
Ai miei funerali parteciparono oltre duecentomila persone, come ai funerali per le vittime di Piazza Fontana.

Ma perché per smuovere le coscienze occorrono sempre fatti così eclatanti?

Girolamo Piromalli

BOSS MAFIOSO, 11 FEBBRAIO 1979

Al mio funerale parteciparono più di seimila persone. E ancora oggi, nella cattedrale di Gioia Tauro, su una delle colonne centrali, c'è una targa che nessuno vuole togliere: «In memoria di Girolamo Piromalli».

Sto in chiesa con i santi.

Ero Don Mommo, il «papa» della 'ndrangheta.

Pierluigi Torregiani e Lino Sabbadin

GIOIELLIERE E MACELLAIO, 16 FEBBRAIO 1979

Non eravamo né magistrati, né boss.
Non eravamo poliziotti, né carabinieri. Nessuna medaglia.
Non eravamo giovani studenti in un corteo, avevamo anzi superato i quaranta. E la politica ci interessava poco.
Non eravamo dirigenti d'azienda contro cui rivendicare qualcosa. I giornali ci limitavamo a leggerli e commentarli in famiglia.
Non eravamo dall'altra parte di una delle tante barricate che dividevano l'Italia nella faida.

Qui sulla collina dormono insieme il gioielliere e il macellaio.
Alza la saracinesca. Aspetta la clientela. Chiudi la saracinesca. Conta il guadagno, togli le spese. E il giorno dopo si ricomincia.

Il milanese e il veneto, abituati a difendersi da tutto, ma non sempre.
Uccisi dai Proletari armati per il comunismo in segno di solidarietà alla «piccola malavita» che «con le rapine porta avanti il bisogno di giusta riappropriazione del reddito e di rifiuto del lavoro».
Eravamo in guerra e non lo sapevamo.

Matteo Caggegi e Barbara Azzaroni

TERRORISTI, 28 FEBBRAIO 1979

Ecco cosa accade quando si preparano gli attentati in un bar.

Tragico sarà il destino, qui, al bar dell'Angelo di Torino.
Per noi che, con i nostri nomi di battaglia, Charlie e Carla, ci eravamo dati appuntamento lì. Una soffiata. E arrivò la Polizia.
Per quello studente che passerà da qui, per caso, dieci giorni dopo.
Per il titolare, il delatore, che subirà la vendetta dei nostri camerati.

Emanuele Iurilli

STUDENTE, 9 MARZO 1979

Il fatto è che tu ti porti dietro le tue cose, le tue storie, anche i sogni. E poi ti trovi a essere ricordato semplicemente come un passante, anzi, come il giovane passante vittima del terrorismo. Ovvero, la persona sbagliata nel posto sbagliato. Lo studente morto per caso che nessuno ricorda più.

Fui ucciso per vendicare i due terroristi Charlie e Carla, una vendetta che non mi apparteneva, in una storia troppo grande e troppo seria per essere la mia. Stavo tornando da scuola – la mia scuola, che stava proprio davanti al bar dell'Angelo – mancavano pochi passi al portone di casa. Sentii le urla e gli spari, mi rifugiai dietro una macchina, che potevo fare? Fui preso in pieno. Mia madre, dal balcone, vedeva tutto.

«Avevo vent'anni. Non permetterò a nessuno di dire che questa è la più bella età della vita» dice il poeta. Mi avrebbe fatto piacere smentirlo. Ma quella pallottola vagante mi ha ucciso che di anni ne avevo solo 19.

Michele Reina

POLITICO, 9 MARZO 1979

Noi volevamo smentire i terroristi.
C'era a un certo punto un clima nuovo nel Paese, un dialogo tra comunisti e democristiani, che avevano trovato motivazioni per combattere la mafia e il suo sistema di potere. Cominciò allora una sequenza impressionante di omicidi eccellenti come mai era capitato dopo le elezioni politiche del 1948. Ero segretario provinciale della Dc a Palermo, e avversario di Vito Ciancimino. Avevo appena stretto un accordo con i comunisti. Fui il primo a cadere, sotto tre colpi di una calibro 38. Poi sarebbe toccato a Boris Giuliano, e a Cesare Terranova...
La mattanza era appena cominciata.

Mino Pecorelli

GIORNALISTA, 20 MARZO 1979

Mi chiamavo Mino.
Ero una mina.
E come una mina mi hanno fatto saltare.

Facevo il giornalista – alcuni mi definivano un ricattatore – ed ero direttore del settimanale *OP, Osservatorio Politico*. Usciva ogni lunedì, in ventimila copie. Pochi fogli stampati su carta scadente, ma che facevano paura a tanti. Pubblicavo inchieste che presentavano aspetti riservati conosciuti solo dagli addetti ai lavori, su grossi scandali di quegli anni, in cui il protagonista era quasi sempre lui, Giulio Andreotti. Lo chiamavo «il divo Giulio». La mia faccia la conoscevano in pochi, ma il mio nome bastava da solo a seminare il terrore nei palazzi. Ogni lunedì per qualcuno c'era una stretta al cuore: il resoconto minuzioso di una riunione che doveva essere segretissima, la fotocopia di un documento compromettente, la trascrizione di un'intercettazione illegale, la descrizione di un adulterio.

Io sì che posso dire: io so. Grazie ai miei rapporti con i personaggi di spicco appartenenti agli ambienti più disparati, dalla Dc ai servizi segreti, ero impegnato a rivelare i retroscena del rapimento e della morte di Aldo Moro: il ministro di Polizia, Cossiga, che sapeva tutto, sapeva persino dov'era prigioniero Moro, ma non poteva decidere nulla... perché doveva sentire più in alto...
Nel numero di *OP* che esce il giorno della mia morte preannuncio un'inchiesta dettagliata sul sequestro, le trattative, sul previsto rilascio di Moro sotto la sorveglianza dei Carabinieri, sulle responsabilità politiche che hanno portato all'uccisione dello statista.
Quell'inchiesta in edicola non uscirà mai.

Ugo La Malfa

POLITICO, 26 MARZO 1979

In punto di morte, nel mio letto, alla clinica Villa Margherita di Roma. Il mio amico Sandro Pertini, il presidente della Repubblica, con un pigiama addosso e un cappotto a ripararlo dal freddo, mi ha vegliato per tutta la notte. Con lui ci sono Enrico Berlinguer, Pietro Nenni, Giorgio Amendola, Pietro Ingrao, i democratici della Resistenza e dell'Italia repubblicana. Fanno su e giù per il corridoio. Li sento.
Sono le cinque del mattino. Si avvicinano tutti al capezzale. Ho solo il tempo di sentire Pertini dirmi così: «Ci lasci tra gli sciacalli».

Perché lui lo sa. Noi eravamo indifferenti, non solo al denaro, ma anche al potere. Non eravamo neanche dei veri e propri uomini politici perché ci mancava il tratto fondamentale: l'ambizione. Io ero una specie di ideologo, avevo un chiodo fisso: la liberalizzazione dei cambi, la politica dei redditi, la creazione di un moderno centrosinistra. Provai a creare un governo di solidarietà nazionale con i comunisti, che era poi il disegno di Aldo Moro. Lo facevo per disperazione: l'Italia non poteva resistere al terrorismo dilagante senza l'aiuto di Berlinguer. Il rapimento di Aldo Moro fu la mazzata dalla quale non mi sono più ripreso.

Ai miei funerali ci sono le bande musicali della Romagna, le bandiere rosse, i vertici del potere economico e finanziario, i resti di quella borghesia laica e antifascista che all'indomani della Liberazione sembrava uno degli architravi della vita politica del Paese... Chissà se resisteranno ancora.

Nino Rota

COMPOSITORE, 10 APRILE 1979

FAm FAm9 FAm DOm
FAm
FAm6 DOm
SOL DOm
SI♭ MI♭
DO♯ SOL
FAm DOm
FAm
FAm6 DOm
SOL
DOm FAm DOm FAm DOm SOL DOm
DO♯ SOL
FAm DOm
FAm
FAm6 DOm
SOL

Forse il titolo non vi dice niente, «Parla più piano», ma se vi dico che è la colonna sonora del Padrino, sono sicuro che non vi uscirà più dalla testa.

Giulio Natta

CHIMICO, 2 MAGGIO 1979

Sono stato un grande campione.
Ho indicato una strada.
Nessuno mi ha seguito.

«E mo' e mo' e mo' e mo' Moplen!» diceva Gino Bramieri al Carosello. Era la réclame del polipropilene isotattico. Non è uno scioglilingua, ma l'invenzione che mi è valsa il Nobel della chimica, nel 1963. L'industria petrolchimica italiana è nata grazie a me.
Se solo avessimo avuto una classe politica all'altezza, l'evoluzione economica dell'Italia sarebbe stata diversa. Invece hanno dissipato un patrimonio: Montecatini, Eni, Montedison… anziché favorire la ricerca, hanno saccheggiato la finanza pubblica.
Avrebbero potuto trasformare in meglio l'Italia, invece hanno solo fatto errori su errori…

Ernesto Lomasti

ALPINISTA, 12 GIUGNO 1979

Ci sono strade dalle quali non si torna indietro.
Come in montagna, davanti a una parete rocciosa.

Le prime timide arrampicate a 14 anni. Ero piccoletto e i miei amici mi sfottevano, mi chiamavano «Cartuccia».
Avevo 18 anni quando scalai in solitaria le pareti delle Alpi, dove nessuno si era avventurato prima.
Perché lo facevo? Per arrivare in cima, guardare tutto dall'alto, e vederlo per quello che è: infinitamente piccolo.

Finì tutto troppo presto. Un fulmine mi colpì in vetta, che non avevo vent'anni. Anche lui non volle tornare indietro.

Demetrio Stratos

CANTANTE, 13 GIUGNO 1979

La mia parete rocciosa erano le mie corde vocali.
Diplofonie, suoni bitonali e difonici.
Mi arrampicavo, con le tecniche più diverse, tra gioia e rivoluzione, per cercare le nuove vette del canto.

Suonavo la voce.

Tommaso Landolfi

SCRITTORE, 8 LUGLIO 1979

Alla voce preferivo le parole. E ne bastavano poche.
Per rifiutare un premio, tre: «Deploro mia assenza».
Perché ero fatto così, schivo. Occultavo la mia presenza, arrivando a pubblicare sul risvolto di copertina dei miei libri la dicitura: «Risvolto bianco per desiderio dell'autore».
Il mio ultimo scritto, *Questione d'orientamento*, finisce poi con queste parole: «In ogni caso stiano, i lettori, a quanto loro si comunica, e non cerchino di penetrare le intenzioni dell'autore, sovente a lui stesso oscure».

Giorgio Ambrosoli

AVVOCATO, 11 LUGLIO 1979

Ci sono occasioni in cui devi essere presente, ogni giorno. È il senso del dovere che te lo impone. Ero il commissario liquidatore della Banca privata italiana, e ho lavorato quattro anni per chiarire compiutamente l'oscura e intricata vicenda finanziaria di Michele Sindona. Ho fatto tutto sostanzialmente da solo, salvo l'aiuto di un maresciallo della Guardia di finanza.

Nei giorni che precedettero il mio assassinio accadde di tutto. Avevo fatto luce sugli inquietanti intrecci che si svolgevano all'interno del Banco ambrosiano. C'erano padrini, politici e mafiosi, che cercavano di salvare Michele Sindona. Lui, Don Mike, si sentiva protetto, sicuro dell'impunità, e assoldò un killer, William Aricò per uccidermi. Io, che servivo la giustizia, fui lasciato solo, perché dissi di no a un piano di salvataggio scandaloso. Quanto mi hanno offerto perché Sindona ne uscisse immacolato...
Ho pagato la mia onestà con la vita.
Il mio anonimo interlocutore, quello che mi telefonava di notte, me lo aveva detto: «Io la volevo salvare, ma da questo momento non la salvo più». «Non mi salva più?» «Non la salvo perché lei è degno solo di morire ammazzato come un cornuto. Lei è un cornuto e bastardo!»

Nessun rappresentante del governo ha partecipato ai miei funerali.

Carmine Civitate

BARISTA, 18 LUGLIO 1979

Ecco cosa accade quando si preparano gli agguati in un bar.

Li aspettavo da tempo, i miei assassini. Dal giorno stesso della morte di quei due, Charlie e Carla – come si facevano chiamare – quelli venuti a parlare dei loro progetti nel mio locale. I poliziotti ammazzano due di loro nel mio bar, e la colpa è mia…
Angelo, proteggimi, dicevo nelle mie preghiere. Ma l'angelo era solo nell'insegna e la sua luce solo quella del neon.
Li aspettavo da tempo, e me lo chiedevo, mentre con lo spazzolone lavavo il sangue dal pavimento: come succederà? Mi spareranno alle gambe? Faranno saltare in aria il bar? Mi colpiranno alla schiena?
Fu tutto molto lineare. Entrò un ragazzo, si avvicinò al bancone, mi sparò sette colpi.

Anche io, come quel giovane studente, Emanuele Iurilli, fui ucciso per una vendetta che non era la mia. Perché non ero stato io a fare la spia alla Polizia. Era stato quello della tabaccheria. Ma loro non lo sapevano, e nessun angelo li illuminò.

Rita Montagnana

POLITICA, 18 LUGLIO 1979

Il suo angelo ero io.
Palmiro Togliatti ha avuto molte donne, parecchi amori in Russia, Nilde Iotti.
Ma dal 1924 era sposato con me, comunista della prima ora, fondatrice dell'Udi, l'Unione delle donne taliane.
Abbiamo avuto anche un figlio, Aldo. Gli assomigliava come una goccia d'acqua.
La ragione di partito impose a Nilde Iotti di abortire.
A nostro figlio Aldo toccò un destino forse più crudele, dimenticato nel buio della stanza 227 di una clinica per malattie mentali, e mai fino in fondo amato.

Il Partito non voleva.

Boris Giuliano

INVESTIGATORE DI POLIZIA, 21 LUGLIO 1979

Mi prendevano tutti per matto, per quanto lavoravo. Ero il capo della Squadra mobile di Palermo. Il mio destino si decise il giorno in cui entrai in una filiale della Cassa di risparmio di Sicilia a chiedere informazioni su trecentomila dollari depositati da un certo signor Giglio. A rispondere alle domande quel mattino c'era il direttore dell'agenzia, il dottor Francesco Lo Coco, cugino di primo grado di Stefano Bontade, il principe di Villagrazia, il boss dei boss di Cosa Nostra. I soldi che stavo seguendo erano stati depositati dallo stesso Lo Coco con il falso nome di Giglio. Quei soldi appartenevano a Bontade. Io ero un uomo morto.

Mi spararono al bar, mentre ordinavo un caffè.

Lina Merlin

POLITICA, 16 AGOSTO 1979

Con una legge che porta il mio nome ho cambiato il costume degli italiani. La mia proposta di chiudere i casini fu contestatissima – mi accusarono di bigottismo, ero il bersaglio preferito della satira e degli sfottò – ma con la sua promulgazione, il 20 febbraio 1958, si chiudeva un'epoca. Alcuni soldati mi scrissero: «E noi con la sua legge adesso come faremo?». Risposi: «Siete giovani, fate la corte alle ragazze».
La mia legge sarà sulla bocca di tutti. Ogni volta che allo Stato servirà fare cassa, a molti verrà la nostalgia del gettito dei contributi che pagavano le prostitute. Oppure faranno notare che la prostituzione non è mai morta, solo che si fa nelle strade ed è gestita dalla criminalità. Ma la libertà di sesso sarà tale che una casa chiusa non troverebbe più clienti...

Giuseppe Meazza
CALCIATORE, 21 AGOSTO 1979

Vivere di calcio.
Colpi, accelerazioni, scatti, dribbling.
Ero nato per quello, non facevo altro.
Entusiasmare le folle, umiliare i difensori, beffare i portieri.

L'origine della specie del fuoriclasse moderno.

Carlo Ghiglieno

INGEGNERE, 21 SETTEMBRE 1979

Ero dirigente all'Olivetti, poi, nel 1974 mi vollero alla Fiat: responsabile della pianificazione strategica. Un giorno dai piani alti mi chiamano e mi dicono: hai bisogno della scorta, con il clima che c'è tutti i dirigenti della Fiat rischiano la vita. E io: ma a chi pensate che importi del responsabile della pianificazione strategica? La scorta datela a chi ne ha davvero bisogno.

Un gruppo di terroristi di Prima linea mi uccise una mattina in via Petrarca, a Torino, mentre stavo andando al lavoro, con sette colpi esplosi da una 38 special. Stavo salendo in macchina con mia moglie, erano le otto e mezzo. Mi spararono alla testa e alla schiena.

Cesare Terranova

MAGISTRATO, 25 SETTEMBRE 1979

Un giorno nella mattanza caddi anch'io.

Ero il capo dell'Ufficio istruzione del Tribunale di Palermo. Fui il primo a scoprire la pericolosità del clan dei Corleonesi. Ne mandai un centinaio a processo: tutti assolti.

«Mafia» è una parola troppo generica. Vuol dire tutto e niente. In realtà c'è un'organizzazione criminale radicata nel territorio, ben organizzata. Ma per gli altri giudici le mie erano «ardite costruzioni investigative».

Osai troppo, quando feci condannare all'ergastolo un intoccabile, Luciano Liggio, la primula rossa di Corleone.

Lenin Mancuso

MARESCIALLO DI PUBBLICA SICUREZZA, 25 SETTEMBRE 1979

Sono stato per vent'anni l'angelo custode di Cesare Terranova – l'unico suo agente di scorta – fino a quel mattino di settembre. Lui guidava da casa verso il tribunale. Prendemmo una strada secondaria, trovammo una transenna, «lavori in corso» diceva. Aprirono il fuoco. Cercai di reagire, invano. Terranova fu giustiziato con un colpo alla nuca, io sono morto dopo alcune ore di agonia.

Il condominio sotto al quale siamo stati uccisi si è rifiutato di apporre una targa in nostra memoria.

Francesco Berardi

OPERAIO, 24 OTTOBRE 1979

Distribuivo quattro volantini, prendevo dei numeri di targa. Non facevo nulla di male, lavoravo in quel reparto, alla zincatura, lì, nell'Italsider di Cornigliano, dal 1956. Deluso dal Pci, deluso da Lotta continua, io volevo fare la resistenza, in concreto, non parlare, parlare parlare... Ecco perché collaboravo con le Brigate rosse.

E quel sindacalista, Guido Rossa, che fa? Mi vede che lascio i volantini delle Br al distributore del caffè e mi denuncia ai Carabinieri. Un compagno di lavoro che, anziché combattere come me i padroni, mi denuncia.

Mi arrestarono, mi processarono, mi rinchiusero in un carcere speciale: quattro anni di reclusione. Dopo un anno mi sono suicidato in cella. Non ero preparato a questo, io sapevo solo distribuire volantini, prendere quattro numeri di targa...

Vincenzo Paparelli

MECCANICO, 28 OTTOBRE 1979

Morire di calcio.

Come Gabriele Sandri.
Come quelli che erano allo stadio a Bruxelles.
Come Vincenzo Spagnolo.
Come il poliziotto Raciti.
E tanti altri.

Io sono stato il primo. La partita era un derby: Roma-Lazio.
Erano tempi in cui allo stadio si poteva andare ancora con la moglie. Stavo mangiando un panino.
Fu lei la prima a urlare, quando un razzo partito dalla curva sud mi centrò in pieno un occhio.

Serafino Ferruzzi

IMPRENDITORE, 10 DICEMBRE 1979

Il giorno dopo la mia morte, in quel volo sciagurato nella nebbia di Forlì, la Borsa italiana perde due punti. Il mio è un impero, come quello degli Agnelli. Ma a differenza loro, noi non ci sentiamo una famiglia di re. Siamo pratici, e a me, per esempio, piace mio genero, Raul, un bel ragazzone di paese energico e brillante. I suoi, i Gardini, non gli avranno insegnato le lingue, ma il senso degli affari, quello sì. Ed è quello che conta, quando si parla di grandi opere e cemento.

Qualche anno dopo la mia morte succederà qualcosa di inconcepibile, per una città placida come Ravenna. La mia salma verrà trafugata dalla cappella di famiglia. Come Charlie Chaplin, come Perón. Un ricatto della mafia, di certi nuovi soci di Raul. Le mie ossa non verranno mai ritrovate.

Gli anni settanta
31 DICEMBRE 1979

Yuppi du yuppi du yuppi du
Yuppi du-i-du yuppi du
Yuppi du yuppi du yuppi du
Yuppi du-i-du yuppi du...

Pietro Nenni

POLITICO, 1° GENNAIO 1980

Pacifista, antifascista, socialdemocratico, socialista. Sarei stato un buon presidente della Repubblica. Avrei fatto bene. Ma non me lo permisero, i miei amici prima ancora dei miei nemici, come avviene sempre a sinistra.

Il mio delfino è stato Bettino Craxi, poi mi accorsi che voleva strafare. Senza democrazia, senza libertà tutto si avvilisce, gli ripetevo sempre, e le istituzioni si corrompono. Il sistema, i partiti, erano a un bivio: rinnovarsi o perire, aggiungevo. E loro facevano le corna.

Piersanti Mattarella

POLITICO, 6 GENNAIO 1980

Rinnovarsi *e* perire.
A un certo punto della mia carriera politica decisi di dire basta, a Stefano Bontade, ai cugini Salvo. Ero convinto che in Sicilia si potesse essere democristiani e governare senza per forza scendere a patti ogni giorno con la mafia.
Facevo la guerra a Vito Ciancimino, il referente dei Corleonesi nel mio partito. Dissi a Salvo Lima che dovevamo dare uno schiaffo a tutte le amicizie mafiose di noi democristiani.
Ero convinto che la Sicilia potesse diventare finalmente un'isola con le carte in regola.
Una volta, per esempio, ci fu un convegno a Palermo sull'agricoltura siciliana. Si alzò Pio La Torre e cominciò a dire con furore che l'assessorato all'Agricoltura in Sicilia era un centro di corruzione. Poi toccò a me parlare. Tutti mi guardarono: adesso il presidente della Regione Siciliana darà il benservito a questo comunista che vede mafia dappertutto, pensarono. E invece diedi ragione a La Torre.
Un senatore comunista e il presidente democristiano della Sicilia insieme contro la mafia, roba mai vista.
Era il febbraio del 1979. Mi uccisero pochi mesi dopo, mentre stavo andando a messa, davanti a mia moglie e ai miei figli.

Antonio Cestari, Rocco Santoro e Michele Tatulli

POLIZIOTTI, 8 GENNAIO 1980

Il 14 dicembre 1979 il generale Dalla Chiesa era stato nominato capo della divisione Pastrengo, con competenza su Milano e su tutta l'alta Italia per la lotta al terrorismo. Il governo aveva anche approvato nuove e severe norme contro l'eversione.

Chi aveva a cuore davvero la lotta al terrorismo in Italia aveva brindato a quella nomina.

Noi eravamo poliziotti, e non avevamo brindato, perché il nostro vino era amaro, fatto di pattugliamenti, perquisizioni, notti insonni a seguire un sospettato, code e traffico, famiglie lontane, da sentire la domenica dal telefono a gettoni della ricevitoria sotto casa.

Quel giorno di gennaio eravamo su una volante per un giro di perlustrazione. Occhi aperti, come sempre. Passammo sotto un ponte. Una macchina ci speronò, bloccandoci la strada. Pensammo a un incidente, ma non ci fu dato il tempo neanche di scendere dall'auto.

Il sangue dei nostri cadaveri divenne il vino con il quale gli sciacalli brindarono. Sui nostri resti rimasero incollati dei volantini firmati dalle Br con scritto: «Benvenuto al generale Dalla Chiesa!».

Piero Ciampi

CANTANTE, 19 GENNAIO 1980

Com'è bello il vino
rosso rosso rosso,
bianco è il mattino,
sono dentro a un fosso.
E in mezzo all'acqua sporca
godo queste stelle,
questa vita è corta,
è scritto sulla pelle.

Ma com'è bello il vino
bianco bianco bianco,
rosso è il mattino,
sento male a un fianco.
Vita vita vita,
sera dopo sera,
fuggi tra le dita,
spera, Mira, spera

Teresa Noce

POLITICA, 22 GENNAIO 1980

Come Lina Merlin, Rita Montagnana, Nilde Iotti e le altre. Sono stata anch'io una «madre costituente».
Ho insegnato alle donne italiane a sperare.

Quanti di voi sanno che le donne non potevano accedere alla magistratura prima del 1963? Che l'adulterio femminile fino al 1968 era un reato? Che fino al 1996 la violenza sessuale era punita in quanto reato contro la moralità pubblica e il buoncostume e non contro la persona? Che i figli nati fuori dal matrimonio avranno gli stessi diritti degli altri solo a partire dal 2013?

Noi donne abbiamo ottenuto queste e altre conquiste, con battaglie faticose, mai scontate.

L'aborto, il divorzio, il divieto di discriminazione sul lavoro.

Le nostre leggi hanno cambiato l'Italia.

Sergio Gori

DIRIGENTE AZIENDALE, 29 GENNAIO 1980

La donna della mia vita è Maria Letizia. Piove. La saluto. Scendo le scale. Esco dal portone. L'agguato. Maria Letizia, affacciata dal balcone, mi vede morire. Ero dirigente del Petrolchimico della Montedison di Porto Marghera. Prima i brigatisti uccisero me, poi toccò al commissario Alfredo Albanese, che seguiva le indagini, infine a Giuseppe Taliercio, il direttore del Petrolchimico. Chissà, forse fecero fuori me per avvertire lui…

Carlo Ala

GUARDIA NOTTURNA, 31 GENNAIO 1980

A me che può succedere, penso. Io sono come quell'uomo della poesia di Montale, penso: non so chi va e chi resta. Cioè, lo so, è il mio lavoro. Ma sono una specie di semaforo: se c'è da aprire la barra in fabbrica, apro, se c'è da chiudere, chiudo. Se mi dicono di allontanare qualcuno, procedo. La notte scorre liscia, di solito, anche se in Italia è notte da un po' di anni, e ogni giorno c'è un cadavere sul giornale: un giornalista, un poliziotto, un terrorista, un passante, uno studente. Io sono un sorvegliante. Questa notte tocca a me. Arrivano in quattro, ci prendono, a me e al collega, ci sbattono in guardiola. Non sono rapinatori e lo so subito. Fanno i loro casini nella fabbrica, tirano le loro molotov. Uscendo, ci fanno sdraiare a terra, a faccia in giù. Ci sparano dieci colpi. Il mio collega vivrà.

Io, muoio dissanguato nella periferia torinese.

Vittorio Bachelet

GIURISTA, 12 FEBBRAIO 1980

Sui muri della Sapienza le scritte che inneggiano al terrorismo non si contano: DEMOCRISTIANO IMPARA, LA P38 SPARA!, MILLE CASALEGNO, perfino VIVA LE BRIGATE ROSSE. Per loro io rappresento il potere. Sono cresciuto nelle organizzazioni cattoliche, dal 1976 sono vicepresidente del Consiglio superiore della magistratura.
Ho appena terminato la mia lezione di diritto amministrativo. Esco dall'aula con la mia giovane assistente, Rosy Bindi. I ragazzi mi circondano, si informano, chiedono degli esami e dei colloqui. Una ragazza ci segue, poi mi appoggia una mano sulla spalla. Quando mi volto, mi raggiungono tre colpi di pistola al ventre. Lei si allontana. Arriva un altro ragazzo, si china su di me, mi spara contro altri colpi. L'ultimo è alla nuca. Si dilegua nella confusione generale.
Luciano Lama, affranto, dice agli studenti: «Anche quest'uomo appartiene alla nostra famiglia. Basta! Dobbiamo difendere la vita contro la morte! Dovete difenderla voi giovani! Cos'è la gioventù senza la vita?».

Pregate per quelli che mi hanno colpito. Sulle vostre bocche ci sia sempre il perdono e mai la vendetta.

Valerio Verbano

STUDENTE, 22 FEBBRAIO 1980

All'università non ci sono mai arrivato. Sono morto prima, a 18 anni.
La ragione della mia morte è nel mio dossier. Lo aveva sequestrato la Polizia a casa mia, subito dopo il mio arresto, nel 1979. Poi sono uscito di prigione, e fui ucciso da un commando neofascista che fece irruzione in casa dei miei genitori a Monte Sacro, dove vivevo. «Siamo amici di Valerio», e mia madre aprì la porta. Erano in tre, mascherati. Sequestrarono i miei, li legarono alle sedie. Mi aspettarono – io ero a scuola – e mi uccisero.
Dopo la mia morte cercarono il dossier, negli archivi del Palazzo di giustizia, ma non lo trovarono.
Cosa c'era? Io avevo il chiodo fisso dell'antifascismo, e in 379 fogli avevo raccolto notizie su centinaia di militanti dell'estrema destra e del terrorismo nero. Alcuni erano già famosi, altri, come Teodoro Buontempo, o Francesco Storace («cicciottello», annotai nella sua scheda), lo sarebbero diventati in seguito. Indirizzi, caratteristiche fisiche, sezioni frequentate, precedenti.
Come riusciva un ragazzino comunista di appena 18 anni ad avere tutte queste notizie? È quello che magari volevano sapere i miei killer.
I loro nomi sono ancora ignoti.

Perché non guardate bene nel mio elenco?

Nicola Giacumbi
MAGISTRATO, 16 MARZO 1980

È per vendicare Verbano che mi hanno ucciso.
Ma che c'entravo io? Facevo il magistrato a Salerno. Ma per i miei assassini ero comunque il simbolo dello Stato.

Domenica, corso Garibaldi, Salerno. Le otto della sera. Piove. Sto rientrando in casa, in compagnia di mia moglie, dopo aver visto *Kramer contro Kramer* al cinema Capitol. Sono già sull'uscio quando sbucano due giovani che mi scaricano addosso 14 colpi di pistola col silenziatore.

In un volantino trovato in un bar della città, ecco la rivendicazione: è stata la colonna Fabrizio Pelli delle Brigate rosse. Pelli era un giovane terrorista di Reggio Emilia morto l'anno prima in carcere per leucemia, e giovani sono i sicari che hanno fatto di lui una bandiera – tra loro ci sono anche la figlia di un noto oculista, il figlio di un consigliere comunale socialista… – e di me il loro biglietto da visita per accreditarsi nel gioco grande e folle del terrorismo rosso.

Girolamo Minervini

MAGISTRATO, 18 MARZO 1980

Eravamo tutti colpevoli. Colpevoli di qualcosa, senza saperlo, aspettando l'esecuzione della sentenza di morte.

Sono stato il secondo magistrato ucciso nel 1980. Ero sul punto di essere nominato direttore generale di tutte le carceri italiane. Il mio assassino mi ha seguito sull'autobus 991, nella calca dell'ora di punta, giù dal colle della Balduina, a due passi dal Vaticano. La gente parlava dell'argomento del momento: il calcioscommesse, i calciatori di serie A che vendevano le partite. Quando ha premuto sette volte il grilletto, io ho avuto appena lo spazio per cadere. Un ultimo colpo mi ha raggiunto al viso quando ero già a terra, come fecero per Vittorio Bachelet.
Su quel bus c'era una cinquantina di passeggeri.
In un attimo, sul 991, resta solo l'autista. Che accosta, spegne il motore, si inginocchia accanto al mio corpo. Sussurra qualcosa, forse: «Coraggio». Mi stringe le mani. Piange.

Guido Galli

MAGISTRATO, 19 MARZO 1980

Tra i 27 magistrati uccisi nell'Italia repubblicana ci sono anch'io, freddato nell'aula 309 dell'Università di Milano da un commando di Prima linea, gruppo terroristico inferiore per ferocia solo alle Brigate rosse. Io stavo indagando proprio su loro. Il terzo magistrato che i terroristi rossi ammazzano in tre giorni. Ma non si rendono conto che uccidono non dei magistrati ma delle persone, dei padri di famiglia?

Mi aspettarono alla fine della mia lezione di criminologia. Un colpo alla schiena, due alla nuca.
Il cardinale Martini venne a benedire il mio cadavere nel corridoio dell'università.

Ai miei assassini dico: avete distrutto il mio corpo, certo, ma non riuscirete mai a distruggere quello che ho dato per il lavoro, la famiglia e la società. La luce del mio spirito brillerà sempre, annientando le tenebre nelle quali vi dibattete.

Macario
COMICO, 26 MARZO 1980

Ero tutto sommato uno scavalcamontagne. Facevo ridere senza parrucche e nasi finti, solo con la mia faccia e con quel ciuffo e quella fame antica di noi comici. Facevo Ionesco quando Ionesco quasi non era nato, e d'altronde io lo so... sono sempre stato un po' lunare...

Gli occupanti di un appartamento in via Fracchia a Genova

28 MARZO 1980

Due operai, una professoressa di francese, un marinaio.
Nel nostro quartier generale, la direzione strategica delle Br, in un appartamento, a Genova, in via Fracchia 12, interno 1. Un nome che faceva ridere: ricordava a tutti il personaggio di Paolo Villaggio, che spopolava in televisione.
La prima operazione di guerra dello Stato italiano da quando è nato.
Com'è umano lei!
Ci uccisero le rivelazioni di Patrizio Peci e la ferocia di Dalla Chiesa.
Abbia pietà.
Il nostro appartamento fu il primo a essere ripulito dai Carabinieri dopo un blitz, cancellando i segni della sparatoria. Altri ne seguiranno.
Sto piombando in un marasma agghiacciante.

Riccardo Dura

TERRORISTA, 28 MARZO 1980

Promemoria: l'espressione «marasma agghiacciante» non mi ha fatto mai ridere.

Anche perché, io non ridevo.

Ero in quell'appartamento di via Fracchia, a Genova, in affitto da quella signora, nonna Caterina la chiamavamo, perché ci voleva bene come nipotini. E non avevo paura. Le Brigate rosse erano la ragione della mia vita, lo sarebbero state della mia morte.
Non ho avuto paura quando ho ucciso quel giudice, Francesco Coco. Quando si è trattato di quell'operaio traditore, Guido Rossa, quello che aveva mandato in galera il compagno Berardi, tutti erano per sparare alle gambe. Io, invece, ho puntato al cuore.

Mi chiamavano «Pol pot», soprattutto le reclute, i giovani, che volevano entrare nel giro. Li portavo in collina, e facevo scavare a ognuno di loro una fossa. Dopodiché li terrorizzavo: se tradite le Br, finirete qui. Sapevano che non scherzavo.

Si faceva la guerra.

Gianni Rodari

SCRITTORE E PEDAGOGISTA, 14 APRILE 1980

Promemoria

Ci sono cose da fare ogni giorno:
lavarsi, studiare, giocare,
preparare la tavola,
a mezzogiorno.

Ci sono cose da fare di notte:
chiudere gli occhi, dormire,
avere sogni da sognare,
orecchie per non sentire.

Ci sono cose da non fare mai,
né di giorno né di notte,
né per mare né per terra:
per esempio, la guerra.

Emanuele Basile

CAPITANO DEI CARABINIERI, 4 MAGGIO 1980

Ci sono cose da fare di notte: aspettare con tua moglie e tua figlia che divampino in cielo le stelle colorate dei fuochi d'artificio in onore del Santissimo Crocifisso, a Monreale.

Ci sono cose da fare sempre: guardarsi le spalle. Soprattutto se fai il carabiniere, in Sicilia, e sei uno di quei sovversivi che indaga sull'omicidio di Boris Giuliano e sull'ascesa delle nuove spietate famiglie mafiose con il giudice Paolo Borsellino.

Io quella sera non l'ho fatto. Era festa.

Ci sono fili da seguire. Il mio assassino viene individuato quasi subito nel mafioso Vincenzo Puccio, che viene arrestato insieme ad alcuni membri del clan dei Corleonesi. Nel 1983 sarà assolto. Il mio successore, il capitano Mario D'Aleo, verrà ucciso il 13 giugno di quello stesso anno, da un sicario dei Corleonesi. Aveva 29 anni, e stava per sposarsi. Sei anni dopo, nel 1989, la testa di Puccio, rinchiuso nel carcere dell'Ucciardone, a Palermo, per altri reati, sarà fracassata nel sonno da una padella in ghisa, impugnata da un suo compagno di cella per ordine di Totò Riina.

Pino Amato

POLITICO, 11 MAGGIO 1980

Alle 9 e 25, un colpo di citofono: «Buongiorno onorevole, sono Ciro. L'aspetto giù».
Ciro è il mio autista.
«Cinque minuti e scendo.»

Alle 9 e 50, in auto, verso la Regione. Una signora imbranata blocca il traffico perché non riesce a fare la manovra per posteggiare. Scende dall'auto, si avvicina con un altro giovane alla nostra.
«È lui. È proprio lui.» Sono le ultime parole che sento.

Alle 10 e 30, una telefonata all'Ansa: «Qui Brigate rosse. Un nucleo armato dell'organizzazione ha giustiziato l'assessore regionale Dc al Bilancio e alla programmazione, Giuseppe Amato».

Ero un esponente di punta della Democrazia cristiana campana. Mi crivellarono di colpi, in vico Alabardieri, a Napoli.

Alfredo Albanese

POLIZIOTTO, 12 MAGGIO 1980

C'è una foto che mi ritrae chino sul cadavere di Sergio Gori. Lo avevano appena ammazzato e a me toccava fare le indagini. Ero il capo della sezione antiterrorismo della Digos a Venezia. «Spero che mi diano il tempo di conoscere mio figlio» dissi ai miei, in ufficio.

E invece mia moglie rimase vedova che ancora era incinta. Ho fatto la stessa fine di Gori: il sole brilla, l'aria è fresca, un gruppo di brigatisti mi uccide con una pioggia di proiettili sotto casa. Di fronte adesso c'è un grande parco che porta il mio nome.

Walter Tobagi
GIORNALISTA, 28 MAGGIO 1980

A Milano neanche sembra primavera. Ma io queste cose le so, è la mia città. La racconto, ogni giorno, sulle pagine del *Corriere*. E racconto il tiro al bersaglio da parte dei terroristi, senza strillare, cercando di capire. Chissà a chi toccherà la prossima volta, commentavo giusto ieri. «Non sono samurai invincibili» è il titolo di uno dei miei ultimi articoli.

Sei colpi di pistola, mentre sto per prendere la macchina in garage. Orecchio, schiena, spalle, gambe.

Punteggiatura su un corpo straziato, ecco cosa scriverò oggi.

Cado senza un grido, tra una fila di auto e il gradino del marciapiede. Stella si precipita in strada, tiene Benedetta per mano. Papà è morto. Ma, secondo voi, a tre anni cosa sa una bambina della morte? Quanta vita rubata, Benedetta, quante cose avremmo potuto fare insieme: litigare e fare la pace; conoscere i tuoi amici, insegnarti ad andare in bicicletta.

A darmi il colpo di grazia fu un giovane, Marco Barbone. Aveva 22 anni, poteva essere il mio fratello più piccolo. Dopo pochi anni di carcere, si è convertito al cattolicesimo, è entrato in Comunione e Liberazione ed è responsabile della comunicazione della Compagnia delle opere. Scrive articoli per un settimanale, lui, che ai giornalisti sparava.

Giorgio Amendola

POLITICO, 5 GIUGNO 1980

Sono morto davanti agli occhi di mia moglie, Germaine, china sul mio letto di malato. Siamo stati legati quasi cinquant'anni, dall'espatrio a Parigi al confino sull'isola di Ponza, dalla Resistenza alla Costituente. E poi la lotta politica nel Pci, nostra figlia Ada, la sua morte.

Quando il segretario del Pci, Enrico Berlinguer aprì il mio testamento, tutti si aspettavano chissà cosa, dal padre nobile dei comunisti italiani. Cinque pagine, scritte a penna. Non trovarono nulla: solo Germaine. Tutto. Non un riga sul partito, sulla politica, sul Paese.
Tant'è che Berlinguer disse ai suoi: non diffondete questo testamento, non rendetelo pubblico, è troppo intimista.

Tutta la mia vita per Germaine. Per lei il mio testamento.

E lei che non lo ha mai letto: morirà poche ore dopo di me. Germaine.

Giuseppe Valarioti
INSEGNANTE, 11 GIUGNO 1980

Leggete questa dichiarazione.

Giuseppe Pignatone, ex procuratore di Reggio Calabria, 2011:

A Rosarno ci sono 15mila abitanti e da alcune intercettazioni ambientali abbiamo scoperto che ci sono almeno 250 affiliati e se ne affacciano non meno di 7 ogni settimana. Se a questi aggiungiamo parenti, amici o conoscenti, significa che la 'ndrangheta controlla la vita dei cittadini con un «metodo quasi democratico», senza usare la violenza, perché ha la maggioranza.

Pensate allora cos'era Rosarno negli anni settanta. C'erano i Pesce che comandavano. In Calabria essere un Pesce è come in Sicilia essere un Riina o un Provenzano.
La 'ndrangheta era sconosciuta all'opinione pubblica, il presidente della Repubblica, Sandro Pertini, neanche sapeva pronunciarne bene il nome.
Io ero un dirigente del Partito comunista di Rosarno, ucciso perché mi opponevo allo strapotere dei Pesce.

Mario Amato

MAGISTRATO, 23 GIUGNO 1980

Io ho tentato l'impresa di una lettura del terrorismo nero. Come Vittorio Occorsio. Anche per capire il ruolo del criminologo Aldo Semerari, consulente di molti tribunali, ma che in tanti sospettavano che fosse al servizio dei fascisti.
In quel porto delle nebbie che era la Procura di Roma, in pochi mi credevano. Anche perché ero il solo a indagare sul terrorismo di estrema destra. Ben quattro colleghi, invece, erano impegnati sul fronte del calcioscommesse...
Convocato dal Consiglio superiore della magistratura, un giorno dissi: «Sto arrivando alla visione di una verità d'assieme, coinvolgente responsabilità ben più gravi di quelle stesse degli esecutori materiali degli atti criminosi».
E ancora: «Sono stato lasciato completamente solo a fare questo lavoro. Nessuno mi ha mai chiesto cosa stesse succedendo. Non ce la faccio più, e nonostante le mie reiterate richieste di aiuto, a tutt'oggi, tale aiuto non mi è stato dato. Non esiste la benché minima organizzazione e la dirigenza dell'ufficio fa acqua sotto tutti i punti di vista. Che mi risulti per tutta la Procura di Roma vi è una sola auto blindata. Credo che la magistratura non possa da sola risolvere i grandi problemi del terrorismo, ma credo che, se ben diretta e organizzata, può contribuire a risolverli».
Fui ucciso dieci giorni dopo dai terroristi dei Nuclei armati rivoluzionari, mentre aspettavo l'autobus per andare in tribunale. Erano le otto, avevo chiesto che mi venisse a prendere un autista con la blindata della Procura. Non è possibile, mi risposero dal centralino, l'autista entra in servizio alle nove.

Cose che accadono dopo la mia morte:
poche ore dopo i leader dei Nar, i pluriomicidi Giusva Fioravanti e Francesca Mambro festeggiano con ostriche e champagne;
pochi giorni dopo per Roma gira un volantino: «Amato ha chiuso la sua squallida esistenza, imbottito di piombo»;
poche settimane dopo scoppia una bomba alla stazione di Bologna. Se mi avessero ascoltato in tempo, forse la strage si sarebbe potuta evitare.
Semerari? Quello lo troveranno decapitato.

Ah, e in Procura arrivano trecento auto blindate nuove nuove.

Domenico Gatti

CAPITANO DEL DC-9 ITAVIA BOLOGNA-PALERMO, 26 GIUGNO 1980

«Guà…!»

Gli altri 80 che viaggiavano con lui
26 GIUGNO 1980

A noi invece non è toccato di vedere nulla. Solo il mare, improvviso, come un cielo capovolto.

Sorelle d'Italia – Stazione di Bologna

2 AGOSTO 1980

Dov'è Romeo, che aspettava sua figlia? E Fausto, il tassista appena rientrato dalle ferie?
Dov'è Antonio: ha trovato gli orari che cercava? E Rossella, che pensava che il treno fosse più sicuro dell'auto? Dove sono Angela e Domenica, le siciliane venute a conoscere la futura cognata?
Dove sono Sonia, Maria, Roberto?
La bambina con la bambola rossa, la ragazza disintegrata, il giocatore di pallavolo?
Cercateli, cercateli alla stazione di Bologna.

Io sono il treno arrivato puntuale, ma fuori orario, fuori binario. Un treno fermo, ma, vagone dopo vagone, nessuna porta si apre, nessuno scende o sale.
Un istante prima i soliti saluti di chi va e chi resta, valigie e zaini stipati, stremati dal caldo.
Un istante dopo è un fuoco arancio, che diventa nero.
Un istante dopo ancora e sono lì tutti a scavare.
E istante dopo istante, in un paese senza pace.

Io sono un urlo così forte da rompere il vetro degli orologi, quella «cosa straziante» da fare dire al presidente partigiano: «Siamo di fronte all'impresa più criminale che sia avvenuta in Italia».

E chi è stato? Si sa. È stata la caldaia no sono stati i fascisti no è stato un incidente no è stata una sigaretta no sono stati i libici no sono stati i servizi segreti no è stata una fuga di gas. La verità deraglia dal suo binario, slitta.

Io sono il treno arrivato in stazione che portava una sola passeggera: la Signora Ragione.
Solo che Signora Ragione si è addormentata. Cosa che capita a tutti, nei treni, si sa.
E il sonno di Signora Ragione, come insegna quel famoso quadro, genera mostri.

Gaetano Costa
MAGISTRATO, 6 AGOSTO 1980

La ragione si è assopita troppo spesso nella storia del nostro Paese.

Durante il fascismo ero iscritto al Partito comunista clandestino e avevo combattuto nelle file della Resistenza piemontese. Nel dopoguerra ero tornato nella mia terra d'origine, la Sicilia, per intraprendere la carriera di magistrato. La mafia avanzava, la ragione si era di nuovo addormentata. Mi resi conto che, per combattere davvero la mafia, non era sufficiente arrestare ogni tanto qualche malavitoso, ma spezzare il legame perverso tra Cosa Nostra e il potere pubblico.
Ero un sovversivo, per quei tempi. Mi creai tante inimicizie. Anche fra i miei colleghi: mi trattavano come un corpo estraneo.
Fui nominato a capo della Procura di Palermo nel gennaio del 1978. Moro non era stato ancora rapito. Fecero di tutto per ostacolare il mio insediamento, che avvenne solo a tarda estate.
Avevo sollecitato al Parlamento l'adozione di leggi per indagare sulle ricchezze e i patrimoni. Era l'unico modo per colpire la mafia in profondità. E in questa direzione orientai l'attività della Procura. Poco prima di essere assassinato, avevo emesso ben sessanta mandati di cattura. Ma avevo dovuto firmarli da solo, perché i sostituti si erano tutti rifiutati.

Mi lasciarono solo. Mi additarono, come ha scritto Leonardo Sciascia, alla vendetta mafiosa.
Al mio funerale parteciparono in pochi.
Il mio lavoro lo continuò Rocco Chinnici. Gli toccò la mia stessa sorte.

Carmelo Iannì

ALBERGATORE, 28 AGOSTO 1980

Dottore Costa, lei lo sapeva che andava incontro alla morte, con i rischi che si prendeva. Io no. Io gestivo un albergo, vicino Palermo, in riva al mare, a Villagrazia di Carini. Si chiamava Riva Smeralda.

Quando ho dovuto scegliere da che parte stare, ho scelto la parte giusta, il che significava morire. Così diedi a dei poliziotti la possibilità di infiltrarsi nel mio albergo travestiti da camerieri per indagare su un gruppo di marsigliesi, dei chimici, che erano venuti in Sicilia per insegnare ai boss di Cosa Nostra a raffinare l'eroina e che soggiornavano lì. Riuscirono un mese dopo ad arrestarli, solo che a eseguire l'arresto furono gli stessi poliziotti che i marsigliesi in vacanza da me avevano conosciuto come camerieri. Capirono tutti che io avevo collaborato con le forze dell'ordine. Un peccato mortale, in Sicilia. Due giovani a volto scoperto entrarono quattro giorni dopo nella hall del mio albergo, e mi uccisero con dei colpi di pistola. Sul *Giornale di Sicilia* scrissero che ero morto per un regolamento di conti, che ero uno che non ci stava con la testa, un pazzo, dicevano. Peccato che hanno chiuso i manicomi, sussurravano, perché lì doveva stare il signor Iannì...

Franco Basaglia

PSICHIATRA, 29 AGOSTO 1980

L'epoca dei manicomi è conclusa da un pezzo.
Ve lo ricordate sempre, quando volete tranquillizzare le vostre coscienze.
Ma non è finita. Perché non basta chiudere i manicomi per farla finita con la cultura manicomiale.

Abbandonai le stanze universitarie per andare a dirigere il manicomio di Gorizia. Era un inferno. La mia battaglia per chiudere i manicomi iniziò lì. Adesso in quell'area c'è un roseto, con più di cinquemila esemplari. Manca solo il Piccolo Principe, che cerchi ancora una volta la sua rosa da mettere sotto la sua campana di vetro, difendere con un paravento, ascoltare lamentarsi o tacere. La sua rosa.

Se lo facesse lo prenderebbero per pazzo. E rimpiangerebbero i manicomi.

Le relazioni sindacali
14 OTTOBRE 1980

È da pazzi essere un colletto bianco alla Fiat negli anni settanta. Non essere cioè un operaio, ma un semplice impiegato, che nessun sindacato tutela.

Crisi energetica, politica dell'austerity, crollo delle vendite dell'auto e continui scioperi nelle industrie.
Gli impiegati vogliono entrare in fabbrica, i picchetti lo impediscono.
Cesare Romiti, il terrorismo, gli omicidi e gli agguati ai capireparto, i sequestri lampo.
Gli operai sono tutti terroristi. Il padrone è prepotente.
Umberto Agnelli che nell'estate dell'80 annuncia altri tagli.
I metalmeccanici che annunciano lo sciopero. Romiti che va allo scontro: l'11 settembre 1980 l'annuncio di 14469 licenziamenti.
La lotta è dura alla Fiat di Mirafiori: 35 giorni di sciopero, il presidio per non fare entrare nessuno in fabbrica.
Fino a quel giorno. I colletti bianchi si vedono al Teatro nuovo di Torino. Partono in un corteo silenzioso. La chiameranno la marcia dei quarantamila. In silenzio. In giacca e cravatta.
Vogliono lavorare.
Nonostante lo sciopero.

Nonostante i sindacati.

Barcollando – Irpinia
23 NOVEMBRE 1980

Cosa cambia? Eravamo terremotati ancora prima del terremoto.

Le nostre case viste dall'alto sembravano nidi di vespe sfondati.
Noi sepolti vivi senza che nessuno sentisse le nostre grida.
Poco dopo arrivò l'alluvione, l'alluvione di soldi. Una pioggia così fitta e incessante e violenta di soldi.

Siamo morti col Sud.
Chi è sopravvissuto a quei novanta secondi sarà testimone della trasformazione della classe politica italiana, pronta a sbranarsi 66 miliardi di lire di aiuti per una ricostruzione infinita, a trasformare i fienili in ville, a corrompere con gli orologi d'oro i collaudatori di opere pubbliche mai realizzate.

Se quella sera, la sera in cui la terra distrusse le nostre città, avessero intercettato i telefoni di imprenditori, funzionari, camorristi, politici, sapete quante risate avrebbero sentito?

Marcello Torre

POLITICO, 11 DICEMBRE 1980

La mia città, Pagani, l'hanno distrutta i miei concittadini.

Era piena di persone l'aula magna del liceo scientifico di Pagani, quando si è tenuta, 34 anni dopo, una cerimonia per ricordare me, il sindaco ucciso dalla camorra. Era piena di gente, ma non di paganesi. C'era un concorso, hanno partecipato tutte le scuole della provincia di Salerno, tranne quelle della mia città, nemmeno quella che ha ospitato l'incontro. Eppure quella scuola l'ho fatta costruire io, quando ero vicepresidente della Provincia. Mi sono battuto contro la camorra, vogliosa di mettere le mani sul bottino della ricostruzione post terremoto dell'Irpinia. Mi hanno ucciso sotto casa. Da allora mia moglie Lucia ha dovuto subire di tutto, compresa l'intitolazione di una piazza, poi revocata subito dopo la cerimonia da parte del consiglio comunale, con tanto di rimozione della targa.

Enrico Riziero Galvaligi

GENERALE, 31 DICEMBRE 1980

Mi hanno ucciso l'ultimo dell'anno del 1980. Pochi giorni prima i Gis, i reparti speciali dei Carabinieri, avevano assaltato su mio ordine il carcere di Trani in rivolta.

Mi hanno ucciso per l'incarico che ricoprivo, per il tipo di lavoro che facevo, per il simbolo che ero, per ciò che rappresentavo, dicono: il braccio destro di Dalla Chiesa. Nella loro ottusità, mi consideravano nemico del popolo, non sapendo che ero stato anche un partigiano.

Erano già venuti alle tre per uccidermi. Si erano presentati in portineria con un cestino: «È un regalo per il generale Galvaligi, ci sa dire a che piano abita?». «Lasciate tutto a me» aveva detto il portiere. «No, no, è un regalo personale. Torniamo più tardi.» Quando il portiere me lo raccontò, mentre stavo uscendo per andare alla messa della sera, non diedi peso alla faccenda: «Vedrai che ritorneranno» dissi a mia moglie «perché vogliono la mancia». E quando alle sette rientrammo dalla messa vedemmo i due ragazzi con il pacco, fermi davanti la guardiola. «È il cestino questo?» chiesi. E uno dei due lasciò cadere il pacco e gridò: «Ecco il regalo!», sparandomi dei colpi di pistola. Sono morto tra le braccia di mia moglie Federica, che mi guardava, mi stringeva, mi accarezzava. E il mio ultimo pensiero fu: «Come sei bella, Ica…».

Luca Perucci

MILITANTE DI ESTREMA DESTRA, 6 GENNAIO 1981

Il 6 gennaio abbiamo giustiziato l'infame delatore Luca Perucci che aveva permesso l'attacco della magistratura bolognese contro le formazioni rivoluzionarie.

Secondo i neofascisti dei Nar, i Nuclei armati rivoluzionari dei fratelli Fioravanti, per i nemici ci vuole rispetto. I traditori, invece, vanno puniti. E io per loro ero un traditore. Ero un militante dell'organizzazione di estrema destra Terza posizione, ed ero stato interrogato dai magistrati sulla strage di Bologna e sull'omicidio del giudice Mario Amato. Erano convinti che avessi detto qualcosa di troppo.
Avevo 18 anni. Mi uccise il mio amico Pasquale Belsito, per strada, sparandomi in fronte con la sua P38 Special.
E fu chiusa la bocca per sempre al delatore Perucci.

Nicolino Selis

CRIMINALE, 3 FEBBRAIO 1981

Mentro ero in carcere divenni amico di Raffaele Cutolo, il boss della Nuova camorra organizzata. La sua idea mi piaceva: lui stava mettendo in piedi un'organizzazione criminale a Napoli che escludeva dal suo territorio tutte le altre.
Tentai la stessa operazione su Roma: un patto tra gruppi criminali per gestire in autonomia le attività illecite. È nata così la Banda della Magliana. Il primo atto fu l'uccisione, nel 1978, di Franco Nicolini, il padrone di tutte le scommesse clandestine. Da lì fu tutto un crescendo, fino alla faida. Mi uccisero per una ripartizione di tre chili di eroina che mi avevano dato dei siciliani. Mi diedero appuntamento per una riappacificazione, all'Eur, Abbruciati, De Pedis e tutti gli altri. Mi condussero in una villa ad Acilia e mi seppellirono con la calce viva.

E addio al Sardo.

Enea Codotto e Luigi Maronese

CARABINIERI, 5 FEBBRAIO 1981

Quella sera fredda e limpida arriva una chiamata in caserma, a Padova: qualcosa di strano avviene intorno al canale.
Arriviamo noi – a bordo dell'autoradio Eden 8 – e troviamo questo gruppo di giovani che cerca di recuperare qualcosa dal canale di scarico del lungargine Scaricatore, tra i canneti.
Intimiamo loro di fermarsi, ma, per tutta risposta, ci esplodono contro una raffica di colpi di mitra. Noi replichiamo al fuoco e riusciamo a colpire uno di loro, Giuseppe Valerio Fioravanti, quello che tutti chiamavano Giusva, il leader di quel gruppo di estremisti di destra, i Nar. Avevano delle armi nascoste nel canale. Ferito alle gambe, Fioravanti non farà molta strada, e lo arresteranno subito dopo.
Quel posto lì si chiamerà lungargine Codotto e Maronese, con una bella pista ciclabile, e tanti giovani – come lo eravamo noi – che si incontrano lì. E poi due alti pioppi, con un monumento in pietra, semplicissimo, e le nostre foto in uniforme.

Vincenzo Rabito

CONTADINO, 15 FEBBRAIO 1981

Nato in via Corsica a Chiaramonte Qulfe, d'allora provincia di Siraqusa, figlio di fu Salvatore e di Qurriere Salvatrice, chilassa 31 marzo 1899, e per sventura domiciliato nella via Tommaso Chiavola. La sua vita fu molta maletratata e molto travagliata e molto desprezata. Il padre morì a 40 anne e mia madre restò vedova a 38 anne, e restò vedova con 7 figlie, 4 maschele e 3 femmine, e senza penzare più alla bella vita che avesse fatto una donna con il marito, solo penzava che aveva li 7 figlie da campare e per darece ammanciare.
Il più crante di queste figlie si chiamava Ciovanni, ma Ciovanni di questa nomirosa famiglia non ni voleva sentire per niente; se antava allavorare, quelle poche solde che guadagnava non bastavino neanche per lui, e quinte quella povera di mia madre era completamente abilita. Mio padre, con quelle tempe miserabile, per potere campare 7 figlie, con il tanto lavoro, ni morì con una pormenita, per non antare arrobare e per volere camminare onestamente. Ma il Patreterno, quelle che voglino vivere onestamente, in vece di aiutarle li fa morire.
Così, il seconto di questa nomerosa famiglia era io. Ed era io, Vincenzo, che così picolo sapeva che mia madre aveva molto bisogna dai figlie, perché era senza marito. Io non la voleva sentire lamentare perché non aveva niente per darece ammanciare ai suoi figlie. I tempe erino miserabile, li nostre parente erino miserabile come noie. E quinte, non zi poteva antare avante in nesuno modo.
Quinte, io fui nato per fare una mala vita molto sacrificata e molto desprezata. Quinte, mia madre era con la stessa mintalità di mio padre, che non voleva antare arrobare per campare ai suoi figlie, e neanche mia madre voleva fare la butana, come tante famiglie che fanno tutte le porcarieie per potere sfamare ai suoi figlie, mentre mia matre voleva antere avante onesta amente.

Luigi Marangoni
DIRETTORE SANITARIO, 17 FEBBRAIO 1981

Anche io ho provato a lavorare onestamente.
E proprio per questo ero colpevole.
Colpevole perché, in quegli anni, anni di piombo, io volevo far funzionare il mio ospedale, il Policlinico di Milano.

È il 17 febbraio quando alle 8 e 20 di mattina vengo assassinato dalle Brigate rosse sotto casa. Una raffica di colpi di pistola e di fucile al volto e al corpo. Avevo denunciato gli infermieri che sabotavano l'ospedale per fare vedere che il sistema era marcio.
Vado a fare un giro in ospedale, dissi ai miei uscendo da casa. E non tornai più.

In quel clima folle, in quel Paese intossicato, io volevo solo fare il mio mestiere, migliorare l'organizzazione ospedaliera. C'è per esempio una valvola che serve a prevenire gli inquinamenti da gas anestetici in camera operatoria. L'ho inventata io, porta il mio nome.

Rossella Casini

STUDENTESSA, 22 FEBBRAIO 1981

Avrebbe potuto portare il mio nome una bella storia d'amore, di quelle che poi ci fanno i film, o gli sceneggiati in tv.
Chi invece si ricorda di me? Nessuno. Neanch'io.
No, non me lo ricordo quando sono morta. Anche nella mia scheda anagrafica è scritto: irreperibile.
Ero già a pezzi, quando mi hanno gettato in mare.
Ero già stata strangolata, quando mi hanno fatto a pezzi.
Muoio nel momento in cui telefono a casa, a mio padre, a Firenze. Sto per partire da Palmi.
Qualcun altro ha già deciso: «Eliminate la straniera». L'ordine viene eseguito alla lettera.

Mi hanno ucciso perché avevo spinto alla collaborazione Francesco, il mio fidanzato, che era calabrese, ed era coinvolto in una sanguinosa faida. Ma lui non sapeva di malavita. Sapeva di mare, tonnara, ulivi. Lo volevo salvare.

Per la 'ndrangheta ero un infame. E la sua famiglia decise che bisognava lavare il disonore.

Mariano Mellone

OPERAIO, 12 MARZO 1981

Io per la camorra non ero nessuno. Mai avuto problemi, mai disturbato.

«E allora, la mia Jaguar quando è pronta?» Era una Cinquecento, anche malmessa, e ci scherzavo su, mentre aspettavo che il mio amico Gennaro Palumbo finisse di lavorarci, all'interno della sua autofficina in via Padre Rocco, a Napoli.
Dalla via si sentì un trambusto, poi degli spari: in strada un uomo che corre, dietro di lui uomini armati che cercano di raggiungerlo. La gente scappa, grida, si nasconde.
Quello che fugge entra proprio in officina, si infila sotto un'auto. Io mi nascondo dietro un'altra auto.
Loro entrano. Si abbassano per controllare sotto le auto. Non vola una mosca.
Uno degli uomini armati mi arriva alle spalle.
Chissà per chi mi ha scambiato.
Io sono accovacciato, trattengo il respiro.
Un colpo solo, alla nuca.

Avevo 33 anni. E sono morto così, per caso, in un'autofficina, un giovedì qualunque, per lavare il disonore di altri, probabilmente.

Francesca Moccia

FRUTTIVENDOLA, 12 MARZO 1981

Ecco cos'era tutto quel trambusto.
Accanto all'officina dove è successo il finimondo, c'è un vicolo.
In quel vicolo si sente gridare. Ci sono persone che piangono.
C'è un corpo a terra, il mio, fragile, rannicchiato, sorpreso.
Stavo chiudendo il mio negozio di frutta e verdura per la pausa pranzo. I proiettili sparati dappertutto mi hanno colpito a morte.

Anche io muoio per caso, come tanti a Napoli in quegli anni. Senza motivo, senza giustizia.
Altro che disonore da lavare.
Qui non bastano le lacrime per lavare il dolore.

Annunziata Pesce

21 MARZO 1981

Dovreste prendere esempio da quelle donne di Atene
che vivon per i loro mariti, orgoglio e razza di Atene
Tutto il giorno si son profumate
lavate nel latte e pettinate per
esser amate.
Se fustigate non piangeranno
ma anzi in ginocchio imploreranno
più dure pene
catene...

Rapita, condotta in un casolare di campagna, bendata, uccisa con un colpo di pistola alla testa. Avevo trent'anni, e sono stata «punita» perché avevo tradito mio marito, esponente di primo piano del clan dei Pesce, con un carabiniere.

Mi uccise mio cugino, alla presenza di mio fratello. Il codice della 'ndrangheta prevede infatti che a questo tipo di esecuzioni capitali debba partecipare anche uno dei componenti della famiglia della persona da punire.

Il codice prevede anche il silenzio. La verità sulla mia morte verrà fuori nel 2010.

A.A.A. Offresi

DOCUMENTARIO, 29 MARZO 1981

Avrei potuto essere un programma da prendere a esempio, la pietra miliare della televisione italiana: *La grande sorella*, prima ancora del *Grande fratello*, e di tutti quei giovanotti di belle speranze dentro una casa finta che, si sa, prima o poi brucia.
La grande sorella: una prostituta al lavoro – Veronique, la scatenatissima bella di notte – e i suoi clienti. Offre il servizio pubblico. Anzi, il serviziettto pubblico.

Volevo solo mostrare l'immensa miseria di questo millenario commercio carnale, la prostituzione, e denunciarne la vergogna.
Ma divenne tutto un caso politico e giudiziario, ancora prima della messa in onda. A valanga arrivarono in Rai lettere di cittadini timorati.

E il programma fu cancellato, sempre per quella certa idea delle donne che le vuole tutte a viver per i loro mariti e amanti, orgoglio e razza d'Italia, pronte a soddisfarli sempre, senza lamentarsi mai.

Stefano Bontade

BOSS DI COSA NOSTRA, 23 APRILE 1981

Che spietato, quel Totò Riina.
Il giorno in cui arrestano Luciano Liggio, nel 1974, lui lo sostituisce nel triumvirato che dirige Cosa Nostra, dove siamo già io – il principe di Villagrazia – e Gaetano Badalamenti.
Sembrava un tipo mite. Ma in sette anni tesse trame, recluta infiltrati nelle nostre famiglie. Si prepara al gran salto.
Io lo capisco quando è troppo tardi. Riina è alle porte di Palermo e ha già deciso la mia eliminazione fisica con un cocktail di lupara, 38 special, 357 magnum e kalashnikov che Antonio Madonia ribattezza divertito il «pocket coffee».
Comincia la guerra di mafia, la seconda, l'ascesa dei Corleonesi. Il terrore. Strangolamenti e bidoni d'acido e grigliate di cadaveri. E cinquecento morti. Tutti nemici, tutti più o meno pericolosi o colpevoli di rappresentare un ostacolo al disegno di potere di Totò Riina.

Le vittime della seconda guerra di mafia

23 APRILE 1981

Non dovete chiedere a Totò Riina, a Nitto Provenzano, a Michele Greco, a Brusca, a tutti i Corleonesi, i capifamiglia, capidecine e boss loro avversari, se ci hanno sterminato. Vi risponderanno di no, che non è vero.

È come quando processarono il nazista Adolf Eichmann, che guidò lo sterminio di sei milioni di ebrei e gli chiesero se si ritenesse colpevole. Lui rispose: sono innocente.

L'errore stava nella domanda. Era sbagliata. L'errore stava nel fatto che non bisognava chiederlo una volta, ma sei milioni di volte.

E allora, anche voi, chiedetelo migliaia di volte.

Chiedetelo per chi è stato ucciso in una rosticceria mentre ordinava un pollo al forno, o al ritorno da messa, o in ospedale.

Chiedetelo per chi è stato prelevato a casa da finti carabinieri e non ha fatto più ritorno, per chi è morto in un agguato, in un finto incidente d'auto.

Chiedetelo per chi è stato ucciso nel suo letto, per chi è stato giustiziato mentre cambiava una ruota della sua auto, o faceva l'amore, o il pastore.

Chiedetelo per chi è andato a quell'appuntamento, sapendo che andava incontro alla morte, e sapendo anche che per la legge dei Corleonesi alla morte non c'era alternativa, se non la morte dei tuoi cari, e poi la tua.

Chiedetelo per chi si è ammazzato per non dargliela vinta.

Chiedetelo per chi è stato strangolato, incaprettato, semplicemente sparato. Bruciato, interrato, sciolto nell'acido.

Chiedetelo per chi, come noi, non era boss, non aveva soprannomi, non poteva fuggire all'estero, non aveva soldi.

Chiedetelo per tutti i morti, uno per uno, di lupara bianca, come un'eco nel vento.

Eravamo soldati, dalla parte sbagliata, nella parte sbagliata d'Italia.

In silenzio, la nostra ecatombe non ha mai fatto notizia. Nessuno leggerà mai in piazza l'elenco dei nostri nomi.

Luigi Carbone e Mario Cancello

BRIGADIERE DI PUBBLICA SICUREZZA E AUTISTA, 27 APRILE 1981

Eravamo l'ombra di Ciro Cirillo, potente assessore regionale all'Urbanistica della Regione Campania. Dc, ovviamente: le mani sulla ricostruzione dopo il terremoto dell'Irpinia.
Con lui, nell'auto blindata, mentre tornavamo a casa dopo una giornata di lavoro, verso le dieci di sera, parlavamo di cose personali. Cirillo aveva un cagnolino che era morto durante le vacanze pasquali.
Mentre l'auto stava entrando nel garage, ci sorprese un commando delle Br. Rapì l'assessore, uccise noi.

Per liberare Cirillo si muoveranno in tanti. Per Aldo Moro una trattativa simile non si era vista. Il sequestro durerà 88 giorni, durante i quali l'assessore regionale viene tenuto rinchiuso in una scatola di cartongesso all'interno di uno studio medico a Cercola. Sarà liberato il 24 luglio dopo il pagamento di un riscatto.

Noi invece, figli di nessuno, siamo morti ammazzati. D'altronde le Br avevano questo criterio poco rivoluzionario: i proletari vanno ammazzati subito, i potenti no. I proletari vanno giustiziati, per i potenti si può trattare.

Due pallottole spuntate

13 MAGGIO 1981

Leggenda vuole che di noi parlò già una bella signora agli inizi del Novecento, in una poverissima località del Portogallo centrale, Fátima.
In mezzo a un sole vorticoso, tra nuvole incombenti, raccontò a tre pastorelli dell'avvento della guerra, della fine del comunismo e di un «vescovo vestito di bianco» che «cadrà come morto, colpito da un'arma da fuoco».
Oppure fu solo Alì, che voleva fare a modo suo la rivoluzione e gli balbettava la mano.

Non è roba di tutti i giorni tentare di uccidere un papa.

Rino Gaetano

CANTAUTORE, 2 GIUGNO 1981

Non era cosa di tutti i giorni cantare quello che cantavo io. Già al Folkstudio ero al centro di certe discussioni... insomma molti non volevano che io facessi i miei pezzi perché, dicevano, sembrava che volessi prendere in giro tutti. Pezzi come questo:

A te che odi i politici imbrillantinati
che minimizzano i loro reati,
disposti a mandare tutto a puttana
pur di salvare la dignità mondana,
a te che non ami i servi di partito
che ti chiedono il voto, un voto pulito,
partono tutti incendiari e fieri
ma quando arrivano sono tutti pompieri.

E infatti c'è chi dice che mi ha ucciso la massoneria, per i troppi segreti svelati nella versione originale di «Nuntereggaepiù», e che mi ha fatto morire proprio come io stesso avevo predetto nella «Ballata di Renzo», dove citavo tre degli ospedali che mi rifiutarono.

A differenza del papa polacco, io la predizione me l'ero fatta da solo.

Alfredino Rampi

BAMBINO, 13 GIUGNO 1981

Sono ancora in sandali e canottiera, nel buio di questa terra, e vi osservo tutti.

Non è un pozzo, ormai, è uno spioncino.

Vi guardo guardare il dolore degli altri in tv, come la prima volta avete fatto col mio. La vita comune, lo spettacolo della morte, sono entrate nelle vostre case con Vermicino. Prima era solo una tv pedagogica, dagli orari rigidi, come a scuola. Adesso diventa una messinscena universale.

Non è un pozzo, no, è un periscopio.

Passò di tutto sopra la mia morte: il presidente della Repubblica, la Rai, diciotto ore di diretta televisiva, una veglia lunga sessanta ore, un dolore collettivo. E ancora: volontari, fantini, nani, acrobati, come al circo. Donne con il fazzoletto in mano che piangono, carabinieri, preti, porchettari, una folla che aspetta. E un pompiere, un minuscolo speleologo che sette volte mi afferrò la mano. E sette volte la sentì scivolare via.

L'ultima fu quasi una carezza.

Giuseppe Taliercio
MANAGER, 6 LUGLIO 1981

Per me solo botte.
Prima di uccidermi i brigatisti mi tennero prigioniero per 47 giorni, picchiandomi in continuazione. Volevano colpire un simbolo, il dirigente del Petrolchimico della Montedison di Marghera, si erano trovati invece davanti un uomo, con un'arma potentissima: la fede. Quando io pregavo sapevo che lì, loro, non potevano raggiungermi. Oggi so che la mia parola ha vinto. E chi mi ha ucciso non può non pensare a me senza morire ogni volta un po'.

Stefania Rotolo

SHOWGIRL, 31 LUGLIO 1981

Ora che il trucco non scorre più sul volto, che l'uragano si è placato, non gira più la pista, penso a come sarei stata, oggi: gli anni lunghi, come i capelli, e qualcosa ancora per cui ballare, anche se è tutta una finzione.

Roberto Peci

OPERAIO, 3 AGOSTO 1981

Siamo in ballo, e balliamo, avrà pensato Dalla Chiesa. Per il generale la lotta al terrorismo non conosce soste. Per la prima volta si sente parlare di «pentitismo». E il pentito è Patrizio Peci, uno dei capi storici delle Brigate rosse. Racconta fatti e misfatti del terrorismo rosso, fa i nomi dei compagni, indica i covi strategici, rivela molti retroscena.

Un commando di cinque persone, guidate da Giovanni Senzani mi sequestrò a San Benedetto del Tronto. Mi segregarono per 53 giorni in una tenda, senza permettermi mai di cambiarmi o di radermi, se non il giorno stesso in cui mi ammazzarono.

Io sono il fratello di Patrizio, pago il suo tradimento.

Mi costrinsero a confessare cose che non sapevo, nell'illusione che mi avrebbero rilasciato. Avvolsero il mio capo in un drappo rosso. Sopra, la scritta: MORTE AI TRADITORI.

Roberta, figlia mia, mi hanno ucciso ad agosto, tu sei nata qualche mese dopo, a dicembre. L'unica possibilità che hai avuto di sentire la mia voce e di vedermi è stata per assurdo proprio grazie al video girato da Giovanni Senzani, in quell'interrogatorio in cui mi accusava di aver tradito il movimento. Mentre leggevano la sentenza di morte, mi dicevano: mostrati disperato, è tutta una finzione. Invece poi mi scaricarono addosso undici colpi di mitra, come ad Aldo Moro.

È tutta una finzione, Roberta.

Io sono stato ucciso da terroristi animali, ma qualcuno ti chiama ancora «la figlia del terrorista».
Giovanni Senzani, invece, oggi è libero. Non si è mai pentito. Partecipa ai festival, fanno dei film su di lui. Vince dei premi.

Vito Ievolella

CARABINIERE, 10 SETTEMBRE 1981

Pochi in quegli anni riuscivano ad accostare alla Sicilia la parola mafia, a vedere il fenomeno criminale nel suo complesso. Nessuno capiva quale sanguinosa guerra ci fosse, tra i Corleonesi e le altre famiglie da un lato, e tra Cosa Nostra tutta contro i rappresentanti dello Stato dall'altro.
Nel rapporto investigativo che presentai il 10 settembre del 1980, esattamente un anno prima del mio omicidio, c'era scritto tutto: quali famiglie mafiose si dividevano Palermo, chi gestiva il contrabbando di sigarette, chi faceva affari con la droga. Fui un pioniere della moderna investigazione antimafia, lo so. A pagina 98, in quel rapporto, scrivevo: «... i mafiosi, consapevoli che nessuno osa accusarli, agiscono con iattanza, con sicurezza e con tracotanti atteggiamenti di sfida». Per le minacce ricevute mi assegnarono la scorta. Poi me la tolsero quando mi ricoverarono a giugno, in ospedale, per un tumore allo stomaco. I detenuti all'Ucciardone brindarono. Quando finì la degenza, la scorta non mi fu più assegnata. Lo Stato mi abbandonò. «Il momento critico è passato» mi dissero. Andai incontro al mio destino una sera, mentre in auto aspettavo con mia moglie che mia figlia Lucia, la mia unica figlia Lucia, finisse la sua lezione di scuola guida.

Mi hanno fatto fuori da vivo, e ci hanno provato anche da morto: la sentenza di condanna nei confronti del mio assassino è stata annullata in Cassazione per ben tre volte.

Eugenio Montale

POETA, 12 SETTEMBRE 1981

Quando il presidente della Repubblica Giuseppe Saragat mi nominò senatore a vita, Ungaretti ci rimase molto male. Fu un'ingiustizia? Probabile, ma contro una persona sola.

La lingua, che dei popoli è il patrimonio più prezioso, ha bisogno dei poeti per essere tutelata. Oggi i senatori a vita sono architetti, musicisti, scienziati. Non vengono scelti tra i poeti. E questa è un'ingiustizia verso tutti. Ci vorrebbe invece un poeta che si alzi in piedi per difendere la lingua italiana. Ci vuole un poeta per difendere la realtà.

Marco Pizzari

MILITANTE DI ESTREMA DESTRA, 30 SETTEMBRE 1981

Quale realtà?
Non ci ho capito più nulla.
Finti i poliziotti che mi vennero a cercare. Volevano ammazzarmi.
Finta la rivendicazione: «Volante rossa». Ma quando mai? Sono stati dei membri del Nar a uccidermi.
Finti gli amici. Mi consideravano un traditore.

E alla radio Franco Battiato cantava:

Cerco un centro di gravità permanente
che non mi faccia mai cambiare idea
sulle cose
sulla gente...

Francesco Straullu

CAPO DELLA DIGOS DI ROMA, 21 OTTOBRE 1981

«Di Roma, ma lei la capisce questa canzone che passano in radio tutto il giorno... gesuiti, euclidei, contrabbandieri macedoni...?»
Si scherzava in auto, per scaricare un po' di tensione. Si canticchiavano le canzoni...
A 27 anni mi trovavo a fronteggiare l'eversione di destra, un mostro che seminava sempre più vittime e che stava crescendo di violenza in violenza, sottovalutato dai tanti che concentravano le loro energie per fronteggiare l'altra galassia armata, quella di sinistra.
Il terrorismo nero era la mia specialità. Conoscevo troppe cose: personaggi, intrecci, connivenze.

Mentre passo in auto con l'agente Ciriaco Di Roma, dal Ponte Ladrone, uno dei viadotti pù antichi di Roma, ci aspettano in sette con fucili automatici di quelli che si usano solo in guerra, proiettili da dieci centimetri.
Il colpo di grazia me lo dà una donna.

Ciriaco Di Roma

GUARDIA SCELTA, 21 OTTOBRE 1981

Sì che la capivo quella canzone, comandante Straullu.
E capivo anche che a volte la canticchiavamo non perché ci piacesse davvero, ma per il nervosismo, perché lo facevano tutti, per la voglia di sentirci persone normali che vanno in macchina a fare un lavoro normale e ascoltano alla radio cose normali, non solo codici di volanti, richieste di soccorso, comandi da seguire in fretta.

Straullu non era solo a indagare sui neofascisti. Si avvaleva della collaborazione di una decina di agenti, tra cui io. Nelle ultime settimane avevamo effettuato perquisizioni a ripetizione, e arrestato 56 militanti di organizzazioni neofasciste.
E il giorno dell'imboscata eravamo in macchina insieme. La radio faceva *uacciuacciuuari...*

Eleno Viscardi

AGENTE DELLA DIGOS, 13 NOVEMBRE 1981

Il mondo stava cambiando. Lo spiegava la canzone di Battiato, certo, lo spiegava anche l'apertura a Milano del primo Emporio Armani. Il mondo stava cambiando, e non nel senso che i terroristi, di destra e di sinistra, avevano inteso.
Non avevano capito nulla. Uccidevano, mettevano bombe, gambizzavano, per ideali che non esistevano già più, che apparivano lontani agli occhi degli italiani.

Loro due no. Lottavano con il sangue negli occhi, tragici, disperati, ridicoli e violenti insieme. Come fossero prigioneri di un fantasma. Bastava fermarli per un normale controllo alla stazione, per scatenare un putiferio.

Eppure negli occhi di uno dei due che mi ha sparato, un ragazzone grande e grosso, ho letto, mentre cadeva, come il lampo di un presagio, la voglia di dire basta.

Alessandro Alibrandi

TERRORISTA, 5 DICEMBRE 1981

Mai dire basta. Meglio morire.

Sui banchi di scuola, con i fratelli Fioravanti, fondammo i Nar, i Nuclei armati rivoluzionari.

Eravamo scatenati.

Quando, il 30 settembre 1977 sparammo a Walter Rossi, con Valerio Fioravanti, nascosti dietro il blindato della Polizia, avevamo 17 anni.
Donne, tante. Nessuna stabile. Come diceva Bakunin, il rivoluzionario deve essere solo.
Dopo un periodo trascorso in Libano con i falangisti, torno a Roma, nell'estate del 1981 in tempo per gli ultimi fuochi: Giuseppe De Luca, Marco Pizzari, il capitano della Digos, Francesco Straullu. Sono tutti omicidi che portano la mia firma.
Muoio in uno scontro a fuoco con la Polizia.

Ma noi non muoriamo mai.

Ciro Capobianco

POLIZIOTTO, 7 DICEMBRE 1981

Quante parole inutili, Alibrandi.
È anche per questo che mia madre Anna ha smesso di parlare.
Proprio così.
Per sette anni. Fino alla morte. Muta. Si esprimeva a gesti. Al petto sempre stretta una foto.
Il suo silenzio come reazione a tutto il tuo straparlare.

Ma che è? Sordomuta?, chiedeva chi la incontrava.
No, spiegavano quelli che la conoscevano bene. Ha perso un figlio di 21 anni. Faceva l'agente di Polizia. Sta sempre con la sua foto in mano.

Sulla pantera sedevo dietro. Il posto del più giovane, quello dove è più facile essere colpiti.
Mi ricordo ancora di te, Alibrandi, quando ti abbiamo incrociato stavi mangiando un mandarino. Lo hai lasciato cadere, hai impugnato una P38.
Hai sparato.
Due sillabe gridate: una mi ha colpito allo stomaco, l'altra alla testa.

Poi, il silenzio di mia madre.

Giorgio Soldati

TERRORISTA, 10 DICEMBRE 1981

Io in silenzio non sono riuscito a stare.

Avevo visto bene quel poliziotto che uccidemmo alla stazione di Milano, quel Viscardi. I miei occhi avevano capito prima di me: volevo dire basta. E i colpi della Polizia non fecero altro che confermare a suon di botte una decisione che avevo già preso. Parlai, cominciai a collaborare.
Solo che i fantasmi mi tenevano prigioniero.
Altri fantasmi, al carcere di Cuneo, decisero il mio destino di traditore.

Fate presto, non fatemi male. Questa fu la mia sola preghiera ai compagni in carcere, quando nel refettorio mi circondarono per eseguire la loro sentenza.

Guardatelo quel ragazzone alto e grosso, come si fa strangolare senza reagire, come si fa stritolare. Sembra il foglio dell'ultimo mese dell'anno, strappato via dal calendario.

Giuseppe Peri

VICEQUESTORE, 1° GENNAIO 1982

Avevo scoperto una specie di agenzia del crimine italiana: qualcosa di complesso, uno spazio comune a diversi soggetti che collaboravano tra loro, un doppio livello, una struttura inafferrabile, perfettamente mimetizzabile, ideale per operazioni di spionaggio, o per seminare bombe e terrore. Nel 1977 ero vicequestore a Trapani, e scrissi tutto quello che potevo in un rapporto. Rimasi inascoltato. Eppure due anni prima avevo cominciato a indagare su alcuni sequestri di persona avvenuti in Sicilia occidentale, e da lì, seguendo un filo tortuoso, ero risalito a un'organizzazione nella quale convivevano fascisti e mafiosi. Avevo scoperto un campo di addestramento paramilitare in provincia di Trapani. Non ero di fronte a semplici fatti criminali, lo sapevo. Anche l'omicidio di quei due poveri carabinieri, ad Alcamo, apparteneva a un gioco più grande, condotto da ambienti insospettabili, che si servivano delle organizzazioni mafiose. Pensavo a una sorta di centrale operativa di cui facevano parte individui al di sopra di ogni sospetto inseriti nell'apparato statale a ogni livello. E il 5 maggio 1972, quello di Montagna Longa, vicino a Palermo, fu un attentato, non un incidente aereo.

Quaranta cartelle dattiloscritte inviate a sette procure della Repubblica: Trapani, Marsala, Agrigento, Palermo, Torino, Roma e Milano.

I miei superiori mi giudicarono fantasioso. Seppellirono in un cassetto il mio rapporto, lo chiamarono «il sogno di una notte di mezza estate» e nel 1980 mi trasferirono.

Sono morto di crepacuore due anni dopo.

La P2

LOGGIA MASSONICA, 25 GENNAIO 1982

«La famigerata loggia massonica diretta da Licio Gelli.» Ecco la definizione comune della P2. Ma cosa io fossi in pochi lo hanno capito, forse quel Peri, che i suoi superiori presero per un esaurito.

Chiamatemi per esteso: Propaganda 2. P2 sembra il nome di una targa condominiale. Ero una loggia segreta, appartenente al Grande Oriente d'Italia, nata pochi mesi prima della strage di piazza Fontana a Milano, quando a un quasi sconosciuto imprenditore toscano di Pistoia viene chiesto di «operare per l'unificazione delle varie comunità massoniche per fare cadere le preclusioni esistenti con il mondo cattolico». L'imprenditore è Licio Gelli. Francesco Cossiga mi paragonava alla Lega del Gottardo: «Durante la Seconda guerra mondiale il governo svizzero ha avuto atteggiamenti filotedeschi. Un gruppo di ufficiali si costituirono in un'associazione segreta chiamata Lega del Gottardo e si accordarono, di certo in modo illegale ma si accordarono, per disubbidire agli ordini delle gerarchie politiche e militari se si fossero schierate con i tedeschi. Qualcosa del genere è avvenuto anche in Italia».

Io sono sempre esistita. Ero la loggia dove venivano trasferiti i grandi esponenti della politica quando la massoneria era la religione di Stato.

Quando vennero fuori gli elenchi, avete fatto tutti un salto sulla poltrona. Ma a voi oggi tutto questo non interessa più.

Come dicevamo? Ah, sì: inchiostro indelebile, memoria labile.
La voglia di verità muore giorno dopo giorno. Eppure il 6 marzo 1986 il Par-

lamento, sotto la spinta di Tina Anselmi, ha approvato una risoluzione. Partendo dalla «pericolosità per l'ordinamento repubblicano delle attività poste in essere dalla loggia massonica P2», il documento impegnava il governo a «rendere efficace il controllo sui vertici della pubblica amministrazione», «rendere effettiva la trasparenza delle proprietà editoriali e dei grandi gruppi bancari», «vigilare sul funzionamento del sistema democratico».
Eppure tutti i governi hanno sempre ignorato queste direttive.
Avete capito perché?

Io sono morta, ma il piduismo sarà sempre uno stile politico rannicchiato silenziosamente nel cuore del potere.

Pietro Marchese
MAFIOSO, 25 FEBBRAIO 1982

Nulla a che vedere con l'eleganza della villa di Gelli o dei salotti dove quelli della P2 si riunivano.
Noi avevamo tre stanze luride, seminascoste in un vicolo nel centro di Palermo. Lì facevamo le nostre riunioni, lì regolavamo i conti.
Lo chiamarono il «covo degli orrori». Quando i poliziotti entrarono per la prima volta, a una fune c'era ancora attaccata della pelle umana.
E in effetti noi, quelli del clan Marchese, la famiglia di corso dei Mille, lì giustiziavamo i nostri rivali dopo averli fatti scomparire. La chiamavano lupara bianca. Decine di persone che non rincasavano più, e che non sarebbero tornate mai più. Di bianco c'erano solo i loro occhi dopo un'ora di «trattamento».
A un certo punto il clan si spezzò in due. Decisi di schierarmi con gli Inzerillo, i Badalamenti, i Buscetta, che erano i perdenti.
La caccia all'uomo fu spietata. Fui raggiunto in carcere da 37 coltellate.
Sono morto da traditore, io, che ero considerato uno degli «uomini d'onore» più sicuri del clan di corso dei Mille, l'autore dell'omicidio del capo della Squadra mobile Boris Giuliano. Non solo si era messo sulle tracce di Bontade, ma aveva scoperto il covo di Leoluca Bagarella: un bunker con quattro chili di eroina.

Gli sparai al bar, mentre ordinava un caffè.

Anacleto Bendazzi

ENIGMISTA, 28 FEBBRAIO 1982

Pietro Marchese, il tuo destino era segnato. L'anagramma del tuo nome è: «armi, serpe: cheto!».
Il mio era «bazzecole andanti».

Aldo Semerari

CRIMINOLOGO, 1° APRILE 1982

Non si può stare dietro a tutto: eversione e massoneria, tribunali e univerisità, camorra e servizi deviati, Cutolo e Banda della Magliana.
Dove devo correre prima?

Roba da perderci la testa.

Ero un uomo-crocevia, un agente di collegamento tra il Paese normale e quel suo doppio livello che lo governava, l'agenzia del crimine che in Italia gestiva la destabilizzazione. Avevo una svastica tatuata sul corpo. Come coperta usavo una bandiera con la svastica. Ero anche un adoratore del sole, e i giorni di solstizio mangiavo fegato crudo.

Eversione, massoneria, servizi deviati, neonazismo, criminalità organizzata: tutto in un solo uomo.

Tutto in una sola testa.

Fu il giorno dell'orrore quando venne trovato il mio cadavere decapitato, la testa posta accanto al corpo, dentro un'automobile, a Ottaviano, vicino Napoli, nel regno di Raffaele Cutolo, mio cliente.
Leonardo Sciascia scrisse un breve commento sulla prima pagina del *Corriere della Sera*: «Viviamo, come direbbe il Manzoni della colonna infame, come dentro un sogno perverso e affannoso. E, ovviamente, si può aggiungere, infame. E si può anche aggiungere: sciocco. Perché forse il segno che presiede a quanto accade di perverso e di infame, e che dà affanno alle nostre giornate, giorno dopo giorno, invariabilmente, è il segno del-

la stupidità. Tragica, macabra ma stupidità. Un valzer di ricatti, di rapine, di assassinii, di massacri, con ballerini invisibili che passano da un delitto all'altro. Ma per ritrovarsi dove? Dove li porterà questo giro vorticoso di delitti? Davvero ci sono coloro che, operando così oscuramente e sanguinosamente, pensano di poter conseguire uno scopo, di arrivare ad una meta? Non c'è mente raziocinante che possa crederlo. Siamo nella più assoluta stupidità, o, a voler concedere qualcosa, nella paranoia più tetra. Conosciamo tanti particolari di questo movimento impazzito, tanti particolari che riguardano cose che non dovevano essere fatte dai custodi della legge e che sono state invece fatte; ma non riusciamo a vedere – stupido o pazzo che sia, pazzo o stupido insieme – il movimento nel suo insieme...».

Maria Fiorella Carraro

SEGRETARIA, 1° APRILE 1982

Chi era Semerari? Un uomo-crocevia, un agente di collegamento tra il Paese normale e quel suo doppio livello che lo governava, l'agenzia del crimine che in Italia gestiva la destabilizzazione. Eversione, massoneria, servizi deviati, neonazismo, criminalità organizzata: tutto in un solo uomo.

Chi ero io? La sua segretaria. Prendevo appunti e appuntamenti. E non solo. Ero anche la sua amante.
Ogni buona segretaria nasconde sempre da qualche parte una 357 Magnum.
Alla notizia della sua morte mi sparo in bocca.

Danilo Abbruciati

CRIMINALE, 27 APRILE 1982

Comprate i vostri bei pezzi d'antiquariato, che poi ce li veniamo a prendere noi...
Non ero buono a fare il pugile, non sarei mai stato un campione come mio padre. E così mi diedi alla mala. Rapine nelle case dei ricchi – ci portavamo via tutto – e poi, con il clan dei Marsigliesi, droga, sequestri, prostitute, bische clandestine.
Ero un boss. Poi arrivano Renatino De Pedis e quelli della Banda della Magliana.
Era una situazione tutta nuova, a Roma, e io iniziai a lavorare con loro. Io avevo comunque i miei contatti, il mio giro. Conoscevo Pippo Calò, che faceva gli interessi della mafia a Roma, e Stefano Bontade. E fare arrivare la droga dalla Sicilia per me era facile. Commettevo anche qualche omicidio, su commissione – mafia, neofascisti, servizi – o per interesse personale o della Banda. Domenico Balducci, per esempio, «er cravattaro», l'ho ucciso perché si era tenuto per sé 150 milioni di lire che erano per Pippo Calò. Altri che avevano sgarrato li torturai. Una volta uno mi sparò alla tempia: il proiettile non mi fece nulla.
Sono morto sul lavoro. Doveva essere un servizietto ben pagato: fare fuori, in trasferta, a Milano, il vicepresidente del Banco ambrosiano, Roberto Rosone. La pistola si inceppò. Una guardia giurata mi sparò alla schiena mentre scappavo in moto.

E addio al Camaleonte.

Pio La Torre

POLITICO, 30 APRILE 1982

La mafia è un camaleonte, che non si capisce che colore ha, ed è impossibile seguirla.

Anch'io sono stato un sovversivo, finito nella lista nera di Cosa Nostra. Ero partito dalla Sicilia per diventare deputato, ma in Sicilia sono voluto ritornare a fare il segretario del Pci.
Una cosa imperdonabile: la Sicilia ti perdona se parti, ma non ti perdona se decidi di tornare.
Sulla base delle sollecitazioni di Gaetano Costa, avevo fatto approvare al Parlamento le prime leggi sulla confisca dei beni ai mafiosi. Uno schiaffo alle cosche e ai loro referenti.

Se vuoi sapere dove va il camaleonte devi seguire i suoi soldi.

Ma mi ero spinto oltre. Avevo promosso una mobilitazione popolare contro l'installazione di missili nucleari nella base americana di Comiso, raccogliendo un milione di firme, e mettendo insieme cattolici e comunisti, pacifisti e socialisti.
Mi uccisero una mattina mentre, in auto con Rosario Di Salvo, autista, segretario, guardaspalle, compagno, stavo raggiungendo la sede del partito a Palermo.

Rosario Di Salvo

POLITICO, 30 APRILE 1982

Segretario,
quei colpi di pistola che ci hanno ucciso per un po' crearono un corto circuito nell'indifferenza degli italiani. Il governo prese una decisione senza precedenti: mandare in Sicilia Carlo Alberto Dalla Chiesa, il generale che pochi anni prima aveva sconfitto le Br.
Il Paese cominciò a prendere coscienza: la mafia esiste, ed è un problema nazionale, non una cosa di noi comunisti. Finalmente furono raccontate a tutti le tue, le nostre battaglie per le terre ai contadini, per gli operai dei Cantieri navali di Palermo, per la confisca dei beni ai mafiosi, i no ai missili Cruise della Nato.

Poi vennero i Mondiali di calcio, e tutto tornò come prima. I morti, soprattutto chi, come me, non aveva la tua gloria, furono persi di vista, sbiaditi nel tempo e nell'abitudine delle noiose commemorazioni.

Gennaro Musella

COSTRUTTORE, 3 MAGGIO 1982

Le commemorazioni sono noiose per chi ci ha fatto l'abitudine, certo. Ci sono però morti che, come me, non solo non hanno commemorazioni, ma non hanno neanche giustizia.

«Signora, lei ha dei figli, se ne stia a casa.»
Non è stata la 'ndrangheta a consigliare il silenzio a mia figlia Adriana, ma un magistrato, al Tribunale di Reggio Calabria.
Mia figlia vuole solamente giustizia, sapere chi mi ha ucciso, e quel giorno protestava platealmente per chiedere la riapertura delle indagini. Ha mandato pure una lettera aperta ai giornali: «Figlia costruttore ucciso in Calabria chiede nuove indagini», batte l'agenzia.

Ucciso? Piuttosto, dilaniato: quattro chili di tritolo sotto la mia auto. Una mano fu trovata in fondo alla via, schizzi di cervello imbrattarono i muri di un palazzo di fronte.
Adriana sapeva tutto, le avevo fatto alcuni nomi, prima di essere ammazzato: volevo partecipare a una gara d'appalto per la costruzione di alcune opere marittime a Reggio, ma alcuni personaggi vicino alla 'ndrangheta me lo avevano impedito, e io li avevo denunciati. Adriana conosceva quei nomi e quei fatti e li aveva riferiti ai giudici. Eppure, le indagini sono state archiviate in fretta. E nessuno li ha più fermati.

Giorgio Vale

TERRORISTA, 5 MAGGIO 1982

A noi dei Nuclei armati rivoluzionari non ci fermarono né la Polizia né i comunisti.
Ci decimò la cabala, la maledizione del 5.

Il 5 ottobre 1980 Nanni De Angelis è trovato cadavere nella cella di Rebibbia con una corda al collo.
Il 5 febbraio 1981 il mio leader, Valerio Fioravanti, ferito in un conflitto a fuoco con i Carabinieri a Padova, sta per morire dissanguato e viene arrestato perché Francesca Mambro per salvargli la vita telefona al 113.
Il 5 dicembre 1981 Alessandro Alibrandi muore nella sparatoria del Labaro.
Il 5 marzo 1982 porto Francesca Mambro, ferita da un colpo di rimbalzo nel conflitto a fuoco di piazza Irnerio, davanti all'ospedale San Filippo Neri di Trastevere e lì viene arrestata.
Il 5 maggio 1982 vengo sorpreso da un'irruzione della Polizia. La mia vita finisce con un colpo di pistola alla tempia.

Fummo 5, e non poteva essere altrimenti, vittime della cabala.

Noi, «guerrieri senza sonno», fummo protagonisti di tanti conflitti a fuoco, sempre finiti bene, uccidemmo carabinieri e poliziotti.
Perdemmo contro il 5.

Riccardo Paletti

PILOTA DI FORMULA UNO, 13 GIUGNO 1982

La Formula Uno è un tragico giocattolo che uccide.
Ma a me piacevano i soldi e le donne, ed ero convinto che con la Formula Uno ci si potesse levare questi sfizi. Magari potevo diventare una leggenda, come Villeneuve, che era morto in un incidente a maggio.

Ma è finito tutto troppo presto, alla mia prima partenza in un Gran Premio, a Montréal, a ranghi completi.
E non ho fatto in tempo a diventare il re che avrei voluto essere.

Alfio Ferlito

BOSS DI COSA NOSTRA, 16 GIUGNO 1982

Io un re lo sono stato: il re del racket a Catania. E alla mia sicurezza ci tenevo, giravo sempre con un'Alfetta blindata e un *picciotto* armato di scorta, perché avevo tantissimi nemici.
Nelle mani dello Stato, dal momento in cui mi arrestano, non mi sento sicuro. Non basta cambiare città e fronte, depistare, deviare i percorsi, usare carabinieri di scorta.
Loro sanno, hanno gli informatori, sono capaci di tutto.
E così, alla circonvallazione di Palermo, mentre vengo tradotto nel carcere di Trapani, un commando assalta il furgone blindato e mi uccide insieme all'autista del blindato e a tre carabinieri.
Il mandante è Nitto Santapaola. Lo capisce benissimo un giornalista, catanese come noi, Pippo Fava, che scrive: «La strage terrificante fra i clan catanesi dei Santapaola e dei Ferlito, conclusa con l'assassinio di Alfio Ferlito, assieme ai tre carabinieri che lo accompagnavano nel trasferimento dal carcere di Enna a quello di Trapani, rappresenta una delle battaglie più feroci per aggiudicarsi la supremazia in una grande area metropolitana».
Con questa strage diventa Santapaola l'unico referente di Cosa Nostra catanese.
Io muoio, lui diventa il capo, e si dà alla latitanza.

I carabinieri che erano con Alfio Ferlito
16 GIUGNO 1982

Santapaola fa una strage con un commando militare per uccidere Ferlito, e nel mezzo ci finiamo anche noi, che stiamo facendo il nostro lavoro.
Ferlito muore, e viene vendicato.
A noi non ci vendica nessuno.
Santapaola diventa il capo, e si dà alla latitanza, protetto dallo stesso Stato che dovrebbe dargli la caccia, anche nel nostro nome.
Davanti ai nostri corpi straziati sull'asfalto il generale Dalla Chiesa, da cinquanta giorni prefetto a Palermo, trattiene a stento le lacrime.
Lo capisce: non è solo una sfida lanciata a lui, ma anche un nuovo capitolo della dimostrazione di forza di Cosa Nostra.
Che agisce impunemente.
Che gode di appoggi e di preziose informazioni provenienti da talpe annidate in ogni posto.
Che non ha alcun timore dello Stato e delle forze dell'ordine.
E, soprattutto, non ha nemmeno paura di Dalla Chiesa.

Graziella Corrocher

SEGRETARIA, 17 GIUGNO 1982

Roberto Calvi? Persona riservata, capace di tenere un basso profilo pur intrattenendo rapporti d'affari con mezzo mondo. Era diventato presidente del Banco ambrosiano nel '75 grazie alla sua indiscussa capacità di creare società off-shore, holding, in un'isola deserta come in Lussemburgo. Il suo impero spaziava dall'America Latina alla Svizzera, un piede nella massoneria e nella loggia P2, un piede nella Chiesa.
Pensateci, solo in Italia Chiesa e massoneria camminano di pari passo. E tutto questo grazie a Roberto Calvi – il banchiere di Dio – e al responsabile della banca pontificia, Paul Marcinkus.

Poi c'erano tutte le cose che non si potevano dire: il riciclaggio per conto della mafia e il traffico d'armi, per esempio.

Calvi giocava su tanti tavoli, e credeva di poter ingannare tutti.
Fin quando il gioco non si è fatto troppo grande.
Alla disperata ricerca di denaro per coprire i buchi, Calvi finisce sempre più nelle maglie di mafia e malavita, avvitandosi in rischiose operazioni di riciclaggio di denaro sporco.

Viene arrestato per esportazione illecita di capitale. Dc e Psi protestano in Parlamento. Processato, è condannato a quattro anni. Il buco al Banco ambrosiano è di 1400 milioni di dollari.

Ottiene la libertà provvisoria. Scrive a Giovanni Paolo II una lettera: Santità, mi aiuti. «Molti sono coloro che mi fanno allettanti promesse di aiuto a condizione che io parli delle attività da me svolte nell'interesse della Chiesa... vorrebbero sapere se ho fornito armi ad alcuni regimi di Paesi del Sudamerica per aiutarli a combattere i nostri comuni nemici, e se ho fornito mezzi economici a Solidarność o ad altri paesi dell'Est; ma io non mi faccio ricattare...».

A giugno sparisce.
L'Ambrosiano viene commissariato.

E io?
Prima di gettarmi dal balcone, lascio questo messaggio: «Sarò fedele alle decisioni, ma non posso più restare fedele a Calvi. Che vergogna fuggire così. Che sia maledetto mille volte per il danno causato alla banca e all'immagine del gruppo di cui una volta andavamo fieri».

Roberto Calvi

BANCHIERE, 17 GIUGNO 1982

London Bridge is falling down,
falling down, falling down.
London Bridge is falling down,
My fair Lady.

Isa Miranda

ATTRICE, 8 LUGLIO 1982

A Londra stravedevano per me. «La migliore attrice italiana» mi definivano. Sono stata operaia, modella, dattilografa. Diva del teatro e del cinema – tra le due guerre – dei suoi sogni magici e meccanici.

E poi dimenticata.

La Germania

11 LUGLIO 1982

Palla al centro per Müller, ferma Scirea, Bergomi, Gentile, evviva è finita! Campioni del mondo, Campioni del mondo, Campioni del mondo!

Antonio Ammaturo
VICEQUESTORE, 15 LUGLIO 1982

Nell'Italia stordita e inebriata dall'inaspettata vittoria della Coppa del Mondo, qualcuno approfittò della distrazione generale. Voi non lo sapete, ma la prima trattativa Stato-mafia alla luce del sole avviene proprio durante i Mondiali di Spagna.

Per liberare Ciro Cirillo, l'assessore regionale che era stato rapito dalle Br, la Dc fece quello che con Aldo Moro non aveva voluto fare: scese a patti con la camorra di Raffaele Cutolo, che si offrì per la mediazione, e con le stesse Br. In cambio della liberazione di Cirillo l'accordo prevedeva: una fetta dei lavori della ricostruzione in Irpinia agli «amici imprenditori» che avevano partecipato alla colletta per dare i soldi alle Br; il trasferimento di alcuni camorristi in carceri migliori; una percentuale a Cutolo sugli appalti. E un elenco segreto di persone che Cutolo consegnò alle Br perché fossero eliminate fisicamente.

In quell'elenco c'era il mio nome. Conoscevo vita, morte e miracoli dei clan della camorra, ed ero la spina nel fianco di Cutolo.

Pasquale Paola

POLIZIOTTO, 15 LUGLIO 1982

In quell'elenco sicuramente c'era il nome di Antonio Ammaturo, capo della mobile di Napoli. Aveva fatto un sacco di operazioni, aveva arrestato il figlio di Cutolo, e attaccato duramente dai giornali Don Raffaè.
Aveva saputo della trattativa tra i servizi segreti, la Dc, la camorra e le Br per liberare Cirillo. Aveva scritto tutto in un dossier, che qualcuno ha fatto sparire.
Certo che lui era in quell'elenco.

Io no.
Ma ero comunque il suo autista.

Il Banco ambrosiano
6 AGOSTO 1982

Comprare casa, aprire una piccola azienda, chiedere un prestito. Servizi su misura per le esigenze di tutti.
Ero la grande banca cattolica lombarda.
Fondata nel 1896 da Giuseppe Tovini, terziario francescano, e intitolata ad Ambrogio, il santo patrono di Milano, per gestire il patrimonio e fornire sostegno alle attività sociali delle diocesi lombarde.

Roberto Calvi entrò come impiegato. «L'è svelt» dicevano di lui i suoi superiori.
Divenne direttore generale (1971), consigliere delegato (sempre nel 1971), infine presidente (1975).
Ripeteva spesso: «I preti saranno la nostra fine. Loro credono che tanto, se uno muore, sopravvive l'anima e, dunque, non è un gran male».

E invece la mia fine è stata lui, con un crac stimato in almeno milleduecento miliardi di lire.

Carmine Palladino

MILITANTE DI ESTREMA DESTRA, 10 AGOSTO 1982

Io ho fatto l'autista, per i miei capi. E tanto altro: ho custodito armi e segreti, fatto rapine, pianificato attentati.
Esponente di Avanguardia nazionale, ero uno dei capi della piazza neofascista romana. Fui arrestato per la strage di Bologna, ma in realtà sapevo molte cose su altre stragi. Piazza Fontana, per esempio.
Vengo trasferito al carcere di Novara, quello che custodisce Pierluigi Concutelli, che il 13 aprile del 1981 aveva strangolato durante l'ora d'aria un altro camerata di cui non si fidva più, Ermanno Buzzi. Io non ho motivo di sospettare di Concutelli e dei camerati presenti a Novara. Li conosco. Eppure lui ripete con me il suo rituale. Mi considera uno che potrebbe cedere da un momento all'altro. E muoio anch'io strangolato nell'ora d'aria, appena sette giorni dopo il mio arrivo.

Concutelli sfogò su di me la delusione e la rabbia impotente dell'ultima generazione di militanti di destra che, solo in carcere, si accorsero di essere stati usati per favorire i disegni di qualcuno che li manovrava dal cuore dello Stato, non per combatterlo.
Anche la mia morte, come quella di Buzzi, seguì questa logica. Mi mandarono a Novara a morire, per non farmi parlare.

Solo dopo il mio omicidio Concutelli sarà sottoposto al totale isolamento.
Sarà condannato a un terzo ergastolo.
Dopo aver goduto della semilibertà otterrà gli arresti domiciliari, con quattro ore al giorno di libertà per le sue esigenze personali.

Paolo Giaccone

MEDICO, 11 AGOSTO 1982

La mia fine è stata il mio mestiere.

Facevo il medico legale a Palermo. Mi rifiutai di falsificare l'esito di una perizia relativa ad alcuni mafiosi. Loro mi mandavano un avvocato a parlare, e io rispondevo: «No, avvocato, queste cose non me le deve chiedere». Oppure mi chiamavano a casa, nel cuore della notte, per minacciarmi, e io gli spiegavo: «Io faccio la mia perizia, poi il giudice decide».

La mafia mi uccise nei viali alberati del Policlinico di Palermo, che adesso porta il mio nome.

Giorgio Abetti

ASTRONOMO, 24 AGOSTO 1982

Viali alberati sulla Luna non ce ne sono. C'è invece un cratere lunare, oggi completamente sommerso da lava. L'unica struttura ancora visibile in superficie è una sorta di dolce rilievo che anticamente costituiva la parete del cratere. È situato presso l'estremo sudorientale del Mare della serenità. È visibile dalla Terra solo quando i raggi solari sono particolarmente inclinati sull'orizzonte.

Andrea Mormile

POLIZIOTTO, 3 SETTEMBRE 1982

Che bella la luna, la sera, a Frattaminore, vicino a Napoli. Illumina la piazza affollata di gente che cerca un po' di fresco, uscendo dai bar e dai circoli. Chi si siede sulle panchine, chi mangia un gelato, chi chiacchiera, chi passeggia.
Con questa luna così bella puoi restare a parlare in piazza fino a tardi.

Quando i sicari della camorra mi uccidono, è la luna l'ultima cosa che vedo.

Ci sarà giustizia, è l'ultima cosa che penso. La gente si ribellerà. Ma quella sera muore anche il generale Dalla Chiesa. Orrore supera orrore, e il mio omicidio non impressiona nessuno.

Carlo Alberto Dalla Chiesa

GENERALE, 3 SETTEMBRE 1982

Cento giorni. L'arrivo a Palermo da prefetto per combattere la mafia.
Novanta giorni. Sono l'uomo simbolo della vittoria sul terrorismo. Il governo Spadolini mi chiede di vincere un'ultima guerra, quella contro Cosa Nostra. Catapultato in un ambiente ricco di misteri, senza nessuno che mi aiuti.
Ottanta giorni. Italiani, troppo ubriachi dalla vittoria del Mundial per capire quello che sta succedendo. Lo Stato usa il mio nome non per combattere e debellare la mafia, ma per tacitare l'opinione pubblica.
Settanta giorni. Il tentativo di diffamarmi, di farmi passare per un ricattatore. So che mi lasceranno solo.
Sessanta giorni. E quel filo nero che si dipana e vede coinvolte costantemente le stesse entità: mafia, politica, alta finanza, servizi segreti deviati e massoneria.
Cinquanta giorni. Etica, onestà, rispetto delle regole, ognuno può fare qualcosa.
Quaranta giorni. La lotta alla mafia non solo come fatto di Polizia, ma come fatto culturale.
Trenta giorni. Andreotti, il punto di snodo di tutto un sistema.
Quindici giorni. La lotta a un'impunità garantita alla mafia per decenni.
Sette giorni. Oppure duemilacinquecento anni fa, Socrate: «Adesso vado... Io a morire, voi a vivere. Cosa sia giusto, Dio solo lo sa».
Gli ultimi giorni. Sono in tempo per salvarmi, lo so. Ma non ho esitazioni, e vado incontro alla morte. Tra la vita e lo Stato, scelgo lo Stato, fino in fondo.

E venne il giorno, in via Isidoro Carini.

Ero penetrato davvero in tutto indicibile della storia italiana, ero un archivio vivente della mafia e del terrorismo.

Mi mandarono a Palermo per morire. Da sovversivo.

Andreotti non c'era al mio funerale. «Preferisco andare ai battesimi» rispose al giornalista che chiedeva conto della sua assenza.

Lo Stato, fino in fondo.

Emanuela Setti Carraro

INFERMIERA, 3 SETTEMBRE 1982

«Mamma ti telefono piss-pissi bao-bao dalla Prefettura, perché Carlo non vuole che usi le linee di Stato. Per le bomboniere ricorda gli amici... Poi la mamma di Maria Laura e i figli di Carlo Alberto. Adesso fai la brava, mamma; vai a letto tranquilla e poi aspetta la mia telefonata della buona notte. Te la farò da casa, stasera tocca a me. Come sono vestita? Non te lo posso dire, mamma. Ah, mamma?, ti voglio tanto bene.»

(E invece no, mamma. So delle cose talmente tremende, talmente grandi, non posso raccontartele perché Carlo Alberto mi ha fatto giurare. Però ti assicuro che quasi tu non ci potresti credere, perché queste cose coinvolgono persone che noi conosciamo molto bene...
Con Carlo, fino in fondo...)

La famiglia Buscetta

11 SETTEMBRE 1982

Con Masino, fino in fondo. Ma senza volerlo.

Cominciarono a ucciderci per la frustrazione di cercarlo senza trovarlo: era in Brasile. E continuarono alla notizia che aveva cominciato a raccontare delle cose al giudice Falcone.

Ogni parola una pallottola.
Un figlio.
Ci sembra quasi di sentirlo ancora, l'ordine: «Tutti li dobbiamo ammazzare questi cornuti… tutti!».
Ogni rivelazione un colpo di lupara, il rapimento, una corda intorno al collo, i nostri corpi nell'acido o per strada o nell'oceano.
I nipoti.
Qualcuno tra noi si vestiva a lutto, per fare capire che non condivideva la scelta di Don Masino, che si dissociava da quell'infame, che per noi era morto.
Un genero. I cognati.
Per la Polizia i nostri nomi erano in un elenco lunghissimo. «Da vigilare saltuariamente» era il titolo dell'appunto. Solo che le forze dell'ordine si dimenticavano di noi.
La mafia invece non dimentica.

Domenico Russo
CARABINIERE, 15 SETTEMBRE 1982

Qui è morta la speranza degli *italiani* onesti.

Stefano Gaj Taché

BAMBINO, 9 OTTOBRE 1982

L'attentato alla sinagoga di Roma avvenne di sabato mattina, alla fine dello Sheminì Atzeret che chiude la festa di Sukkot. Le famiglie uscivano dal tempio con i bambini che avevano appena ricevuto la benedizione. Un gruppetto di attentatori prima lanciò delle granate tra la folla, poi si mise a mitragliare.

Avevo solo due anni quel giorno, l'ultimo della mia vita.

Qualche ora dopo l'attentato, viene distribuito un volantino redatto dagli studenti ebrei intitolato ironicamente «Grazie!». È un atto d'accusa contro Giulio Andreotti e Bettino Craxi che flirtano con Yasser Arafat; contro il Pci schierato dalla parte degli arabi; contro quotidiani e settimanali dove fioccano i paragoni fra sionismo e nazismo; contro gli autonomi romani che avevano affisso lo striscione BRUCEREMO I COVI SIONISTI; contro i sindacati che avevano deposto una bara di fronte alla sinagoga maggiore fra sventolii di bandiere rosse; contro Sandro Pertini, capo dello Stato e attento alle ragioni di tutti ma non degli ebrei.

E ancora oggi, nell'elenco delle vittime del terrorismo, tra i militanti di tutte le componenti politiche, i tutori dell'ordine, i magistrati, quelli uccisi per sbaglio, perché scambiati per qualcun altro, il mio nome non c'è.

Elio Petri

REGISTA, 10 NOVEMBRE 1982

Pensate al Gian Maria Volonté di *Indagine su un cittadino al di sopra di ogni sospetto*... Raccontavo l'Italia tragica, la maschera violenta e grottesca del potere. E mi avete derubricato a «regista politico». Ma era solo avanguardia. Non ci sarà più un autore che avrà il mio stesso coraggio o la mia capacità visionaria nel rappresentare mali e difetti del Paese. Film come *Todo modo* saranno sempre attuali, vi parleranno del vostro tempo più di qualsiasi pellicola d'autore a voi contemporanea. Eppure, come dice Bertolucci, su di me è calata «una nuvola di ingiustizia», e le mie opere sono inspiegabilmente oscurate.
Avete messo anche loro nel reparto intoccabili.

Calogero Zucchetto

POLIZIOTTO, 14 NOVEMBRE 1982

Io ero un intoccabile. Un uomo morto che cammina. Ero uno dei «volontari» di Ninni Cassarà alla Squadra mobile. Così ci chiamavano, a noi poliziotti che avevamo scelto di fare la guerra alla mafia, strada per strada a Palermo. E con Cassarà giravo con la Vespa 125 per Brancaccio, Ciaculli, e verso Bagheria, nei quartieri dei boss per fare i pedinamenti. Lui guidava, io gli indicavo i volti e le case che conoscevo da quando era nato. Senza paura.
Un giorno, mentre eravamo in un casolare, un uomo delle cosche ci vide. Noi lo conoscevamo, lui ci conosceva.
Fui ucciso qualche settimana dopo, in pieno centro a Palermo, alla vigilia del mio matrimonio.

Ero stato il primo ad accorrere sul luogo dell'assassinio di Dalla Chiesa, il 3 settembre. Avevo stilato anche una relazione di servizio.
Qualcuno ha strappato la prima pagina.

Achille Lauro

ARMATORE, 15 NOVEMBRE 1982

Toccare, toccavo tutti. Mi piaceva la gente.
Ero un armatore, miliardario. Guidavo a Napoli la squadra di calcio e il Partito monarchico. Una miscela esplosiva.
Fui anche sindaco. Indro Montanelli mi definì «padrone e padrino, efficiente e clientelare, prodigo e bizzarro, ignorante e geniale, inviso all'intelligenza e adorato dalla plebe».

Sono stato il primo geniale comunicatore politico. Per farmi eleggere sindaco regalai a tutti i napoletani una scarpa. E la seconda? Mi chiesero. Quella ve la darò non appena sarò eletto.
Fu un plebiscito.

Quelli morti per Aids
1° DICEMBRE 1982

C'è un amore alla finestra
tra le stelle e il marciapiede
non è in cerca di promesse
e ti dà quello che chiede.

C'è un amore che si incendia
quando appena lo conosci
un'identica fortuna
da gridare a due voci.

C'è un termometro del cuore
che non rispettiamo mai
un avviso di dolore
un sentiero in mezzo ai guai.

Qui nel reparto intoccabili
dove la vita ci sembra enorme
perché non cerca più e non chiede
perché non crede più e non dorme.

Qui nel girone invisibili
per un capriccio del cielo...

Mario Fiorentino

ARCHITETTO, 25 DICEMBRE 1982

La gente non chiedeva scarpe, chiedeva una casa, un posto dignitoso dove vivere.
Nella terra di nessuno, tra la Magliana e Fiumicino, avevo concepito Corviale, la più grande casa del mondo, un chilometro netto di cemento alto nove piani in mezzo alle campagne romane. L'occasione per lasciare un segno sul territorio, un'idea di socialità in opposizione al sacco di Roma di quegli anni.

Diventerà invece il «serpentone», serbatoio dei poveri romani.

Per loro avevo immaginato un'altra vita. Il mio progetto è stato tradito. E questa cosa non la sopporto, non la sopporto proprio.

Giangiacomo Ciaccio Montalto

MAGISTRATO, 25 GENNAIO 1983

«C'era un tempo in cui noi magistrati sapevamo di essere tanti, magari dispersi tra le varie sedi, ma tutti amici e con le medesime idee e spirito di sacrificio. Tutto questo è finito. Il potere ha ripreso il controllo.»

Sono un giudice dimenticato. Ero procuratore della Repubblica a Trapani, stavo indagando sugli intrecci tra banche, politica, apparati dello Stato e Cosa Nostra. Erano la mia ossessione, diventarono poi l'ossessione di Giovanni Falcone. Intercettai una famiglia che gestiva l'eroina, e poi anche un mio collega, vicino di stanza, che prendeva i soldi per insabbiare i processi. Mi uccisero una sera che rincasavo a piedi, a Valderice, con il thermos del caffè sotto braccio, perché avrei voluto lavorare tutta la notte. Nessuno, sentiti gli spari, si affacciò in strada.
Non si soccorre un sovversivo.

Vincenzo Casillo

CAMORRISTA, 29 GENNAIO 1983

Quando passavo io, tutti si affacciavano in strada a salutare. Mi credevo l'uomo più furbo del mondo.
Ero l'unico capo della Nuova camorra organizzata a non essere né un galeotto né un pregiudicato, ma addirittura il figlio di un industriale. Mio padre aveva una fabbrica di pantaloni.

È che mi piaceva fare il conquistatore.
Anche quel soprannome che mi avevano dato: O' Nirone. A me, piaceva.
Sono stato il braccio destro di Raffaele Cutolo e il reggente del clan dopo la sua cattura. Ho gestito per lui diversi affari, pure la liberazione di Ciro Cirillo, il democristiano che era stato rapito dalle Br.
Mi uccisero quando passai con il clan dei Nuvoletta, gli amici dei Corleonesi. Mi ero preso alcuni miliardi e li avevo nascosti in Svizzera, perché volevo andare a vivere lì con la mia Dolly Peach. Dolly Peach che faceva la ballerina.
Mi uccisero quando in troppi sapevano che io sapevo troppo: non solo sulla trattativa per la liberazione di Cirillo, ma anche sulla decapitazione di Aldo Semerari, Ali Ağca e l'attentato al papa, sulla morte a Londra di Roberto Calvi.
Imbottirono la mia auto di tritolo. La fine con il botto degna di un imperatore.
La mia Dolly si salverà, ma per poco. Le faranno fare una fine ancora peggiore.

Paolo Di Nella

MILITANTE DI DESTRA, 9 FEBBRAIO 1983

Avevo vent'anni. Ero un ragazzo che voleva essere un uomo, un uomo che diceva no.

Avevo aderito al Fronte della gioventù a Roma, e stavo attaccando dei manifesti per chiedere l'esproprio di Villa Chigi. Mi colpirono alla testa. Sono morto dopo sette giorni di coma, vegliato dai miei amici, al Policlinico Umberto I. Pure il presidente della Repubblica, Sandro Pertini (un partigiano!) è venuto al mio capezzale. Mi sfiorò la mano, come il vigile del fuoco con il piccolo Alfredino, e anche a me non bastò per tornare indietro dal pozzo nero in cui mi avevano buttato. Ma quel gesto lo ricordo ancora, come una carezza di pace.

Vittorio Sereni

POETA, 10 FEBBRAIO 1983

Ero stato partigiano, prigioniero in Algeria. Non mi davo pace della violenza del nazifascismo.
Nei miei versi cercavo la verità della storia, interrogando quelli che non c'erano più.

«La poesia» diceva Paul Celan «è un dono fatto agli attenti, un dono che implica destino.»

Quelli che erano al cinema Statuto di Torino

13 FEBBRAIO 1983

Il destino degli uomini a volte è segnato dalla scrittura vaga di certe leggi, che, anche se esistono, sono scritte così male da non essere applicate se non vagamente, con discrezione.

Per esempio, in quegli anni, la normativa sui locali pubblici, come le sale cinematografiche e i teatri, prevedeva che le porte di sicurezza fossero «apribili», il che – come sottolineato sulla *Stampa* da un ingegnere dei vigili del fuoco – «significa semplicemente che non devono essere murate, perché anche una porta chiusa a chiave è apribile, basta avere la chiave».
Esistevano già in Italia le porte antipanico, con i maniglioni, ma erano poco diffuse e non obbligatorie nei locali pubblici. Oltre a mancare del tutto i rilevatori antincendio, restava il problema degli impianti elettrici e, soprattutto, dei materiali.
Il cinema Statuto a Torino, aveva rivestimenti certificati, a norma di legge perché «ignifughi»: non si considerava la possibilità, però, che, in un incendio, il pericolo potesse arrivare dal fumo e dalle esalazioni tossiche, piuttosto che dal fuoco.

Anche quel film, *La capra*, con Depardieu, l'attore francese, non ha lasciato grandi tracce nella storia del cinema. Quando trovarono i nostri cadaveri ancora seduti davanti al grande schermo, avevamo l'espressione assente di chi si stava annoiando.

Giovanni Demichelis
OPERAIO, 21 FEBBRAIO 1983

Mi rivolgo a voi, a quelli a cui piacciono i film dove ci sono gli avvocati che fanno le grandi battaglie per i diritti civili.

Ascoltate la mia storia.
Io sono Giuanìn, che per primo sfidò la Eternit.
Ero un operaio vittima delle polveri d'amianto. E denunciai la fabbrica piemontese dove lavoravo. Ero un mangiapolvere. Ho respirato giorno dopo giorno, per anni, con altri tremila come me, la polvere di amianto e cemento. Era dappertutto, la mangiavamo anche in mensa. Non solo operai, anche impiegati, semplici cittadini. Perché a Casale Monferrato, per decenni, per morire è bastato respirare.
La foto del mio arrivo in tribunale per testimoniare, su una barella, con la cuffia in testa, una coperta addosso, quasi in agonia, finì sul giornale. Avevo la febbre a trentanove, e solo 58 anni. Il cancro ai polmoni a Casale non era un caso o una maledizione o una coincidenza, ma una condanna legata al lavoro: i polmoni si riempiono di polvere, e poi si soffoca.

Quel giorno in udienza parlai con un filo di voce, tremavo come una foglia. Ma da quello stesso giorno nessun poté fare finta di nulla.

Le vittime di Ludwig

26 FEBBRAIO 1983

Molti di noi furono bruciati vivi, come quei poveretti al cinema Statuto di Torino. Ma non per una disgrazia. Siamo state vittime di una lucida, criminale follia. In otto anni 28 morti ammazzati, tutti rivendicati da quella che a lungo si è ritenuto fosse una strana e oscura organizzazione di ispirazione nazista: Ludwig.

Colpivano noi, gli emarginati: omosessuali, tossicodipendenti e prostitute. Ma anche normali cittadini che frequentavano i cinema a luci rosse oppure ragazzi che al sabato andavano in discoteca. Oggi è toccato a un prete... La mano omicida opera soprattutto in Veneto e in Lombardia. La rivendicazione è sempre la stessa: LUDWIG LA NOSTRA FEDE È NAZISMO. LA NOSTRA GIUSTIZIA È MORTE. LA NOSTRA DEMOCRAZIA È STERMINIO.

(Poi si scoprirà che dietro Ludwig non c'è alcuna organizzazione neonazista, ma solo due giovani esaltati dell'alta borghesia veneta. Uccidevano un po' per odio, un po' per noia.)

Mario Mieli

FILOSOFO, 12 MARZO 1983

Tra chi si professa «fascista» o «neonazista» ci sono molti omosessuali repressi. Fidatevi.
Quanti omosessuali segreti ci sono stati in Italia... Umberto di Savoia, il re di maggio. Il presidente del Consiglio Emilio Colombo. Solo che non conveniva farlo sapere in giro.
Io ho fatto l'opposto. Sono stato il primo ideologo omosessuale in Italia. Il primo a rifiutare le categorie di genere. L'omosessualità non riguarda froci e lesbiche, ma tutti, perché il desiderio gay è presente in ogni essere umano.

È anche per questo che mi vestivo quasi sempre con abiti femminili. Anche la coprofagia, il sadomasochismo estremo per me erano un gesto di liberazione.

Come il suicidio.

Filippo Montesi

MILITARE, 22 MARZO 1983

Ma sono questi che vanno in giro vestiti da suora o che mangiano la loro merda i figli d'Italia?
O siamo noi, silenzioso popolo della leva militare, quelli che difendevano la patria mentre gli altri facevano i filosofi?

Già, perché negli anni ottanta l'Italia era in guerra.
E io sono il primo militare italiano caduto dopo la Seconda guerra mondiale.
Anch'io avevo delle idee, anch'io volevo essere uomo, finire l'università, girare il mondo.
Anch'io avevo vent'anni.

C'è chi muore nella guerra civile intestina d'Italia tra rossi e neri, o tra l'antistato e lo Stato. E poi ci sono io, che sono morto in una guerra vera, in Libano. Solo che la mia guerra si chiama «missione di pace». Forse è anche per questo che mi colpiscono alla schiena. In una guerra vera l'avversario ce l'hai di fronte. Nelle missioni di pace il nemico è alle spalle.

Gioacchino Crisafulli

CARABINIERE IN PENSIONE, 27 APRILE 1983

Mangiare in fretta una scatoletta di tonno, a casa, in piedi. Poi di nuovo fuori. Non c'è tempo, per noi, non c'è mai tempo. Facevo il carabiniere a Palermo, sono figlio di un carabiniere, e anche se sono in congedo la sento nel sangue la *sbirritudine*. È qualcosa che va oltre il lavoro, che ti segna i giorni e le ore. Bella vita, ora che sei in pensione, dicono gli amici. Non sanno che quelli come me in pensione non ci vanno mai.

E quella volta che mi fermo a casa più del solito, mi affaccio al balcone, e cosa vedo? Un carico di cassaforti passare lento, indisturbato e solenne, come un elefante alla parata del circo. Poi si ferma. E dei ragazzi cominciano a scaricare.

«Giovanotto» dico al guidatore, un picciotto della zona «fammi dare un'occhiata.»

Silenzio.

Apro.

Sono piene di soldi.

I soldi del traffico di droga di Totò Riina.

Ma io questo non lo sapevo, né mi fu dato il tempo di capire.

Quelli che erano al cinema Eros di Milano
14 MAGGIO 1983

Anche noi siamo morti al cinema, come quegli altri a Torino. Solo che noi non lo potevamo dire a casa dove andavamo, che tipo di film ci piacevano. *Calde svedesi al sole di Ibiza*: doveva essere questo il titolo del film. Ma si sa, chi va a vedere certi film il titolo è proprio l'unica cosa che non ricorda. E pensare che il vecchio cinema Eros aveva avuto una storia dignitosa, era stato ripreso pure in una scena di *Miracolo a Milano*. Ma lentamente era degradato fino a diventare un cinema a luci rosse.
«Come allo Statuto, come allo Statuto» è la prima cosa che si dice quando mettono in fila i nostri corpi, che non avevano certo l'aria assente di chi si stava annoiando.
In realtà non fu un incendio casuale, quello scoppiato tra la penultima fila della platea e l'ingresso. Ma fu scatenato apposta, da una firma allora molto nota: quella di Ludwig. «Una squadra della morte ha giustiziato uomini senza onore» fu il loro biglietto.

Mario D'Aleo

CAPITANO DEI CARABINIERI, 13 GIUGNO 1983

Si facevano chiamare – si fanno chiamare – uomini d'onore. Ma erano uomini senza onore quelli che mi giustiziarono.
Avevo preso il posto di Emanuele Basile, indagavo proprio sul suo omicidio, e sugli affari a Palermo della famiglia mafiosa di San Giuseppe Jato, comandata da Bernardo Brusca.
Come Basile, ero rimasto solo.
E infatti, un po' per fare presto, un po' per noia, un po' per economia di spazio e di memoria, c'è una targa che ci ricorda entrambi, a Palermo.
Due nomi per lo stesso sacrificio.

Giuseppe Bommarito e Pietro Morici

CARABINIERI, 13 GIUGNO 1983

Solo non eri capitano, c'eravamo noi con te.
Anche in quella targa, vi fate compagnia, tu e Basile. L'agguato per mano mafiosa come tragico passaggio di testimone.
Soli siamo noi. Per noi non ci sono targhe a ricordare la «tenacia opera di contrasto alle organizzazioni mafiose», oppure il «vile agguato», o il sacrificio della «giovane vita».
Rimane solo lo sgomento e l'angoscia, come disse Leonardo Sciascia: «Nessuno, ormai, afferra il senso di questa violenza, a meno che non stia dall'altra parte...».
Rimane una fidanzata a casa che aspetta, una famiglia con la tavola apparecchiata per la cena, una voglia di normalità interrotta. Ascoltare musica, andare a un concerto, sposarsi, andare in vacanza, vedere l'America...

Emanuela Orlandi

RAGAZZA, 22 GIUGNO 1983

Non sono io la fidanzata a casa che aspetta. Né avrò mai marito e figli a cui preparare il pranzo.

Quando scompaio, Madonna non è ancora diventata famosa. Lo sarà un anno dopo, con una canzone che ha questo ritornello:

Like a virgin
touched for the very first time
like a virgin
when your heart beats
next to mine...

E io sono stata la vergine in mezzo ai lupi. Quelli in Vaticano, quelli del branco della Banda della Magliana, e quelli che continuano a nascondersi.

Bruno Caccia

MAGISTRATO, 26 GIUGNO 1983

Facevo il giudice a Torino.
Torino è terra vergine, a Torino la mafia non esiste, la camorra non fa affari, le 'ndrine non toccano nessuno. Era il mito degli anni ottanta, questo: al Nord la mafia non esiste.

Ma non era vero.

Stavo indagando sulla scalata al Nord della 'ndrangheta che a Torino stava mettendo radici, comprava ristoranti e alberghi, aveva messo gli occhi sulla Liguria e sui casinò di Sanremo e di Saint-Vincent.
I miei killer, infatti, arrivarono dalla Calabria. Con me «non si poteva parlare», fu questa la motivazione per cui assoldarono due sicari: per non farmi parlare davvero più.

Oggi vicino a Torino c'è una cascina confiscata a una famiglia 'ndraghetista nel 1996 che porta il mio nome. Sono centinaia le aziende e gli immobili confiscati alla mafia in Piemonte. Una ricchezza accumulata negli anni, in silenzio.
Oggi c'è il Palazzo di giustizia che porta il mio nome.
Oggi ci sono ancora tantissimi, amministratori, politici, imprenditori, che dicono: «La mafia al Nord non esiste».
Eppure, come dice una poesia di Roversi: «La memoria non si caccia via coi sassi come un cane. / La memoria è storia non è oblio».

Rocco Chinnici
MAGISTRATO, 29 LUGLIO 1983

Facevo il giudice a Palermo.
Io sono il sovversivo che ha inventato il pool antimafia.
Piersanti Mattarella.
Gaetano Costa.
Pio La Torre.
Carlo Alberto Dalla Chiesa.
Stavo per chiudere il cerchio: mandanti ed esecutori, un'unica regia.
Avevo paura per me, per i miei giovani colleghi, Falcone e Borsellino. «Papà Rocco» mi chiamavano.

Facevo il giudice a Palermo.
E invece era Beirut.
Fecero una strage. Per la prima volta la mafia abbandonò la lupara o la P38 o quella tempesta di fuoco che chiamavano «pocket coffee». Cento chili di tritolo. Con l'asfalto, i marciapiedi, le auto parcheggiate, lo strazio di altri corpi.
Totò Riina era a poche centinaia di metri da me. «Minchia che gli ho combinato» dirà ridendo anni dopo.
«Così non si può vivere» ripetevo ai miei colleghi. I mafiosi mi presero sul serio.
Ma ricordate sempre che il pericolo maggiore è la rassegnazione. Senza una nuova coscienza noi da soli non ce la faremo mai.
«Siamo soli e senza mezzi» scrissi. Non mi ascoltarono. Non ci ascoltarono.
Una storia che da allora avete visto ripetersi, la storia di una strage annunciata.
Noi siamo stati lasciati soli, offerti ai carnefici, tra l'indifferenza e l'ignavia.

Caro Bruno, quel poeta ha torto: la memoria è oblio.

Stefano Li Sacchi

PORTIERE, 29 LUGLIO 1983

Minchia, botto!
Ma queste cose da cristiani sono?
Minchia... Un terremoto sarà sembrato. Nel quartiere tutti in strada, i vetri rotti, gli antifurti che fanno *ua ua ua ua*, le scuole che mandano a casa i picciriddi.

P'ammazzare u judice, in pratica, ni ficero agghiuttere d'a terra, signori miei. Minchia. Alla mia signora che era sempre in ansia ce lo dicevo sempre: tu, dovresti essere contenta che tuo marito lavora in un palazzo di signori per bene, e poi, quel giudice, Chinnici, se proprio lo vogliono ammazzare, loro lo sanno che sono cose loro, e certo non è che me lo ammazzano in portineria, che quello ci ha la scorta e un'auto blindata che... minchia! ... manco le bombe ci possono...
... manco le bombe...

Mario Trapassi e Salvatore Bartolotta

CARABINIERI, 29 LUGLIO 1983

A Beirut, come a Palermo.
Le bombe possono.
La mafia ha capito tutto.

Ignazio De Florio

GUARDIA CARCERARIA, 11 OTTOBRE 1983

Dichiarazioni del pentito di camorra Antonio Abbate:

All'epoca c'era in giro che si dovevano ammazzare alcune guardie dei carceri in quanto noi detenuti venivamo maltrattati... All'epoca successe più di un omicidio di guardie carcerarie e ci fu affidato il compitato di ammazzare una guardia del carcere di Carinola. Andammo lì e uscì questa macchina dal carcere... uno qualsiasi che usciva, per dare una dimostrazione, quindi ci capitò una persona – a me dispiace pure – una persona innocente, che non c'entrava niente, non aveva fatto niente di male questa persona, era solo per colpire, per dare proprio un'immagine come fecero ad altri istituti di carcere, quindi in effetti fu proprio per dimostrare che loro non dovevano maltrattare i detenuti nel carcere. Io guidavo la macchina quindi in effetti stavo lì presente, affiancammo questa macchina e lo sparammo mentre camminavamo così, poi si fermò, scesero e lo ammazzammo poi definitivamente con il colpo di grazia.

Franco Imposimato

SINDACALISTA, 11 OTTOBRE 1983

Non andò così come racconta quel pentito, Antonio Abbate. Che infatti non è stato creduto. Perché venti minuti dopo il tuo omicidio, De Florio, quel camorrista ha ucciso me, a cinquanta chilometri di distanza. E dicendo che guidava la macchina del gruppo di fuoco che ti ha ucciso voleva crearsi l'alibi. Ma fu visto, peggio per lui.

Le mafie non si fanno scrupoli, sono perverse ed eliminano anche chi ha la sola colpa di avere un rapporto di parentela con uomini giusti.

«Impossibile uccidere il giudice? Eliminate il fratello.» Questo fu l'ordine.

Sono stato vittima di una vendetta trasversale decisa dalla Banda della Magliana con la complicità della camorra e di Cosa Nostra per intimidire mio fratello, Ferdinando Imposimato.

Lui era il giudice istruttore di Roma che nel 1983 aveva depositato la prima e la seconda sentenza del processo sull'omicidio di Aldo Moro, aveva seguito diversi processi di mafia e stava indagando sulla Banda della Magliana, avvicinandosi a verità scomode.

Non vi sembra tutto oltremodo lampante?

Liborio Bonifacio

VETERINARIO, 17 OTTOBRE 1983

La verità è una cosa semplice, soprattutto in medicina. Io non ne capivo nulla di cellule staminali o ormoni. Il mio metodo per curare i tumori era tutto basato sulle feci e sulle urine delle capre, perché le capre non avevano mai il cancro.
Anche io però, come Luigi Di Bella e Davide Vannoni dopo di me, ero in qualche modo una figura carismatica.
E il copione sarà sempre lo stesso: la stampa che si mobilita, il miraggio della cura, la raccolta fondi, la storia dei miracolati, i viaggi della speranza, le proteste per chiedere la libertà di cura, lo Stato che dà il via libera alla sperimentazione, il fallimento.
Ho detto per primo quello che si dirà per la cura anticancro della somatostatina o per il metodo Stamina: siamo vittime della lobby dei farmaci, della burocrazia e della politica.

Il fatto è che più la terapia è improbabile più la gente ci crede, perché tutto prende le mosse dal bisogno di speranza dei pazienti e dalla loro sofferenza.

Rodolfo Siviero

AGENTE SEGRETO, 26 OTTOBRE 1983

Nulla faceva capire che ero una spia. Celavo la mia vocazione con grazia. Avevo il portamento di un professore, eppure ero un agente segreto. Mi muovevo tra le fila delle SS durante l'occupazione nazista in Italia. E, tra il '43 e il '45, salvai decine di capolavori dell'arte italiana che i nazisti volevano rubare, con rocambolesche operazioni. Una volta mi travestii pure da frate, per salvare l'*Annunciazione* del Beato Angelico, un giorno prima che i tedeschi venissero a cercarla. Un'altra volta, per salvare i quadri di Giorgio de Chirico, a Fiesole, mi travestii da ufficiale di Polizia, per poter passare inosservato con quel tesoro sotto i loro occhi ignoranti.
Ho difeso le opere d'arte italiane dai nazisti. Ma nulla ho potuto contro il loro più acerrimo nemico: l'incuranza di chi dovrebbe averne cura.

Umberto Elia Terracini
POLITICO, 6 DICEMBRE 1983

Il mio nome vi è noto perché è presente in tutte le edizioni della Costituzione. C'è la firma mia, alla fine: ero il presidente dell'Assemblea costituente. Noi abbiamo pensato e scritto la Costituzione della Repubblica come un patto di fraternità e amicizia del popolo italiano.

Ma sono stato anche un «compagno».
Sospeso dal partito perché critico nei confronti dell'alleanza Hitler-Stalin, contrario alla macchina totalitaria dei sovietici.
Ero troppo insofferente delle idee calate dall'alto per rinunciare alle mie convinzioni o accettare gli ordini di Mosca.
Sono stato diverso, imprevedibile, scomodo. Non sorprende che nessuno mi rivendichi come antenato.

I marò che stavano andando a vedere Juventus-Inter
18 DICEMBRE 1983

Non l'avevamo la televisione in caserma.
Così, come premio, ci dissero: vi portiamo a Torino, a vedere Juventus-Inter.
E come ci andiamo?
Col pullman, ci dissero.
Quale? L'Iveco dalle ruote lisce e dagli ingranaggi che cadono a pezzi?
Sì, quello.
Tanto la strada è poca, l'autista la conosce.

Siccome l'incidente è avvenuto mentre stavamo andando in viaggio premio, il ministero della Difesa disse che non eravamo vittime da risarcire. Mica eravamo in guerra. Eravamo in gita. Ci sono voluti 28 anni per avere giustizia.

Stanislao Ceraso

FERROVIERE, 2 GENNAIO 1984

Si sarebbe giocata Napoli-Torino alla ripresa del campionato di calcio di serie A, dopo le feste. E un pensiero l'avevo fatto, di andarla a vedere.
Ma qualcuno, una notte, diede alle fiamme la vettura di un agente della Polizia penitenziaria che era posteggiata nel cortile dello stabile dove abitavo. Non potevo stare a guardare. Sono sceso in strada, per dare una mano a spegnere le fiamme.
E non sono risalito più.

Primo attentato terroristico dell'anno. Prima vittima. Non ci si abitua mai a quest'idea del terrorismo che è arrivato anche a Napoli.

Pippo Fava

GIORNALISTA E SCRITTORE, 5 GENNAIO 1984

La mafia in tutta Italia. Quella in Parlamento e quella delle banche. I missili, le basi di guerra. L'inquinamento assassino. L'imbarbarimento del potere, non solo in Sicilia, ma in tutta Italia.

Di questo mi occupavo. E sapevo come sarebbe finita: mezzo milione a un ragazzotto qualunque, e quello mi avrebbe aspettato sotto casa… Ma a che serve vivere, se non c'è il coraggio di lottare?

Mi uccisero davanti al teatro Stabile di Catania, mentre stavo andando a vedere recitare la mia nipotina Francesca. Cercarono di farmi passare per un Pecorelli siciliano o per la vittima di una storia di donne. Ancora oggi la fondazione che porta il mio nome, gestita dai miei figli Claudio ed Elena, non prende alcun contributo pubblico.

Mentre la figlia di Salvo Lima prende i soldi per i familiari delle vittime di mafia… Perché lo Stato mette sullo stesso piano chi è morto lottando contro la mafia, e chi è stato il perno delle relazioni tra mafia e politica.

Giovanna Matarazzo

BALLERINA, 2 FEBBRAIO 1984

Quando si fa una piroetta, il trucco è fare perno bene, con la gamba che non deve essere rigorosamente tesa.

Facevo la ballerina, Dolly Peach era il mio nome d'arte.

Ero bella, bionda, la compagna, la segretaria, la confidente, l'amante di Vincenzo Casillo, O' Nirone, quello che si credeva l'uomo più furbo del mondo...
Io so perché l'hanno ucciso: perché era stato lui, per conto dei Nuvoletta, che dovevano un favore ai Corleonesi, a uccidere Roberto Calvi a Londra.
L'ho detto ai magistrati: l'hanno ucciso per questo.
Dopo qualche giorno mi rapirono e mi misero dentro un blocco di cemento, la punizione che il tribunale della camorra riserva ai traditori.

Facevo la ballerina, Dolly Peach era il mio nome d'arte. Dentro il cemento non posso muovermi più.

La scala mobile

14 FEBBRAIO 1984

Io mi sono fermata per colpa di Bettino Craxi. È come se mi avesse incementato.
Il costo della vita aumenta del 15% l'anno, lo Stato per sopravvivere emette Bot al 18% di interesse annuo, e la colpa di chi è? Degli evasori? No. Dei politici? No. È dei lavoratori e dei sindacati, e di quell'accordo che garantisce aumenti di salari automatici a ogni scatto dell'inflazione: la scala mobile.
È soddisfatto, il presidente del consiglio Craxi: «La nave va» dice ai cronisti, mentre manda la sua lettera di san Valentino agli operai.
Si comincia così a non arrivare a fine mese. I prezzi aumentano, e si mangiano il salario.
Si comincia così, e poi si arriva alle pensioni, all'articolo 18...
Negli stessi giorni il governo Craxi vara il nuovo Concordato con la Chiesa, per dire che la religione cattolica non è più religione di Stato.

E con l'abolizione della scala mobile, anche la classe operaia non è più affare di Stato.

Renata Fonte
POLITICO, 31 MARZO 1984

Il mio mondo era Nardò, nel Salento.
La bellissima riserva di Porto Selvaggio deve al mio sacrificio il suo essere incontaminata.

Ero assessore alla Pubblica istruzione e alla Cultura e mi battevo contro la speculazione edilizia in quell'area e la costruzione di un villaggio turistico.
Rimango vittima del primo omicidio di mafia nel Salento.
Trent'anni dopo, a Nardò, pochissime persone si ritroveranno in piazza per ricordare il mio sacrificio. E il consiglio comunale si rifiuterà di intitolare a me l'aula consiliare.
Sono scomoda da morta come lo sono stata da viva.

Luigi Polano
POLITICO, 24 MAGGIO 1984

Ogni sera, durante il fascismo, la radio diffondeva la propaganda del regime. Ma il 6 ottobre del 1941 successe qualcosa.
Una voce si inserì, e cominciò a dire: «Italiani! Non è vero!», oppure «Bugiardo!», «Basta con la guerra fascista!».
La cosa andò avanti fino alla Liberazione di Roma, nel giugno del 1944.
Mussolini si imbestialiva, perché le sue polizie non riuscivano a capire come diavolo fossero possibili queste interferenze, che chiamavano la popolazione alla rivolta.
La voce era la mia.
Agivo su segretissimo mandato di Palmiro Togliatti, da una stazione radio nascosta tra la Serbia e il Montenegro, con l'ausilio di due tecnici sovietici.
Sono stato una specie di leggenda.

Nel 1982, Enrico Berlinguer, con altri dirigenti del partito, venne a rendermi omaggio a casa. Avevo 85 anni e poco da vivere.
Mangiammo insieme un piatto di spaghetti. «Compagno Polano» disse il segretario del Pci «allora, ci puoi dire da dove trasmettevi, come facevate?»
E io, con calma: «Ho promesso di non rivelarlo mai a nessuno».
E restai in silenzio.
Senza che nessuno mi interrompesse.

Una coppa
30 MAGGIO 1984

La finale di Coppa dei Campioni si giocava in casa, all'Olimpico.
Tra la Roma e me c'erano solo i calci di rigore.
Solo che il portiere del Liverpool, Bruce Grobbelaar, cominciò una specie di balletto. Dondolava. Il romanista si distrasse e sbagliò il rigore.
Qualche anno dopo quel portiere racconterà: «Toccava a Graziani. Ha preso il pallone e ha scambiato qualche parola con l'arbitro. I fili della rete sembravano spaghetti. Così ho iniziato a muovermi e a oscillare come se avessi due spaghetti al posto delle gambe...».

Ciro Nuvoletta

BOSS DELLA CAMORRA, 10 GIUGNO 1984

'Ncopp 'o gurfo 'e Napule, e non solo... 'Ncopp 'o munno, i più forti eravamo noi, quelli del clan Nuvoletta. Facevamo base a Marano, a nord di Napoli: era il nostro regno.

Io e i miei fratelli Lorenzo e Angelo gestivamo il contrabbando di sigarette e le estorsioni, i sequestri e il traffico di eroina. Un giro d'affari di duemila miliardi di lire. Signori miei, nella droga eravamo i primi in Europa, perché eravamo alleati con Totò Riina e con i narcos: la più grande alleanza imprenditoriale e criminale che la storia abbia mai conosciuto.

Poi arrivò la Nuova camorra organizzata di Raffaele Cutolo, che voleva comandare. Noi, con il clan dei Bardellino e la nostra Nuova famiglia, ci scontrammo con Cutolo e con il suo esercito di seimila affiliati. Dal 1979 al 1983 ci furono novecento omicidi per imporre la nostra egemonia.

Ma dopo la vittoria si apre una nuova faida, proprio tra noi e i Bardellino, capi indiscussi del clan dei Casalesi. Gli squadroni della morte tornano in campo.

Io sono il primo a essere ucciso. Vengono nel nostro feudo, nel cuore del nostro regno, dove avevamo ospitato in tutta sicurezza anche Totò Riina. Ad agosto, a Torre Annunziata, ci sarà una strage. Un giovane sconosciuto cronista, Giancarlo Siani, un precario del *Mattino*, racconterà di questa guerra, dei tradimenti, delle oscenità. Firmerà tanti articoli, e anche la sua condanna a morte.

Salvatore Squillace
IMBIANCHINO, 10 GIUGNO 1984

Ve lo racconto io come hanno ucciso Ciro Nuvoletta.
Era una tranquilla domenica di quelle che annunciano l'estate. Ma non a Marano. La nostra città era, tutta, il feudo dei Nuvoletta, l'avamposto della mafia siciliana ai piedi del Vesuvio. Era un fortino.
Gli uomini dei Casalesi entrarono con uno stratagemma all'interno del fortino: si vestirono da carabinieri e citofonarono dicendo che dovevano fare un controllo di routine. I cancelli si aprirono. Ed entrarono anche altre auto. Volevano uccidere Lorenzo, il capostipite, uccisero Ciro, uno dei rampolli del clan. Lo finirono con un colpo di pistola in faccia.
Compiuta l'incursione, i Casalesi scappano, i picciotti dei Nuvoletta, armi in pugno, li inseguono. Si spara all'impazzata. Anche in piazza Garibaldi, dove al bar ci sono tanti ragazzi. Colpi di mitraglietta, fucili a canne mozze, pistole.

Io stavo parlando con i miei amici quando un proiettile mi trapassò le tempie.

Enrico Berlinguer

POLITICO, 11 GIUGNO 1984

Se avessi saputo che quello in piazza della Frutta, a Padova, sarebbe stato, a sessant'anni, il mio ultimo comizio, avrei lasciato per un istante i temi della campagna elettorale, fatto una piccola pausa e preso una copia dello statuto del Pci – ce n'era una in ogni sezione, anche in molte case – cercato l'articolo 54, quello che porta come titolo «Il costume di partito». Infine, avrei letto:

Ogni membro del Partito comunista deve comprendere che a lui guardano i compagni di lavoro e di studio, i vicini di casa, i conoscenti e i parenti, come ad un combattente per un mondo migliore, per una società più giusta e più sana. Egli deve perciò preoccuparsi costantemente di essere di esempio con la sua vita privata, con la condotta verso la propria famiglia, i vicini, i compagni di lavoro, con il comportamento morale, l'onestà, lo spirito di solidarietà umana e sociale di cui dà prova. Ciò è tanto più necessario quanto più il compagno è conosciuto per l'attività che svolge e per le cariche che ricopre nel Partito e nella vita sociale e politica.

Renato Frittella

OPERAIO, 13 GIUGNO 1984

L'infinito popolo in lacrime accompagna alla tomba il suo uomo più simbolico.
Un nome: Enrico Berlinguer. Un nome che indica un'epoca e la sua fine.
Dicevano che era triste, ma non era vero. Era un'idea della politica che abbatte i muri, muove passioni, cambia i connotati del mondo. La questione morale, l'eurocomunismo, la sfida a Bettino Craxi, che rappresenta l'esuberanza dei nuovi ceti emergenti, le loro ambizioni, gli appetiti.
Una grande illusione.
E tutto che si sfarina in una fragile memoria. Come fece quel giorno il mio cuore, che batteva insieme a un milione di altri per il compagno Enrico.

Antonio Bisaglia

POLITICO, 24 GIUGNO 1984

Anche la Dc aveva il suo articolo sul «costume degli iscritti». Solo che in pochi se lo ricordavano, anche perché, essendo cattolici, tutto ciò che noi facevamo era giusto e giustificato. Al resto ci pensava Dio. E per le cose indicibili, c'era sempre un prete pronto a confessarci e darci l'assoluzione. Io avevo mio fratello.

Sono morto annegato. Un'onda anomala mentre ero in barca, nel golfo di Portofino.
Dieci anni più tardi anche mio fratello morirà annegato.
E anche il mio segretario particolare.
Vi sembra una maledizione, un rebus o una coincidenza, o il segno del destino?
Più che altro è il modo in cui si regolava il «costume di partito»…

Donato Menichella

ECONOMISTA, 23 LUGLIO 1984

La successione senza effetti dei decreti di liberalizzazione; gli sbandamenti su Telecom e Alitalia; le privatizzazioni fallite; la continua chiamata in causa della Cassa depositi e prestiti; la pessima gestione di Eni e Finmeccanica; la propensione a colpire il patrimonio costituito dalla casa; la gestione fallimentare dei servizi pubblici locali; il ritiro delle grandi banche dall'impegno per la crescita del sistema.

Sono tutte cose che io non avrei mai fatto e non avrei mai permesso.
Sono stato direttore generale dell'Iri e governatore della Banca d'Italia dal '48 al '60. Mi considerano uno dei più grandi economisti del Novecento, ma non seguono nulla dei miei insegnamenti.
C'è un'indicibile confusione. E nessuno, nella classe dirigente italiana, che ha la stoffa e il coraggio per venirne fuori.

La Cassa del Mezzogiorno

1° AGOSTO 1984

Uno stravaso di soldi, un'emorragia.

Era stato lo stesso Alcide De Gasperi a far passare l'idea, fin dal nome scelto, di uno Stato che per il Sud non badava a spese: «La chiameremo Cassa. È il nome giusto. È rassicurante, dà l'immagine di un ente che paga, che ha soldi. Il Sud è stato preso in giro troppe volte. Adesso bisogna tranquillizzarlo. Bisogna convincerlo che vogliamo spendere i soldi nel Mezzogiorno e vogliamo spenderli bene».
Ma i soldi si persero per strada, tra opere mai nate, scandali, sprechi e abusi. Un viadotto interminabile, un ospedale incompiuto, una bretella autostradale rimasta solo su carta. Un gran giro di tangenti.

E il Mezzogiorno che rimane quello che è: le giornate più belle sulla terra, con il sole che ogni giorno illumina una miseria sempre più nitida.

Quelli che erano al Circolo dei pescatori a Torre Annunziata
26 AGOSTO 1984

C'era il sole che conosciamo bene, a mezzogiorno: caldo, che illumina la nostra miseria nitida.
Accadde tutto come nella scena del film *Fortapàsc*, quello sul giornalista Giancarlo Siani.
Giorni prima rubarono un autobus, a Scalea, in provincia di Cosenza. Ma chi può rubare un autobus? Cosa se ne fa?
Nessuno se lo chiese. E la risposta arrivò qualche giorno dopo, quando l'autobus si fece notare per le strade di Torre Annunziata. Loro erano nascosti tra i sedili, le armi pronte. Il cartello diceva: gita turistica. Arrivati con il pullman davanti al circolo, cominciarono a sparare all'impazzata. Era mezzogiorno. La Chiesa quella domenica festeggiava sant'Alessandro.

Il locale era il luogo di ritrovo degli uomini del boss di Torre Annunziata, Valentino Gionta. Quella mattanza fu uno sfregio a lui da parte dei gruppi rivali delle famiglie Alfieri, Bardellino, Fabbrocino. La più sanguinosa spedizione di morte dal dopoguerra.

Giancarlo Siani fu tra i primi a contare i lenzuoli, otto, con i corpi sotto. Scrisse tanto. Sulla camorra, i Nuvoletta, i Bardellino.

Se si fosse occupato di altro, di calcio per esempio, avrebbe avuto salva la vita.

Nicolò Carosio

CRONISTA SPORTIVO, 27 SETTEMBRE 1984

Siccome si cresimava mio figlio, non potei andare in trasferta in Portogallo, a Lisbona, a seguito del Grande Torino.
Questa circostanza mi salvò la vita: l'aereo, al ritorno, si schiantò contro la basilica di Superga, il 4 maggio del 1949.
Potei raccontare così, alla radio e in televisione, tante altre partite, fino a una parola di troppo nei confronti di un guardalinee di colore che aveva annullato due gol all'Italia.

Tony Chichiarelli

FALSARIO, 28 SETTEMBRE 1984

Come quel giornalista, Pecorelli, o il generale Dalla Chiesa, anche io faccio parte della scia di cadaveri che segue quella di Aldo Moro.

Mi mettevano in mano un documento, un quadro, una stampa, una firma di qualcuno, e io sfornavo una riproduzione perfetta. Persino migliore dell'originale.

Facevo parte della Banda della Magliana, avevo rapporti con tutti gli estremisti armati, con la P2, con i servizi segreti.

Avevo i miei canali…

Ero stato io l'autore del famoso «Comunicato numero sette» delle Brigate rosse che annunciava, in anticipo, la morte di Aldo Moro attirando la Polizia e i giornali nelle acque limacciose del lago della Duchessa.

Facevo il falsario, un po' per conto mio, e mi firmavo de Chirico, un po' per conto dello Stato, e mi firmavo Br.

La notte del 23 marzo mi introduco nella Brink's Securmark, una specie di banca, di proprietà di Michele Sindona, a Roma. La città è distratta, non si parla d'altro che della grande manifestazione contro l'abolizione della scala mobile. Il colpo frutta 35 miliardi di lire. Lascio una serie di falsi indizi per fare attribuire il colpo alle Brigate rosse. I giornali la chiamano «la rapina del secolo». Un «italian job», senza sparare un colpo.

Ma a me dopo quella notte rimangono solo pochi mesi. Poi mi uccidono.

Quelli che erano in piazza Scaffa a Palermo

18 OTTOBRE 1984

Non eravamo parenti di Tommaso Buscetta. Eppure è per dare un messaggio anche a lui che hanno fatto questa strage, per dimostrargli che la mafia contava, eccome, e decideva vita e morte a Palermo, quando volevano, nonostante le sue «infamiate».
Qualche giorno prima l'Ufficio istruzione di Palermo aveva firmato 366 mandati di cattura per i boss di Palermo.
E la mafia reagì, ristabilendo subito l'ordine, per evitare che qualcuno si facesse strane idee, tipo mettersi in proprio, creare un giro suo, non pagare più il pizzo.
Avevo tentato di sfuggire al «giro» del clan dei catanesi che in Sicilia deteneva il controllo del commercio equino. Stavamo provando a metterci in proprio. Nella stalla di Cortile Macello verso le ore 21 eravamo lì che stavamo sistemando una partita di carne. Avevamo fretta di finire, perché alla televisione c'era lo show con le barzellette di Gino Bramieri.
Avremmo dovuto ascoltare le nostre mogli: restare a casa, a guardare la televisione. Metterci da parte, continuare la nostra vita di sacrifici.
Mai ci fu a Palermo strage più feroce.

Eduardo De Filippo

COMMEDIOGRAFO, REGISTA E ATTORE, 31 OTTOBRE 1984

Se io non fossi stato sfuggente, se non fossi stato un orso, se non fossi stato uno che si mette da parte, non avrei potuto scrivere 55 commedie.

Quando ero in palcoscenico a recitare... è stata tutta una vita di sacrifici. E di gelo. Così si fa il teatro. Così ho fatto!

Un'agendina

12 NOVEMBRE 1984

Potrebbero fare una trasmissione sui pezzi mancanti della storia della nostra Repubblica. Una specie di *Chi l'ha visto?*. Chi ha visto l'agenda rossa di Paolo Borsellino? E gli ultimi appunti di Dalla Chiesa? Dov'è la videocassetta con lo scoop di Mauro Rostagno?
Una parte l'avrei anch'io.

Un giorno finiscono in manette i cugini Nino e Ignazio Salvo, potentissimi concessionari delle esattorie siciliane, anello di congiunzione tra la mafia e la corrente andreottiana della Dc. Erano incaricati della raccolta tributi in tutta la Sicilia: qualsiasi forma di tassazione si dovesse allo Stato, erano loro a raccoglierla. E si tenevano il 10%, a differenza degli altri «normali» esattori privati che si tenevano massimo il 3%. In più non avevano l'obbligo di versare subito il denaro raccolto. Avevano insomma la liquidità di un piccolo Stato, come se fossero insieme ministri del Tesoro, del Bilancio, e delle Finanze. Potenti? È dire poco.
Ecco perché c'è una strana euforia alla Squadra mobile di Palermo, l'ufficio che è il motore delle indagini del pool antimafia di Falcone e Borsellino. Falcone è un pazzo, dice Nino Salvo, è uno che va a mettere il naso dentro le banche. Il commissario Ninni Cassarà, il capo della sezione investigativa, mi trova a casa di Ignazio Salvo: un'agendina tascabile con la copertina di colore marrone scuro. Su un foglio è annotato il numero diretto di tale «Giulio».
«Quel giorno» ricorda la moglie di Cassarà ai magistrati «Ninni mi disse: "Figurati, abbiamo trovato il numero diretto di Andreotti.» Anche a due colleghi, Cassarà aveva fatto la stessa confidenza.
Poi la mafia lo uccide, con un'operazione in grande stile.

Nessuno più mi cerca fino a quando i magistrati della Procura di Palermo aprono un'inchiesta nei confronti di Giulio Andreotti, dopo le stragi del 1992. Qualcuno si ricorda del sequestro fatto da Cassarà. Dov'è finita quell'agendina?
Ma io non ci sono più...

Rosario Nicoletti

POLITICO, 17 NOVEMBRE 1984

Il numero di Andreotti non ce l'avevo, nella mia agendina. Non serviva.
Mio padre era il capo dell'Ufficio tecnico del Comune di Palermo negli anni in cui le famiglie mafiose di Palermo, con Salvo Lima e Vito Ciancimino a guidarle, saccheggiavano la città.
La mia carriera politica, nella Dc siciliana, fu sempre ai vertici. Avevo un'idea fissa: dialogare con i comunisti.
Ero il segretario della Dc siciliana quando Piersanti Mattarella divenne presidente della Regione.
Ero sempre il segretario della Dc siciliana quando fu assassinato Carlo Alberto Dalla Chiesa.
Il clima cambiò.
L'aria si fece pesante. Avevo i miei buoni motivi per avere paura.
Mi ammazzai prima di essere ammazzato.

Leonardo Vitale

PENTITO, 2 DICEMBRE 1984

Io invece ho scelto di parlare. Sono stato il primo in assoluto.

Cominciai dicendo chi ero, chi era la mia famiglia.
Continuai raccontando cos'era la mafia, la sua tradizione, come funzionava, le cosche, la loro distribuzione nel territorio.
Continuai rivelando gli affari che sapevo, gli omicidi e le estorsioni, gli appalti e le collusioni con la politica.

E dopo le storie di mafia, maiali, manicomi, «continuarono gli altri, fino a leggermi matto».

Crescenzo Casillo

POLITICO, 4 DICEMBRE 1984

Siamo tutti matti, se decidiamo di camminare a testa alta.

Sono una vittima del terremoto dell'Irpinia. E come me ce ne sono tanti altri.
Ero sindaco di Casoria, in provincia di Napoli. Con il terremoto del 1981, e i miliardi della ricostruzione, aumentarono le pressioni della camorra. Mi opposi ad alcuni tentativi di pilotare delle gare d'appalto.
Tante sono in quegli anni le vittime del terremoto, per la mattanza che si scatena tra la Nuova camorra organizzata di Raffaele Cutolo e le altre famiglie criminali per il controllo degli appalti.

Sorelle d'Italia – Strage del Rapido 904

23 DICEMBRE 1984

Dove sono Anna Maria, che si doveva laureare in lettere, e Giovanbattista che tutti gli chiedevano se era parente di Altobelli?
Dov'è Federica, che voleva andare a Milano a vedere la neve? Dove sono Anna e Giovanni? Hanno più scritto la loro lettera a Babbo Natale? Dove sono tutti gli altri che tornavano a casa per le feste?
Cercateli, cercateli in quella galleria, sul Rapido 904.

Con i loro panini ancora nella stagnola, il thermos del caffè, le valigie piene di regali.
Erano sul treno. Viaggiavano con me. E io viaggiavo con lo zio Totò, la sua furia per il primo grande processo contro Cosa Nostra che sta per cominciare a Palermo. E lo zio Totò aveva i giusti contatti con la camorra, che se la intendeva con la Banda della Magliana, che aveva coinvolto la destra estrema, sotto la guida di quelli della P2, che al mercato mio padre comprò…

Nona carrozza, seconda classe, proprio al centro del convoglio. Un solo botto, tante idee.

Chi l'ha detto che l'inverno può essere avaro di creatività, o che la mafia uccide solo d'estate?

Ogni bomba avoca a sé il ruolo di Dio, il Dio degli eserciti. I morti di quel treno sono i morti per la stessa guerra di Carlo Alberto Dalla Chiesa, Cesare Terranova, Pio La Torre, Rocco Chinnici…
Io sono un ritornello cantato su un treno, quando si viaggia in compagnia.
C'è sempre qualcuno che non ricorda le parole.
Ed è come una morte non ricordare le parole…

I quattro fuorilegge sardi a Osposidda
18 GENNAIO 1985

Vivevamo facendo sequestri. Solo che quella sera, quando rapimmo un imprenditore, Tonino Caggiari, la gente di Oliena si mise alla ricerca del loro compaesano. E indicò alle forze dell'ordine il posto dove eravamo nascosti. Il conflitto a fuoco durò quattro ore. Noi uccidemo un poliziotto, la Polizia ci fece fuori tutti. I nostri corpi furono caricati su delle camionette, e portati via a passo d'uomo e a sirene spiegate, come se fosse il rientro della caccia al cinghiale. Il cantautore Marras scriverà questi versi:

Sonende bos passizan
finas in s'istradone:
omines assimizan
a peddes de sirbone.

Sa pietade at sutu
ranchida sa mamidda

Al suono di clacson
vi esibiscono per la strada.
Assimilano uomini
a pelli di cinghiale.

La pietà ha succhiato
a un seno amaro.

Vincenzo Marongiu
POLIZIOTTO, 18 GENNAIO 1985

Al sardo preferisco il latino, ai canti popolari l'*Eneide* di Virgilio: «Parcere subiectis et debellare superbos».

Quattro banditi avevano sequestrato un imprenditore. La caccia era partita praticamente subito. Saremo stati in quattrocento fra poliziotti e carabinieri. Per non dire dei duecento volontari civili. Le nostre pistole contro i loro mitra. Non lasciammo scampo. I banditi dovettero rilasciare l'ostaggio, ma l'inseguimento non era finito.
A un certo punto ne colpisco uno. Crolla a terra. Gli vado vicino, ma quello all'improvviso mi spara.

«Perdonare quelli che si sottomettono e sconfiggere i superbi.» Questo disse il rappresentante dello Stato Luigi Lombardini, il giorno dopo la strage di Osposidda. E io ci credevo. Non ho fatto altro che il mio dovere.

Roberto Parisi

IMPRENDITORE, 23 FEBBRAIO 1985

In Sicilia c'è una parola adatta a tutto. Gli omicidi di quegli anni a Palermo noi li chiamavamo «ammazzatine», che significa qualcosa di più del semplice far fuori una persona, perché lascia intendere che dietro c'è anche un regolamento di conti.

C'erano così tante ammazzatine a Palermo in quegli anni che il quotidiano *L'Ora* a un certo punto prese a indicare gli omicidi con numero progressivo: 41°..., 42°..., 43°..., con dei puntini di sospensione dopo ogni morto. La scena, per i cronisti, era sempre uguale. Uno o due cadaveri sull'asfalto, poca gente intorno. Qualcuno alla finestra.

Una mattanza che non interessava. Sui giornali nazionali le notizie non comparivano mai, oppure, quando venivano pubblicate, erano dei trafiletti. Erano cadaveri di nessuno.

Anche io, che ero vicepresidente dell'associazione industriali, e avevo un nome in città, dato che avevo costruito la mia fortuna con l'illuminazione pubblica e a un certo punto mi ero anche comprato il Palermo Calcio...

Pietro Patti

IMPRENDITORE, 27 FEBBRAIO 1985

Non c'è una parola adatta a descrivere bene questa mafia che è un mostro, un Leviatano... Ascoltate la descrizione di Hobbes: «In tale condizione non è possibile alcuna industria, perché il suo frutto è incerto, e quindi non c'è agricoltura, né navigazione... né calcolo della superficie terrestre, né calcolo del tempo, né arti, né lettere, né società; e quel che è peggio, dominano la continua paura, il pericolo di una morte violenta, e la vita dell'uomo è corta, solitaria, povera, sordida, bestiale...».

Dominava la paura a Palermo, in Sicilia, in tutto il meridione. Dopo pochi giorni la morte di Parisi vengo ucciso anch'io, titolare di uno stabilimento per la lavorazione della frutta secca nella zona industriale di Brancaccio. Volevo ribellarmi alle legge sordida e bestiale del pizzo.

Francesco Cosentino

POLITICO, 4 MARZO 1985

È il Leviatano che governa il popolo, che evita la guerra di tutti contro tutti. Che non è una persona, o un mostro. È più che altro un luogo, un livello.

27 dicembre 1947: il primo capo dello Stato italiano, Enrico De Nicola, firma la Costituzione italiana. In piedi, accanto a lui, Alcide De Gasperi. Fra i due, un giovane di 25 anni tiene in mano una cartella marrone con dentro il testo della Carta.
Quel giovane sono io.
Alto, impettito. Mio padre Ubaldo era segretario generale della Camera dei deputati, e io sono all'inizio della mia carriera.
Divento consulente del capo dello Stato Gronchi, dal 1955 al 1962, poi mi tocca il posto che fu di mio padre.
Dieci anni più tardi sono a fianco di Licio Gelli. Suo stretto consigliere, amico, suggeritore. Il progetto del «Piano di rinascita» elaborato dalla loggia P2 si deve anche a me.

Un colpo di Stato, dal cuore dello Stato. Al Leviatano è tanto piaciuto.

Sergio Cosmai

DIRETTORE PENITENZIARIO, 13 MARZO 1985

Se Leviatano significa imporre delle regole, allora io ero un piccolo Leviatano. Ma non tramavo ai vertici, ero un semplice funzionario, incaricato solo di fare bene il mio lavoro.

Molti collegano il mio nome a un famoso viale di Cosenza, senza però ricordare nulla della mia storia.

Avevo «osato» imporre ai carcerati, a Cosenza, il rispetto delle regole della casa circondariale. Per esempio, stabilire delle regole per l'ora d'aria senza eccezioni, impedire accessi e uscite liberi, soprattutto per i mammasantissima.

C'era l'illusione che Cosenza fosse diversa dalla Calabria, che lì la 'ndrangheta non avesse mai attecchito. Ma non era vero.

Ecco perché la mia fu una scelta che costò la vita a me e al mio braccio destro, Filippo Salsone. Mi uccisero con undici proiettili calibro 38 mentre stavo andando a prendere mia figlia all'asilo.

Ezio Tarantelli

DOCENTE UNIVERSITARIO, 27 MARZO 1985

«La nave va» diceva in quel tempo il presidente del Consiglio Bettino Craxi. Ma nella stiva del Paese erano tante le tensioni.

Mi uccisero una mattina di primavera, alle 11 e 50 a Roma, appena finita la mia lezione, nel cortile dell'università. Una sventagliata di mitraglietta. Sulla mia auto lasciarono un documento di settanta pagine: pagavo con la vita il fatto di essere stato uno dei consulenti del governo e della Cisl per il taglio della scala mobile.

Altri sono morti dopo di me e, anni dopo, alcuni che con me avevano una forte assonanza e somiglianza: Massimo D'Antona e Marco Biagi, entrambi professori universitari e consulenti sui temi del diritto e del lavoro. D'Antona si occupava del diritto di sciopero, Biagi della riforma del lavoro. Entrambi vittime del loro lavoro. Entrambi «uomini-ponte». Come me.

(Una delle mie assassine, Barbara Balzerani, terrà un recital di poesie. Erri De Luca, che l'introduce al pubblico, dirà che a nessuno, neanche a un terrorista, può essere limitata la libertà d'espressione. Ma esiste una limitazione peggiore a questa libertà, ed è chiudere per sempre la bocca a una persona...)

Barbara Rizzo

MAMMA, 2 APRILE 1985

Non tutti i magistrati che dovevano morire secondo gli ordini della mafia sono stati poi uccisi. Uno si è salvato. Il giudice Carlo Palermo.
Era a Trapani da due mesi appena. Aveva chiesto di essere trasferito qui, da Trento, perché inseguiva il filo del traffico di armi e di droga che dalla Sicilia si diramava nel Nord Italia.
A lui la bocca non sono riusciti a chiuderla.
Al suo posto, per errore siamo stati uccisi noi: una mamma con i suoi due bambini.

Figli miei che avevate gli occhi al mare e nelle orecchie il suono della campanella, è arrivata invece la fine del mondo.

Il sole diventò una lama fredda.

Li stavo accompagnando a scuola, i miei gemelli adorati e terribili. Poi dovevo andare a fare la spesa, al supermercato, per Margherita, che il giorno dopo aveva una gita. Sul lungomare di Trapani, a Pizzolungo, un'auto ci ha sorpassato. Poi c'è stato il botto.
Quelli dell'auto davanti non si fanno niente.
Di noi, in questa utilitaria, non rimane più niente.

Giuseppe e Salvatore Asta

BAMBINI, 2 APRILE 1985

Noi pensavamo al mare, che ad aprile in Sicilia è già bellissimo, e alle vacanze, che arrivano sempre troppo tardi.
La mamma ci ha fatto da scudo. Noi abbiamo fatto da scudo a un giudice dentro la sua auto blindata.

Il sole diventò un taglio di luna.

Quando papà ha sentito il botto ed è corso, con gli altri, in strada, ha trovato l'auto del giudice, quella della scorta, un sacco di gente. E un cratere. Non ha trovato l'auto di mamma, né noi. Eravamo stati disintegrati, e ci vollero ore per capirlo, quando la scuola chiamò per dire che non eravamo mai arrivati, quando la Polizia chiamò in casa per dire che era stata trovata una targa, solo una targa.

Di noi è rimasto:
un dito sul ciglio di una strada
un piede dentro una camera da letto di un appartamento in un palazzo vicino
un orecchio su un albero
una macchia color ruggine sul muro di un altro palazzo
un volto, solo un volto, come svuotato dall'interno, stampato su un altro muro
un grande senso di disumanità.

Non si può morire straziati a sei anni, in una bella giornata di sole.

E allora ripetetelo sempre, l'orrore, come una filastrocca:

un dito sul ciglio di una strada
un piede dentro una camera da letto…

Giovanni Di Leonardo

POLIZIOTTO, 1° MAGGIO 1985

Lo trovarono tutto intero, il mio cadavere, in un canale di scolo nei pressi dell'autostrada Roma-L'Aquila.
Non trovarono né l'auto, né le armi che avevamo in dotazione. Erano quelle che volevano, i terroristi che mi tesero l'agguato.
Quel canale, parallelo all'autostrada, è stato quella notte la mia trincea.
Il mio compagno di pattuglia ha fatto la veglia alla mia bocca digrignata.

Le auto che passavano veloci non si accorgevano di nulla.

Quelli che erano allo stadio Heysel di Bruxelles
29 MAGGIO 1985

Ma davvero in campo non si accorsero di nulla?
Come potevano giocare mentre noi venivamo schiacciati contro le reti di protezione della curva, in quello stadio fatiscente…
Come potevano esultare mentre noi venivamo spremuti, corpi su altri corpi, a spingere, gli occhi fuori dalle orbite, il ferro che tagliava la carne e le gole…
Come facevano a sentire il fischio dell'arbitro, la palla fuori, l'ammonizione, il fallo, il rigore, la rete, e non sentire nulla del nostro strazio, del muro che stava crollando sotto la furia dei tifosi inglesi?
Come potevano festeggiare mentre noi venivamo, con fretta, spostati e allineati vicino al campo, quasi fossimo la panchina lunga della Juve… E invece eravamo dei tifosi, che avevano comprato il biglietto per la partita della vita, la prima finale della Coppa dei Campioni – perché allora si chiamava così – della Juventus, e nella curva Z hanno trovato la morte. Chissà se anche questo faceva parte del gioco.

Ora lo stadio è stato rifatto, e ribattezzato. Porta il nome di un re.
Noi rimaniamo nei cori e nelle canzoncine infami degli ultras avversari.
E loro: davvero espongono in vetrina ancora quella Coppa?

Andrea Casula

BAMBINO, 29 MAGGIO 1985

È il regalo del mio compleanno, il biglietto per la finale di Coppa dei Campioni. La finale della Coppa dei Campioni in Belgio! In classe tutti mi invidiavano. Tacconi, Cabrini, Scirea, e sua maestà Platini. Che emozione.
L'ultima volta è andata male, la Juve aveva perso con l'Amburgo.
Ma stavolta, lo sento, andrà tutto bene.
Anche se sono un bambino certe cose le sento.
Siamo tanti qui, ammassati come i fagioli dentro un barattolo, in uno stadio brutto brutto.
Sì che ce l'ho, un po' di paura.
Ma quando sono con papà, non può succedermi niente.

I fagioli dentro un barattolo

31 MAGGIO 1985

Come ti chiami?
Da dove chiami?
Ci son per tutti tanti premi
pronto, pronto, pronto
tanti gettoni tanti milioni
pronto, pronto, pronto
con Berlusconi o con la Rai.

Pronto, pronto, pronto
stiam diventando tutti coglioni
pronto, pronto, pronto
con Berlusconi o con la Rai.

Quelli della notte

TRASMISSIONE TELEVISIVA, 14 GIUGNO 1985

Ma Parigi è sempre Parigi?

Mario Diana

IMPRENDITORE, 26 GIUGNO 1985

Mai stato a Parigi. Non ci sono vacanze per noi a Casapenna, in provincia di Caserta.

Neanche la guardiamo la tv, fino a tardi, perché il nostro giorno di lavoro comincia presto. Si prepara la terra per la raccolta del pomodoro. Si esce alle prime luci da casa. Chi nei campi, chi, come me, per trasportare merce.

C'è un'auto con tre giovani a bordo che passa ogni mattina, fa sempre lo stesso percorso, controlla tutto e tutti.

In verità quei giovani aspettano me, la mia colazione, come ogni mattina al bar Oreste, a pochi metri da casa. I Casalesi vogliono impadronirsi della mia azienda, e io avevo detto no.

Quando scendono dall'auto, mentre io sto entrando al bar, mi chiamano pure, per non sbagliare: «Mario! Mario Diana!».

Il primo a venire fu Willy, il mio pastore tedesco. Spezzò la catena che lo legava, mi venne incontro. Sulle macchie del mio sangue, ululò giorni e notti senza sosta, fino a farsi spezzare il cuore.

Qui, a Gomorra, oggi vado orgoglioso dei miei figli, che hanno aperto un'azienda per il riciclo della plastica, in una terra dove la gestione dei rifiuti è in mano alla camorra.

Bravi, figli miei, non vi siete fatti ingoiare dal fango. Vi è costato tanta fatica, lo so.

Bravi figli miei, adesso Willy non lo sento ululare più.

Gli abitanti della Val di Stava
19 LUGLIO 1985

A noi non ci sentiva nessuno, quando dicevamo che i bacini di decantazione pieni di fango, quelli della miniera di Prestavel, erano poco sicuri. E così un giorno ruppero gli argini. Stava fu sommersa dal fango. Sotto, morimmo in 268: la più grande tragedia del Trentino, fu il commento.

Tragedia? Tragedia è qualcosa che non ti aspetti. Da noi era tutto già previsto. Lo scrisse pure il Tribunale di Trento: «Se a suo tempo fosse stata spesa una somma di denaro e una fatica pari anche soltanto a un decimo di quanto si è profuso negli accertamenti peritali successivi al fatto, probabilmente... il crollo di quasi 170mila metri cubi di fanghi semifluidi non si sarebbe mai avverato».

Beppe Montana
POLIZIOTTO, 28 LUGLIO 1985

Non c'è bisogno di alcuna perizia per capire quali sono i poliziotti sovversivi, quelli che lavorano alla Catturandi di Palermo. Sono appena una decina. I loro volti li conoscono tutti.

Io ero il loro capo.
Fui freddato senza difficoltà da un commando di killer mafiosi a colpi di 357 magnum e calibro 38 mentre ero a Porticello per fare un giro con il motoscafo. La mia tenacia nell'inseguire i boss dava alla cupola mafiosa troppo fastidio. Avevo preparato il «Rapporto dei 162», ovvero l'elenco dei boss palermitani, di Michele Greco e degli altri 161, con schede sulle loro relazioni, le famiglie di appartenenza, le liti, gli affari.
Qualche giorno dopo toccherà a Ninni Cassarà, il dirigente della sezione investigativa della Squadra mobile, e a Roberto Antiochia, uno dei miei uomini migliori.

Tre mesi dopo la mia morte, i miei familiari volevano pubblicare un necrologio sulla *Sicilia*. Il testo era questo: «La famiglia con rabbioso rimpianto ricorda alla collettività il sacrificio di Beppe Montana, commissario di pubblica sicurezza, rinnovando ogni disprezzo alla mafia e ai suoi anonimi sostenitori. Catania 28 ottobre 1985». Il testo fu «respinto allo sportello» del giornale. «Per evitare illazioni» dissero.

Mai un necrologio è invece stato negato alla famiglia del boss mafioso Francesco Messina Denaro, il padre di Matteo. Loro, anzi, si permettono pure di citare il Vangelo. Perché loro sono il Vangelo, per molti, la bocca della verità.

La verità
1º AGOSTO 1985

Sì, lo so, sono morta tante volte. Ma se devo scegliere una data, un anniversario, scelgo il giorno in cui la Corte d'assise d'appello di Bari assolve dal reato di strage Freda, Ventura, Valpreda e Merlino per insufficienza di prove.

Di quale strage stiamo parlando? Piazza Fontana, naturalmente: 12 dicembre 1969.

Il mio *de profundis* lo ha fatto un protagonista della vita politica italiana, sempre ben informato: Rino Formica. Ha detto: «C'è un metodo assai collaudato quando vengono consumate stragi e delitti: immediatamente si alimenta quella che è una giusta esigenza, sapere la verità, indicando le mille possibili verità. Poi inizia il depistaggio scientifico. E così si guadagna il primo tempo, prezioso, che serve a eliminare le impronte digitali. Poi si guadagna altro tempo, con l'aiuto di un'opinione pubblica nauseata dal bombardamento di verità contraddittorie. E in questa fase vengono soppresse le prove e qualche volta, è successo, i testimoni. Poi, dopo un certo numero di anni, la questione si ripropone, perché qualcuno pensa di poter offrire una verità accettabile. Ma nel frattempo sono state fatte sparire le tracce e ci si avvita nuovamente. Il caso emblematico è Piazza Fontana: dopo aver indicato piste di ogni colore, la Corte d'appello di Bari ha assolto tutti. L'unica cosa che non hanno potuto cancellare è la strage».

Salvatore Marino
PESCATORE, 2 AGOSTO 1985

Io me ne fotto della sua verità, dottore Montana.
Risponda a questa mia domanda invece: i miei familiari, mia madre, i miei sette fratelli, cosa dovevano scrivere nel necrologio: ucciso dagli agenti della Polizia? Massacrato di botte?
Per fortuna che ero al pianoterra, se no facevo la fine dell'anarchico Pinello. Minchia, volo…

Perché non glielo chiede al suo amico Cassarà cos'è successo quella notte in Questura?

Ti piace fare il sub?
Colpo! E mi legano al tavolo!
Di chi sono tutti questi soldi?
Altro colpo, più forte!
Dov'eri il pomeriggio che hanno ucciso Montana?!
Bam! Una sedia in testa!
Parla!
E giù, litri di acqua salata!

Poi, mentre albeggiava, io ho finito di non parlare, ma anche di muovermi, e di respirare.
«Colti da isteria collettiva» dirà la sentenza.

Ai suoi funerali, dottore Montana, non c'era nessuno.
Ai miei, una folla sterminata.

Ninni Cassarà

VICEQUESTORE, 6 AGOSTO 1985

Marino, tu lo sai cosa significa essere un poliziotto ma vivere come un bandito, in una città in cui i banditi sono invece trattati con rispetto?

Ero il sovversivo che investigava su Cosa Nostra a Palermo. E Cosa Nostra aveva paura di me. Ma il mio era un inferno. Lo sapete come la chiamavano la Squadra mobile di Palermo? L'avamposto degli uomini perduti. E noi vivevamo assediati, con le Giuliette scassate a inseguire spacciatori in fuoriserie. Non avevamo un computer. Dopo la morte di Montana e di Calogero Zucchetto sapevo di avere la vita legata a un filo. E allora non tornavo mai a casa per pranzo, cambiavo sempre abitudini, percorsi, orari, mia moglie affacciata al balcone, gli amici che a turno mi prestavano la macchina. Quel giorno di agosto, mentre rincasavo, erano in diciotto ad aspettarmi. Nessuna famiglia di Palermo voleva mancare alla mia esecuzione: duecento colpi di kalashnikov. Sono morto in un lago di sangue insieme a Roberto Antiochia. Povero ragazzo, si era offerto di farmi da scorta nonostante fosse in ferie e non più in servizio in Sicilia.

Sono morto davanti agli occhi di mia moglie, che era affacciata alla finestra e ha visto tutto. Suona i campanelli dei vicini per chiedere aiuto. Bussa a tutte le porte, ma nessuno apre.

Roberto Antiochia

AGENTE DI SCORTA, 6 AGOSTO 1985

Una volta con Ninni Cassarà dovevamo fare un appostamento a Monte Pellegrino. Ci serviva un binocolo, ma alla Squadra mobile di Palermo binocoli non ne avevano. Lo chiesi in prestito a mio fratello, e poi facemmo una colletta per comprarlo. Questo significava fare lo sbirro in Sicilia. Un mestiere infame, senza mezzi e pieno di sacrifici, in una città che neanche partecipa ai funerali dei poliziotti.

E io, che non ero siciliano, avevo deciso di stare a Palermo, prima con Beppe Montana, poi con Cassarà. Ero un «volontario» della sua scorta. Lo chiamavano «Serpico» per quanto era bravo, come quello del film. Fino all'ultimo gli ho fatto scudo con il mio corpo.

«Roberto Antiochia aveva 23 anni» sarà il titolo dell'*Ora*.

Le vittime del mostro di Firenze

8 SETTEMBRE 1985

Per ognuno di noi c'era un titolo diverso, sempre più grande, con un inchiostro colorato di paura crescente.
Ma dove si nasconde l'assassino, chi sarà mai, era la domanda che si facevano tutti, perché non riescono a prenderlo? Quarant'anni di indagini, 16 vittime.

Ma quale ineffabile e imprendibile serial killer… è stata una sgangherata banda di semianalfabeti contadinotti, furbi e feroci, ad aggredirci, ucciderci, mutilarci. Uomini di campagna, senz'arte né parte, maniaci delle coppiette… Erano le loro perversioni a renderli:

leggeri nell'appostarsi
rapidi nell'esecuzione
esatti nel mutilare i corpi
visibili nel loro ingenuo seminare prove
molteplici nell'agire come una banda
coerenti nell'uccidere solo coppiette che dovevano pagare la colpa di amarsi.

Italo Calvino

SCRITTORE, 19 SETTEMBRE 1985

Leggerezza
Rapidità
Esattezza
Visibilità
Molteplicità
Coerenza

Giancarlo Siani

GIORNALISTA, 23 SETTEMBRE 1985

Visibilità: per le strade di Castellammare di Stabia e Torre Annunziata una Mehari verde non passa di certo inosservata.
Rapidità: andavo in giro da cronista precario del *Mattino* di Napoli a cercare notizie da scrivere senza paura.
Esattezza: guardavo la camorra dritto negli occhi, raccontavo i suoi traffici, le violenze. Quello che vedevo, raccontavo. Non dimenticando i nomi, in un momento in cui la guerra di camorra fa decine di morti ammazzati per le strade. Le stesse che attraversavo con la mia strana auto verde. Per loro, i camorristi, ero uno stronzo infame.

Mentre qualcuno se ne va, cercando un'altra storia...
Adesso scrivo un po' di più, per non perdermi mai.

Leon Klinghoffer

FABBRICANTE DI ELETTRODOMESTICI, 8 OTTOBRE 1985

Scrivere, qualcuno in quei giorni ha scritto, su alcuni tovagliolini di carta.

«Lunedì 7 ottobre, ore 13, nella sala da pranzo: tutto ad un tratto colpi d'arma da fuoco, grida. Alcuni uomini entrano correndo nel ristorante, con le mani in alto.»

«Martedì mattina. Alle 10, undici americani vengono condotti sul ponte. Si odono colpi d'arma da fuoco. Alle 11 è la volta di sei britannici. Altri colpi d'arma da fuoco, mezz'ora più tardi vengono condotti sul ponte due austriaci. Sentiamo degli spari. Pensiamo che siano tutti morti.»

«Alle 15,30 i pirati conducono l'uomo sulla sedia a rotelle sul ponte superiore. Dalle 10 del mattino l'avevano separato da noi e ci avevano proibito di rivolgergli la parola. Non capiamo niente.»

«Alle 16,10 tornano tutti, tranne lui. Hanno cercato di farci paura.»

Le guardie del corpo del Nano feroce
11 OTTOBRE 1985

La paura è il nostro pane quotidiano.

Nessuno, nemmeno noi, avrebbe avuto tanta fantasia da immaginare che la tranquillità di Reggio Calabria sarebbe stata irrimediabilmente sconvolta per cinque interminabili anni, giorno dopo giorno, dal 1985 al 1991: seicento morti.

E comincia tutto con un fragore assordante, a Villa San Giovanni. Si sbriciola un'autovettura imbottita di esplosivo, si porta via le nostre vite. Comincia l'incubo.
Il telecomando che aziona a distanza la bomba incenerisce i nostri corpi, ma non la vittima designata, Antonio Imerti, il Nano feroce. Si salva per miracolo.
I miracoli salvano sempre i boss.
Non noi, le loro guardie del corpo.

Passano due giorni e le pallottole uccidono l'uomo più potente della 'ndrangheta reggina, Don Paolino De Stefano, colui che aveva saputo far fuori i patriarchi della vecchia guardia. Aveva beffato le forze dell'ordine, ma non i sicari, che lo vanno a prendere nel covo dove trascorre la sua latitanza.
Noi siamo le prime vittime di quella guerra. Una guerra che dura fino al 1991 e che si concluderà con un altro morto, il giudice Antonio Scopelliti, vittima sacrificale, ucciso per fare un favore a Cosa Nostra in cambio dell'aiuto della mafia siciliana per mettere pace tra i belligeranti della 'ndrangheta.

Paolo De Stefano

BOSS, 13 OTTOBRE 1985

In quegli anni per i magistrati che lavoravano a Reggio Calabria il ministero della Giustizia fece realizzare una corazza medievale. Era un cappotto di principe di Galles lungo fino ai piedi con all'interno una lamina d'acciaio. Con il cappotto c'era un cappello floscio, per coprire le orecchie, anche questo con blindatura interna. E poi una borsa ventiquattrore di acciaio rivestita in similpelle, da sollevare all'altezza del viso in caso di sparatoria. Il peso complessivo di cappotto, cappello e borsa era di 35 chili.

Io invece andavo in giro come volevo. Libero. Ero il re di Reggio Calabria, e pensavo di essere al sicuro. Latitante da anni, nessuno mi cercava, dominavo sulla città e sulle cosche.

Non ero solo un padrino della 'ndrangheta, ero un sindaco. Gestivo la città. La mia cosca era collegata con Cosa Nostra, arrivava a gestire i traffici di droga e il controllo sugli appalti al Nord e all'estero.

Avevo 1500 uomini armati che lavoravano per me. Glielo avevo anche detto a Junio Valerio Borghese, il principe incapace che nel 1970 voleva fare il colpo di Stato: io l'esercito, vero, ce l'ho. Voi no.

Mi uccise il Nano feroce perché io non ero riuscito ad ammazzarlo, due giorni prima. È lui che guida il commando, in via Mercetello, rione Archi, mentre io viaggio sulla mia moto da enduro.

Biagio Siciliano e Maria Giuditta Milella

RAGAZZI, 25 NOVEMBRE 1985

Noi sognavamo:

la moto
una domenica senza compiti
l'estate che prima o poi arriva
l'università, magari al Nord
un amore da scrivere sul diario.

Ci ha uccisi l'auto di scorta a Paolo Borsellino, il giudice.
In controsenso, a 130 chilometri all'ora, ci piombò addosso quel giorno,
all'uscita di scuola, mentre aspettavamo il bus.

Sì, sì, è stato un incidente.
Ci ha ucciso la mafia? Forse.
Ci ha ucciso l'antimafia? Anche.
Ma in fondo, che domanda è?
Nel nostro caso, è come chiedere se c'è un confine tra deserti.

Forse un giorno tutto questo finirà, ma quando?

Elsa Morante
SCRITTRICE, 25 NOVEMBRE 1985

Domanda: Ma QUANDO*?*
Risposta: Non c'è QUANDO.
D.: Ma DOVE*?*
R.: Non c'è DOVE.
D.: Ma allora, COME*?!*
R.: Mah, così…
D.: Ma infine, sarà
o non sarà
VERO*?*
R.: E a me lo domandi,
o mio povero
ragazzo-ragazza?!

Due ragazzini che muoiono, così, sono la fine del mondo.
Perché il mondo lo salvano i ragazzini.
Lo dicevo già prima del Sessantotto, sola, come una voce nel deserto. Era il mio manifesto politico.

Graziella Campagna

COMMESSA, 12 DICEMBRE 1985

Cosa non dimentica la gente nelle tasche. Nel taschino di una camicia ho trovato un biglietto con un nome. Ero abituata: lavoravo in una lavanderia, e nelle tasche trovavo di tutto, soldi, pizzini, monete, chiavi.
Solo che io quel biglietto non avrei dovuto leggerlo.
Il nome era quello del padrone della camicia, che in paese si faceva chiamare «ingegnere Cannata». In realtà, si trattava di Gerlando Alberti, mafioso palermitano latitante.

Quella ci può denunciare, dissero ai titolari della lavanderia.

Avevo 17 anni.
Una vita rubata.

Quelli che erano all'aeroporto di Fiumicino

27 DICEMBRE 1985

La fila per il check-in, la fila per i bagagli, la fila per l'imbarco: com'è rubato il tempo in aeroporto. Durante le feste c'è fila pure per fare la pipì in bagno, o per prendere un caffè al bar.

Ogni tanto, per far passare i minuti, qualcuno fa un giro largo. Supera i negozi, supera i bagni, passa sotto le scale mobili, e si imbatte nella targa, quasi nascosta, che ricorda le vittime dell'attacco terroristico del 1973. Roba di tanto tempo fa. Oggi, si sa, i terroristi – i palestinesi, o chi per loro – colpiscono solo le sinagoghe, come è accaduto a Roma qualche anno fa. Ce l'hanno con gli ebrei. L'avete vista l'*Achille Lauro*, no? Hanno ucciso solo l'unico americano ebreo che hanno trovato, poveretto.
Non è che adesso si mettono a colpire gli aeroporti. Non sono mica scemi. Con tutta questa sicurezza, questa Polizia intorno...
Se si mettessero a colpire gli aeroporti, sarebbero capaci anche di dirottare gli aerei un giorno, o di utilizzarli come missili per colpire grattacieli. Meglio non pensarci.

Annoiamoci ancora un po'.

Nino Salvo

POLITICO, 19 GENNAIO 1986

Unni viditi muntagni di issu
Chissa è Salemi, passatici arrasu:
sunnu nimici di lu crucifissu
e amici di Satanassu.

A mio cugino Ignazio ripetevo sempre: i soldi fanno i soldi, e i pidocchi fanno i pidocchi. Era il nostro motto. Siamo stati i re delle esattorie siciliane: una concessione governativa ci consentiva di riscuotere le tasse in Sicilia a un aggio superiore rispetto alle altre regioni italiane.
Eravamo potenti, dentro la Regione Sicilia, dentro la Dc, dentro la mafia. Il nostro nome era temuto e impronunciabile.
Andreotti ci mandava regali. Noi eravamo suoi amici, e ci veniva da ridere: amici di Satanassu, del diavolo, come diceva quel proverbio siciliano sulla cattiva gente di Salemi, il nostro paese.
La Regione ci dava contributi per le aziende che stavamo creando con i soldi dei siciliani. Eravamo più potenti della Montedison. Potevamo fare cadere un governo, se volevamo.
I comunisti facevano la campagna elettorale per noi.
I boss ci temevano come se fossimo noi il vertice della Cupola.
Per i Carabinieri ero «una persona dai modi signorili» e nulla più.
Quando Riina con la sua banda di villani sequestrò e uccise mio suocero, Luigi Corleo, per intaccare il nostro prestigio, noi passammo con lui e con i Corleonesi. I soldi fanno i soldi. E così bisogna fare, fiutare il vento.
Ero un imprenditore.
Per Falcone ero la mente della Cupola, il «terzo livello».
Per Tommaso Buscetta ero un uomo d'onore.

Paolo Bottone

IMPRENDITORE, 21 GENNAIO 1986

Padre, che mi ripetevi sempre che i mafiosi non lo sanno che cos'è fare l'imprenditore, rischiare, perché la loro unica legge è la violenza, sterminare la concorrenza.
Padre, che non hai voluto naufragare.
Padre, che quando mi hanno sparato ti sei costruito una zattera, fatta dei pochi indizi che la mafia lascia a Palermo.
Padre, che ti sei improvvisato detective, davanti all'immobilismo di chi le indagini avrebbe dovuto farle.
Padre, che hai offerto una taglia per capire chi aveva sparato alla nuca a tuo figlio di soli 26 anni, imprenditore come te, nella nostra piccola azienda di impianti industriali, a Isola delle Femmine.
Padre, che hai chiuso l'azienda, perché la vita non aveva più senso. E te ne sei fregato dei soldi che fanno i soldi.
Padre, che anche la rapina ti sembrava senza senso. La mia morte è stata una vendetta perché non abbiamo voluto pagare il racket.
Come l'angelo sterminatore del Signore, la mafia onnipotente in Sicilia uccide i figli primogeniti di chi si ribella alla legge della cosca.
Io come Francesco Alfano, come Rosolino Abbisso, altri figli di imprenditori. Come accadrà a Giuseppe Genova, fulminato nel suo cantiere, e Giuseppe Albenese, ucciso in banca. Vittime sconosciute, punite solo per aver detto no.
Padre, che hai coperto la città di Palermo con i manifesti con la mia foto.
Nessuno ha sentito il tuo dolore.
Nessuno ha parlato.

Naufraghiamo nella zattera insieme.

Francesco Alfano

IMPRENDITORE, 29 GENNAIO 1986

La stessa città di Paolo Bottone. La stessa sorte, lo stesso anno, lo stesso mese. Stessa dinamica, stessa tecnica. D'altronde anche la nostra colpa è la stessa: non aver voluto pagare il pizzo, noi e i nostri padri piccoli imprenditori.

Ero con la mia fidanzata all'Addaura, passeggiavo in centro. Appena saliti sulla nostra Seat Ibiza, dal buio spuntò un uomo.

Quattro colpi, e poi altri quattro.

Filippo Salsone

MARESCIALLO, 7 FEBBRAIO 1986

La verità è che noi siamo vittime che allo Stato non costano nulla.
Ascoltate la mia storia.
Ero un maresciallo di Polizia penitenziaria, il braccio destro del direttore del carcere di Cosenza, Sergio Cosmai. Cosa facevamo? Rispettare le regole, soltanto questo. Il carcere non è un albergo.
E così, a marzo dell'85, uccisero lui, e un anno dopo mi scaricarono un fucile a pallettoni mentre tornavo a casa dei miei genitori, a Brancaleone, vicino a Reggio Calabria. Anch'io sono una vittima del dovere. Lo Stato mi dedica strade, caserme e medaglie, ma non vuole riconoscere che io sono vittima della criminalità organizzata, e per mia moglie Concetta, per Paolo e Antonino non c'è ancora nessun aiuto economico, né un risarcimento, solo carte bollate.

Lando Conti

POLITICO, 10 FEBBRAIO 1986

La mitraglietta con la quale mi hanno ucciso è la stessa con cui è morto Ezio Tarantelli, e con cui verrà assassinato il senatore democristiano Roberto Ruffilli. Verrà ritrovata, nel 1988, in un covo delle Brigate rosse, a Milano. Era di proprietà del cantante Jimmy Fontana.
L'agguato scattò alle cinque del pomeriggio, in via Faentini, mentre stavo andando in auto a una seduta del consiglio comunale. Era Firenze, la mia città, e io ero il sindaco. Meritai tredici colpi.
Gli esecutori del mio omicidio non sono stati mai trovati. C'è l'arma, ma non chi l'ha utilizzata.

Wilma Monaco

TERRORISTA, 21 FEBBRAIO 1986

Sull'asfalto, davanti all'edicola, accanto alla scuola, in Via Farnesina, a Roma. I reperti vengono segnati, come sempre accade, con dei cartoncini e delle lettere.
La H è la pistola calibro 38 che impugnavo.
La G per i bossoli dei proiettili che hanno solo ferito Antonio Da Empoli, il consulente economico del governo contro cui avevamo progettato la nostra azione.
La F è per le sue macchie di sangue.
La E per le lamiere traforate e i vetri infranti delle macchine posteggiate.
La D per i bossoli dei colpi esplosi dal suo autista, che era un poliziotto e ci ha sparato contro 15 colpi, le gambe piantate per terra al centro della strada, come nei film.
La C è per la Vespa sulla quale dovevo fuggire con i miei compagni.
La B è per la mia borsa, con una carta di identità falsa e un documento di nove pagine con la stella a cinque punte sulla copertina e l'intestazione «Unione dei comunisti combattenti».

La A è accanto al mio corpo.

Michele Sindona

BANCHIERE E CRIMINALE, 22 MARZO 1986

E io invece, lo sapete, sono quello che ha bevuto il caffè.

Ero il banchiere della mafia e del Vaticano. Il maestro di Roberto Calvi. Ma prima di tutto ero questo: un esteta della simulazione.
Che funambolo. Ripulivo tra Milano e New York i soldi della droga della famiglia Gambino, dei Bontade, degli Inzerillo. Li portai con me nella voragine dei miei fallimenti. Bontade arriverà a dire che ero un «pazzo vivente».
Marcinkus era la mia anima gemella. Contavo sulla protezione di Giulio Andreotti. Finanziavo con colossali cifre la Dc. Due miliardi di lire solo per la campagna contro il divorzio.
Nel 1974, dopo il crac da 268 miliardi di lire della Banca privata italiana, scappai via dal Paese.
Mi condannarono all'ergastolo per aver ingaggiato un killer per uccidere Giorgio Ambrosoli. Il suo rigore aveva mandato all'aria i miei piani. Avrei anche ucciso Enrico Cuccia, il presidente di Mediobanca, perché non mi ha voluto salvare: non gli ero mai piaciuto.
Con l'aiuto di alcuni mafiosi iscritti alla massoneria e alla P2 finsi un rapimento. Poteva essere un capolavoro divertente, ma non riuscì.
E tornai in manette, dagli Stati Uniti in Italia, nel 1984.
Sorrisi, scendendo dalla scaletta dell'aereo. Avevo una maglietta di colore marrone, una penna mi sbucava dal taschino. «Accidenti, che freddo» dissi soltanto.
Mi coprirono in carcere.
Mi tennero in isolamento, continuamente osservato e controllato.
Fino alla mattina del 20 marzo 1986, quando arrivò dalle agenzie di stampa una breve nota: «Voghera. Michele Sindona è stato ricoverato stamatti-

na al reparto rianimazione dell'ospedale in stato di coma. Secondo le prime informazioni si è sentito male».
La seconda nota diceva: «Voghera. Michele Sindona è morto alle ore 14 e 12, pochi istanti prima di cadere in coma aveva bevuto un caffè con il cianuro».

Ero un esteta della simulazione. L'avevo sempre sognata, una fine così spettacolare. Un suicidio che sembra un omicidio: il mio ultimo bluff, il mio capolavoro. L'ultima diabolica beffa.

Ero fatto così.

E il mio caffè ha, sì, il sapore del cianuro, ma anche il suono dell'illusionista quando agita il mantello, e sparisce dal palco.

Fushh...

Due missili spuntati
15 APRILE 1986

Ploff!

Nino D'Uva

AVVOCATO, 6 MAGGIO 1986

Cosa gli è passato per la testa al mio cliente quando mi ha tirato contro una scarpa, in tribunale, l'ho capito solo quando il sicario – un ragazzino – è entrato nel mio studio.

Pochi lo sanno, ma contemporaneamente al maxiprocesso a Cosa Nostra, a Palermo, un altro maxiprocesso si teneva a Messina alle cosche del luogo.

Io ero forse il penalista più noto in città, e difendevo molti tra gli imputati.

Che però non gradivano la difesa. «È troppo morbida. Così il processo non finirà mai» mi urlò il boss Gaetano Costa, detto «Facci 'i sola», quando mi scagliò contro la sua scarpa in aula.

Era un segnale. Dovevano farmi fuori per insegnare agli altri come si difende un mafioso.

Nel Tribunale di Messina c'è una targa che ricorda me, l'avvocato Nino D'Uva, «ucciso da cieca violenza».

Fidatevi, ci hanno visto benissimo, invece.

Elio De Angelis

PILOTA DI FORMULA UNO, 15 MAGGIO 1986

Quello che non ho visto: l'alettone posteriore della vettura staccarsi.
Quello che ho visto: la pista girare e girare, l'asfalto scambiarsi il posto con il cielo. Una, due, tre volte.
Le fiamme.
E Alain Prost che tenta di liberarmi, invano.

Altiero Spinelli

POLITICO, 23 MAGGIO 1986

Io vedevo, nei miei sogni, un'Europa unita, senza frontiere.
Una delle due ali dell'edificio che ospita il Parlamento Europeo, a Bruxelles, è stata dedicata a me, in omaggio alla mia vita spesa per la comunità europea. Ci ho creduto, all'Europa unita, prima di tutti, quando a essere divisa era non solo l'Europa, ma l'Italia lacerata dalla tragedia del fascismo. Ero il solo a credere nell'Europa unita per creare una comunità di pace. Poi siamo stati in tanti, e l'Unione Europea è diventata una realtà. Adesso non so quanti ci credono ancora.
Se faremo governare i nosti destini ai banchieri e non ai popoli, presto celebreremo i funerali dell'idea di un'Europa unita.

La Eternit
6 GIUGNO 1986

«La famiglia ringrazia...», «I figli ricordano...», «La vedova annuncia...»

Qui, a Casale Monferrato, davanti al muro di ingresso venivano incollati i manifesti funebri dei lavoratori.
In pochi avevano più di cinquant'anni.
Quasi nessuno è arrivato alla pensione.
Tegole, tettoie, tubature, fioriere.
Io sono il regno del «polverino», il luogo che si mangiò tanti corpi.

Mario Nardone
POLIZIOTTO, 1° LUGLIO 1986

Un bravo poliziotto deve avere soprattutto idee. Nel 1946, a Milano, inventai la Squadra mobile e il centralino telefonico per le chiamate d'emergenza. Era il 777, antesignano del 113.
Erano anni di omicidi passionali, rapine eclatanti, bande armate in lotta per le strade di un Paese da ricostruire.
Sono stato io a fare confessare Rina Fort, che aveva ucciso la moglie del suo amante e i suoi tre figli.
Mi chiamavano il Maigret italiano. Effettivamente sembravo uscito dalla penna di Simenon.

Il Governo Craxi

1° AGOSTO 1986

La «necessità di tenere i comunisti fuori dal governo».
L'unica alleanza possibile, quella del Pentapartito.
1058 giorni di gloria e tensioni.
Il nuovo Concordato con la Chiesa.
Il taglio della scala mobile.
L'affronto agli americani per la crisi di Sigonella.
Il condono edilizio e il decreto per salvare le tv di Berlusconi.
Lui che irradia la sua immagine.
La corte di nani e ballerine.
Milano (e l'Italia) da bere.

Goffredo Parise
SCRITTORE, 31 AGOSTO 1986

Tra il '74 e il '75 tenevo una rubrica domenicale sul *Corriere della Sera*. Si intitolava *Parise risponde*: una serie di dialoghi con i lettori il cui tema principale era proprio quello dell'Italia e degli italiani.
A un lettore che denunciava la costruzione di un albergo che avrebbe rovinato una valle, risposi: «L'Italia non vuole più essere l'Italia. Gli italiani (parlo della grandissima maggioranza) non vogliono più essere italiani. Se ne fregano dei monumenti, dei musei, di San Pietro, dei Palazzi Pitti e Uffizi; ci mandano i loro figli con la scuola, ma se ne fregano e se ne fregheranno i loro figli quando sarà il momento. Gli italiani non vogliono più essere italiani perché vogliono essere ancora meno che regionali, vogliono essere "paesani", "paisà", perché l'unità d'Italia, che del resto non c'è mai stata, oggi c'è meno che mai. Oggi l'Italia è spezzata non in staterelli, ma in "lotti", in piccole, piccolissime proprietà a cui gli italiani, nel loro povero animo e nel loro povero corpo privi di Stato, tengono in modo fanatico. Per gli italiani di oggi, non di ieri, l'Italia è il "lotto", il proprio terreno, la propria villetta, il proprio "bicamere e servizi", costruiti da geometri o finti architetti secondo i propri gusti e soprattutto in materiali pressoché eterni come il cemento armato che diano a quei poveri corpi e a quelle povere anime senza Stato l'illusione di averne uno, indistruttibile».

I siciliani
AGOSTO 1986

Anche la Sicilia è Italia.
Dopo l'omicidio del generale Dalla Chiesa, Pippo Fava chiama una manciata di ragazzi poco più che ventenni a fare un giornale diverso.
I missili, Gelli, Sindona, Andreotti, Santapaola, i Cavalieri.
Una cooperativa, e un sacco di cambiali.
Uno scantinato per redazione e una macchina tipografica di seconda mano per stampare.
È Fava che decide il nome: *I siciliani*. Qualcosa più di un giornale, un avamposto di lotta alla mafia e di libertà.
In edicola ogni mese, con una grafica moderna, grandi inchieste e foto esclusive.
Il primo numero ha un successo senza precedenti. Titolo della copertina: «I cavalieri di Catania e la mafia». Era il gennaio del 1983.
Una pietra miliare del giornalismo italiano. Una stampa di opposizione civile, in cui la politica non riesce proprio a entrare; alla quale non si può promettere niente per ottenere un silenzio, una compiacenza.
La mafia reagisce. Prima uccidono Fava. Poi tutto il resto.

Siate giornalisti liberi, ma non illudetevi che questo serva a cambiare l'Italia.

Claudio Domino

BAMBINO, 7 OTTOBRE 1986

Pedagogia mafiosa, parte prima.

Avevo undici anni. Negli occhi, la primavera. Come tutti i bambini.
Ero il figlio del gestore del servizio di pulizia dell'aula bunker del maxiprocesso di Palermo. La sera del 7 ottobre 1986 stavo passeggiando nel quartiere San Lorenzo. Un uomo mi chiama. Io mi giro. Lui mi spara un colpo in fronte. Scompare con la motocicletta tra gli alberi del viale.

Il giorno dopo, durante il maxiprocesso, l'eco del mio omicidio è enorme. Tutta l'Italia guarda Palermo e la sua barbarie. I mafiosi allora decisero che era più importante far sapere che non erano stati loro piuttosto che perdere il consenso sociale, piuttosto che far credere che loro avessero potuto uccidere un bambino. Uno degli imputati, l'avvocato Giovanni Bontade, fratello di Stefano, si alza in aula per dire: «Rifiutiamo l'ipotesi che un simile atto di barbarie ci possa sfiorare».
La scena fu clamorosa: Bontade aveva detto che la mafia certe cose non le fa. Ma aveva allora implicitamente ammesso che la mafia esiste, mentre tutta la difesa degli imputati si basava sul fatto che la mafia non esiste…
Il giorno dopo ancora, Totò Riina ordinerà due cose. Di trovare e uccidere i miei assassini. E di uccidere Bontade per quella dichiarazione…

I suicidi durante il servizio di leva

23 OTTOBRE 1986

C'è una vignetta di Ellekappa, proprio dell'86 un comandante parla con un suo omologo e chiede: «Quanti soldati si sono suicidati nella tua caserma?».

Iside 2

3 DICEMBRE 1986

Io ero la nebbia.

La P2 pensava in grande, e sbagliava: troppa politica.
Bisogna invece guardare al territorio, casa per casa, appalto per appalto, città per città. La mia città è Trapani.

Uno stesso tavolo, per imprenditori, mafiosi, politici, funzionari pubblici.
Un tavolo dove ognuno diventa l'altro: il politico diventa uomo di rispetto, il mafioso fa l'appaltatore, il burocrate fa *piccioli*, il giudice compra o si fa comprare.

Il primo della mia lista è un funzionario della Prefettura.
Il secondo è un mafioso accusato di strage.
Il terzo è un vicequestore di Polizia.
Il quarto è un big della Dc.
E poi un lungo elenco di nomi: burocrati del Comune, sorvegliati speciali, ufficiali dell'Esercito, imprenditori, trafficanti di eroina.
Tutti fratelli.

Rifiuti, sanità, edilizia, servizi.
È questo il modello vincente.
E continuerà a vincere. Solo che non ci sarà più bisogno di me, la loggia segreta, l'antro cavernoso, il luogo delle promesse che è meglio non fare sapere in giro.
Si farà tutto alla luce del sole.
Iside è simbolo di idea madre, di fertilità.
E io ho generato un sistema, un'altra Italia.

Piero Chiara
31 DICEMBRE 1986

I miei libri erano attesi ogni volta come sicuri best seller. Era proprio un'altra Italia.

Renato Guttuso

PITTORE, 18 GENNAIO 1987

A qualcuno di voi sarà capitato di strappare un mio dipinto. Vi sembra incredibile, vero? Ma disegnavo anche biglietti della lotteria, che prima, quando non erano vincenti, venivano strappati. Adesso sono pezzi da collezione, come tutto ciò che mi riguarda, e che una volta destava solo scandalo.
Il giorno del mio funerale, invece, diventai per tutti un maestro e i rappresentanti di ogni ideologia avevano qualcosa da rivendicare: i comunisti la lunga militanza nel partito, i democristiani la finale conversione alla fede, i laici il mio essere stato un comunista *sui generis*, gli amanti della pittura moderna la mia amicizia con Picasso, gli amanti del classico il carattere popolare di molte mie opere.

Insomma, in Guttuso ognuno vedeva un suo Guttuso. Ed era sempre quello sbagliato.

Carlo Cassola

SCRITTORE, 29 GENNAIO 1987

Il giorno del mio funerale fu freddo e ventoso. Ero uno scrittore famoso, l'autore della *Ragazza di Bube*. Ma c'erano pochi intimi, e fuori dalla porta di casa i fiori inviati dalla presidenza del Consiglio. Nessun giornalista. Eppure avevo dato molto alla letteratura, da scrittore. Così come, da antimilitarista, avevo dato molto al movimento pacifista. Sono stato tra i promotori della prima Campagna di obiezione alle spese militari nel 1982 insieme a Pietro Pinna, Marco Pannella, Ernesto Balducci.

Ecco, anche la mia morte solitaria testimonia questo «molto».

Claudio Villa

CANTANTE, 7 FEBBRAIO 1987

La notizia della mia morte, invece, arrivò in diretta durante la serata finale dell'evento televisivo per eccellenza: il Festival di Sanremo.

Pippo Baudo lo annunciò così: «Purtroppo devo dare una brutta notizia. E mi sembra doveroso interrompere per un momento questo spettacolo che è fatto di festa, di gioia e di canzoni per rivolgere l'ultimo applauso a Claudio Villa».

Sono stato il più grande. Lo so bene.

Cleonice Morcaldi

RELIGIOSA, 23 FEBBRAIO 1987

Padre Pio mi proteggeva. Ero la sua figlia spirituale, ed ero degna dei suoi «divini amplessi».
Ogni tanto mi lasciava bigliettini in luoghi appartati: «Piccina, il babbo arde dal desiderio di vederti. Senti cosa ho pensato: se riuscissi, per esempio, a ottenere ancora la chiave e venire su inosservata, sii pur certa che nessuno se ne accorgerà... Ti benedico con sempre crescente affetto».
Quanta strumentalizzazione su di noi. Ma il nostro era amore mistico.

Gli operai nel ventre della *Elisabetta Montanari*

13 MARZO 1987

La cosa più crudele è morire sul lavoro.
Eravamo in 13 nel ventre della *Elisabetta Montanari*, una nave adibita al trasporto di gpl. Pulivamo le stive, riparavamo le lamiere con la fiamma ossidrica.
In condizioni disumane. Dieci ore al giorno, otto il sabato e cinque la domenica. Pulivamo roba schifosa e puzzolente senza protezioni, in spazi dove non si respirava. Nessuno si preoccupava delle norme di sicurezza.

Una scintilla provocò un incendio.
Noi come topi, nelle viscere della balena meccanica, asfissiati dall'acido cianidrico.
Ci hanno trovati con gli occhi ancora aperti, puntati verso una via di fuga che non c'era.

Vincenzo Padua

OPERAIO, 13 MARZO 1987

La cosa più crudele non è morire sul lavoro.

Ancora peggio è morire sul lavoro quando si tratta di una tragedia annunciata, come tante che si sono viste e continuano a vedersi nel nostro Paese, senza colpevoli accertati dalla giustizia, o con aguzzini irresponsabili che assumono e licenziano nel giro di un giorno, per poi riassumerti ancora e tenerti in nero. O ti sta bene così o fai la fame.

Io ero il più anziano tra i miei compagni di lavoro. Avevo sessant'anni, stavo per andare in pensione. Loro avevano una ventina d'anni ciascuno e tutta la vita davanti.
Potevo salvarmi, ce l'avevo già fatta, ma quando sentii i miei compagni gridare «Aiuto! Aiuto!», decisi di tornare indietro.

Non potevo chiudere gli occhi.

Primo Levi

SCRITTORE E CHIMICO, 11 APRILE 1987

Non girate gli occhi da un'altra parte.
Noi abbiamo visto una notte che occhi umani non avrebbero mai dovuto conoscere.
Fuma ancora la Buna, la fabbrica di gomma sintetica destinata a sorgere all'interno di Auschwitz.
Ho lavorato alla sua costruzione in condizioni di schiavitù con altri 10mila deportati.
Fuma *ancora* la Buna dai mille camini.
Un giorno come ogni giorno ci aspetta.

Federico Caffè

ECONOMISTA, 15 APRILE 1987

Cari ragazzi, amici miei, grazie per avermi cercato. Per le strade di Roma, sotto i ponti, nei conventi. Avete interrotto per me la routine dei vostri giorni.
Me ne sono andato in maniera discreta, interrompendo le mie lezioni su Keynes, l'importanza della difesa del lavoro e dello stato sociale.
Sappiate solo che, qualunque sia stato il mio destino, è stato quello che mi sono scelto.

Vincenzo Gentile

POLITICO, 8 MAGGIO 1987

Io il mio destino non l'ho scelto.
Erano le dieci di un venerdì sera. Ho parcheggiato l'auto vicino a casa, stavo rientrando da una riunione della giunta, ero il sindaco di Gioia Tauro.
Mi hanno sparato in testa quattro colpi di pistola.
Di professione ero medico, avevo oltre duemila mutuati e tra questi Peppino Piromalli, mammasantissima della 'ndrangheta.
La mafia a Gioia Tauro non esiste, dicevo sempre ai cronisti. È un'invenzione per calunniarci. E io ero sindaco da otto anni, certe cose le sapevo.
Ero il parafulmine dei Piromalli. Li accontentavo: concessioni edilizie, posti di lavoro, appalti. Fino a quando ho detto un no di troppo per l'ennesimo «favore» che volevano. Forse in quel momento, con quel no, ho scelto il mio destino, allora.

Quanti sindaci hanno pagato con la vita per avere detto un no!

Giuseppe Bicchierai

MONSIGNORE, 29 MAGGIO 1987

Io ho scelto di stare vicino ai bisognosi.

Voglio raccontarvi la storia della scuola di Piancavallo sopra il Lago Maggiore. L'ho fondata nel 1958. Facevo il sacerdote, e quando vidi Piancavallo, un puntino sulle montagne fuori dal mondo, pensai subito che si poteva fare qualcosa di importante, in questo posto. Comprai un immobile che ospitava un albergo e cominciai a organizzare delle colonie estive per ragazzi. Poi ho costruito il Centro auxologico per curare i bambini che nel dopoguerra avevano problemi di salute. La prima pietra fu messa da Paolo VI, mi guardava con l'occhio serio – ma dove vuole arrivare Bicchierai? – mentre davamo il via ai lavori.

L'Arna
GIUGNO 1987

«Arna. E sei subito alfista» diceva la pubblicità. Ma con me non funzionò. A tre o cinque porte, normale o sportiva, per la gente non ero un'Alfa Romeo. Mi misero in commercio nell'83, stopparono la produzione a metà dell'87. Nel 2008 un sondaggio del *Sole 24 Ore* mi eleggerà come l'auto più brutta di tutti i tempi.

Sarete belli voi.

Gli abitanti della Valtellina
18-19 LUGLIO 1987

Un'enorme massa di acqua e detriti, caduta all'improvviso dai monti.
Una nuvola nera, densa, riempie prima gli occhi, poi i polmoni.
Il boato terribile: è la montagna che si mette a urlare.
C'è l'Adda e solo l'Adda, che, alla fine di tutto, riacquista la sua antica vita.

Sant'Antonio Morignone
28 LUGLIO 1987

Ero una volta un paese, di quattrocento anime, a pochi chilometri da Bormio.
Mi ha cancellato una frana, nei giorni dell'alluvione in Valtellina.
Quarantа milioni di metri cubi di terra e roccia, precipitati a valle dal pizzo Coppetto.
Rimangono una distesa di detriti e una pozza d'acqua melmosa.
E pensare che nel 1988 il governo approverà una legge per finanziare, con 15 miliardi, la ricostruzione. Ma i lavori non avranno mai inizio.

È stata una pura esercitazione verbale.

Tommaso Marsala

IMPRENDITORE, 4 AGOSTO 1987

La mafia palermitana in quegli anni amava poco le esercitazioni verbali, preferiva la pratica spiccia.

Quando nell'85 uccidono a Palermo il commissario Ninni Cassarà e l'agente Roberto Antiochia, il magazzino della mia ditta, la Tuttogel, fa da base logistica per i killer, perché si trova proprio di fronte alla casa di Cassarà, in via Croce rossa. Quando li avvertono che Cassarà sta per arrivare, loro si nascondono nelle scale tra il primo e il secondo piano della mia azienda, e poi scaricano i caricatori di tre kalashnikov sui poliziotti, dall'altra parte della strada.
Mi arrestano: concorso in omicidio.
Il giudice Giovanni Falcone mi fa rilasciare: gli ho dimostrato che avevo disdetto l'affitto di quel magazzino.
Però so tante cose.
Falcone sa che so.
Mi rilasciano: libertà provvisoria.
Due killer mi uccidono nell'androne di casa, mentre aspetto l'ascensore.
Quell'anno, nell'87, Leonardo Sciascia aveva scritto un articolo sui professionisti dell'antimafia.
Io sono stato ucciso dai professionisti della mafia: una valanga di proiettili tutti contro di me, senza sfiorare mia moglie.

Franco Lechner

ATTORE, 21 AGOSTO 1987

Non ero un professionista del set. Facevo il venditore ambulante. Poi cominciai a fare il cinema, per me era un gioco. Ma ogni volta che dicevo la mia battuta: «Venticello, all'anagrafe Bertarelli Franco», la gente non la smetteva più di ridere.

Ero Bombolo, *core de Roma*.

Giuseppe Cutroneo e Rosario Montalto

BAMBINI, 27 AGOSTO 1987

Noi i soldi per andare al cinema non li avevamo. E a casa neanche c'era la tv. Giocavamo in strada, a Niscemi, vicino Caltanissetta, in una sera caldissima al centro della Sicilia povera e crudele.

Non c'era motivo di andare a letto presto.

Le nostre mamme, a casa, ci aspettavano con un po'di pane con la granita di limone.

Non andate a giocare in strada, è pericoloso, ci avevano detto. E infatti noi stavamo appartati, quasi nascosti, sul marciapiede. Non erano sere, quelle, in cui ti veniva voglia di farti vedere in giro.

Altri giocavano a uccidersi. Credevano di avere campo libero, d'altronde la città era loro. Solo che quella sera, in fondo alla loro linea di tiro c'eravamo noi.

Ci hanno visti allargare le braccia, come piccoli Cristi in croce. E poi cadere.

Il vestito della prima comunione.
Un foglio di zinco per coprire il corpo.
Una finestra di plastica trasparente per vedere il volto.
La bara bianca.
I baci dei compagnetti di scuola, le loro labbra sul legno freddo.

Baci senza memoria
20 SETTEMBRE 1987

Baciare è un piccolo morire.

Ecco qui una musica
che forse era per noi,
a me sembra molto splendida,
tu puoi farne quel che vuoi.

È la Festa dell'amicizia, che la Dc celebra a Palermo. Siamo a casa di Ignazio Salvo, che è agli arresti domiciliari.

Questa memoria è labile,
non me la ritrovo mai,
ma, se riesco a ricordarmene,
mi potrei anche convincere.

Totò Riina bacia Giulio Andreotti. Il capo di stato mafioso e il suo alleato storico.

Non fingere, no
non fingere, no
non fingere,
non fingere,
che mi viene da ridere...

Lui e Riina sono stati, sono e saranno sempre la stessa cosa.

Mario Prestifilippo

MAFIOSO, 29 SETTEMBRE 1987

Chissà se ad Andreotti u zi Totò gli ha offerto dei cioccolatini.

Sapevo che dopo il fidato Scarpuzzedda sarebbe toccato un «pocket coffee» di piombo di zi Totò anche a me.
Nascondevo sotto il mio giubbotto di tela azzurra una Smith & Wesson calibro 38, la mia arma preferita. Era quella che avevo utilizzato contro il commissario Boris Giuliano, contro il generale Dalla Chiesa, contro il leader del Pci Pio La Torre. Firmavo solo delitti eccellenti.
Avevo 29 anni, ma ero considerato il sicario più efficiente e fidato delle cosche, utile per uccidere capimafia e uomini dello Stato.
Quando mi circondarono per uccidermi, non ho avuto neanche il tempo di sfiorarla, la mia Smith & Wesson. Avevano fucili da caccia grossa, come se fossero nella savana africana anziché nelle campagne tra Bagheria e Palermo. Erano in dieci.
Sono morto così, ammazzato come le mie vittime.

Il nucleare
9 NOVEMBRE 1987

Quintali di aghi di pino secchi a ricoprire come neve rossastra i giardini bruciati, sgretolati dai ciclici abbandoni invernali, colmi di aiuole mutanti per via dell'incuria, di strati di seccume spessi come strati geologici, o della proliferazione incontrollata dei rami rampicanti, intraprendenti come conquistadores.

Giovanni Arpino

SCRITTORE E GIORNALISTA, 10 DICEMBRE 1987

Il mio è un caso imbarazzante. Sono stato uno scrittore atipico, come ha detto Guido Piovene: narratore di storie, poeta, drammaturgo, giornalista. Tutto senza programmi e intenzioni.

So chi sono, cosa penso, cosa voglio soltanto quando ho la macchina da scrivere davanti. Scrivere mi dà ordine, serenità, costanza, rimorsi, pentimento, fede. La scrittura è un bisogno impellente dello spirito, una necessità di vita. È fatica, sì, ma anche felicità.

L'impunità mafiosa

16 DICEMBRE 1987

Michele Greco, ergastolo
Pino Greco, ergastolo
Antonino Sinagra, ergastolo
Vincenzo Sinagra, ergastolo
Nitto Santapaola, ergastolo
Rosario Riccobono, ergastolo
Giuseppe Lucchese, ergastolo
Salvatore Montalto, ergastolo
Francesco Spadaro, ergastolo
Francesco Madonia, ergastolo
Antonino Marchese, ergastolo
Filippo Marchese, ergastolo
Giuseppe Marchese, ergastolo
Bernardo Provenzano, ergastolo
Giovan Battista Pullarà, ergastolo
Salvatore Rotolo, ergastolo
Pietro Senapa, ergastolo
Pietro Vemengo, ergastolo
Pippo Calò, ergastolo

Il maxiprocesso finisce e tira un'aria nuova. Scacco al re. Matto.

Giuseppe Insalaco

POLITICO, 12 GENNAIO 1988

Per loro ero una semplice pedina. Mi facevano trovare ogni mattina i mandati di pagamento sulla scrivania, confusi insieme alla posta ordinaria. Speravano che non me ne accorgessi, che firmassi quelle delibere insieme alle ricevute. Ogni delibera valeva decine di miliardi.

Ho voluto salire di rango, fare l'alfiere. Sono stato sindaco di Palermo per tre mesi, nel 1984, giusto in tempo per denunciare le collusioni tra il mio partito, la Dc, e la mafia. Ciancimino era il vero padrone di Palermo. Il rinnovamento della Dc, pura facciata.
Ho preso il coraggio di chi rifiuta l'arrocco. E così andai a dirlo anche in Commissione antimafia. Il verbale della mia audizione comincia così: «Non sono un democristiano pentito, ma sono venuto qui per dire quello che penso della Dc palermitana, degli affari, dei grandi appalti, di Ciancimino...».
Sapevo muovermi bene nella scacchiera. Conoscevo il mondo di certi imprenditori. Conoscevo uomini e regole mafiose. Conoscevo le informazioni più riservate che circolavano nella Palermo che conta. Ero diventato il pericolo numero uno per la mafia che comanda e che fa affari.
Mi uccisero a colpi di pistola, mentre mi trovavo in auto, poco prima di fuggire da Palermo. Che stupido: avete visto mai un pezzo che scappa dalla scacchiera?
Il quotidiano *L'Ora* mi ricorderà come una «scheggia impazzita che sparava dritto contro i suoi nemici e non si rassegnava a tapparsi la bocca».
Non c'è bianco e non c'è nero, in questa scacchiera dove si muovono Palermo e l'Italia. Neanche una manciata di giorni e ci sarà un altro delitto. Questa volta toccherà a un poliziotto. Un'altra pedina.

Natale Mondo

POLIZIOTTO, 14 GENNAIO 1988

Ero uno dei sovversivi della Squadra mobile di Palermo, diretta da Ninni Cassarà. Con lui avevo partecipato a diverse operazioni, e mi ero anche infiltrato nelle cosche mafiose. Le mie erano le mosse del cavallo: sulla scacchiera ero uno dei pochi a potersi muovere avanti e indietro, a saltare uomini e circostanze.

Quando uccisero Cassarà e l'agente Antiochia, il 6 agosto dell'85, mi salvai per miracolo.
Poi mi arrestarono. Che amarezza: dissero che ero al servizio dei mafiosi. Fu la vedova del mio capo a dire che il mio era un doppio gioco, che il mio era il ruolo del cavallo, nel quartiere Arenella, quello dove ero nato e cresciuto, e che l'ordine partiva proprio da Cassarà, con il benestare del giudice Falcone.

Lo Stato mi perdonò. La mafia no.

E mentre noi poliziotti della Squadra mobile venivamo eliminati uno a uno, altre menti, raffinatissime, pensavano a smantellare il pool antimafia che a Palermo aveva per la prima volta fatto condannare i vertici di Cosa Nostra.

Il pool antimafia

19 GENNAIO 1988

Il maxiprocesso si conclude con 360 condanne. Quando il capo dell'Ufficio istruzione di Palermo Antonino Caponnetto considera finita la sua missione e va in pensione, sembra naturale che al suo posto sia nominato Falcone. Ma la maggioranza del Csm fa valere il criterio dell'anzianità e non della competenza, e nomina Antonino Meli, magistrato con scarsissima esperienza di mafia. Meli teorizza che tutti si devono occupare di tutto. Poi, dirà: «Caponnetto? Io non mi scappello davanti a Caponnetto... Quando presi possesso di questo ufficio mi resi subito conto che qui c'era soltanto un centro di potere... loro lo dicevano che la mafia è verticistica. No. Cosa Nostra è solo l'ispirazione... Qui ho trovato cinquecento indiziati di reato che da cinque anni non sanno neanche di cosa sono indiziati. Questo hanno fatto il grande Borsellino! Il grande Falcone!... E non mi dicano la Cupola, è un'eresia giuridica e infatti di queste eresie si è fatta giustizia in Appello. La verità è che in questo pool non doveva ficcare il naso nessuno. Perché era un centro di potere, e basta. Nessuno mai doveva sapere cosa avveniva lì dentro. Per questo loro mi odiavano, non mi potevano vedere. L'odio, l'odio. Io lo so che se potevano ammazzarmi senza andare in galera, mi ammazzavano, mi ammazzavano».

Floriano Calvino

GEOLOGO, 19 GENNAIO 1988

Ci vorrebbe invece un pool non solo per la lotta alla mafia, ma anche per le grandi stragi dovute all'incuria, all'abbandono del territorio, al cemento selvaggio.

Vi ricordate i duemila morti del Vajont e il bacino firmato Enel, Sade, Montedison del 1963? L'allora presidente del Consiglio Giovanni Leone promise giustizia ai sopravvissuti. Era commosso. E invece sarebbe diventato l'avvocato dell'Enel.

In quel processo per la strage del Vajont io fui l'unico italiano che accettò di fare parte del collegio dei periti d'ufficio. Dato che l'affare era scottante e che enormi erano gli interessi in gioco, molti furono i rifiuti dei periti del settore: alla fine il collegio poté essere completato solo facendo ricorso a due tecnici stranieri.

Leone e i suoi colleghi mi chiamavano «il professorino di Padova». La mia relazione fu la base per accertare le responsabilità di chi aveva provocato la frana. Le pene saranno confermate anche in Cassazione. Non erano tempi, quelli, di giudici «ammazzasentenze».

Le sentenze «ammazzate» da Corrado Carnevale

5 FEBBRAIO 1988

Nel 1986, gli ergastoli per i mandanti dell'assassinio del magistrato Rocco Chinnici, per «non credibilità dei pentiti».
Diverse condanne per associazione camorristica, «per mancanza dei requisiti di legge».
Nel 1987 la condanna al mandante e all'esecutore dell'omicidio del carabiniere Vito Ievolella.
Le condanne per un processo alla Banda della Magliana.
L'arresto di un camorrista coinvolto nella strage del Rapido 904.
I mandati di cattura contro i «Cavalieri dell'apocalisse mafiosa» di Catania.
Le condanne a seguito dell'operazione Pizza Connection sul traffico di droga Usa-Sicilia.
La condanna per la strage dell'*Italicus*.

Oggi sono 45, lungo il mio mandato saranno cinquecento le sentenze di processi di mafia cancellate per «vizi di forma», perché non è valido il teorema «della Cupola di Cosa Nostra quale centro unificato criminale», per «non attendibilità del pentito Tommaso Buscetta».

Francesco Megna

RAGAZZO, 12 FEBBRAIO 1988

Non avevo nulla a che fare con la criminalità organizzata. La mia famiglia gestiva un piccolo bar, a Cittanova, nella piana di Gioia Tauro, senza avere avuto mai problemi.
Solo che la faida qui ce l'hai nella testa, oltre che in strada.
Anche tra noi ragazzini: l'onore, il rispetto, capire chi comanda.
Siamo belve, senza saperlo.
Non si è mai troppo piccoli per imparare certe cose.

A una festa litigo con un ragazzo.
Lui mi fa: ti aspetto fuori.
Io esco.
Lui mi spara.
Aveva quattordici anni, come me. Una belva, tra le belve.

Rina Fort

CRIMINALE, 2 MARZO 1988

Ero la «belva di San Gregorio». Autrice del delitto più tremendo nella storia d'Italia del dopoguerra, altro che la matta, la Cianculli, che faceva sapone con le sue vittime.

Io ero lucidissima.
Una donna, la moglie del mio amante, e i suoi tre figli, uccisi a sprangate. Il più piccolo l'ho soffocato con un pannolino. Era il 30 novembre 1946. Alla scoperta del massacro, in un sabato freddo e umido, una ventata di terrore da Milano soffiò sull'Italia intera.
Quando confessai a quel poliziotto, Mario Nardone, di essere stata io a uccidere quella donna e i suoi tre figli, subito dopo mi venne un gran sonno: 17 interrogatori, 80 ore di torchiatura fanno un po' stancare.
Assopita sul divano di un ufficio della Questura di Milano, realizzai che io e Nardone, per motivi diversi, saremmo diventati mitici nella storia nera d'Italia.
Un fotografo mi riprese. Avevo un'espressione dolce.
Come quella di una mamma, dicono.

Camilla Ravera
POLITICA, 14 APRILE 1988

Il mio è stato il primo caso, nella storia dei movimenti politici del mondo (era il 1927), di una donna segretaria del suo partito. Era il Partito comunista d'Italia.
Decenni e decenni di drammi, di tempeste e di luci, di sofferenza, di travaglio intellettuale, di tragiche sconfitte, di folgoranti riscatti, di lotta, sempre.
Sono stata anche la prima donna a essere nominata senatore a vita, nel 1982. «Questa donna appartiene alla storia più bella del Paese» disse il presidente della Repubblica, Sandro Pertini, quando firmò il decreto.

Roberto Ruffilli

POLITICO, 16 APRILE 1988

Anche per me ci fu un complimento particolare. Nel volantino in cui rivendicavano il mio omicidio le Brigate rosse mi definirono «uno dei migliori politici della Dc, l'uomo chiave del rinnovamento». E per uccidermi vennero fino a Forlì, la mia città, pochi giorni dopo la nascita del nuovo governo presieduto da De Mita, che io, da senatore e suo consigliere, avevo contribuito a creare.
Corso Diaz, civico 116. Due finti postini suonarono al mio campanello, dissero che dovevano consegnarmi un pacco. Entrarono, mi costrinsero a portarli in sala e lì mi fecero inginocchiare accanto al divano. Tre colpi di pistola alla nuca.

Fui l'ultima vittima del terrorismo. Mi uccisero degli irriducibili.

Finiscono gli anni di piombo. Comincia la normalità.
Che dura undici anni, un mese e quattro giorni.

Gli anni di piombo
16 APRILE 1988

Le fredde mattine degli assassinii.
Giochi di specchi, la verità che non si trova.
Ma sono veri i cadaveri crivellati di pallottole.
Sono vere le lenzuola bianche.
Sono veri i volti attoniti dei passanti, ogni volta, a fare da corona.
Vere le macchie di sangue sull'asfalto.
Vere le sagome di gesso.

Drive In

TRASMISSIONE TELEVISIVA, 17 APRILE 1988

Ancora con queste storie di morti ammazzati, di mafia, tragedie. Basta! Non gliene frega a nessuno.
Sono gli anni ottanta, ragazzi!

Dopo gli anni di piombo, finiti con la morte di Moro e la bomba a Bologna, arrivano gli anni del disimpegno.
L'Italia è la scenografia americana del mio cinema all'aperto.
Col Paninaro, la contessa Marina Lante delle Povere, il pittore della televendita Teomondo Scrofalo, Vito Catozzo, poliziotto pugliese omofobo. E ancora: De Michelis, il Tenerone, il professor Zichichirichì, Anche i Baudi piangono, Zuzzurro e Gaspare…
Qualcuno ha storto il naso, come sempre. Ma fu Federico Fellini, a dire: «*Drive In* è l'unico motivo per avere in casa una tv».

Enzo Tortora

PRESENTATORE TELEVISIVO, 18 MAGGIO 1988

Facce di gesso.

Danilo Coppola, assolto in appello per bancarotta fraudolenta. Dopo la condanna a sei anni in primo grado: «Torturato peggio di Enzo Tortora».
Ottaviano Del Turco, ex presidente dell'Abruzzo, dopo la condanna a nove anni per gli scandali nella sanità: «Sono sotto choc, e sono innocente, come Enzo Tortora».
Alfonso Papa, dopo l'esclusione dalle liste per le elezioni politiche: «In questo nuovo Pdl una persona come Tortora non sarebbe stata candidata».
Silvio Ceci, fiscalista milanese, legale di Diego Armando Maradona: «Diego Maradona è come Enzo Tortora, vittima di una grave ingiustizia, nel mirino del Fisco che cerca facile consenso».
Totò Riina, al giudice che lo interrogava: «Io sono il Tortora di Napoli. Se si ricorda del processo Tortora, questi pentiti che facevano droga con Tortora, facevano associazione con Tortora... alla fine hanno fatto morire Tortora di crepacuore... e lui è stato assolto perché quelle dichiarazioni non facevano prova».
Silvio Berlusconi, a Brescia, nel maggio del 2013, durante una manifestazione del Pdl contro la magistratura: «Ho voluto rivedere un filmato, e mi sono commosso. Ho rivisto le immagini di Enzo Tortora che rivolgendosi ai giudici disse: "Io sono innocente, io spero, dal profondo del cuore, che lo siate anche voi"».

Siamo tutti Enzo Tortora, quando serve.

Dino Grandi

POLITICO, 21 MAGGIO 1988

Quando ho dovuto scegliere tra la fedeltà al mio capo e quella al mio Paese, ho scelto senza esitazione la seconda.

Il mio nome ogni tanto torna di moda: «Ma come, non riuscite a trovare un Dino Grandi?» ci si chiede in giro quando c'è da rovesciare qualche potente.

Perché io fui il fascista anomalo, il traditore che fece cadere il Duce. Ho tolto io il potere a Mussolini, con l'ordine del giorno che il 25 luglio del 1943 ne provocò la caduta. C'era da riconquistare una libertà perduta.
Mi ha sepolto un prete di sinistra, mio confessore spirituale, con il quale ho pregato in latino fino a un istante prima di morire.

Anomalo fino alla fine.

Giorgio Almirante

POLITICO, 22 MAGGIO 1988

Grandi, che traditore.
Io sono stato sempre coerente.
Ero quello che «il razzismo ha da essere cibo per tutti».
Poi venne la Repubblica. E una guerra civile serpeggiante in Italia, lunga decenni.
Ero contrario alla strategia dei baschi e dei bastoni. Predicavo, pubblicamente, il coraggio, la non violenza, la via a un neofascismo legalitario. Poi, certo, ognuno ha i suoi segreti, in quegli anni…
Mi hanno ridotto a gadget della destra.

Giuseppe Saragat
POLITICO, 11 GIUGNO 1988

La testa non gli regge più. Dopo la lunga infermità, Antonio Segni ha avuto finalmente il «permesso» di dimettersi da presidente della Repubblica. Due anni, solo due anni è durato il suo mandato. Candidato ufficiale dello Scudocrociato è il presidente della Camera Giovanni Leone. Psi, Pri e Psdi ripropongono, come due anni prima, me, il fondatore del Partito socialdemocratico.

Fui eletto il 28 dicembre 1964 al ventunesimo scrutinio: quinto presidente della Repubblica italiana, con 464 voti su 927: quelli di tutti i partiti, eccetto Pli, Msi e un manipolo di cecchini. Lapidario il commento del *Time* di Londra: «Hanno scelto l'uomo migliore nel peggiore dei modi».

Quando, nel 1965, da presidente della Repubblica, inaugurai l'impianto dell'Italsider a Taranto, tutti applaudivano e credevano che quello fosse un momento fondamentale per l'economia nazionale. Jimmy Fontana cambiava il mondo, e a noi italiani quel mondo sembrava di averlo proprio in mano. Siccome c'era bisogno di poesia, nominai Montale senatore a vita (anche se Ungaretti ci rimase male).

Poi invece furono anni terribili, il Sessantotto, le violenze di piazza, le prime bombe, la strategia della tensione. L'Italia sembrava avere un demone dentro.

Andrea Pazienza
FUMETTISTA, 16 GIUGNO 1988

Avevo un demone dentro.

Il mio primo disegnino riconoscibile l'ho fatto a 18 mesi, era un orso. Non ero un genio, anche se, lo confesso, da ragazzo ci speravo. Invece no, ero un fesso qualsiasi. Però ero un disegnatore eclettico, anzi, un disegnatore eclettico-sfaticato.
Avevo un demone dentro: facevo, e non cancellavo. Quello che realizzavo di getto era già quello che volevo.
Poi mi chiudevo sempre più spesso nel bagno, per festeggiare. *Bang.* Scoppiare.

Marta Abba

ATTRICE, 24 GIUGNO 1988

Quanto mi amava Pirandello:

E scrivo con gli occhi della mente fissi a Te. Poco importa che Tu poi non debba presentare questo lavoro... ciò che importa, non solo, ma mi è assolutamente necessario in questo momento, è pensare che lo sto scrivendo per Te. Non potrei più andare avanti d'una parola, se la Tua divina Immagine ispiratrice m'abbandonasse per un istante... Ajutami, Ajutami per carità, Marta mia non mi lasciare...

Enzo Ferrari

IMPRENDITORE, 14 AGOSTO 1988

Erano, i miei, anni di grande fermento. Nel 1923, dopo aver vinto alcune gare automobilistiche, conobbi i genitori dell'aviatore Francesco Baracca. «Ferrari, metta sulle sue auto il cavallino rampante, che era il simbolo di nostro figlio» mi dissero «le porterà fortuna.» E li ascoltai, aggiungendo al cavallino un fondo giallo canarino, il colore di Modena.

Alberto Giacomelli

MAGISTRATO, 14 SETTEMBRE 1988

Io neanche lo sapevo di essere un sovversivo. Non ero mica un magistrato d'assalto. Ero in pensione da più di un anno, avevo finito il mio lavoro in magistratura, a Trapani, senza grosse complicazioni. E, soprattutto, vivo. Mi dedicavo alla mia passione, la campagna.
E invece mi uccisero, per ragioni di famiglia.
Di famiglia mafiosa, ovviamente. E che famiglia…
Nel 1987 ero stato uno tra i primi magistrati in Italia ad applicare la legge Rognoni-La Torre, e avevo confiscato la casa di Gaetano Riina, il fratello di Totò.

Non mi fu perdonato.

Antonino Saetta

MAGISTRATO, 25 SETTEMBRE 1988

Anche io ero convinto che la mia strada verso la pensione sarebbe stata in discesa. A te non può succedere nulla, mi dicevano, tu sei della magistratura giudicante, presiedi una corte di giustizia, non fai mica indagini, come Terranova, Costa, Chinnici, Ciaccio Montalto e il giudice Carlo Palermo, quello sfuggito per caso a una bomba. E poi, aggiungevano, ormai la mafia non esiste più, dopo tutte le condanne al maxiprocesso. Mi avevano quasi convinto.

E invece no. Anche io ero in pericolo, solo perché avevo fatto il mio dovere. Il mio era un delitto annunciato, come quello di Mauro Rostagno, in una Sicilia che è una zona di guerra.

Mi uccisero con ferocia soprattutto per atterrire i vivi: 47 colpi di mitra, sulla strada tra Canicattì e Agrigento, e il colpo di grazia per me e per il mio povero figlio.

Eppure Giovanni Falcone in un convegno a giugno lo aveva detto: «Ma perché tutti questi trionfalismi sulla lotta alla mafia? Non vedete che le nostre forze stanno scemando, che la realtà è sempre più difficile, che hanno pure smembrato il pool?».

E mio figlio? Non l'aveva certo scelto lui di morire così.

Mauro Rostagno

GIORNALISTA, 26 SETTEMBRE 1988

Io sono più *italiano* di voi perché ho scelto di esserlo.

Giovanni Bontade

AVVOCATO MAFIOSO, 28 SETTEMBRE 1988

Che, s'ammazza accussì un *picciriddo*? E che...? Non lo dovevo dire che non eravamo stati noi? Michele Greco, Pippo Calò, tutti d'accordo erano: «Avvocato, si alza lei, che è quello che mastica di legge tra noialtri, e glielo dice: signor giudice noi con l'omicidio del piccolo Claudio Domino nulla c'entriamo». E così ho fatto. Che sapevo che mi davo la zappa sui piedi?

E poi, così si ammazza un Bontade? Noi eravamo la famiglia della nobiltà mafiosa, a Palermo. Mio padre era Don Paolino Bontà, uno che poteva permettersi di schiaffeggiare in pubblico ministri e deputati, mio fratello era Stefano Bontade, il principe di Villagrazia.
È così che si ammazza? Entrando in casa, facendo finta di nulla? Che noi sempre nel salotto buono li ricevevamo a tutti, anche se erano zapponi e *viddani*. Ma io ero dalla parte loro, glielo avevo detto e dimostrato più volte. Gradite un caffè? Certo. E poi mi sparano alla nuca, a me e a mia moglie.

Pietro Gambino

LADRO, 2 OTTOBRE 1988

Il giudice Antonino Saetta e il figlio furono uccisi da una raffica di colpi di mitra partiti da una Bmw 520 che li aveva affiancati sulla strada per Canicattì e aveva stretto la Lancia guidata dal giudice contro il guardrail fino a bloccarla. La Bmw venne trovata, bruciata, a pochi chilometri di distanza.

Quando lessi la notizia sul giornale esultai: allora sono entrato nel giro grosso! L'auto infatti l'avevo rubata io. Allora potevo alzare il prezzo, se quel furto era servito per un omicidio eccellente.
Trovarono il mio cadavere in una discarica.
La testa, per sfregio, sfracellata.

Gino Marino

PRIMARIO DI CHIRURGIA, 22 OTTOBRE 1988

All'ospedale di Locri – questo grande edificio di quattro piani sulla statale per Gioia Tauro – televisori non ce n'erano. E neanche orari di visita, regole. Al posto degli estintori, schegge di vetri rotti. Non c'erano nemmeno il posto di Polizia e il servizio di portineria.
E infatti prima del mio ci sono stati altri sette omicidi e un sequestro di persona. Non è facile lavorare nella sanità da queste parti. Si toccano persone e interessi che è meglio lasciar stare.
La mia condanna si chiama Caterina, una bambina di quattro anni che non ho salvato, nonostante ce l'avessi messa tutta. Era la figlia di un latitante.

Sarà sempre così a Locri, non cambierà nulla. Gli schiaffoni a medici o infermieri, roba frequente; i capi autoproclamatisi non si contano; computer e cellulari spariscono come bolle di sapone. Più che un ospedale, un porto franco, una palestra di illegalità, una continua scena del crimine.

Il Quartetto Cetra
2 DICEMBRE 1988

Lei:
Lui mi vuol bene, tanto tanto bene!
Mi porta a spasso tutti i venerdì:
giunti nel parco dove c'è il laghetto
lui comincia a stringermi e baciarmi con passione.

Coro:
Ma quando siete sopra il ponticello
il tuo tesoro, fior di ogni virtù,
con il pretesto di guardar di sotto
spera sempre che tu cada giù!

Lei / Coro
Però mi vuole bene! / tanto bene...
Però mi vuole bene! / tanto bene...
Mi vuole tanto bene! / tanto ben...
bene da morir...

Dante Troisi

SCRITTORE E MAGISTRATO, 2 GENNAIO 1989

Nel 1955 ho scritto il mio *Diario di un giudice*. Ci fu un grande scandalo, e mi costò anche la sospensione. Nel libro denunciavo l'arcaico modo di amministrare la giustizia nel Sud Italia: i rituali della carriera, il gusto del potere, l'arbitrio sulle persone, l'interferenza degli interessi, antipatie, gelosie. «Scegliamo questo mestiere per la tendenza a scavarci un riparo vivendo con i forti, per una vocazione all'impunità; la compassione che talvolta proviamo è forse solo un calcolato disegno, una regola di prudenza.»

I bambini mai nati alla clinica Mangiagalli

21 GENNAIO 1989

Se abbiamo vissuto, è stato nelle carte dei tribunali, nei faldoni delle perizie sulle nostre madri e sui loro corpi, nei rapporti delle commissioni di inchiesta, negli articoli di giornale sul diritto alla vita e quello alla libertà della donna.
Sono legali gli aborti praticati dopo i tre mesi di gravidanza? Per il fronte cattolico era tutta colpa della legge 194. E quella clinica di Milano diventò per molti una trincea.
Anni di udienze, di giudici a fare domande, di verbali. E noi lì, puro inchiostro su un registro e nulla più.
Per sapere alla fine che non furono illegali, né clandestini, né azzardati, i nostri aborti. Al massimo, furono terapeutici.

Speriamo soltanto che ci sia stato un po' d'amore...

Otello Guidi

GIUSTO TRA LE NAZIONI, 29 GENNAIO 1989

Questa è una storia d'amore.
Sono romano di Trastevere, classe 1907.
Conosco Lella. Ci innamoriamo.
Io sono cattolico.
Lei ebrea.
È il 1940. Non possiamo sposarci. Dobbiamo aspettare l'estate del '43.
A settembre Roma è occupata dai nazisti.
Nella mia casa di via del Pellegrino 133 nascondo i parenti ebrei di mia moglie: 13 persone.

Adesso sono un «Giusto tra le nazioni», come il protagonista del film di Spielberg, *Schindler's List*.

Luciano Costanzo

PESCATORE, 2 FEBBRAIO 1989

A proposito di Spielberg, l'avete presente *Lo squalo*? Come faceva la musica...

Nananananananana...

E lo spettattore sapeva che da un momento all'altro ci sarebbe stato l'attacco mortale del terribile squalo bianco.
Nel mare vicino Piombino, quella mattina, non ci fu nessuna musichetta ad avvertirmi.

Nananananananana...

Marcella Tassone

BAMBINA, 23 FEBBRAIO 1989

Non avevo dove rifugiarmi, non eri al sicuro in nessun posto a Laureana di Borrello, in Calabria. In Italia.
Stavo tornando a casa, alla tv davano il Festival di Sanremo. La domenica invece facevano *La piovra*. Toto Cutugno cantava «Le mamme».

Due braccia grandi
per abbandonarmi dentro
se la notte avevo un po' paura.

Mi hanno ammazzata con sei colpi di pistola in faccia. Hanno trovato i miei occhi dall'altra parte della strada.

Occhi profondi
per cui ero un libro aperto
senza dire neanche una parola.

Avevo dieci anni. Mi facevano paura i temporali, ma non la strada verso casa.

Mi rimboccava fino al naso le coperte
se pioveva avevo un po' paura.
E mi tuffavo nel suo letto a braccia aperte
ad ogni tuono forte mi stringeva.

Sei colpi di pistola in faccia. Non per uccidermi, ma per eliminarmi.

Piangete i vivi, dice un anonimo al telefono a mia madre, il giorno dopo la morte mia e di mio fratello. Piangete i vivi, dice, anziché piangere i morti.

Le mamme piangono e si asciugano gli occhiali...

Corrado Cattani

PROTAGONISTA DELLA *PIOVRA*, 20 MARZO 1989

Adesso che giro tranquillo nel mio deserto, penso a quanto mi avete seguito, sostenuto, ammirato. Lo avete fatto con me e con quelli che sono venuti dopo: altri poliziotti di squadre antimafia, agenti in viaggio sulla tratta Milano-Palermo solo andata, figure di giudici o preti o martiri.
Tutti noi, dentro lo schermo della televisione, a combattere la mafia e impegnare un dopocena. È comodo, così, fare l'eroe, soprattutto per chi guarda. Qui nella collina ci sono e ci siamo tutti, personaggi a cui è terminato il copione.
Quando avete pianto per noi, in quell'attimo ci è sembrato di vivere di vita vera, abbiamo attraversato lo schermo, vi abbiamo visto. Siamo stati spettatori anche noi.
Ed è curioso pensare che la mafia, a vederla seduti nei vostri salotti, vi fa ribrezzo, mentre nelle vostre vite faticate ad ammetterne l'esistenza.
Il fatto è che la vita merita attenzione. Lo pensava pure quello scrittore, Sciascia, che diceva: «Le cose che non si sanno, non sono», che non a caso fece scrivere queste parole, sulla sua lapide: «Ce ne ricorderemo, di questo pianeta».
Io non mi dimenticherò di voi...

Vincenzo Grasso

RIVENDITORE D'AUTO, 20 MARZO 1989

Commissario Cattani,
tu puoi chiedere al tuo ingegnoso narratore di fare quello che vuoi, anche di riportarti indietro dal mondo dei morti, se il pubblico lo chiede.
Ma a me chi mi riporta indietro?
Vivevo a Locri, avevo una concessionaria d'auto.
Non è esaltante come sceneggiatura, la mia vita.
Vennero una prima volta per il pizzo e dissi di no.
Vennero una seconda volta e dissi ancora no. Poi li denunciai.
Durò sette anni, la mia battaglia solitaria contro i clan. Telefonate anonime, vetrine rotte, voglia di scappare – cambiare vita: San Benedetto del Tronto! – voglia di restare, di dimostrare che ce la possiamo fare, figli miei.
La caserma dei carabinieri. Una pila di denunce sulla scrivania. L'incendio al deposito. La caserma dei Carabinieri. Il pianto disperato in un angolo, per non farsi vedere. I conati di vomito per la rabbia. La caserma dei Carabinieri.
Fino a quando decisero di farmi fuori.

Cesare Musatti

PSICOANALISTA, 21 MARZO 1989

Sognavo a volte che in una caserma dei Carabinieri in cui venivo tradotto, il commissario mi interrogava sulla morte di Vittorio Benussi. A fine colloquio il militare mi intimava di confessare di aver ucciso il maestro per prendere la cattedra di psicologia. Io gli rispondevo – da buon psicoanalista – che sicuramente nel mio subconscio mi sono sentito responsabile per questa e per altre morti.

Ho scoperto io il cadavere di Vittorio Benussi, il mio maestro, colui che portò in Italia la psicoanalisi.
Si era suicidato con un tè al cianuro. Ma era il 1927, e la psicologia italiana era in una situazione di estrema fragilità, stretta fra le pressioni del regime fascista e della Chiesa cattolica.
Nascosi a tutti il fatto che Benussi si era suicidato. È stato un malore, dissi.
Ho vissuto con questo segreto fino agli ultimi anni della mia vita.

Stefano Consiglio

ATTORE E FRUTTIVENDOLO, 12 APRILE 1989

Tra finzione e realtà, tra sogni reali e vita immaginata.
Trovatelo allora un altro come me.
Un fruttivendolo che ha fatto l'attore impersonando se stesso in *Mary per sempre*. Uno che è morto a 16 anni – che a Palermo è come averne già 30. Mi sono visto al cinema nella scena in cui al mercato il poliziotto mi spara a bruciapelo alla nuca dopo che mi ha visto rubare un'autoradio. Come nei peggiori western.

Sergio Leone

REGISTA, 30 APRILE 1989

Sono il regista più amato dai ricercatori e dagli scienziati. Un giornalista ha stilato la classifica dei film più volte citati negli studi scientifici. E io sono presente nella top ten con due film: *Il buono, il brutto e il cattivo*. È citato in ben 2710 studi accademici. E poi *C'era una volta il West*, citato in 99 ricerche. E che ho citato anch'io. Nella mia tomba, nel piccolo cimitero di Pratica di Mare è scritto infatti: C'ERA UNA VOLTA, C'È, CI SARÀ SEMPRE.

Vincenzo Mastrantonio

TECNICO DELL'ENEL, 1° MAGGIO 1989

A Don Vincenzo Virga piacciono i film western. «Cinema di sparare» li chiamiamo noi. Ce li vediamo spesso.
Io sono siciliano, uguale agli altri. Non ho scelto di esserlo, mi tocca.
E mi tocca fare quello che mi dicono, per esempio portare Vincenzo Virga, il capo della famiglia mafiosa, qui, a Trapani, in giro. E lui è contento, dice che sono il suo autista più fidato. Così mi chiede staccare la luce, in una certa strada di campagna, per alcune ore o una notte intera, senza chiedere perché. Un «guasto improvviso a una cabina Enel» e il gioco è fatto. Anche se poi lo scopro, il perché. Dai giornali. In quella strada che io ho lasciato al buio hanno ucciso il giornalista Mauro Rostagno, *chiddu ca varva*, che non si faceva gli affari suoi, a quanto pare.
Lui non era siciliano, ma chi glielo aveva fatto fare di venire qui a dire, chiedere, smuovere le cose...

Voleva fare luce. Io gliel'ho staccata. Altri hanno fatto il resto.

Il giorno dopo il suo omicidio mi interrogano. «Che ne so io, maresciallo, che cosa è successo? So che la luce non è più arrivata ai fili» gli spiego con garbo. «Sarà stato il brutto tempo.»
Perché il garbo è importante, qui in Sicilia.

Mi uccidono otto mesi dopo, un colpo di fucile al cuore.

Roberto Maranzano

RAPPRESENTANTE DI COMMERCIO, 7 MAGGIO 1989

Alla comunità di San Patrignano ci insegnavano i mestieri, anche quello dell'elettricista.
Lavoravo nella porcilaia. E ho alzato lo sguardo, mentre stavamo mangiando: non si poteva. Era la regola. In macelleria le punizioni corporali erano la norma. A un ragazzo che portava i jeans troppo stretti, per provocare le ragazze, gli schiacciarono il pene con gli zoccoli.
Mi pestarono a morte. Era la punizione.
Mi hanno ammazzato per darmi una lezione, perché a San Patrignano chi sbaglia prima o poi paga. Parola di Vincenzo Muccioli.

Giuseppe Giovinazzo

SACERDOTE, 1° GIUGNO 1989

Io ero il tesoriere del santuario di Polsi, nel cuore dell'Aspromonte. Lì è custodita la Madonna della Montagna, da sempre venerata dagli uomini dei clan, che qui venivano marciando a piedi scalzi, e con eguale devozione inscenavano tarantelle sacre e decidevano omicidi, ringraziavano per la fine del colera nel Settecento ed eleggevano il nuovo capo delle 'ndrine. Criminali? Per me era folklore. E poi io mica dovevo chiedere la fedina penale a tutti quelli che entravano nel santuario. Sono cose che non mi riguardano, dicevo. Io sono qui per contemplare il volto di Maria.

Conoscevo i più potenti boss della vecchia 'ndrangheta della campagna e avevo visto crescere la nuova mafia degli appalti. Li battezzavo, li sposavo, li confessavo. Insomma, sapevo troppe cose. Per esempio che non è vero che la Madonna fa il miracolo di fare inginocchiare gli animali davanti al suo ritratto, custodito nella nicchia sopra l'altare. A fare inginocchiare le bestie erano i colpi di bastone che gli spezzavano le zampe.

Ma non mi hanno ucciso per questo.

Antonio De Falchi
TIFOSO, 4 GIUGNO 1989

Davanti a un cancello dello stadio di San Siro alle dodici meno un quarto di una domenica qualunque, cinque ore prima dell'inizio della partita Milan-Roma.

«Sai che ore sono?»
Ho appena il tempo di rispondere che mi circondano in 30.
Mi ha tradito l'accento romano.
Parte la caccia all'uomo.

Mi spezzarono le gambe. Poi mi riempirono di colpi.

Nelle stesse ore in cui in piazza Tienanmen i mie coetanei venivano uccisi perché volevano la libertà, io vengo massacrato per una questione tribale: tifavo per una maglia dai colori diversi dalla loro.

Una borsa sugli scogli
21 GIUGNO 1989

Anche il caso è una variabile dell'infinito, ma se le cose sono studiate con cura, l'effetto del caso si annulla.
Qualcuno mi posa in una piccola insenatura vicino all'Addaura, a Palermo, dove il giudice Giovanni Falcone aveva affittato una villetta per le vacanze.

58 candelotti di esplosivo.

Su quegli scogli si agitavano in molti. C'era la mafia. C'erano certi uomini dei servizi che volevano uccidere Falcone con la mafia. E c'erano altri uomini che si erano attivati per sventare l'attentato. In particolare due agenti sommozzatori: Emanuele Piazza e Antonino Agostino.

«Menti raffinatissime» dirà il giudice quando l'attentato verrà sventato. Come facevano a sapere che quel giorno avrebbe fatto il bagno a mare?
Aveva capito tutto, Falcone: «Esistono forse punti di collegamento tra i vertici di Cosa Nostra e centri occulti di potere che hanno altri interessi, ho l'impressione che sia questo lo scenario più attendibile se si vogliono capire davvero le ragioni che hanno spinto qualcuno ad assassinarmi».

Aveva capito che quello non era un semplice caso investigativo. Era cominciato il suo conto alla rovescia. Che non poteva essere più fermato.

Marco Lombardo Radice

PSICHIATRA E SCRITTORE, 16 LUGLIO 1989

Io li chiamavo i «casacci», gli adolescenti che mi prendevo in cura. Perché erano i casi più difficili, quelli senza speranza.
Sarei potuto diventare un leader politico, ne avevo il carisma.
Avrei potuto scrivere un altro romanzo di successo come *Porci con le ali*, fregandomene dell'uso che ne avrebbero fatto.
Ho preferito seguire i giovani... i «casacci».

Nino Agostino
POLIZIOTTO, 5 AGOSTO 1989

Questo sì che è un «casaccio».
Ufficialmente, ero solo un poliziotto come tanti, addetto alla Squadra volante del commissariato San Lorenzo, a Palermo. Ma la mia morte è il mistero meglio conservato della storia d'Italia.
Carte scomparse, verbali d'interrogatorio mai più ritrovati, armadi svuotati, denunce insabbiate, identikit persi, depistaggi...
E poi il segreto di Stato, il sigillo della vergogna.
Padre con la barba bianca, madre con la faccia stanca, non la saprete mai la verità. Quella appartiene ai potenti. A noi, poveri cristi, resta solo di fare le cose senza capire, senza sapere, senza poter spiegare. Come soldati in trincea. Come nella storia d'Italia.
Giovanni Falcone il giorno dei miei funerali disse: «Io a quel ragazzo, Nino Agostino, gli devo la vita», perché lo avevo salvato dal borsone-bomba dell'Addaura.
Lo Stato ai miei genitori, ai genitori di Ida, al mio figlio mai nato, deve ancora la verità.

Ida Castellucci

CASALINGA, 5 AGOSTO 1989

Avevo vent'anni. Mi uccisero insieme a mio marito, Nino Agostino. Ci eravamo sposati due mesi prima.
Tornavo dal mare. Vidi i killer che gli sparavano. Loro videro me.
Sono morta così: una mano sul corpo di Nino, e una mano sul ventre, a proteggere mio figlio. Ero incinta di cinque mesi.

Lodovico Ligato

POLITICO, 27 AGOSTO 1989

Quanto parlavo. L'esempio del calabrese che grazie alla sua parlantina astuta percorre tutti i gradini della carriera politico-affaristica. Parto come cronista della *Gazzetta del Sud*, mi faccio notare dal potentissimo leader Riccardo Misasi di cui divento il portaborse, mi arrampico per conto mio, partecipando alle manovre per fare eleggere al consiglio comunale di Reggio Calabria Giorgio Di Stefano, rappresentante di una delle famiglie mafiose della zona. Mi presento alle elezioni politiche ed è un trionfo: ottantamila voti di preferenza. La Democrazia cristiana deve trovarmi un posto e mi mette alla direzione generale delle Ferrovie dello Stato, l'azienda più importante d'Italia, più della Fiat... Di treni io non so niente, ma sono figlio di un ferroviere!
Annuncio la rinascita delle Ferrovie, spendo e spando. Faccio sedere tutti al tavolo delle gare d'appalto, faccio girare carte di credito di rappresentanza per accontentare i desideri più diversi. Gestisco miliardi, attici e superattici a Roma e a Ischia, ma non ho un conto in banca. Alle Ferrovie finisce male, ma non mi scompongo, creo società finanziarie per gestire i finanziamenti che arrivano da Roma per lo sviluppo di Reggio Calabria. *Calati iuncu, ca la fiumara passa*. Ma io ero troppo abituato a essere il numero uno per poter aspettare.

Sono morto ammazzato a Bovale, davanti alla mia casa al mare.
Misasi dirà: «Un omicidio incomprensibile. I rapporti tra la malavita e i partiti sono episodici».
Al funerale non verrà. «Credevo fossero a Roma, ho sbagliato città» sarà la sua giustificazione.

Gaetano Scirea

CALCIATORE, 3 SETTEMBRE 1989

Io parlavo poco. Anzi, parlavo niente. Forse è anche per questo che ho vinto tanto. Bisogna essere determinati, come diceva Giacinto Facchetti, ma anche silenziosi, per vincere.
Sono morto in un modo orribile, bruciato tra le lamiere contorte di una Fiat 125, sbandata dopo l'urto con un furgone e scivolata in fiamme dall'autostrada in Polonia. Anche per i polacchi ero un eroe, e mi trovavo lì come ospite d'onore di una squadra di operai, il Górnik, fatta tutta da minatori. Per loro il calcio è un modo di sopravvivere alla silicosi e al buio dei pozzi.

Ma cos'è il calcio? Guardatela, la curva che porta il mio nome allo stadio della Juventus. Uno stillicidio di cori razzisti e striscioni offensivi, e le faide tra tifosi per il controllo militare di quella porzione di stadio: i «Drughi», i «Ribelli», i «Viking», il «Nucleo 1985», i «Tradizione»...

Quello che succede in campo a volte neanche sembra gli importi.

Cesare Zavattini

SCENEGGIATORE, 13 OTTOBRE 1989

Siete per metà depressi e per metà incazzati. Eppure avete tutto. Andate a rivedere *Ladri di biciclette*. Gli italiani straccioni, in mezzo alle macerie della guerra, erano più sorridenti e più speranzosi di voi benestanti terrorizzati da un possibile aumento delle imposte sulle vostre seconde case...

Avevamo dentro quella confusione, mista a dolcezza e perfino angoscia, di chi improvvisamente può fare di tutto, dire di tutto e si attarda un momento davanti alle meraviglie del possibile.

Peppe Tizian
BANCARIO, 23 OTTOBRE 1989

Vivevamo tra le macerie di una guerra quotidiana.
Un giorno toccò a me cadere. Le 'ndrine mi assassinarono mentre tornavo a casa dalla banca. A Locri, a colpi di lupara, in auto.
Ero un padre, un lavoratore, un uomo con i suoi sogni, vittima del paradosso dell'onestà: nella mia vita senza ombre non ho lasciato neanche un appiglio per giungere alla verità sul mio omicidio.

Hai ragione, Giovanni, figlio mio: la nostra guerra non è mai finita. Te lo dico con dolore e preoccupazione.
Ma te lo dico soprattutto con passione.

Benigno Zaccagnini
POLITICO, 5 NOVEMBRE 1989

«Pallida ombra, dolente senza dolore, preoccupato senza preoccupazione, appassionato senza passione...» Così mi giudicò Aldo Moro in una lettera scritta dal carcere delle Br. Quando lui fu sequestrato, io ero segretario della Democrazia cristiana, e il politico a lui più vicino.
Vedrete che Zac farà qualcosa, si sussurrava a piazza del Gesù.
Ma fui irremovibile nella scelta di non trattare con le Br.

Il Muro di Berlino
16 NOVEMBRE 1989

Erano liberi senza libertà, i cittadini di Berlino.

Ci volle la domanda di un giornalista italiano, in una conferenza stampa, per scatenare la folla.
Alle 18 il ministro della Propaganda della Ddr convoca i giornalisti per spiegare quali nuovi provvedimenti sono stati presi per la libertà dei cittadini della Germania Est dopo le grandi manifestazioni di protesta degli ultimi giorni.
Alle 18 e 50, in diretta televisiva, il corrispondente italiano dell'Ansa, Riccardo Ehrman, chiede: «Da quando entreranno in vigore le nuove norme sulla libertà di viaggio?».
Il ministro si guarda intorno. E poi risponde: «Da subito».
Alle 19 le strade erano già piene di gente.

Mentre assistevate in diretta televisiva alla fine di un'era non potevate pensare che la mia caduta avrebbe cambiato anche le sorti del vostro Paese. In quella notte berlinese cambiò il corso della storia nel mondo, Italia compresa. Tant'è che qualcuno si divertì a chiamarmi anche «il muro di Bettino». Perché c'è stato un muro invisibile anche in Italia, un muro assai più robusto di me. Due mezze mele, separate da un feroce odio politico-ideologico, spaventate l'una dall'altra, sempre sul punto di affrontarsi in una incombente guerra civile.

Una pietra colpì il Pci.
Un'altra la Dc.
Una cominciò ad ammaccare il «fattore K».
Like a rolling stone, direbbe il cantante.

Leonardo Sciascia

SCRITTORE, 20 NOVEMBRE 1989

Io che la mafia l'ho respirata sin da bambino, sono stato il primo a narrarla nei suoi rapporti con il potere, a spiegarne la visione del mondo, l'ormai celebre gerarchia di «uomini, mezz'uomini, ominicchi, piglianculo e quaquaraquà».
Ho raccontato la mafia con gli artifizi del romanzo poliziesco, ma anziché partire dagli indizi per arrivare alla soluzione, ho sperimentato il percorso inverso: storie chiare nelle prime pagine, ma che poi, man mano, diventano oscure e indecifrabili.
Avevo già scritto tutto: della mafia e dell'antimafia, del potere malato in Italia, delle verità che non arrivano mai. E tante cose ho scritto che ancora magari non avete letto bene.
Il personaggio di un racconto quando muore non ha bisogno di una lapide, perché non è mai esistito. Ma come disse il commissario Cattani, quello della *Piovra*, prima di essere ucciso: sono qua.

Sono qua, ci sono ancora. Un modello irrinunciabile.
Sono qua, ci sono ancora. Uno dei pochi con cui vale la pena anche *non* essere d'accordo.

Leonarda Cosentino, Vincenza Marino Mannoia e Lucia Cosentino

MAFIOSE, 23 NOVEMBRE 1989

È pesante l'aria di mafia.

Madre, sorella, e zia del pentito Francesco Marino Mannoia. A Bagheria, nel tentativo inutile di farlo tacere, ci scaricarono addosso una valanga di fuoco.
Il giudice Giovanni Falcone arrivò sul posto e si rammaricò per l'orrore che aveva visto.
Gli inviati di Riina arrivarono sul posto e si rammaricarono: con una bomba piazzata lì si sarebbero potuti liberare anche del giudice.
C'era una guerra in corso fra due cosche. E in guerra valgono le regole delle guerre, non quelle della mafia, che non se la pigliava mai con le donne.
«Libera» non ci annovera tra le vittime innocenti di mafia. Quando ogni anno don Ciotti o chi per lui legge l'elenco, il nostro nome non c'è.

Edoardo Amaldi

FISICO, 5 DICEMBRE 1989

«La scienza, come la poesia, si sa che sta ad un passo dalla follia.»
Lo scrive Leonardo Sciascia, nel suo libro sul caso della scomparsa di Ettore Majorana.
Io di Majorana ero collega e amico.
Ero uno dei ragazzi di via Panisperna.
Se l'avessimo saputo, quando ha preso quel traghetto, che non l'avremmo mai più rivisto, che sarebbe sparito per sempre, come più tardi farà Federico Caffè, magari avremmo potuto, non fermarlo – quello no –, ma chiederglielo: Ettore, dove vai?

Silvana Mangano

ATTRICE, 16 DICEMBRE 1989

«¿Chica, a dónde vas?»
«¡Me voy pa' bailar, el baión!»

(Con i miei fianchi generosi, il seno prosperoso, mozzavo il fiato…)

Luciano Salce
ATTORE E REGISTA, 17 DICEMBRE 1989

Non è la chiappa che fa l'artista.

Gli anni ottanta

31 DICEMBRE 1989

Le chiappe più belle del mondo, quelle di Nadia Cassini. I Kiss e i Police, Albano e Romina Power, Toto Cutugno sempre secondo, il *Festivalbar* e *Superclassifica Show*, Pac-Man e il Commodore 64, i post-it e i plasticissimi Swatch, la cintura del Charro, Best Company, Americanino, l'Uomo Tigre, *Ritorno al futuro*, gli Uni Posca, la manina appiccicosa dentro le patatine, Jovanotti: *È qui la festa?*, le cassette musicali, quello che atterrò con il suo aereo a Mosca, nella Piazza Rossa, *I predatori dell'arca perduta*, «In bagno? In caldobagnoooo!», Alberto Tomba, il cubo di Rubik, un cuore di panna.

Andrea Bonfante

RAGAZZO, 2 GENNAIO 1990

La guerra va avanti dall'85.
44 morti nel 1988.
55 morti nel 1989.
Il paesaggio qui in Calabria accumula corpi, detriti, vendette.
Il paesaggio è di una guerra totale.

La mattina per andare a lavorare al panificio con mio padre e mio fratello mi sveglio alle 5.
15, gli anni miei.
Nessuna possibilità di sceglermi un'altra vita.
Nessuna pietà.

Mirella Silocchi

CASALINGA, 18 GENNAIO 1990

Nessuna pietà. Nessuna assoluzione. Il mio è stato un viaggio all'inferno, cominciato il 28 luglio del 1989, giorno in cui tre banditi mi rapirono mentre ero a casa. Mio marito era un imprenditore. Il prezzo della mia vita fu stabilito in cinque miliardi di lire. Dopo il primo ultimatum, un pezzo di un mio orecchio fu fatto trovare nella toilette di un'area di servizio vicino a Parma. Poi ho avuto solo il tempo di scrivere una lettera a mio marito: «Mi maltrattano e mi picchiano. Sono legata con una catena al collo e al piede e sempre coricata. Ho le gambe che mi fanno male perché il sangue non circola più... sono in vita il 30 novembre... Carlo, non ne posso più: tutti i giorni mi picchiano e mi fanno paura con qualcosa. La mia vita è un inferno, non ne posso più...».

Mariano Rumor

POLITICO, 22 GENNAIO 1990

Mi chiamavano «il pio Mariano». Ero presidente del Consiglio quando scoppiò quella bomba a Milano, il 12 dicembre del 1969. Al processo che si teneva a Catanzaro sulla strage di piazza Fontana mi chiamarono a testimoniare. Era il 16 settembre del 1977. Pronunciai per 18 volte la frase «non ricordo».

Non ricordo. Sapevo che il mio prestigio ne usciva distrutto.

Non ricordo. Avevo una memoria eccezionale.

Non ricordo. Ho dovuto proteggere il partito.

Non ricordo. Nel 1969 potevo chiedere lo stato d'emergenza – molti volevano il colpo di Stato – ma non ho voluto farlo.

Capii di non contare più niente quando arrivò dall'America lo scandalo dell'affare Lockheed, e quella lurida storia di mazzette. Mi telefonavano per dirmi: lo sappiamo che sei innocente, ma dobbiamo votarti contro per disciplina di partito. Lo stesso partito che io avevo fondato, guidato, difeso. Fui assolto per un solo voto. Questo lo ricordo.

Giorgio Caproni
POETA, 22 GENNAIO 1990

E ora che avevo cominciato
a capire il paesaggio:
«Si scende», dice il capotreno.
«È finito il viaggio».

Vincenzo Miceli

IMPRENDITORE, 23 GENNAIO 1990

Il paesaggio in Sicilia è strano a gennaio. Anche da noi fa un freddo cane, che vi pare. A Monreale, poi, in montagna, ogni tanto nevica.

Il paesaggio in Sicilia è sempre lo stesso. Sono il primo morto per mano mafiosa degli anni novanta. Ma è un primato che non serve a nulla. Qui sulla collina in pochi si ricordano di me.
Erano gli anni novanta, ma la storia è antica. Avevo una mia piccola impresa di costruzioni. Non volevo pagare il pizzo e denunciai i miei estorsori.
Il complimento più bello, me lo ha fatto il boss Giovanni Brusca: «Era un onesto lavoratore». Ed è anche il motivo per cui mi ha sparato.

Angelo Selvaggio
BAMBINO, 23 GENNAIO 1990

Poesia non ne sapevo, a scuola neanche ci andavo tanto volentieri.
Complimenti, ne ricevevo pochi.
Miiii… che bambino terribile che ero. Selvaggio di nome e di fatto, borbottavano gli adulti, scuotendo il capo.
Vivevo a Sciara, nelle Madonie, in Sicilia, vicino a Termini Imerese.
Mi uccisero a coltellate perché avevo rubato due pecore.
Seppellito sotto un cespuglio.

Pedagogia mafiosa, parte seconda.

Come Claudio Domino, anche io quando sono stato ucciso avevo undici anni.
Adesso sono un angelo selvaggio senza età, come nella canzone di Little Tony.

Enrico De Pedis

CRIMINALE, 2 FEBBRAIO 1990

Inizialmente mi seppellirono al Verano, poi la mia famiglia ottenne la sepoltura nella chiesa di Sant'Apollinare. Io, il fondatore della Banda della Magliana, nella stessa cripta in cui riposano i papi! Ben vestito, ben pettinato, un bambolotto in mezzo ai santi. Mai fumato, mai bevuto. Non mi sono mai drogato. Tanta beneficenza, molti investimenti a buon fine… Benefattore dei poveri. Se non ci sto io, in mezzo ai papi, che sono uno stinco di santo… Ma niente, non fu cosa. E alla fine la mia salma è stata cremata, le ceneri disperse in mare.

E addio Renatino.

Eugenio Henke

AMMIRAGLIO, 5 FEBBRAIO 1990

Dicono che dietro la morte di De Pedis ci sono i servizi segreti, che si sono voluti liberare di un criminale che aveva reso loro tanti favori, ma che poteva diventare scomodo.
Sarà andata sicuramente così, perché è andata sempre così.
I servizi segreti in Italia non fanno tanto.
Ma sanno, tanto.

Ero ammiraglio, e fui capo dei servizi segreti dal '66 al '70, in un periodo segnato dalle forti connessioni tra i servizi segreti deviati e le trame eversive che condussero alla strage di piazza Fontana.
Dal golpe Borghese all'omicidio Pecorelli, ero uno che sapeva molto...
Al processo per la strage di piazza Fontana, nel 1975, a Catanzaro si discuteva di una certa lettera recante la mia firma. Il Sid autorizzava ad apporre il segreto «politico e militare» a proposito di certe informazioni che i giudici volevano su alcuni sospettati della strage. Non ho avuto bisogno, come Rumor, di dire: «Non ricordo». Sono un militare, io.
Il presidente della Corte mi chiese: «Ammiraglio, è sua questa firma?». Io: «Sì, è la mia»; presidente: «Quindi lei autorizzò!»; io: «Sì, presidente, ma se lei nota, la mia firma è solo una sigla piccolina, segno che non ero molto d'accordo con il contenuto di quel documento». Capito?

Giovanni Trecroci

POLITICO, 7 FEBBRAIO 1990

Io non potevo nasconderla, la mia firma. Se firmavo un atto o una delibera, non potevo fare finta di niente. E anche le mie dichiarazioni erano sempre messe a verbale.

Il giorno successivo a quello in cui mi uccisero, a Villa San Giovanni fu dichiarato il lutto cittadino: avevano assassinato il vicesindaco, diceva il comunicato. E aggiungeva: così ci è impossibile amministrare. Io avevo la delega ai Lavori pubblici e stavo tornando dal consiglio comunale, quando mi massacrarono sotto casa. C'erano i lavori della metanizzazione, 29 miliardi, gli approdi navali per l'attraversamento dello Stretto di Messina, 250 miliardi. Le 'ndrine non volevano ostacoli.
Volevano agire da sole indisturbate.

Saverio Purita

BAMBINO, 23 FEBBRAIO 1990

io sto da solo
sì
da solo, a Vibo Valentia
con gli altri bambini non ci sto
sono strano, tutti dicono che sono strano
lo so
cosa ho avuto
un incidente e non mi sono più ripreso
io sto con i grandi
sto
e il pallone mi piace
la scuola no
io sto con i grandi
i grandi mi vogliono bene
esco di casa per andare a giocare
a casa non torno più

no no i grandi mi fanno piangere no

(Il corpo carbonizzato nella pineta, la testa immersa nella sabbia.)

Sandro Pertini

POLITICO, 24 FEBBRAIO 1990

La volta in cui ho pianto di più per l'amarezza e la vergogna? Durante il fascismo. Ero in carcere, avevo problemi di salute, e mia madre, la mia amatissima madre, chiese la grazia per me.

La libertà, questo bene prezioso tanto caro agli uomini, diventa un sudicio straccio da gettar via, acquistato al prezzo di questo tradimento, che si è osato proporre a me.

Così le scrissi. E poi scrissi anche altre due righe:

La comunicazione, che mia madre ha presentato domanda di grazia in mio favore, mi umilia profondamente.
Non mi associo, quindi, a simile domanda, perché sento che macchierei la mia fede politica, che più d'ogni cosa, della mia stessa vita, mi preme.

Emanuele Piazza

POLIZIOTTO, 16 MARZO 1990

La mia vita come un sudicio straccio da buttare via senza nemmeno un perché.

È la stessa nebbia che avvolge la morte di Nino Agostino e di sua moglie e la mia scomparsa.
Ci sono gli stessi segreti, che partono dall'attentato dell'Addaura – la dinamite davanti alla villa di Giovanni Falcone – e segnano il calvario che porterà alla strage di Capaci. Mi hanno strangolato e sciolto nell'acido in un magazzino a pochi passi dallo svicolo autostradale.

C'è un filo che parte dagli scogli dell'Addaura e finisce sull'autostrada Trapani-Palermo.
E non è un filo solo mafioso. E non è un filo di stracci.

Avevo trent'anni. A differenza di Nino Agostino vivevo ancora a casa con i miei. Nessuna sposa è stata uccisa per me.

Luigi Nono

COMPOSITORE, 8 MAGGIO 1990

un porcaio peggio della Rai?
non so.
imbastarditi invaticaniti insanremiti!
Razzi (sicuramente da lui deriva: razzia e razzismo!) m'ha rifiutato ben due volte il permesso per poter lavorare allo studio di Milano!!!!!
con tutte le porcherie che ci stan facendo.
e dopo aver invitato Pousseur-Wilkinson-Boucourechliev-Cage!

... porco mondo della Eiar!

Giovanni Bonsignore

BUROCRATE, 9 MAGGIO 1990

Cosa ci fa un burocrate tra le vittime di mafia?

Non ero né giornalista, né giudice, né generale dei Carabinieri.
Non ero sindacalista, non facevo politica, non avevo parenti pentiti o in Polizia.
Ero un dirigente alla Regione Siciliana. Uno dei tanti.
Non ero un uomo pubblico, ma un pubblico funzionario.
Se vogliamo che tutto cambi bisogna saper dire dei no. E io dissi di no alla creazione di un inutile consorzio agroalimentare che alle casse della Regione era costato trenta miliardi di lire.
Mi sono opposto alle regole non scritte, ma ineludibili in Sicilia, della spartizione degli appalti, dei finanziamenti mirati agli amici, delle tangenti.

Tre colpi al petto e uno in faccia, esplosi di mattina presto, dopo aver comprato il giornale, mentre stavo andando in ufficio.
Il mio killer, con calma, ha poi preso dalla tasca un fazzoletto di carta, si è pulito le punte delle scarpe dagli schizzi di sangue, ha appallottolato il fazzoletto, e me lo ha buttato accanto. È rimontato in sella e se ne è andato indisturbato.

Volevo mettere le cose a posto. E invece hanno messo a posto me.

Giovanni Enriques

DIRIGENTE INDUSTRIALE, 21 MAGGIO 1990

Il lavoro era la mia religione.

Ero di famiglia ebraica, ma sono entrato per la prima volta in una sinagoga per il matrimonio di un amico, quando ormai avevo più di cinquant'anni. E anche se ero un dirigente industriale, avevo fatto per due volte l'operaio. Nel 1930, a 25 anni, sono entrato nella Olivetti. Da dirigente non mi importava assumere operai comunisti o anarchici, mi importava che fossero bravi. Ma non ero un visionario come Adriano. Così me ne andai a gestire l'azienda di famiglia, la casa editrice Zanichelli.
Cosa ci fa un manager in una casa editrice? Cose concrete, appunto. Nel 1954, feci pubblicare l'enciclopedia *AZ Panorama*: otto volumi monografici, tutti dedicati alla cultura scientifica. Una pubblicazione inedita in Italia, con un grande successo di pubblico.
Perché, se vogliamo che tutto cambi e non lasciare le cose come sono, occorre procedere per gradi, parola dopo parola.

Italo Calabrò

SACERDOTE, 16 GIUGNO 1990

La religione era il mio lavoro.

Sono stato il primo prete a denunciare pubblicamente la 'ndrangheta e il modo in cui la gerarchia ecclesiastica si rapportava con la criminalità.
Organizzai la prima manifestazione antimafia in Calabria, a Motta San Giovanni. Era il 1984, era stato rapito un bambino di dieci anni, Vincenzo Diano. La popolazione scese in piazza con me. Furono sospese sia la festa del santo patrono che la Festa dell'Unità. «Uomini d'onore? Se c'è qualcuno che non ha onore è il mafioso, perché dentro è un uomo morto» dissi nella mia omelia.
Nel 1988 la Conferenza episcopale italiana organizzò a Reggio Calabria il Congresso eucaristico. I vescovi chiesero ufficialmente una «tregua di Dio» alla mafia. Era in corso infatti, fra le cosche del capoluogo, la guerra che fece settecento morti. Io ero il vicario diocesano. Organizzai il Congresso, per obbedienza al mio vescovo, ma feci sapere a tutti che l'iniziativa «dava alla 'ndrangheta una dignità di controparte della Chiesa che è inaccettabile. E poi non basta la tregua, deve cessare la guerra».
L'anno prima era accaduto altrettanto con la Giornata del perdono, indetta dalla diocesi per raccogliere in chiesa, per una messa di riconciliazione, tutte le famiglie dei morti di mafia. «Ma qui si tratta di farli smettere, non di autocelebrarci.»
Non mi ascoltava nessuno.
D'altronde, le mafie in Italia non hanno mai avuto bisogno di complici, ma di assenti.

Simonetta Cesaroni

IMPIEGATA, 7 AGOSTO 1990

Che segreti nasconde questa posa? Seminuda, supina, con le gambe divaricate e le braccia aperte, in posizione scomposta, la testa inclinata verso destra. Su tutto il corpo segni di coltellate. Probabilmente un tagliacarte, 29 colpi. Colpita al petto, alla giugulare, al cuore, all'aorta, al fegato e agli occhi. Addosso il reggiseno (abbassato), i calzini bianchi, la canottiera di seta arrotolata sul collo. Le scarpe da ginnastica riposte in un angolo, gli altri indumenti, mutandine, fuseaux e camicetta, scomparsi. Il pavimento pulito. Sulla porta, alcune tracce di sangue.
Sul volto sei ferite e diverse ecchimosi; una ferita al collo è trasfossa, ossia passata da parte a parte; otto i tagli nella zona toracica, quattordici in quella pubico-genitale. La mia morte, avvenuta tra le 18 e le 18 e 30, è dovuta alle coltellate.

Via Carlo Poma, 2, quartiere Prati, Roma. A trecento metri dalla Rai e da viale Mazzini.

Di me resta la foto di una ragazza in costume bianco, abbronzata, stesa al sole, sulla spiaggia, in posizione rilassata. E nessun colpevole.

Giancarlo Pajetta

POLITICO, 13 SETTEMBRE 1990

Una vita tutta spesa nel Pci. 16 anni passati in carcere, poi la Resistenza con la Brigata Garibaldi, la Repubblica italiana.
Sono morto come avrei voluto, tra i compagni di base della Festa dell'Unità di una periferia romana, appena in tempo per evitarmi la pena di dover assistere alla fine del Pci.
Sono morto come avrei voluto, tra le braccia, forti e discrete, di Miriam, che mi chiamava sempre «il ragazzo rosso».

Rosario Livatino

MAGISTRATO, 21 SETTEMBRE 1990

Dopo lo scoppio del caso Gladio, il presidente della Repubblica, Francesco Cossiga, nelle sue violente invettive aveva insultato i giudici giovani: «Possiamo continuare con questo tabù, che poi significa che ogni ragazzino che ha vinto il concorso ritiene di dover esercitare l'azione penale a diritto e a rovescio, come gli pare e piace, senza rispondere a nessuno? Non è possibile che si creda che un ragazzino, solo perché ha fatto il concorso di diritto romano, sia in grado di condurre indagini complesse contro la mafia e il traffico di droga. Questa è un'autentica sciocchezza... Io non gli affiderei nemmeno l'amministrazione di una casa terrena, come si dice in Sardegna».

E io ero proprio un giudice ragazzino. I miei assassini mi colpirono il 21 settembre del 1990, sulla strada 640 fra Canicattì e Agrigento. Avevo firmato l'ordinanza di rinvio a giudizio della mafia agrigentina. Speronarono la macchina, io cercai di fuggire oltre il guardrail, tra i campi. Mi inseguirono – braccato come una bestia – e mi spararono senza pietà.

Un rappresentante lombardo di porte blindate, Pietro Ivano Nava, vede la scena e telefona alla Polizia: «Ho visto l'assassino. Se lo trovate so riconoscerlo». Di fronte alle fotografie, identificherà i killer. È la prima volta che accade nella storia dei delitti di mafia: un testimone oculare. Un lombardo.

Quello braccato adesso è lui. Ma lo rifarebbe, ne sono sicuro.

Alberto Moravia
SCRITTORE, 26 SETTEMBRE 1990

Non avete idea delle energie che si mettono in moto nell'editoria alla morte di uno scrittore, specie se lo scrittore in questione è celebre come me. Ecco come lo racconta il commesso di una libreria, tale Giuseppe Culicchia: «Subito ci telefonò l'agente della casa editrice che pubblicava i libri di Alberto Moravia, per accertarsi che facessimo immediatamente una vetrina interamente dedicata ad Alberto Moravia. E ci passò il suo capoarea, che aveva appena sentito il direttore commerciale, che a sua volta aveva appena parlato con il direttore editoriale, e venimmo a sapere che erano già partite alla volta della nostra libreria tutte le copie disponibili di tutti i libri di Alberto Moravia. E ci fu comunicato che comunque tutte le opere di Alberto Moravia erano già andate subito in ristampa, e che quindi oltre a quelle disponibili in quel momento in magazzino avremmo ricevuto a stretto giro altre decine, ma che dico, centinaia, anzi migliaia di copie di libri di Alberto Moravia. Tutti erano molto dispiaciuti per la morte di Alberto Moravia. Ma dato che Alberto Moravia era morto alla fine di settembre, c'era anche, inespressa ma palpabile, la sensazione che grazie alla morte di Alberto Moravia sia noi come libreria sia l'agente come agente sia il capoarea come capoarea sia il direttore commerciale come direttore commerciale sia il direttore editoriale come direttore editoriale avremmo fatto il budget. Intascando il relativo premio.
Ecco, per ovvi motivi, non ho mai avuto l'occasione di ringraziare Alberto Moravia per il premio sul budget del 1990, e vorrei approfittare dell'occasione per ringraziarlo ora. Anche a nome di quegli altri».

Lo stabilimento Ilva di Bagnoli

20 OTTOBRE 1990

Il fallimento di un sogno. Dopo l'industria, nulla. Rimane quel pontile, talmente lungo che da terra non se ne vede la fine. Una fettuccia di cemento sull'acqua lunga 800 interminabili metri. Il mio feretro. Lì una volta attraccavano le grandi navi, che arrivavano con il ferro e partivano con l'acciaio. Questo rimane, dopo l'Italsider. E i cadaveri metallici degli stabilimenti, i corpi putrefatti dei magazzini, degli altiforni rugginosi e cadenti. Le cisterne piegate su un fianco. Container e ciminiere. Un mare pieno di petrolio e una spiaggia inquinata, come i restanti trecento ettari di terreno affacciati su uno dei golfi più belli del Mediterraneo.

Quando l'Europa ordinò di chiudere Bagnoli perché l'Italia produceva troppo acciaio, con guascona sicumera l'allora ministro degli Esteri Gianni De Michelis disse: «Non lo chiuderemo». «Ma non potete, se non cambiano i trattati» gli chiese un giornalista. «Li cambieremo» fu la risposta del ministro. «Per cambiarli ci vogliono le palle.» Al che lui, le gambe aperte e una mano sulla patta rise: «Iron resistant ball».

Mi spengo con l'ultimo altoforno, e una certezza: qui la classe operaia non è mai andata in paradiso. Si è dissolta.

Sul mio territorio si faranno grandi progetti: «Un grandissimo parco», «Napoli si riappropria del mare». Una cosa che funzionerà ci sarà. La Città della scienza. Verrà spazzata via dalle fiamme la notte del 4 marzo 2013.

Ugo Tognazzi

ATTORE, 27 OTTOBRE 1990

Avevo una grande passione per la cucina. Ho scritto anche un libro di ricette: *L'abbuffone*. Insomma, non ero soltanto il protagonista della commedia all'italiana - come Sordi, Gassman, Manfredi - o l'altra metà di Raimondo Vianello nei nostri varietà in televisione.
Ero un cuoco raffinato. Avevo un frigorifero grande quanto una parete. Lo chiamavo «la mia cappella di famiglia». Ma a chi mi chiedeva il segreto dei mie piatti rispondevo: «La supercazzola brematurata con scapellamento a destra».

Gladio

ORGANIZZAZIONE PARAMILITARE, 27 NOVEMBRE 1990

Silendo libertatem servo.

Anzi, servivo: rete clandestina della Nato in Italia, pronta a attivarsi con azioni di sabotaggio, di guerra psicologica e di intelligence dietro le linee nemiche in caso di invasione da parte dei paesi comunisti, o in caso di vittoria delle elezioni da parte del Pci.

Di me aveva parlato già Aldo Moro, interrogato dalle Br: «Reparti addestrati alla guerriglia da condurre contro eventuali forze occupanti, o controguerriglia da condurre contro forze nemiche impegnate come tali sul nostro territorio».

A ottobre il presidente del Consiglio, Giulio Andreotti, ha svelato la mia esistenza e consegnato al Parlamento la lista dei miei membri. Il ministro della difesa Rognoni oggi mi ha sciolto.

Anche a questo sono servito: a darvi in pasto un segreto, per nasconderne magari altri.

Vito Miceli

DIRETTORE DEL SID, 1° DICEMBRE 1990

Non lo capite, vero? Piazza Fontana, il golpe Borghese, la Rosa dei venti, la strage di Peteano, Argo 16, Gladio, Pecorelli...
C'ero. Facevo il burattino e il burattinaio, costruendo la mia fortuna all'ombra di Licio Gelli.
Ho tenuto le redini dei servizi di intelligence in Italia dal 1969 al 1974, gli anni della strategia della tensione.
La mia esistenza ha attraversato tutti i misteri d'Italia.
Avrei potuto dire, raccontare, spiegare.

Avrei potuto, appunto.

Gli studenti dell'istituto tecnico commerciale Salvemini
6 DICEMBRE 1990

Casalecchio di Reno, dieci minuti di autobus da Bologna.
Wir sind. Noi siamo.
In classe. Seconda A, ora di tedesco. Sono le nove e mezzo.
Lezione interrotta dallo schianto di un velivolo militare impazzito, abbandonato da un pilota, Bruno Viviani, lanciatosi con il paracadute poco prima.
Wir haben. Noi abbiamo.
Paura. La finestra dell'aula in frantumi, la parete si squarcia, l'aereo uccide ed esplode.
Wir haben nicht. Noi non abbiamo.
Giustizia. Due anni e sei mesi di reclusione in primo grado per Bruno Viviani e due suoi superiori dell'Aeronautica militare. Pene cancellate dall'Appello (il fatto non costituisce reato) e dalla Cassazione (comportamento egregio» del pilota).
Null. Zero.
Colpevoli. Avevamo 15 anni. Nessuno paga. Lo Stato, tra noi e l'Aeronautica, ha scelto di difendere l'Aeronautica.

Renato Rascel
ATTORE, 2 GENNAIO 1991

Mamma ti ricordi quando ero piccoletto,
che mi ci voleva la scaletta accanto al letto,
come son cresciuto mamma mia devi vedere...
Figurati che faccio il corazziere...

Tre carabinieri a Bologna

4 GENNAIO 1991

Quando noi di scorta andiamo appresso a una vettura,
noi dobbiamo essere tutti uguali di statura...

Dietro la Uno bianca cosa c'è?, si chiedono ancora oggi in tanti.
Non pensate alla mafia, ai servizi segreti, ai complotti.
La verità è semplice e stupida, come questa canzone di Renato Rascel.

Dietro la Uno bianca cosa c'è?
Noi possiamo dirlo.
La targa, i fanali e il paraurti.
Le armi automatiche che lacerano i nostri corpi.

Basta, non c'è nient'altro.

Letterio Nettuno

RAGAZZO, 5 GENNAIO 1991

Sono nient'altro che calce viva.
Un ciuffo di capelli e calce viva.

Altro che le armi chimiche degli iracheni, altro che gli attacchi da Space Invaders degli americani su Baghdad.
La nostra guerra ha mezzi antichi.
Rapito, torturato e poi sgozzato con un punteruolo di legno.
Sospettavano che avessi fatto da palo nell'agguato contro il cognato di un boss di Reggio Calabria.

Avevo 15 anni.
Il corpo fatto sparire in cinquanta chili di ossido di calcio – bianco, inodore – accanto a un torrente che sente la mia pena.
La telefonata a *Chi l'ha visto*, dicendo che ero a Milano, per depistare le indagini.
E questa è la pedagogia delle 'ndrine per educare un adolescente che ha tradito.

Vasco Pratolini

SCRITTORE, 12 GENNAIO 1991

L'adolescenza, la povertà, Firenze, l'amore, la guerra, la guarigione. Il mondo operaio, le lotte sindacali, i conflitti di classe. Una storia italiana.

La mia fortuna è che non sono stato un autodidatta confusionario, non ho mai letto male... Ma io mi sentivo un non addetto ai lavori, anche se, negli intervalli che mi concedeva la fabbrica, scrivevo raccontini...

Giacomo Manzù

SCULTORE, 17 GENNAIO 1991

Neanche io pensavo di essere bravo, se no non avrei trovato la forza di lavorare.

Mi hanno dedicato un museo mentre ero ancora in vita. Come Ulisse, ho vissuto in mezzo alla luce e allo spazio. L'ultima mia grande realizzazione è una scultura in bronzo alta sei metri, collocata di fronte alla sede dell'O-nu, a New York. Mio è anche il monumento ai partigiani di Bergamo, installato nel 1977. Mie le parole che vi sono incise:

Partigiano
ti ho visto appeso
immobile.
Solo i capelli si muovevano
leggermente sulla tua fronte.
Era l'aria della sera
che sottilmente strisciava
nel silenzio
e ti accarezzava,
come avrei voluto fare io.

Vincenzo De Falco

CAMORRISTA, 2 FEBBRAIO 1991

Il cartello che ha vinto la guerra della camorra si spacca in due. Da un lato le famiglie vicine a Francesco Schiavone – Sandokan – e dall'altra parte io, 'O Fuggiasco.
Il 13 dicembre 1990 Sandokan convoca una riunione per eliminarmi. Io però non mi presento: ho fiutato l'imboscata. Irrompono invece i carabinieri, che arrestano Sandokan con l'accusa di detenzione di armi e associazione camorristica. La prima sezione penale della Cassazione presieduta da Corrado Carnevale annulla il suo arresto, e nel gennaio del 1992 in Appello verrà assolto.
Prima, però, dato che sono sospettato di avere fatto la soffiata, c'è la vendetta. La Polizia mi trova in auto, crivellato di colpi. Lo stereo a palla, una cassetta di Modugno che gira.

Il Partito comunista italiano

3 FEBBRAIO 1991

I movimenti, i morti e i carcerati, la lotta clandestina contro il fascismo, i partigiani, il cinema neorealista, la Costituzione, gli operai di Sesto San Giovanni, Botteghe oscure, le maestre degli asili nido di Reggio Emilia, le cooperative, il capitalismo alla bolognese, i braccianti siciliani uccisi dalla mafia, i compagni che sbagliano, i cattocomunisti, gli intellettuali con gli occhialini, i cineforum, le Feste dell'Unità, Rai Tre, la Fiom, Benigni. Il veto per impedire di andare al governo, una grande balena rossa.

Nato nel 1921. Sopravvissuto al Sessantotto, all'avvento della televisione, a Craxi.
Morto lapidato. È caduto il Muro di Berlino, e con i suoi frammenti mi hanno fatto fuori in un congresso di polvere e fuoco. Il movente? «Siamo voluti tornare alle fonti. Alle fonti della modernità politica» disse l'ultimo segretario, Achille Occhetto. La sua proposta risale al 12 novembre 1989, appena tre giorni dopo la caduta del Muro.
Per alcuni ero già morto anni prima, l'11 giugno 1984, il giorno della morte di Enrico Berlinguer.
Così finisce in Italia una delle più nobili e tragiche illusioni della storia.

Che malinconia. Neanche il nome resta. Chiedi cos'era il piccì. La ragazzina bellina, con il suo sguardo garbato, gli occhiali e la vocina: «Personal computer», ti risponderà.

Carlo Donat-Cattin

POLITICO, 17 MARZO 1991

Non ricordatemi come il «ministro dei lavoratori». Ricordatemi come padre, il padre di Marco. Ero un ministro della Dc, ma avevo un figlio che aveva aderito a Prima linea, e aveva ucciso il giudice Alessandrini.
Sono rinato con lui, quando si è pentito e si è dissociato da quella stagione di sangue.
Il mio cuore è tornato di gesso, quando nel 1988, a marzo, è stato ucciso in un incidente stradale.
Alla mia morte fu letta, seguendo la mia volontà, questa preghiera:

Signore, che io sia liberato dall'angoscia, sia cancellato dalla faccia della terra e giudicato da te. Piuttosto che vivere ed essere calunniato è meglio raggiungere la tua Volontà.

I missili Cruise a Comiso

26 MARZO 1991

Ci avete vissuto con angoscia, come segni della volontà di un dio a stelle e strisce al quale non è possibile recitare alcun «Padre nostro».
Ce ne siamo andati dalla Sicilia per noia. Non certo per le manifestazioni di protesta organizzate da Pio La Torre. Ce li ricordiamo, i fotogrammi di quei cortei, le marce, i cori. L'aveva capito un'altra vittima eccellente della mafia (che per combattere quella, purtroppo, le testate nucleari servono a poco), Pippo Fava, che la passione di migliaia di giovani accorsi da tutta Italia a Comiso per protestare, la coscienza di qualche cittadino, le polemiche in Parlamento non sarebbero servite a nulla: «Nella realtà l'opinione pubblica siciliana, quella erede dei Vespri e dei picciotti garibaldini, è rimasta inerte e sonnolenta dinnanzi all'evento... La buona gente di Comiso ha accettato i missili in casa. Taluni sono insorti ma sono stati sbeffeggiati, se avevano un partito spesso rinnegati dal loro stesso partito. I più hanno pensato a quanto sarebbe cresciuta di valore la terra, e quali potevano essere le aree fabbricabili, e quanti alberghi, motel, ristoranti, macchinette di war-game, bettole, botteghe di pizzicagnoli, appalti di trasporti, servizi, pulizie potessero abbisognare agli americani, e quale dunque l'affare più lucroso, e come farsi pagare in dollari, qualcuno certo avrà persino riflettuto che l'ottanta per cento degli americani saranno giovani, e il cinquanta per cento scapoli, e segretamente sta già radunando ragazze per case d'appuntamento».
Ce ne siamo andati perché oggi in Sicilia il dio ha voluto creare un'altra cosa, un'antenna militare così grande e potente da somigliare a un'astronave in terra, in questa terra dove non ci sono più La Torre o Fava a fare resistenza, ma c'è sempre la buona gente siciliana, inerte e sonnolenta, che nulla vuole vedere. Che seccatura le situazioni gravi...

Quelli a bordo della *Moby Prince*

10 APRILE 1991

L'appello via radio di chi assisteva alla tragedia a un certo punto si fece disperato: «Evidentemente voi non avete ancora capito la gravità della situazione eh! Perché io ci sono a un miglio e mezzo e sto vedendo quello che succede là, eh! La nave è tutta a fuoco!».

Eravamo a Livorno, quella maledetta sera. In quel porto che sembrava una base militare, con le navi piene di armi e di esplosivi provenienti dal Golfo Persico. La Prima guerra del Golfo era appena finita.

140 morti, nessun colpevole.
Siamo bruciati in fretta, senza capire di chi fosse la colpa. La nostra nave divenne una bara incandescente e galleggiante dopo essersi scontrata con una petroliera. E voi, abitanti d'Italia, eravate davanti agli schermi nello stupore indefinito del fumo e del carbone.
Ma la verità non la sapete neanche voi, tra video tagliati, audio non sbobinati, manomissioni, documenti scomparsi, testimonianze cambiate nel tempo. Vuoti di tempo, ragione e aria riempiti non solo da dubbi e sospetti. Ma anche da ipotesi alternative, suggestive, alcune fantasiose.

Ugo Chessa

COMANDANTE, 10 APRILE 1991

Avevamo staccato gli ormeggi dal porto di Livorno. Era una tiepida notte di primavera, mare calmo, serata limpida. L'equipaggio aveva effettuato le operazioni di routine per preparare l'imbarcazione al viaggio per Olbia, come ogni sera. Sono cinque anni che faccio questa vita, accanto a me c'è mia moglie, Maria Giulia. Una vita sul mare, sulle rotte del Mediterraneo, del Nord America, del Giappone. Una carriera con incarichi di prestigio e di sempre maggiore responsabilità. A 56 anni sono ormai alla fine della corsa, appagato dai successi, stanco della navigazione. Per approdare alla pensione ho scelto una tratta tranquilla: Livorno-Olbia, Olbia-Livorno. Posso farla a occhi chiusi. L'equipaggio è al lavoro e i passeggeri si sistemano a bordo, chi nelle cabine, chi a bere qualcosa al bar della nave.
C'era un gran traffico, quella sera, a Livorno. Ed erano soprattutto carichi di armi che arrivavano e partivano. Nulla era sospetto.
C'era una nave carica di combustibile, l'*Agip Abruzzo*, completamente al buio. Non l'abbiamo vista. La prua è penetrata nella fiancata, ha forato la cisterna. Una cascata di combustibile si è riversata sul *Moby Prince*, ed è bastata una scintilla per trasformarlo in un inferno di fuoco.
Dopo l'esplosione non ho abbandonato la nave. Ho detto ai passeggeri: radunatevi con calma in sala, arriveranno i soccorsi, siamo a sole tre miglia dal porto, è impossibile che non ci vedano. Aspettano ancora.
Sono morto sulla plancia di comando, chiedendo soccorsi, fino all'ultimo. Non ha mai risposto nessuno.
Ho lanciato l's.o.s. due, tre volte.
«May day, may day, *Moby Prince*, siamo in collisione. May day, prendiamo fuoco...»

E invece i soccorsi sono arrivati per la petroliera, nessuno si è curato di noi.
Che cosa gli avrà detto mai quel comandante?
E ancora oggi, i miei figli e i figli di tutte le vittime chiedono giustizia. E nessuno risponde.

May day, may day, *Moby Prince*…

Rosa e Antonio Maso

GENITORI, 17 APRILE 1991

La prima volta, Pietro, ci hai provato con il gas.
La seconda volta hai manomesso lo sterzo dell'auto.
Ci sei riuscito alla terza.

Ti hanno dato 22 anni e la fama. La folla di telecamere quando sei uscito dalla prigione, il libro con la Mondadori, nell'anniversario della mattanza. Ti volevano anche in un programma natalizio su Canale 5. Tema della puntata: l'amore per i genitori. Ti cercano tutti: *Novella 2000* ti ha dedicato tanti servizi, Fabrizio Corona ti ha voluto incontrare. Sei uno che conta. Sei nostro figlio.
Anche al carcere di Opera sei stata una star: tu, Riina, Vallanzasca, Sandokan, qualche bestia di Satana. Altri ti vorrebbero nell'abisso: ma come, ha massacrato i genitori e non gli hanno dato l'ergastolo?
Ma perché, non sono tutti liberi, i protagonisti di tanti delitti familiari della storia d'Italia? Libera è Doretta Graneris, la «belva di Vercelli». Nel 1975, a 18 anni uccise a colpi di pistola madre, padre, nonni materni, il fratello di 13 anni, più il cane che abbaiava.
Liberi sono Erika e Omar. Nel 2001, a Novi Ligure, squartarono con 97 coltellate la madre e il fratellino di lei. È libero anche Ferdinando Carretta, che nel 1989 a Parma sparò ai genitori e al fratello.
Libero sei tu, Pietro. E onesto: «L'ho fatto per i soldi, i vestiti, i profumi» hai sempre detto. L'hai fatto per comprarti una Bmw bianca con gli interni e i sedili in pelle. 47 milioni di lire il prezzo di listino.
Eppure noi eravamo gente semplice, abituata ai ciliegi in fiore di Montecchia e alla nostra villetta, piccola, grigia.

Un tubo di 50 centimetri. Hai fatto presto, a massacrarci, ci hai messo meno di un'ora. Poi, sei andato in discoteca. Dopo due giorni hai confessato tutto. Però, al processo quanto eri elegante: blazer blu, camicia bianca aperta e un foulard scuro a pois bianchi.
Ti hanno fatto fare anche la parte dell'angelo in un musical in carcere sulla vita di Cristo.
Ci amavi, ci odiavi.

Che orgoglio di figlio che sei.

Quelli di Taurianova
14 MAGGIO 1991

Rocco Neri è stato quello ucciso per primo, stava diventando troppo potente.

Noi siamo gente divisa.

Rocco Zagari invece muore mentre è dal barbiere. Sulla sedia resta una poltiglia di carne, sangue e schiuma.

Questa è una faida. Dove l'orrore giustifica orrore.

Il giorno dopo c'è la vendetta.
Cadiamo in quattro.
Uno è un salumiere, Giuseppe Grimaldi. Prendono uno dei suoi coltelli di lavoro e gli tagliano la testa. La lanciano per aria, in mezzo alla strada. Giocano a fare il tiro a segno, nella piazza del paese. Pam! Pam! Le persone guardano impietrite. Chissà se hanno avuto mai il coraggio di raccontare tutto questo.

Le preferenze multiple
9 GIUGNO 1991

La demolizione del sistema della Prima Repubblica cominciò da noi: le preferenze multiple nella legge elettorale. Eravamo il modo per controllare il voto sul territorio, fare accordi con la mafia, comprare pacchetti di voti. Tu voti in quest'ordine, tu scrivi questi due nomi, poi le schede le contiamo, e vediamo se i voti promessi spuntano. Si potevano mettere anche i numeri, e sembrava l'elezione del Cappellaio matto: tu scrivi 2-5-12, tu fai scrivere invece 5-2-2…

Ci fece fuori un referendum promosso da un gruppo di forze capeggiate da Mario Segni, detto Mariotto, figlio di Antonio, quello che fu presidente della Repubblica per due anni.

L'iniziativa non avrebbe goduto di grande fortuna se a contrastarla non fosse stato Bettino Craxi, che incarnava l'essenza del potere e catalizzava l'insofferenza e il rancore che covava da tempo contro l'impunità dell'intera classe dirigente. L'allora segretario del Partito socialista invitò l'opinione pubblica a disertare le urne e «ad andare al mare».

Il Pds, il partito erede del Pci, era reduce da sconfitte epocali sofferte per opera di Craxi. Scatenò un'offensiva contro l'opzione astensionista del Psi, bollata come «rozza espressione di populismo». Era un modo per dare un'idea di impegno…

L'affluenza alle urne superò il 60 per cento e l'abrogazione passò con oltre il 90 per cento dei suffragi. Quel passaggio segnò l'inizio del declino del leader socialista, che avrebbe subito un'accelerazione tragica e irreversibile per effetto delle inchieste di Mani pulite.

E la sinistra brindò.

Colpo grosso

PROGRAMMA TELEVISIVO, GIUGNO 1991

Cin cin, cin cin ricoprimi di baci
Cin cin, cin cin assaggia e poi mi dici
Cin cin, cin cin diventeremo amici
brinda alla fortuna festeggia con noi!

Perizomi, autoreggenti, sguardi languidi. Meccanici e professoresse, edicolanti e *self-made women*, nude o quasi, in seconda serata, sulla berlusconiana Italia 7, nel Paese del Vaticano. Il gioco a premi era meno di un pretesto.

La nave *Vlora*

8 AGOSTO 1991

C'è un'unica classe, quella dei posti in piedi.
Sono la nave che porta la marea: 21mila disperati. Un formicaio sull'Adriatico, un groviglio di corpi. Mamme e papà con i loro figli, donne sole, giovani senza speranza.
E l'Italia come un sogno, steso per lungo ad asciugare, come una donna fin troppo bella, lì, pronta a farsi toccare.

Vicina, l'Italia. Ma quando arrivi scopri che in realtà è di una lontananza indefinita, di quelle che non si colmano mai.

Antonio Scopelliti

MAGISTRATO, 9 AGOSTO 1991

Io ero il sovversivo in Cassazione. Giudice solo, ma giudice libero. Intoccabile. Sono stato ucciso per una «cortesia» della 'ndrangheta a Cosa Nostra, che in cambio avrebbe messo una parola di pace nella guerra tra 'ndrine che stava causando centinaia di morti.

Ero da poco stato designato per rappresentare l'accusa nell'udienza finale del maxiprocesso contro la mafia.

Sono stato il primo magistrato ucciso in Calabria. Eppure la mia morte non ha fatto molta impressione. Lo scrisse anche Giovanni Falcone: «L'ultimo delitto eccellente... è stato realizzato, come da copione, nella torrida estate meridionale cosicché, distratti dalle incombenti ferie di Ferragosto, e dalla concomitanza di altri gravi eventi, quasi non vi abbiamo fatto caso... Non ci vuol molto a capire... Si spera che l'ultimo infame assassinio faccia comprendere quanto grande sia la pericolosità criminale delle organizzazioni mafiose e che se ne traggano le conseguenze... ci si permette di suggerire che è giunto il tempo di verificare sul campo l'effettivo impegno antimafia del governo».

Nessuno capì, nessuno fece nulla. Solo quando uccideranno Francesco Fortugno, nel 2005, ci sarà una reazione della gente.

Il mio posto nel rosario ufficiale dei servitori dello Stato vittime del dovere si trova ancora con fatica. Sono una sagoma vaga. Forse perché Campo Calabro non è Palermo. Forse perché la Cassazione non è una Procura da combattimento.

Libero Grassi

IMPRENDITORE, 29 AGOSTO 1991

Ho combattuto, ho lottato. «La prima volta mi chiesero i soldi per i "poveri amici carcerati", i "picciotti chiusi all'Ucciardone". Quello fu il primissimo contatto. Dissi subito di no. Mi rifiutai di pagare. Così iniziarono le telefonate minatorie: "Attento al magazzino", "Guardati tuo figlio", "Attento a te". Il mio interlocutore si presentava come il geometra Anzalone, voleva parlare con me. Gli risposi di non disturbarsi a telefonare.»
Io la libertà l'avevo nel Dna. La portavo con me ogni giorno, scolpita nel nome che i miei genitori mi avevano dato in ricordo del sacrificio di Giacomo Matteotti. Volevo essere Libero, di nome e di fatto. Volevo fare pigiami e biancheria intima. Non volevo pagare il pizzo, significava rinunciare alla mia dignità di imprenditore.
E agli altri imprenditori la mia lotta sembrava insignificante.

Concetto Lo Bello

ARBITRO, 9 SETTEMBRE 1991

Anni sessanta. I fuoriclasse sono tanti: Mazzola, Suarez, Corso, Sivori, Rivera. Ma – in maniera semplice e, a volte, anche dolorosa – tutti devono fare i conti con me: l'uomo nero, con il baffo tagliente e siciliano, il fischietto in mano, lo sguardo ipnotico.

Loro litigano per la palla. Ma il vero signore del campo sono io, l'arbitro più famoso del mondo. Il passo solenne, la giacchetta con la camicia bianca sotto e il colletto da prima comunione, come da regolamento: «Entra in campo» scrive di me Indro Montanelli «col passo del padrone che ispeziona il proprio podere».

Sin da Atalanta-Sampdoria, il 9 maggio 1954, niente e nessuno riuscirà a intimidirmi.

Demetrio Quattrone

INGEGNERE, 28 SETTEMBRE 1991

Povera Patria! Schiacciata dagli abusi del potere
di gente infame, che non sa cos'è il pudore.
Si credono potenti e gli va bene quello che fanno
e tutto gli appartiene.

Nessuno poteva intimidirmi.
Facevo l'ispettore del lavoro, con scrupolo, a Reggio Calabria.
Solo che le cosche avevano appena ammazzato un giudice, e che giudice, Scopelliti. Si sarebbero fermati davanti a un ingegnere, per quanto cugino e socio di un deputato? No.
La mia storia è emblematica, sono vittima due volte. Perché sono stato bersaglio dei clan, e perché – come accaduto a tante vittime di mafia – ogni giorno qualcuno tenta di offuscare la mia memoria.
Ma non ci sono misteri da scopire. Ero un ispettore del lavoro nella Reggio degli anni ottanta, quando l'appalto delle grandi opere pubbliche era davvero un grande business e il partito delle 'ndrine e dei palazzinari governava la città.
Ma da allora quanti professionisti hanno avuto il coraggio di dissociarsi, di denunciare? Pochi. Gli altri si fanno assenti, traspirano disattenzioni.

Natalia Ginzburg

SCRITTRICE, 7 OTTOBRE 1991

Ho scritto soltanto quello che ricordavo.

La lira pesante
10 OTTOBRE 1991

Vi ricordate? Io fui come una specie di amore sbocciato in estate, un'idea di Craxi, nell'85: leviamo tre zeri alla lira, e facciamo la lira pesante, così è più competitiva. Il trauma sarebbe stato lieve, ma duraturo.
Pura sciocchezza, lo so. Un trucco da quattro soldi (che in lire pesanti sarebbero stati 0,004). Ma a Craxi piaceva, e il ministro dell'Economia, Giovanni Goria, diceva che io avrei «aiutato le massaie».
Fa quasi sorridere...
C'è anche una scena di un film di Fantozzi, dove il ragionier Ugo, in pensione, arrotonda ogni mese la pensione eliminando tre zeri dai menu dei ristoranti «in vista dell'introduzione della lira pesante».
Sì, fa ridere. Tre zeri in meno e via.
Ma quanto ci avete pensato, quanto anni ne avete discusso, parlato... La Banca d'Italia nominò perfino una task force di «psicologi monetari» per studiare le probabili reazioni della gente all'introduzione della lira grossa.
Era il 1985. Il Paese rialzava la testa dalla recessione e il boom era nell'aria. Nell'euforia dei favolosi anni ottanta, la Borsa saliva e si gridava al miracolo se l'inflazione si approssimava al 10%. Il debito pubblico continuava la sua marcia? Guai a rammentarlo.

Oggi il Parlamento mi ha bocciata. Non sono neanche nata e sono già fuori moda.

(Nel 1992 arriva la svalutazione. Altro che pesante, la lira diventa leggerissima. Ma non è più la mia storia...)

Il Teatro Petruzzelli

27 OTTOBRE 1991

Il tuo rogo, o Norma, è il mio!

Ciccio Franco

POLITICO, 16 NOVEMBRE 1991

Che fiammate che facevano le bombe sui treni per Reggio Calabria, quelli che portavano gli operai alla manifestazione nazionale antifascista del 22 ottobre 1972.
Io chiaramente non c'entravo nulla. Mi hanno pure assolto.

Io avevo un solo grido: «Boia chi molla!».

Ludovico Geymonat

FILOSOFO E MATEMATICO, 29 NOVEMBRE 1991

Prima di lottare, bisogna studiare.
Non c'è rivoluzione senza ricerca.
Ma quale «boia chi molla...».
Per ottenere un vero progresso bisogna solo contestare. E ricreare.

Pier Vittorio Tondelli
SCRITTORE, 16 DICEMBRE 1991

Ho imparato più da un pompino che da vent'anni di esami.

Walter Chiari

COMICO, 20 DICEMBRE 1991

Nel mio cuor
c'è un posticin
ma è picco, picco, picco, piccolino.
Io glielo offro signor
e sebben è piccin
vale un para, para, para, paradiso.
Nell'amor
cullarsi potrà
e pur dolce, dolce, dolce, dolcemente
se lei vuole accettar
io la invito a sgonar
solo fino, fino, fino a domattina.
Se il sogno restar potrebbe cosa vana
signore per consolarla c'è la banana.
Prenda
rinunciare
non vorrà
perché rara, rara, rara, raramente
lei trovarlo potrà
questo frutto si sa
certo vale un para, para, para, paradiso.

Quattro aviatori italiani in Croazia

7 GENNAIO 1992

In Iugoslavia c'è finalmente la tregua.
La Comunità europea ci manda come osservatori. Il nostro elicottero viene colpito da tre raffiche di cannoncino sparate da un Mig 21, dall'armata federale.
E solo molto dopo Belgrado ammetterà: «Siamo stati noi, scusate».
La fine giunge a noi anzitempo, dunque, sotto forma di fuoco amico.

Siamo morti per la pace.

Eppure...
Eppure agli italiani di quello che sta succedendo in Bosnia, in Croazia e in Slovenia non frega nulla: i profughi, le case sventrate, le città distrutte sembrano non suscitare interesse, nemmeno un po' di pietà.
Un anno fa, nel 1991, sarebbero partiti tutti volontari per il Kuwait, per difendere la libertà di un Paese che aveva il nome di un distributore di benzina. I nomi dell'ex Iugoslavia sono forse più difficili...
Il capitano Maurizio Cocciolone è tornato dall'Iraq con un occhio nero ed è diventato un eroe. I nostri nomi – colonnello Venturini, sergente maggiore Natta, marescialli Ramacci e Silvani – agli italiani non dicono nulla.

I settimanali che hanno fatto le «inchieste» sulle torture di Saddam, la settimana dopo la nostra morte pubblicano in copertina questi titoli: «Stephanie di Monaco: aspetto un figlio dalla mia guardia del corpo», oppure «Lorella Cuccarini e Marco Columbro condurranno ancora *Paperissima*?», «A scuola di trucco con Rosanna Lambertucci».

Una valigetta
17 FEBBRAIO 1992

C'era il trucco, e quel Mario Chiesa ci cascò in pieno.
Mi stringeva in mano Luca Magni, giovane imprenditore titolare di una piccola impresa di pulizie, che lavorava anche per il Pio albergo Trivulzio, la casa di riposo di Milano della quale Chiesa era presidente in quota Psi.
Ero piena di soldi. La tangente per Chiesa: sette milioni, cash.
Avevo una microspia. Magni aveva denunciato tutto ai Carabinieri, stanco di dover pagare mazzette ai politici per poter lavorare.
Ero un valigetta-trappolone.
Spuntano i Carabinieri.
«Questi soldi sono miei» azzarda Chiesa.
«No, ingegnere» replicano gli uomini in divisa «questi soldi sono nostri.»
Allora lui scappa in bagno, e butta nel cesso 37 milioni di lire, il ricavato di un'altra tangente.
Lo portano a San Vittore.

Così fu beccato il «mariuolo», come lo definirà Craxi. Uno straniamento inatteso, il suo.
Così è cominciata Tangentopoli.
Per Bettino, per tutti, un cataclisma.

Valentino Bompiani

EDITORE, 23 FEBBRAIO 1992

Per fortuna non ho fatto in tempo ad assistere al cataclisma dell'editoria. Detestavo la tirannia del marketing, la ricerca del best seller, credevo semplicemente nel libro, e basta.
Capii che arrivavano tempi tristi quando vidi aggirarsi nei corridoi delle case editrici una generazione di direttori editoriali che anziché parlare di romanzi parlava di tirature, si occupava dell'organizzazione di squallidi cocktail, comprava vino scadente per bicchieri di plastica, camminava con vestiti griffati e scarpe dai tacchi alti. Il rumore dei loro passi era il crepitio del tramonto.

Salvo Lima

POLITICO, 12 MARZO 1992

Non mi sono accorto che vivevo, perché la mia vita fu tutta un'equazione: elezioni, appalti, ancora elezioni, riunioni, riunioni, riunioni, comitati, persone da incontrare all'ombra, persone da incontrare in pubblico, il caro Giulio, elezioni, appalti, Roma, Palermo, Bruxelles, persone amiche, persone non più amiche.

La mia fu l'esatto contrario di una morte annunciata. Perché ero un intoccabile, e tutti lo sapevano.

Ma ero diventato – improvvisamente – l'amico caro di un amico che ha tradito, e che doveva essere avvertito, con un cadavere fatto trovare nel suo parco giochi sotto casa, la Sicilia.

Quando a Palermo mi uccisero, tutti pensarono che fosse un delitto di mafia. Ma ci fu chi disse: «È molto di più. È come l'assassinio di John Kennedy: non si saprà mai chi è stato davvero...».

Sul mio cadavere, sulle strade di Mondello, a Palermo scende una cappa come di afa, di umidità appiccicosa. Non è solo caldo. Non è solo scirocco. E infatti la mia uccisione fu solo l'inizio: il Sessantotto di Riina, e di quelli che di lui si servivano. Venticinque anni dopo, lo slogan era sempre quello: «Ce n'est qu'un début...».

Però a mia figlia hanno dato i fondi per le vittime di mafia, un milione e ottocentomila euro.

Giuliano Guazzelli

MARESCIALLO, 4 APRILE 1992

Mi chiamano «il Mastino». Sono in Sicilia dal 1954. Non do tregua alla mafia. Non ho tregua.
Sono la memoria storica della lotta alla mafia in Sicilia: droga, appalti, politica, tutto.
In quarant'anni di servizio ho archiviato nella mia mente la radiografia delle cosche, da Palermo a Trapani, da Caltanissetta ad Agrigento.
Come ogni giorno prendo la Agrigento-Menfi con la mia Ritmo. Sono sul viadotto Morandi. Un Fiorino mi sorpassa. È arrivata l'ora, è l'ultima cosa che penso. Si apre il portellone. Scaricano colpi di mitra.
È la famiglia Capizzi di Ribera che manda questi *picciotti.* Li ha pagati cinque milioni di lire. È la stessa mano che ha ucciso il giudice Livatino. Sto indagando sulla sua morte.
Sul posto arrivano centinaia di curiosi, i miei colleghi, Paolo Borsellino.
Gli avevo promesso che avrei collaborato con lui su alcune importanti inchieste sulla mafia trapanese che voleva portare avanti.

Il Caf

5 APRILE 1992

Cominciò tutto nell'estate del 1986. La Dc obbligò Craxi alla staffetta, che nel 1987 portò alle elezioni anticipate e ai governi della sinistra democristiana di De Mita. Craxi fiutò il malcontento e formò un'alleanza, la famigerata triade: Craxi-Andreotti-Forlani.
Ero il patto che consentiva ai leader del Psi e della Dc di spartirsi il potere e di continuare a governare. O, se preferite, una riedizione dei famigerati triumvirati nel crepuscolo dell'impero romano.
E anche in questo caso di fine impero si trattava.
Fui travolto da Tangentopoli e dalla lotta tra i leader per chi doveva fare il presidente della Repubblica al posto di Francesco Cossiga, quel mattacchione che si era dimesso improvvisamente, perché aveva capito che tutto stava per crollare.
Valevo mille, valevo l'Italia intera.
Improvvisamente valevo zero.
La mafia si preparava alla resa dei conti.
La magistratura indagava sui conti.
Lo spavento era supremo.

L’Ora

9 MAGGIO 1992

I lettori furono salutati con un «Arrivederci» in prima pagina. L’ultimo numero ripercorreva un secolo di storia del giornale, con articoli firmati da vecchi redattori e interviste a storici e studiosi per raccontare l’unicità di quell’esperienza, non solo siciliana, ma italiana.

Perché il giornalismo è un mestiere di responsabilità, specialmente in un territorio «di frontiera» come la Sicilia, martoriato dalla presenza ingombrante della mafia e delle clientele.

Chiedevo ai giornalisti un’ostinazione che altrove non sarebbe stata necessaria per informare. Loro accettavano in partenza le conseguenze che questo avrebbe comportato. Tre di loro – Cosimo Cristina, Mauro De Mauro e Giovanni Spampinato – sono stati uccisi perché, pur essendo consapevoli della peculiarità del territorio in cui operavano e dei rischi che correvano, prima di tutto avevano voluto informare.

Cesso le pubblicazioni due settimane prima della strage di Capaci e due mesi prima di quella di via D’Amelio. Il ’92 sarà per Palermo e per la Sicilia l’anno della «rivolta dei lenzuoli» e della «primavera siciliana».

Mi è stata tolta la possibilità di fare per la prima volta il mio lavoro con al fianco una popolazione attiva. Dall’altra parte, la primavera siciliana venne privata dell’appoggio di un giornale indipendente che ne rappresentasse la voce.

Sarei forse stato uno strumento indispensabile, un collante per il movimento, che invece si spense in pochi mesi. Fu un’occasione mancata.

Sorelle d'Italia - Capaci

23 MAGGIO 1992

Dove sono Giovanni, il giudice, e sua moglie Francesca?
Dove sono Vito, Rocco, Antonio?
Il poliziotto, il poliziotto, il poliziotto...
Cercateli, cercateli in quel pezzo di autostrada di fronte la collina di Capaci, davanti al mare di Palermo.

Io sono la bomba che vi fa una cortesia: non vi stava così antipatico quel magistrato troppo prima donna?

Io sono la bomba che tutto accelera: l'elezione del nuovo presidente della Repubblica come la fine di Borsellino.
Borsellino muore a Capaci, non lo capite?
È come un immenso movimento di terra, che poi è la specialità della mafia.

Sono la bomba del tempo perfetto, dei lunghi preparativi, del cronoprogramma. Dei dettagli. C'è stato un uomo che si è fatto scivolare su uno skateboard lungo un tunnel, per piazzare cinque quintali di tritolo e polvere T4.

Poi, quel sabato, alle 17 e 04 squilla un cellulare.
«Pronto...»
«Pronto, Mario?»
«No, ha sbagliato.»

È il segnale.

Alle 17 e 40 il giudice e la moglie scendono dall'aereo, e salgono su una delle auto. Le altre seguono, di scorta.

Sulla collina, altri sorvegliano.

Alle 17 e 58 vado in scena io: *l'attentatuni.*

In molti mi aspettano già in piedi.

Giovanni Falcone

MAGISTRATO, 23 MAGGIO 1992

Avviso per tutti coloro che oggi dicono o pensano: «Voglio essere come Giovanni Falcone». Sappiate che Giovanni Falcone non voleva essere Giovanni Falcone, ma uno che faceva bene il suo mestiere. E basta.
Sono stato la prima torre gemella a essere abbattuta, sull'autostrada, un sabato pomeriggio, vicino a Capaci.
Poi, il 19 luglio, Paolo Borsellino fu la seconda torre a cadere, bombardata.

Sapevamo molte cose, Paolo.
Il legame profondo tra mafia, economia e settori dello Stato, quel doppiofondo che è l'anima stessa dell'Italia. Ci pensi? Io lo chiamavo il gioco grande, questo dòmino che era diventata la mafia. Si indaga sugli assegni e si arriva alle armi, poi di nuovo alle banche, e agli appalti, le tangenti, i politici, la massoneria, i servizi segreti. E un muro. Da qualunque punto si iniziava, si andava sempre a sbattere.
Ci fu un tempo, Paolo, in cui anche da morti ci sentivamo vivi. Fu subito dopo il nostro strazio, quando avvertimmo una scossa sincera, nel Paese. Non eravamo solo icone, ma simboli di un riscatto. La lotta alla mafia cominciò a diventare la ragione di vita quotidiana di molti, soprattutto giovani. Davano una lezione di dignità a tutta l'Italia.

Poi, cosa sia successo non so.
Dove abbiamo sbagliato, Paolo?

Se nei primi anni c'era speranza che qualcosa cambiasse ora è prevalso un altro sentimento. Che non è la disillusione, perché molte cose sono cambia-

te, molte battaglie sono state vinte. Forse sono tutti disorientati. Non sanno più cosa fare, dove cercare.
Ricordano noi: Falcone, Borsellino, i poliziotti della scorta, sì. Ma sentono promesse che non vengono mai mantenute, annunci di leggi fondamentali nella lotta alla mafia che non vengono mai approvate.
Sono disorientati, per questo e per altri motivi. Perché prima sapevamo riconoscere il nemico. Riina, Provenzano, Brusca e tutti gli altri. Oggi, che i boss della mafia che fu sono in carcere, vittima dell'Alzheimer oltre che del carcere duro, non hanno più nemici. La mafia è cambiata e non sanno riconoscerla più. E non sapendola indicare, non la sanno lottare.

Forse per capire l'Italia, la mafia, l'antimafia e tutto – no, non per capire, per tentare di capire, perché capire non si può, ma avvicinarsi sì – forse, allora, per cercare un filo, devo tornare a quella sera di sabato 23 maggio 1992. Su Rai Uno fanno *Scommettiamo che…?*. Fabrizio Frizzi in smoking spunta in televisione, e dice: «Siamo qua, in questo programma di scherzi e lazzi, è l'ultima puntata, non volevamo andare in onda ma alla fine abbiamo deciso che andiamo in onda lo stesso». Prima, un minuto di silenzio per Falcone. Applauso del pubblico, tutti in piedi al Teatro delle Vittorie. Stacco musicale dell'orchestra del maestro Mazza. Frizzi che rientra sul palco dello studio (perché prima non era sul palco, forse non era neanche in quello studio, e forse non era sullo schermo, Frizzi: era nella vita vera, spiacevole parentesi della vita televisiva) e come se niente fosse, elaborato già il lutto, palleggia con un pallone da basket e dà inizio alla trasmissione.

Ecco, nel corso di questi anni, si è fatta la stessa cosa: prima lo spavento, l'orrore. Poi la posa, sull'attenti. Il caloroso saluto alle vittime. Infine, seduti. C'è stato lo stacchetto. Adesso si palleggia.

Francesca Morvillo

MAGISTRATO, 23 MAGGIO 1992

Il nostro viatico sono state le conversazioni radio dalle sale operative di Polizia e Carabinieri, che inviavano sul posto uomini e mezzi:

Ci sono un sacco di feriti...
... il fatto si è verificato poco prima dello svincolo di Capaci, c'è tutto il terreno sventrato, il ferito lo stanno portando via in questo momento... non so esattamente in quali degli ospedali lo vogliono portare...
... dovete controllare tutti... tutti... perché... a seguito di attentato avvenuto in Palermo, attentato dinamitardo avvenuto a Palermo... controllare tutti quelli che escono dall'autostrada...
... quanti colleghi c'erano a bordo? Se mi date la targa... il tipo e la targa...
... lascia stare il tipo, se era una Giulietta o altro tipo di autovettura...
... confermano altri colleghi del nucleo scorte che trattasi di tre colleghi nostri, quindi del nucleo scorte...
... sono tutti frastornati... uno si dovrebbe chiamare un certo Montinari... l'auto dovrebbe essere una Croma quindi accertatevi...
Io sono al Civico, la personalità è qui, le condizioni sono abbastanza gravi, i medici lo stanno visitando...
Abbastanza gravi che significa... che è cosciente... che...?
Ci ha le caviglie rotte, entrambe... gli stanno facendo un massaggio cardiaco...
Il procuratore desidera sapere se ci sta pure la moglie...
Morvillo... signora Morvillo... che presenta ferite abbastanza gravi alla gamba destra...
Dovresti dirmi quanti morti e quanti feriti ci sono lì...
Io qui morti non ne ho. Ho circa... ho tre militari di scorta lievemente feriti, più almeno cinque o sei civili... persone rimaste coinvolte occasionalmente...

eh… inoltre c'è anche la moglie di Fox… dovrebbero essere nel complesso nove, complessivamente nove… dovrebbero essere…

I feriti sono tanti…

Hanno estratto il secondo corpo dall'equipaggio… e mi confermano che anche questo è deceduto…

… dati precisi non ne abbiamo… Per adesso al Civico ci sono tre morti e due feriti… Noi abbiamo altri dati…

Abbiamo scortato l'autoambulanza su cui c'era la nota personalità… Fox Trot iniziale…

Le condizioni della signora?

Abbastanza serie. Neurochirurgia. Tra pochi secondi passa da qui…

Mi confermate che si tratta della moglie della nota personalità?

Ti confermo. Assolutamente lei. E abbiamo l'orologio… l'orologio fermo alle 17 e 58.

La nota personalità è deceduta.

Antonio Montinaro, Rocco di Cillo, Vito Schifani

POLIZIOTTI, 23 MAGGIO 1992

... Tornate ad essere cristiani... Per questo preghiamo nel nome del Signore che ha detto sulla croce: padre, perdona loro perché loro non lo sanno quello che fanno... ma loro lo sanno quello che fanno... lo sanno... *pertanto vi... vi chiediamo... vi chiediamo per la città di Palermo... Signore... che avete reso città di sangue, troppo sangue... di operare anche voi per la pace, la giustizia, la speranza e l'amore per tutti... non c'è amore... non ce n'è amore... non c'è amore per niente...*

Sorelle d'Italia – Via Mariano D'Amelio, Palermo

19 LUGLIO 1992

Dov'è Paolo, il giudice, che da 57 giorni aveva perso il sorriso?
Dove sono Agostino, Vincenzo, Walter, Claudio.
Il poliziotto, il poliziotto, il poliziotto, il poliziotto.
Dov'è Emanuela? Ci teneva tanto a essere la prima donna assegnata a un servizio di scorta.
Cercateli, cercateli nell'imbuto di via D'Amelio, a Palermo.

Suona il citofono.
Chi è?
Consueta la domanda.
Fragorosa la risposta.

Io sono la bomba che completa il lavoro. Non sono la copia di Capaci, sono un'altra cosa, un altro pezzo di frase nello stesso discorso, nello stesso ragionamento.

Io sono la bomba che tutto ferma: c'è un nuovo capo dello Stato, non c'è più il pool antimafia – è fatto a pezzi, nel senso pieno della parola –, la Prima Repubblica batte i piedi come un malato agli ultimi strazi, il signore delle televisioni ha già deciso di fare un partito tutto suo.

Cento chili di tritolo, in una Fiat 126, posteggiata davanti al civico 21.

La terra è stata smossa.
Serviva a coprire delle fosse.
Una per i giudici, i loro tronchi smembrati.

Una per gli agenti, i loro pezzi sparsi sull'asfalto bruciato di sole.
La fossa grande, invece, è un buco nero. Per l'Italia tutta.

Sono la bomba delle mille verità, del gioco di specchi, dei finti pentiti che racconteranno di finti preparativi, finte riunioni, finte strategie, finti motivi.

Tutto finto.
Borsellino Bis, Borsellino Ter, Borsellino Quater. Troppi numeri romani per mascherare l'incapacità a trovare un brandello di luce.
Di vero c'è solo il botto.
Ancora oggi.
Di vero c'è solo il botto, e nulla più.

Non sono le stalle dello zio Totò quelle da perquisire per trovare la verità, sono i corridoi tirati a lucido di certi palazzi.

Pensavate che la notte fosse scampata, vero? Che ci fosse una nuova alba e un nuovo inizio.

Io sono l'incubo che sorprende al mattino quando dolce dovrebbe essere il sonno del risveglio.

In molti mi aspettavano già svegli.

Paolo Borsellino

MAGISTRATO, 19 LUGLIO 1992

Dove abbiamo sbagliato, Giovanni? Non lo so.
Quando ti ho visto morire mi sono rassegnato. Ho avuto poco tempo a disposizione. Nulla e nessuno avrebbe potuto salvarmi.
E finiva così la nostra lotta d'amore per liberare Palermo e l'Italia.
Come l'imperatore Adriano, sono entrato nella morte vivendo. E anche un po' ridendo. Chi ha visto il mio corpo martoriato – solo la testa e il tronco, le braccia e le gambe erano state strappate – ha riconosciuto sotto i miei baffi come una specie di sorriso. Come a dire: lo sapevo.

È stata la mafia a ucciderci, certo. Ma non è stata solo la mafia a volere la nostra morte.

Forse lo sai dove abbiamo sbagliato? A fare quella foto. Quella che ci vede insieme, vicini e complici, sorridere, parlare dei fatti nostri. È la foto che hanno tutti. Sta nelle scuole, all'ingresso, dietro la scrivania di sindaci e politici, in molte chiese, in aule di giustizia.
Tutti hanno quella foto. Si fanno magliette, poster, portachiavi. Di noi tutti sanno a memoria i nostri slogan: «Chi ha paura muore ogni giorno», «Un giorno questa terra sarà bellissima», «Fresco profumo della libertà».
Ma di noi in pochi seguono l'impegno. Tanto, in quella foto, ci parliamo tra noi, Giovanni.

Quella foto è sbagliata.
Avremmo dovuto farne un'altra, invece. Dove, insieme, alziamo lo sguardo. E siamo noi a guardare negli occhi chi ci osserva.

Non so in quanti l'avrebbero appesa una foto così. Non è una foto da eroi morti da venerare.
È una foto di persone vive che si interrogano.
Non è una foto che ha come didascalia la parola «Antimafia».
Ha come didascalia la parola «Responsabilità».

Ma quella foto, purtroppo, non c'è.

E la lotta alla mafia è nata sui nostri corpi straziati ed è finita subito dopo, soffocata dalla retorica e dal merchandising. I cineforum, le fiaccolate, i cortei. Le fiction, i film, i fumetti, i romanzi, le miniserie in tv. Le intitolazioni: biblioteche, scuole, aeroporti, piste di sci, strade, viali, piazze...

Chi lo poteva dire: lottare ogni giorno senza riposo, morire da eroi, diventare simboli di una ribellione.
E poi riempire le pagine di *Tuttocittà*.

Un'agenda di colore rosso

19 LUGLIO 1992

Sì, la lotta alla mafia è finita.
Io lo so. Perché sono un simbolo dell'antimafia: l'agenda rossa di Paolo Borsellino.
Mi sognate la notte: dov'è? chi l'ha presa? dove l'hanno portata?
Sono stati i servizi deviati, un carabiniere infedele, un passante, un mafioso a portarmi via?
A un certo punto a qualcuno è sembrato di vedermi in un filmato diffuso tempo fa con le riprese dei vigili del fuoco nell'immediatezza della strage di via D'Amelio.
Eccola, l'agenda inseparabile del giudice Paolo, eccola lì! Allora esiste!
Poi i periti hanno detto: è una cosa rossa, sì, ma non è un'agenda, è un parasole.
Mi sembra di essere in quel quadro di Magritte: «Ceci n'est pas une pipe».
Questa non è una pipa. L'agenda è un parasole è un pezzo di cartone è un ombrellino da cocktail è il coniglio di Alice.
Forse sarebbe l'ora di liberarvi di me.
Ero l'agenda di Paolo Borsellino, certo.
Contenevo i suoi appunti più importanti, ovvio.
Ma di sicuro non l'appuntamento con i suoi assassini.
E siete così presi dalla ricerca che vi sfugge tutto il resto: il clamoroso depistaggio delle indagini, il coinvolgimento di pezzi delle istituzioni, le ultime indagini di Borsellino.

Il punto morto della lotta alla mafia, oggi.

Emanuela Loi

POLIZIOTTA, 19 LUGLIO 1992

Un parco.
Una targa.

Sono stata la prima donna a far parte di una squadra di agenti addetta alla protezione di obiettivi a rischio e anche la prima poliziotta a morire in servizio.
Una medaglia.
Tante strade: da Quartu Sant'Elena a San Giuseppe Jato, da Iglesias a Catanzaro.
Qualche piazza.
Una via.
Un asilo.
Un istituto tecnico commerciale.
Un istituto tecnico industriale.
Un premio.
Un torneo di calcio a sette.

Ritrovarono quel che restava del mio corpo in un giardino. Un pezzo di seno, come un fiore grifagno, dolorosa pianta.

La bara viaggiò leggerissima – vuota – da Palermo in Sardegna, a casa mia.
Lo Stato fece pagare ai miei genitori le spese del trasporto.

Gli agenti di scorta vittime della violenza mafiosa

19 LUGLIO 1992

Eppure lo sapevamo anche noi, il silenzio di certe strade semideserte, l'aria gialla di tufo intorno.

E pensare che ci eravamo abituati: palette, lampeggianti, turni. Tutti intorno al magistrato, a fare da corona, neanche fosse il bocciolo di un fiore e noi come api a ronzare intorno. Guardare sempre nello specchietto retrovisore, l'auto che chiude il corteo, l'altra troppo vicina. Chi ci sorpassa? Chi mette la freccia? Chi ci cammina accanto?

Sì, pensavamo di averlo capito, come strappare nei territori della mafia piccole zone franche di sicurezza, quasi di pace.
E avevamo giurato di non dirla mai, quella parola che era una bestemmia: pace.

Saltare il traffico, la strada come una pista, la gente che si lamenta. Questo parlare piano, indicando con gli occhi qualcuno o qualcosa. Tutte le domande da fare prima di visitare luoghi non conosciuti e dunque, per definizione, ostili.

Ci siamo abituati, ci ripetevamo.
È la nostra vita, ci consolavamo.
Ormai siamo preparati, ci incoraggiavamo: non può capitarci nulla.

Invece no, non ci si abitua mai.

Rita Atria

RAGAZZA, 26 LUGLIO 1992

Anche se non ho ancora 18 anni ho un viso da adulta.
Mio padre era un mafioso. È stato ucciso a Partanna, il mio paese, quando avevo 11 anni. Nel 1991 uccidono mio fratello. Io ho 17 anni ma so già molte cose e decido di raccontarle a Paolo Borsellino.
Mi sono legata a lui come a un padre.
Io sono una *picciridda*, e ora che è morto Borsellino, nessuno può capire il vuoto che c'è nella mia vita.
Tutti hanno paura ma io l'unica cosa di cui ho paura è che lo Stato mafioso vincerà e quei poveri scemi che combattono contro i mulini a vento saranno uccisi.
Prima di combattere la mafia devi farti un esame di coscienza e poi, dopo aver sconfitto la mafia dentro di te, puoi combattere la mafia che c'è nel giro dei tuoi amici: la mafia siamo noi e il nostro modo sbagliato di comportarci.
Borsellino, sei morto per ciò in cui credevi, ma io senza di te sono morta.

Giovanni Lizzio

ISPETTORE CAPO DI POLIZIA, 27 LUGLIO 1992

Anch'io credevo di saperlo. Ero il responsabile della sezione antiestorsioni della Questura di Catania.

Anch'io pensavo di essermi abituato. Ma le stragi di Capaci e via D'Amelio hanno mandato in tilt schemi conosciuti e vecchi regole, creando fermenti nuovi, imprevedibili.

Anch'io sono stato sorpreso. Due sicari mi spararono a bordo di una moto di grossa cilindrata mentre ero fermo al semaforo.

Con la sensazione amara di morire nel periodo più intasato di dolore e lacrime per poter essere degnamente ricordato.

Antonio Di Bona

AGRICOLTORE, 6 AGOSTO 1992

Io ero tenuto a sapere altre cose: come organizzarsi per la raccolta delle pesche, di quanto aumenta il gasolio, quanto tempo ci vuole per riparare il trattore che si è guastato. Non bisogna perdere tempo, perché fa caldo, e i pomodori non aspettano, e ci sono tante cose da fare in campagna…

Faccio il contadino. Sono in officina, a Villa Litero, aspetto che mi consegnino il trattore. Arrivano i killer per uccidere il titolare, Nicola Palumbo, e un altro meccanico che lavora lì, Antonio Diana. Sono mandati dal boss Francesco Schiavone, Sandokan.
Io questo non lo so. So solo che nell'agguato muoio anch'io. Perché non ho il tempo di fuggire.

Cosa avrei dovuto fare?

Giorgio Perlasca

COMMERCIANTE DI CARNI, 15 AGOSTO 1992

Lei cosa avrebbe fatto al mio posto?

Quelli che si sono suicidati durante Mani pulite

2 SETTEMBRE 1992

Parla per noi tutti Sergio Moroni, tesoriere del Psi in Lombardia. Prima di spararsi in bocca un colpo di fucile, scrive al presidente della Camera, Giorgio Napolitano:

... È indubbio che stiamo vivendo mesi che segneranno un cambiamento radicale sul modo di essere nel nostro Paese, della sua democrazia, delle istituzioni che ne sono l'espressione. Al centro sta la crisi dei partiti (di tutti i partiti) che devono modificare sostanza e natura del loro ruolo. Eppure non è giusto che ciò avvenga attraverso un processo sommario e violento, per cui la ruota della fortuna assegna a singoli il compito delle «decimazioni» in uso presso alcuni eserciti...
... esiste un diritto d'informazione, ma esistono anche i diritti delle persone e delle loro famiglie. A ciò si aggiunge la propensione allo sciacallaggio di soggetti politici che, ricercando un utile meschino, dimenticano di essere stati per molti versi protagonisti di un sistema rispetto al quale oggi si ergono a censori.

Ignazio Salvo

MAFIOSO, 17 SETTEMBRE 1992

I soldi vanno con i soldi, e i pidocchi fanno i pidocchi. Così, con mio cugino Nino diventammo i «potentissimi esattori di Salemi». Lui è morto prima della rovina, io mi sono fatto il carcere.
Quando uscii dal carcere Riina mi fece fare la stessa fine di Salvo Lima, per dare un messaggio ad Andreotti e perché le cose non si erano messe a posto come chiedeva lui.
Ero ancora molto ricco, quando fui ucciso, forse l'uomo più ricco d'Italia.
In una chiesa di Palermo c'è una targa in mia memoria: «Dono di fede e d'amore in perpetua benedizione e memoria di Ignazio Salvo». Qualche fedele ha chiesto la rimozione, ma il prete ha risposto: «La nostra posizione deve essere equanime».
Dio è giusto.

Augusto Daolio
CANTANTE, 7 OTTOBRE 1992

Dio è morto.

Giovanni Panunzio

IMPRENDITORE, 6 NOVEMBRE 1992

No. Dio è vivo, ma è distratto, e non ci salva per questo.
Così come distratti sono gli uomini, quelli che potrebbero fare qualcosa.
O forse sono proprio menefreghisti, quando non sono complici.
C'era una seduta del consiglio comunale a Foggia, quella sera. I politici litigavano sul piano regolatore. Ognuno aveva un parente da accontentare, un amico da privilegiare. Del resto non gli importava nulla.
Il sindaco interruppe i lavori. «Mentre noi qui discutiamo, hanno sparato a un costruttore.»
Il costruttore ero io.
Tra l'altro ero stato in consiglio comunale, me ne ero appena andato. Sembravano dei fossili, quei politici. Dimenticavano i drammi che affliggevano la nostra esistenza. Senza piano urbanistico non ci sono regole, senza regole vince la mafia.
Avevo presentato un memoriale sul giro delle estorsioni a Foggia, era scattato un blitz con 14 arresti.
I consiglieri si fermano un attimo. Poi votano il piano regolatore.
«Avete fatto ammazzare un uomo...!», «Siamo in guerra!» urlano altri imprenditori alle loro spalle.

Giulio Carlo Argan

CRITICO D'ARTE, 12 NOVEMBRE 1992

La guerra l'ho schivata. Troppo giovane per la prima, troppo adulto per la seconda.
Sono nato nel 1909, l'anno in cui Marinetti pubblicò sul *Figaro* il Manifesto del Futurismo. Non potevo non diventare un testimone delle vicende artistiche del Novecento; qualcuno che quel secolo non lo ha solo vissuto, ma anche influenzato.
Nel 1976 sono diventato sindaco di Roma. Il primo sindaco laico dopo il mazziniano Ernesto Nathan, nel 1907. La città era lacerata dal terrorismo, per salvarla non c'era altro modo che farla sognare, recuperare la sua bellezza. Con il mio giovane assessore Renato Nicolini inventammo l'«estate romana».
Ma io per molti sono soprattutto un manuale. Sono l'«Argan». Sui miei libri di storia dell'arte hanno studiato generazioni di ragazzi delle superiori. E pazienza se la storia dell'arte è materia da ultima ora del sabato, buona solo per farsi interrogare quando c'è da fare media, o per passare minuti di letargo indefinito a scuola...

Severino Gazzelloni

FLAUTISTA, 21 NOVEMBRE 1992

Il mio Haynes d'oro 14 K era un vero e proprio pezzo d'arte.

Sono stato una delle nostre glorie nazionali insieme con gli spaghetti, la pizza napoletana e Rodolfo Valentino.

Grazie a me, però, la musica di Berio, Nono, Messiaen, Boulez, Stockhausen risuona ancora nelle vostre orecchie.

Domenico Signorino

MAGISTRATO, 3 DICEMBRE 1992

Ci fu un tempo in cui anche noi magistrati «antimafia» eravamo delle glorie nazionali, come la pizza o Rodolfo Valentino. E un po' ci sentivamo dei divi, perché eravamo uomini, avevamo la nostra preparazione, una buona dose di coraggio, ma anche – ed è normale – vanità, debolezze, tic.
Ero amico fraterno di un altro magistrato, Giuseppe Ayala. Con lui avevo diviso l'onere dell'accusa al maxiprocesso di Palermo a Cosa Nostra.
Ma poi il pentito Gaspare Mutolo mi accusò di essere stato amico, molto amico, di un vecchio capomafia, di aver avuto traffici poco puliti di appartamenti, di essermi venduto alla mafia per i debiti di gioco.
I giornali spararono la notizia: zone d'ombra, connessioni.
Io mi sparai.

Franco Franchi

COMICO, 9 DICEMBRE 1992

Ciccio, Cicciuzzo,
eravamo palermitani, prima ancora che attori. Maschere antropologiche cittadine. La coppia comica per definizione. Per smettere di dare del tu alla fame. Tu, con quei baffi ben curati, eri il tipico siciliano dal volto saraceno. Tanto io ero incontenibile, eccessivo, smisurato tanto tu eri il mio filo di piombo, essenziale. Le smorfie, i gesti, le battute, i «soprassediamo»... Eravamo popolarissimi.

Chi riesce più a spiegare cosa siamo stati?

Gianni Brera

GIORNALISTA, 19 DICEMBRE 1992

Cosa sono stato?

Contropiede, uccellare, centrocampista, corner, rifinitura, cursore, melina, pretattica.
Ma anche Eupalla, l'Abatino, la Beneamata, Rombo di tuono, Bonimba, Piscinin, Vecchio balordo.

Mario Ageno

BIOFISICO, 23 DICEMBRE 1992

Ho applicato la fisica alla biologia, creato modelli matematici per raccontare la crescita dei batteri, cercato le origini della vita, ma «resta, non toccato, il mistero del perché siamo qui, del significato di tutto ciò, del come mai esiste qualcosa». La mia è la curiosità dello scienziato.

Beppe Alfano

GIORNALISTA, 8 GENNAIO 1993

La mia è la curiosità del giornalista di provincia che non vuole essere un sempliciotto provinciale, fare il copia incolla, il megafono di qualche potente.
Faccio il professore di educazione tecnica alla scuola media, ma la mia vera passione è il giornalismo, anche se non ho nessuna tessera in tasca. Voglio capire, indagare.
Sono un invisibile, non una grande firma. Ma sono caparbio, testardo. Instancabile.
Tre proiettili esplosi con la calibro 22 mi centrano mentre sono al posto di guida della mia Renault 9, nella centralissima via Marconi, a Barcellona Pozzo di Gotto.

«Ficcava il naso dove non doveva» diranno di me.

Infatti il terzo proiettile me lo hanno sparato in bocca.

Roberto Boemio

CAPO DI STATO MAGGIORE, 11 GENNAIO 1993

Sono anch'io una vittima di Ustica, e senza bisogno di salire sul DC-9. Ero il capo di Stato maggiore della Terza regione aerea nel giugno dell'80, e la sera in cui cadde quell'aereo vidi molte cose rimaste segrete: aerei stranieri nel cielo di Ustica, portaerei in attività nel Tirreno, e quel Mig libico ritrovato sui monti della Sila neanche un mese dopo la strage. Sapevo troppo. Due sconosciuti mi hanno accoltellato mentre stavo parcheggiando la mia auto nella rimessa di casa, a Bruxelles. Come un cane, con freddezza, professionalità, e tre colpi ben assestati. L'ultimo, quello mortale, dritto al cuore.

«Omicidio per rapina» titolano il giorno dopo i quotidiani. Ma non mi hanno portato via nemmeno il portafoglio.
Vi hanno rapinato piuttosto, ancora una volta, la verità. Chiamatela, se volete, la maledizione di Ustica.

Una latitanza

15 GENNAIO 1993

«Signor Pubblico Ministero, non diciamo latitanza, io in realtà... a me non mi ha mai cercato nessuno. Io ogni mattina andavo a lavorare, a me non mi ha mai fermato nessuno, prendevo il treno per andare a Trapani, prendevo l'autobus, a me non mi ha mai detto niente nessuno. Sono solo un lavoratore, tutto casa, famiglia, lavoro e chiesa, come si dice dalle nostre parti.»

Totò Riina, cella numero 19 dell'aula bunker dell'Ucciardone, Palermo. Ore 10 e 15 del 1° marzo 1993. Interrogatorio dinanzi alla Corte d'assise – presidente Agnello, giudice a latere Saguto.

Pasquale Campanello

SOVRINTENDENTE DI POLIZIA PENITENZIARIA, 8 FEBBRAIO 1993

Sono giorni veloci, questi.

Hanno preso Totò Riina, lo Stato ha deciso di mandare i militari nel Sud a fare la guerra alla mafia; hanno inventato il carcere duro, per levare l'aria ai boss.
Anche nel carcere di Poggioreale, a Napoli, le regole stanno cambiando. Ci sono molti camorristi, credono di poter comandare ancora loro, lì dentro.
Invece no, invece è un carcere, questo, non è più il loro grand hotel.
Glielo faccio capire.
Questo è un carcere, mica una tana.

Un gruppo di killer mi aspetta sotto casa.

Sergio Castellari

DIRETTORE GENERALE, 25 FEBBRAIO 1993

Giorni velocissimi.

Il sistema stava crollando. Avvisi di garanzia per tutti, la gente si ribella, i leader politici sono costretti alla fuga.

C'erano soldi, tanti soldi. Quanti? È difficile da dire. Una quantità inimmaginabile.
Soldi, cioè tangenti. Anzi, una tangente: quella per Enimont. La madre di tutte le tangenti, come Piazza Fontana è la madre di tutte le stragi.
Io ero perfettamente inserito nel sistema. Sapevo quasi tutto. Per oltre venti anni sono stato uno degli uomini più potenti in Italia: il direttore generale del ministero delle Partecipazioni statali. Custode di un sistema di segreti e affari.
Ma ciò che era segreto in quei giorni lo diventava sempre meno.

Scompaio il giorno in cui mi sarei dovuto presentare dai pubblici ministeri. «Se confessa, non la arrestiamo» mi avevano preannunciato.
Mi ritrovano una settimana dopo in un bosco, gli abiti puliti, le suole delle scarpe senza fango, il corpo non ancora putrefatto. Solo la calotta cranica manca di un pezzo, il volto irriconoscibile. La pistola Smith & Wesson calibro 9 infilata nei pantaloni (non vi viene un sospetto...?).
Sono il primo suicida di quel vortice chiamato Enimont. Dopo sarà la volta di altri suicidi eccellenti: Gabriele Cagliari e Raul Gardini.

Il decreto Conso
8 MARZO 1993

A fin di bene.
Ero nato a fin di bene.
Come ogni cosa che nasce da una trattativa.
Cancelliamo il reato, cancelliamo l'onta, la pena, lo sgomento.
Come in quella canzone, intoniamo tutti il ritornello: Ricominciamo!

Mi avevano studiato nel dettaglio il ministro della Giustizia Conso, e il presidente del Consiglio, Amato: depenalizzare i reati sul finanziamento irregolare ai partiti.
Cancellare il reato.
Cancellare Mani pulite.
Salvare la Repubblica. De Mita, Andreotti, La Malfa, Craxi, Martelli, Altissimo, Gava, Cirino Pomicino, Forlani...
Ero l'ultima ciambella di salvataggio per tutti.
Il capo dello Stato Scalfaro era d'accordo: «Recitate un'Ave Maria alla Vergine» disse ai parlamentari.
Ma dopo tre giorni bocciò tutto.

La trattativa fallì (questa).
La Repubblica, la prima, crollò.
Un incubo per tutta una nomenclatura, senza un pizzicotto in grado di svegliarli.

Giovanni Testori

SCRITTORE, 16 MARZO 1993

Che anni plumbei e dolorosi.
Eppure io ho cercato di fare apparire diverse le cose: la vita riesce a illuminarsi quando trasforma quel grigiore e quelle lacrime in un disegno di coscienza e di speranza.

«Affondare gli occhi nel nostro male tenendo presente il Dio che abbiamo lasciato o, quantomeno, il dolore d'averlo lasciato, non significa veder meno: significa vedere ancora di più; e significa, inoltre, non poter più usare la parola (quella parola che è appunto ciò che si fa carne) come menzogna; menzogna che è servita e serve per usare la carne; per colpirla, crivellarla e stenderla, assassinata, su una delle strade che avevamo costruito per il nostro bene e per la nostra vita.»

Tonino Bello

SACERDOTE, 20 APRILE 1993

... a fare problema, più che le «nuove povertà», sono gli «occhi nuovi» che ci mancano. Molte povertà sono «provocate» proprio da questa carestia di occhi nuovi che sappiano vedere. Gli occhi che abbiamo sono troppo antichi. Fuori uso. Sofferenti di cataratte. Appesantiti dalle diottrie. Resi strabici dall'egoismo. Fatti miopi dal tornaconto. Si sono ormai abituati a scorrere indifferenti sui problemi della gente. Sono avvezzi a catturare più che a donare. Sono troppo lusingati da ciò che «rende» in termini di produttività. Sono così vittime di quel male oscuro dell'accaparramento, che selezionano ogni cosa sulla base dell'interesse personale. A stringere, ci accorgiamo che la colpa di tante nuove povertà sono questi occhi vecchi che ci portiamo addosso. Di qui, la necessità di implorare «occhi nuovi».

... Oltre alle miserie nuove «provocate» dagli occhi antichi, ce ne sono delle altre che dagli occhi sono «tollerate». Miserie, cioè, che è arduo sconfiggere alla radice, ma che sono egualmente imputabili al nostro egoismo, se non ci si adopera perché vengano almeno tamponate lungo il loro percorso degenerativo. Sono nuove anch'esse, nel senso che oggi i mezzi di comunicazione ce le sbattono in prima pagina con una immediatezza crudele che prima non si sospettava neppure. Basterà pensare alle vittime dei cataclismi della storia e della geografia. Ai popoli che abitano in zone colpite sistematicamente dalla siccità. Agli scampati da quelle bibliche maledizioni della terra che ogni tanto si rivolta contro l'uomo. Alle turbe dei bambini denutriti. Ai cortei di gente mutilata per mancanza di medicine e di assistenza. Anche per queste povertà ci vogliono occhi nuovi. Che non spingano, cioè, la mano a voltar pagina o a cambiare canale, quando lo spettacolo inquietante di certe situazioni viene a rovinare il sonno o a disturbare la digestione...

Delle monetine

30 APRILE 1993

Qualcuna di noi gli finì pure contro gli occhi.

Eravamo in piena Tangentopoli. Il giorno prima la Camera aveva respinto quattro autorizzazioni a procedere nei confronti di Bettino Craxi, che si era da poco dimesso da segretario del Psi e aveva fatto il famoso discorso alla Camera in cui accusava gli altri partiti di condividere alla pari del suo le responsabilità sui finanziamenti illeciti. Seguirono il giorno dopo grandi manifestazioni di piazza, organizzate soprattutto dai partiti di opposizione, e un pezzo di quei manifestanti stazionò davanti all'hotel Raphaël, a Roma, a due passi da piazza Navona, dove Craxi abitualmente lavorava. Aspettarono la sua uscita, che Craxi decise di effettuare comunque dal portone principale dell'albergo.
C'erano i manifestanti.

La-dro! La-dro!
Chi non salta socialista è!
In ga-le-ra!
Sei finito!

E c'eravamo noi, addosso a Craxi, come riso sulla sposa. Insieme a qualche uovo. Eravamo tante. Non era ancora l'era degli smartphone, e pertanto tutti avevano le mani libere (oltre che pulite...).

Vuoi pure queste, Bettino, vuoi pure queste, vuoi pure queeeeeste...

Poteva uscire dal retro...

Zeno Colò

SCIATORE, 12 MAGGIO 1993

Sono stato tra i primi a sperimentare la posizione a uovo. Usavo sci di legno, non indossavo il casco.

Erano altri tempi, per lo sci.

Volto marcato. Un fiume di rughe. Muscoli nodosi. Sono stato il primo italiano a vincere una medaglia d'oro nello sci alpino, a Oslo, nel 1952, in discesa libera.

Ogni vittoria avveniva in un vortice di folla entusiasta, perché lo sci era uno sport popolare. Adesso, le vedete mai le gare di sci in televisione? I Mondiali, come le Olimpiadi invernali: il pubblico dov'è?

Sorelle d'Italia – Via dei Georgofili, Firenze

27 MAGGIO 1993

Dov'è Nadia, la piccola poetessa? E sua sorella, Caterina? Cerca ancora il seno di sua madre?
Dove sono il vigile Fabrizio e sua moglie Angela? E Dario, lo studente innamorato?
Cercateli, cercateli in via dei Georgofili, a Firenze.

Oggi, in equilibrio precario su un lampione di via Lambertesca, oscilla un pezzo di metallo contorto. È il paraurti del Fiorino imbottito di tritolo che scoppiò quella notte.
Ha la forma di una virgola, a guardarlo bene. E per forza: io sono la bomba del dialogo in corso, della sceneggiatura. Anzi, sono la bomba che corregge le bozze, quella che cerca di mettere a posto la punteggiatura, virgola, punti e punti esclamativi. Ma sì, abbondiamo!, avrebbe detto Totò.
Che poi sono polvere e calcinacci, tetti sfondati, finestre spalancate sul nulla, boati che hanno un'eco da cartolina illustrata: da Firenze a Roma, da Roma a Milano, a inseguire chiese e luoghi d'arte, musei e piazze. L'Italia è tutta bella.

Caterina e Nadia Nencioni

BAMBINE, 27 MAGGIO 1993

Il pomeriggio
se ne va.
Il tramonto si avvicina,
un momento stupendo,
il sole sta andando via (a letto)
è già sera, tutto è finito.

Hanno voluto sfidare il mondo.

Sergio Lana, Fabio Moreni, Guido Puletti

VOLONTARI, 29 MAGGIO 1993

Il pomeriggio se ne va lento. Il convoglio procede con cautela tra le montagne. Portiamo aiuti umanitari della Caritas di Brescia nella Bosnia martoriata e dimenticata.
Dobbiamo fare evacuare donne e bambini da alcune zone di guerra, trasportiamo viveri, documenti, soldi.
Non abbiamo paura. Non dobbiamo avere paura. Perché non siamo soli, noi siamo una rete.
C'è una curva. Un gruppo di miliziani armati ci ferma. Il loro capo indossa un berretto verde con una mezzaluna e la stella.
Ci sequestrano tutto. Ci fanno salire su un trattore.
Arrivati a una miniera abbandonata, capiamo le loro intenzioni. Inutile la fuga.

Quando è sera, anche per noi è già tutto finito.

Raffaele Di Mercurio

POLIZIOTTO, 8 GIUGNO 1993

La notte per me è arrivata molto prima.

Sulla mia lapide c'è una data che non mi appartiene. Sono morto non a Ragusa, ma a Trapani. Non in Questura, per un infarto, ma sulla strada di Pizzolungo, vicino al mare.
Sono morto il 2 aprile del 1985, con quella mamma e i suoi due gemellini.
Ammasso di sangue, ossa, polpa, cartilagini.

A un tratto, proveniente da destra, vidi un bagliore con una fiammata di colore arancione e sentii un violento boato, sentii come una morsa tutta intorno.
Vidi alzarsi anche una massa oscura, era l'asfalto.
La Ritmo si bloccò quasi su se stessa.
Ci guardavamo attorno e cercavamo quell'altra auto che avevamo visto mentre la sorpassavamo.
Era sparita.
In alto, su di una casa, una macchia rossa.
Appena sotto, per terra, la scarpa di un bambino.

I militari italiani al pastificio

3 LUGLIO 1993

Anche noi eravamo in missione di pace, ma siamo morti in battaglia, la prima vera battaglia che ha coinvolto un contingente italiano dopo la fine della Seconda guerra mondiale.
Lì, a Mogadiscio, al Check Point «Pasta». Una delle valvole di sfogo di una città che è una bomba pronta a esplodere.
Lo chiamavamo «il pastificio».
Fu un macello.

Gabriele Cagliari

DIRIGENTE D'AZIENDA, 20 LUGLIO 1993

Sono in carcere a San Vittore dal 9 marzo. Mi uccido con una sacchetto di plastica.
Che fine ingloriosa per l'ex presidente dell'Eni.
Nella lettera che spedisco a mia moglie Bruna poco prima di morire annuncio il mio atto di ribellione. Qui non si vuole fare giustizia, ma distruggere una persona.
Alla sede della Dc di piazza del Gesù, a Roma, arriva un fax: «Democristiani, anche solo uno alla volta, ma suicidatevi tutti. Abbiamo tempo e pazienza. E voglia di godere».

Ma io ero socialista...

Raul Gardini

IMPRENDITORE, 23 LUGLIO 1993

Non avevo più tempo.
Se mi avessero davvero arrestato la sera prima, mi avrebbero salvato la vita. Invece il mandato di cattura lo rinviarono di qualche ora. E all'alba, dopo una notte di ansie e convulsioni, l'incubo delle manette era già diventato troppo forte, per resistere. La Walther Ppk era vecchia, ma il suono del suo sparo lo sentiranno in tanti, per molto tempo ancora: i protagonisti di un sistema che si diceva innocente ma che si basava – e continuerà a basarsi – su tangenti, riti di corruzione e concussione officiati da sacerdoti più che esperti.
Ho portato l'Italia nel mondo con il sogno del Moro di Venezia alla conquista dell'America's Cup. Ho fatto grande l'impero di mio suocero, Serafino Ferruzzi. Sono stato lo spavaldo scalatore della Montedison. Tentai la fusione con l'Eni, per poter dire: la chimica sono io.
Il mio errore? Come Enrico Mattei, mi sono perso nei corridoi più neri della politica, credendo di poterla usare come un taxi.
Ma se passate dalla mia gente, ancora oggi la sentirete dire: «Ravenna, dopo Raul, non è più stata Ravenna».

Sorelle d'Italia – Roma e Milano

27 LUGLIO 1993

Dov'è Moussafir, quel povero cristo che dorme nel parco? Stefano, il vigile del fuoco? Dove sono Carlo e Sergio, i suoi colleghi? Dov'è Alessandro, il poliziotto?
Cercateli, cercateli, in via Palestro.

Altra cartolina dall'Italia. Baci e saluti da Milano, Padiglione d'arte contemporanea.

Un botto, e via.

E baci e saluti, dalla dolce vita romana, che se ne va sul Lungotevere in festa, come in quella canzone dei Matia Bazar, vicino alla chiesa di San Giovanni in Laterano.

Come Romolo e Remo, anche noi siamo figlie della stessa famelica lupa, che sveglia con il suo latrato il presidente del Consiglio, Ciampi. Vorrebbe telefonare, dare ordini, convocare riunioni d'emergenza, ma tutte le linee a Palazzo Chigi non funzionano.
Sono occupate. C'è, in corso, tra i fili che comunicano da sempre in Italia, una trattativa. La conversazione è lunga. Uno non si fida dell'altro.

Serve un altro colpetto?

Una trattativa
1992-1993

Qui sulla collina c'è un segreto che ancora non sapete d'avere.

Qualcuno sostiene che Stato e Cosa Nostra si sono seduti intorno a un tavolo per trattare: lo stop alle bombe, in cambio del rilascio di alcuni detenuti mafiosi ristretti al carcere duro. È questa l'ipotesi. E ancora, un momento prima: Paolo Borsellino ucciso perché sapeva della trattativa, il giovane Ciancimino e i giri in motorino per Palermo per indicare il covo di Totò Riina, Bernardo Provenzano alias l'ingegnere Lo Verde, i servizi segreti, i tanti «non ricordo», un pezzo di carta chiamato «papello».
Una vertigine. C'è anche un processo in corso a Palermo, che mette insieme per la prima volta uomini di Stato e uomini d'onore, con l'accusa di «attacco al corpo politico dello Stato».

Sono la vostra ossessione. Suscito posizioni fortissime, passioni feroci. Quasi ogni giorno non manca la polemica nelle pagine sui giornali: è giusto intercettare chi parlava con il presidente della Repubblica Napolitano, ma davvero qualcuno vuole fare del male ai pm che indagano su quegli eventi? E giù litigi, interrogazioni parlamentari, petizioni on line.

Ma non lo capite che non è questo il problema?
Io sono stata non *la* trattativa, ma *una* trattativa nell'antico rapporto Stato-mafia. Stato e mafia hanno sempre parlato. Faccio parte di una famiglia, la Famiglia Trattativa, che appartiene alla storia di questo Paese, ne ha condizionato i suoi passaggi fondamentali, non solo quelli nel '92-'93.

È la vera grande famiglia italiana.

Vi presento la mia famiglia
non si trucca, non si imbroglia
è la più disgraziata d'Italia.
Anche se soffriamo molto
noi facciamo un buon ascolto
siamo quelli con l'audience più alta.

Mia nonna aiutò gli inglesi a fare sbarcare Garibaldi a Marsala. Il nonno fu alleato dei fascisti. Una vecchia zia fu l'amante di Salvatore Giuliano, quello di Portella della Ginestra. Papà prima ha aiutato gli americani in Sicilia, poi è stato un democristiano di ferro. Mamma ha fatto la signora delle pulizie nei salotti della Palermo bene. Io sono stata quella capricciosa, in famiglia, imprevedibile.

Nessuna trattativa muore orfana. Tutte lasciamo molti figli.

Una cugina è andata a fare l'università al Nord. Si sta impegnando per l'irresistibile ascesa delle mafie a Milano, in Emilia, a Torino. Anche quella è frutto di una trattativa. Perché se mandiamo i migliori esperti di riciclaggio tutti a Palermo, e lasciamo scoperte Bergamo, Cuneo, Aosta, stiamo dicendo alle mafie: accomodatevi. Voi mi date l'illusione di aver riconquistato la Sicilia – come ai tempi del prefetto Mori, il gioco di prestigio è sempre lo stesso – e io vi do terra libera in quel Nord che negli anni è comunque diventato una potenza industriale grazie anche alla vostra complicità.

La verità su quegli anni, il 1992 e il 1993, si saprà solo nel momento in cui ci sarà un fatto inedito nella storia d'Italia: il primo pentito di Stato. Finora abbiamo avuto solo pentiti di mafia, raccontano quello che sanno, anzi, quello che hanno capito – che è ancora peggio. Troppi burocrati, politici di alto rango, funzionari prestigiosi nascondono verità che non vogliono rivelare. Qui ci vuole un ex presidente della Repubblica, un ex ministro dell'Interno, un ex sottosegretario che vuoti il sacco, per esempio. Ma non succederà mai. È un muro impenetrabile, quello. Altro che mafia.

Antonino Gioè

BOSS MAFIOSO, 29 LUGLIO 1993

La notte del 23 maggio del '92 io non tornai a casa. Da allora cominciai a dormire fuori con un amico.
Ero l'allievo prediletto di Leoluca Bagarella. Uomo d'onore, certo, benzinaio, ed ex parà.
La mia ultima missione è stata farmi scivolare su uno skateboard lungo il tunnel che passa dall'autostrada di Capaci, vicino Palermo, per piazzare cinque quintali di tritolo e polvere T4.
Mentre facevo il mio compito, pensavo: cosa vogliono fare i Corleonesi? La guerra allo Stato? E io? Sono diventato una belva. Andrò all'ergastolo, o morirò in un conflitto a fuoco? Se mi mostro perplesso mi uccideranno, anche in carcere. Ma questo è solo l'inizio. Ci sono cose che si devono fare. Cose che devono succedere.
Faccio io, come ho fatto nel tunnel. Mi tolgo la vita da solo.

Le vittime del mostro di Foligno
7 AGOSTO 1993

Dice la relazione del servizio psichiatrico della Polizia sul nostro assassino: «Gentile, garbato, con sorprendente ricercatezza di linguaggio, preciso fino alla pedanteria, diventa improvvisamente stizzoso se colto in contraddizione. Di umore molto mutevole, appena è stanco abbassa la guardia, cambia il tono di voce e viene fuori un temperamento tipico da pederasta, fino alla macchietta, con il classico corredo di mossettine, risolini striduli e gesti grotteschi, molto effeminati».

Elisa Claps

RAGAZZA, 12 SETTEMBRE 1993

Sostiene mamma che mi ha ucciso Danilo Restivo. Perché è stata l'ultima persona che ho incontrato, perché nel pomeriggio della mia scomparsa è andato – tutto sanguinante – a farsi curare delle strane ferite al pronto soccorso, perché poi è scomparso per due giorni, dicendo che doveva fare un esame.

Sostiene mio fratello Gildo che Danilo Restivo ha nascosto il mio corpo, sicuramente nella chiesa della Santissima Trinità, l'ultimo posto dove sono stata vista.

Gli occhiali, i sandali blu, l'orologio. I brandelli della maglia. E «un corpo in avanzato stato di decomposizione, in condizioni molto molto precarie», come disse il questore.
Questi sono i miei amabili resti. Trovati proprio nel sottotetto della chiesa 17 anni dopo, nel 2010.
Mamma e Gildo avevano ragione.
Ma quanti sapevano, e hanno fatto finta di nulla?

Pino Puglisi

SACERDOTE, 15 SETTEMBRE 1993

C'è il prete che ospitò nella sua canonica, per nasconderlo, il boss mafioso latitante, l'altro che andava a confessarlo nel suo covo, assolvendolo sempre.
Ci sono i prelati che hanno negato – nei secoli dei secoli, e amen – l'esistenza della mafia in Sicilia.
C'è il vescovo che tentò di invitare alla preghiera il nuovo capo di Cosa Nostra, Matteo Messina Denaro.
Ci sono funerali solenni che si fanno nelle chiese siciliane quando muore un anziano boss.
Ci sono i santi patroni, che passano in processione e si fermano, quasi si impantanano, proprio sotto la casa della famiglia mafiosa del paese, in segno di rispetto.

E poi ci sono io, nella nicchia dei beati, ritratto nella gigantografia con la faccia allegra e il sorriso buono, nel cielo sereno, tra le nuvole.
Così vi assolvete tutti.

Federico Fellini

REGISTA, 31 OTTOBRE 1993

Ero felice solo quando ero impegnato nel mio lavoro: smettevo di osservarmi, di guardarmi, di giudicarmi.

A me sarebbe piaciuto nascere con venti, trent'anni di anticipo; avrei potuto fare del cinema prima che venisse delimitato in una convenzione di spettacolo, prima che venisse intellettualizzato. Quando ancora poteva essere qualcosa di vagamente animistico, iniziatico, stregonesco, liberatorio, terapeutico in senso profondo; un modo di sperimentare la realtà, una dimensione della conoscenza, perché il cinema come tutte le altre manifestazioni della creatività dovrebbe essere uno stato di combustione, un metabolismo dell'inconscio, un itinerario verso il centro di noi stessi e del mondo.

Come dice un mio personaggio: «La felicità sarebbe poter dire la verità senza far piangere nessuno».

Un pouf
9 NOVEMBRE 1993

Noi pouf siam così: soffici sgabelli comodi e segreti.
E la signora Poggiolini – la moglie del direttore del servizio farmaceutico al ministero della Sanità – che non aveva più dove stipare il suo tesoro, infilò dentro di me lingotti, mazzette di banconote per un totale di 10 miliardi di lire, gioielli, rubli d'oro dello zar Nicola II. Altri li infilò nelle imbottiture dei divani, o tra gli scaffali della cucina.
Noi pouf siam così: rivelatori.
Fino a ora di soldi, tangenti, regali avevate solo sentito parlare. La ricchezza era raccontata dai giornali, era negli interrogatori dei magistrati, nelle confessioni dei politici, nelle spallucce di chi si chiamava fuori, nel vortice dell'acqua dello sciacquone, ma non l'avevate vista. Io ve l'ho invece mostrata, tutta. Ecco come si arricchisce un funzionario dello Stato disonesto. Ecco.
Quando i carabinieri perquisirono la villa di Poggiolini, all'Eur, furono necessarie dodici ore per catalogare tutto: opere d'arte, preziosi, monete antiche, quadri di Picasso, de Chirico e Guttuso, seimila sterline d'oro, cinquanta monete dell'antica Roma, alcune delle quali d'oro, recanti le insegne della gens Antonina e di quella Flavia; venti diamanti da 1,2 carati.
Se ne stavano andando, stremati da tanta ricchezza.
«Appuntato, e quel pouf in camera da letto?»
«Che ci sarà mai in quel pouf?»
Apriti sesamo.
E cominciarono tutti a scattarmi foto, a farmi sentire importante. Altro che pouf, sono diventato più celebre di un intero catalogo Ikea.

Luciano Liggio

BOSS MAFIOSO, 15 NOVEMBRE 1993

Alla riunione dell'Hotel delle Palme, quella famosa riunione palermitana del 1957 tra i capimafia siciliani e americani per decidere la spartizione del traffico mondiale della droga, non c'era nessun fotografo, ovviamente. Se ci fosse stato, avrebbe potuto riprendere il capo dei capi, Genco Russo, più che anziano, antico, e i suoi dodici uomini fidati di contorno, come gli apostoli. Uno di questi ero io. Da allora cominciò la mia scalata ai vertici di Cosa Nostra. Chi mi toccava, come quel giudice, Cesare Terranova, moriva. I primi a capirlo furono quelli del giornale *L'Ora* di Palermo. Nel 1959 fecero un grande servizio, intitolato: «Quest'uomo è pericoloso» e accanto la mia foto. Rispondemmo con una bomba nella sede del quotidiano.

Antonio Neiwiller
ATTORE, 9 DICEMBRE 1993

Partire liberamente dal nulla.

La Prima Repubblica

16 GENNAIO 1994

Arrivare liberamente al nulla.

Il mio crollo ha la faccia di Arnaldo Forlani, il suo affanno con il filo di bava mentre è interrogato dal giudice, il suo smarrimento in diretta tv dall'aula di giustizia, neanche un mese fa.
Del cappio mimato dai deputati della Lega in Parlamento.
Delle monetine su Craxi all'uscita dell'Hotel Raphaël, dell'inseguimento per le calli veneziane di De Michelis, dei colpi di piccone del presidente della Repubblica, Cossiga, e delle televisioni di Berlusconi.
Del tg di Emilio Fede, con il fido inviato Paolo Brosio e la postazione fissa davanti al Tribunale di Milano che racconta tutto, ogni giorno, con la convinzione che dalle mie macerie sarebbe emerso un solo trionfatore: Silvio Berlusconi.

E fu così.

Antonino Fava e Vincenzo Garofalo

CARABINIERI, 18 GENNAIO 1994

Guidiamo l'auto di servizio in Calabria, vicino allo svincolo di Scilla. Siamo di ritorno da Messina. Abbiamo scortato lì dei magistrati.
Un'auto ci segue.
«Pronto, centrale? Volevamo segnalarvi che una macchina, sull'autostrada, ci sta seguendo. Proviamo a richiamarvi più tardi.»
L'auto ci affianca.
Partono i colpi.
Uccisi da Cosa Nostra, come vendetta contro l'Arma, che aveva arrestato giusto un anno prima Totò Riina.
Non sapevano che anche per loro il passaggio dalla prima alla seconda Repubblica avrebbe significato un cambio di strategia.

La Democrazia cristiana
18 GENNAIO 1994

Pasolini mi ha fatto l'elogio funebre già nel 1975. Parlava di «maschere che a sollevarle non si troverebbe neppure un mucchio di ossa e di cenere». Senza andare tanto per il sottile: sono stata *il* governo del Paese, per mezzo secolo esatto, senza alcuna alternativa, in nome dell'anticomunismo. Perché? Potrei rispondere: perché mi avete votato, in tanti, voi, i vostri padri, i vostri nonni. Ma sappiamo tutti che questa è una spiegazione che non basta, in un Paese dove sono avvenute così tante degenerazioni della vita pubblica.
Il fatto è che non ci doveva essere alternativa, punto. Questa era la mia forza, questa la mia debolezza. La ragion di Stato era la ragion di partito, e viceversa. Io ne ero vittima e protagonista al tempo stesso. Se lo ricorda bene il generale Giovanni de Lorenzo, il capo dei servizi segreti militari negli anni sessanta: era incaricato di indagare su alcuni capicorrente, su mandato di altri capicorrente...
Sono stata la faccia pulita e la luna nera. Ho controllato l'ordine pubblico e chiuso accordi con la mafia, ho fatto della P2 una specie di governo clandestino del Paese, e poi l'ho sciolta. Tenevo quelli di Gladio come una cubista che ama circondarsi dai suoi buttafuori, salvo cacciarli quando c'è da utilizzare le buone maniere. Ho avuto un fondo doppio, come nelle scatole degli illusionisti. Verità e menzogne, insieme. Senza alcuna alternativa. Dal cilindro usciva un coniglio che sbranava chi voleva accarezzarlo.
Quando ho capito che era il momento di cambiare, ho anche capito che non potevo cambiare: come si riforma un partito rimasto al governo così tanto? Un uomo dal volto triste e l'aria scettica celebrò i miei funerali, il giorno di santa Liberata, lo stesso in cui Sturzo – il prete di Caltagirone – 75 anni prima, aveva lanciato il suo appello «ai liberi e forti».

Cominciò anche lui a morire quel giorno. Mi hanno smembrato, come Ipazia, prima di darmi fuoco, con la stessa fanatica violenza che i discepoli traditori riservano a una sacerdotessa alla quale non credono più.

Uno sgabuzzino

26 GENNAIO 1994

«L'Italia è il Paese che amo.» Ma era tutta una finzione.

Il primo atto politico del cavaliere Silvio Berlusconi, il discorso trasmesso da tutte le televisioni, era una bugia, una bugia ben allestita.

E il set non fu lo studio di Arcore, come voi telespettatori avete in buona fede creduto.

Quel giorno, il 26 gennaio 1994, solo per quel giorno, sono morto e risorto: non ero più uno sgabuzzino, ero un set. Luccicante, sfavillante. Vi ricorderete tutti di me, per sempre. Ma in fondo, l'eternità, non è che un biscotto che affonda nel latte caldo.

Sì, il set fui io: lo sgabuzzino per gli attrezzi a Macherio, il villone che piaceva a Veronica.

L'inquadratura: due metri di scrivania, qualche libro, due fotografie dei figli ben incorniciate, due calamai di argento, il suo sorriso.

Quello che non era inquadrato: muri scrostati, sacchi di cemento, un piccone, molta polvere, una carriola.

Tutto finto. Io, uno sgabuzzino, trasformato per un giorno nello studio dello statista. Ha funzionato per venti anni. E forse, chissà, è l'Italia intera che è diventata un set dove va in scena la finzione.

Marco Luchetta, Dario D'Angelo e Alessandro Ota

GIORNALISTI, 28 GENNAIO 1994

La vera tragedia non era in Italia, era accanto a noi, nella ex Iugoslavia. Eravamo partiti per raccontare le storie drammatiche dei bambini figli della guerra. E non era un film, era il nostro lavoro.
Sapevamo benissimo quanto fosse rischioso spingersi fino all'ospedale di Mostar. Eravamo dei «veterani» della guerra: dalla Slovenia, dalla Croazia, dalla Bosnia avevamo già mandato i nostri servizi, raccontando cosa avveniva in quelle zone calde.
Forse proprio perché avevamo già conosciuto così da vicino l'orrore della ex Iugoslavia eravamo anche decisi a continuare a informare, a testimoniare contro le dimenticanze di ogni natura.
Oggi Mostar ci ha dimenticati. Ha cancellato la targa che era stata messa in ricordo del nostro sacrificio. E risalire al luogo fisico in cui in pochi istanti una granata spazzò via le nostre tre vite è un'impresa: la domanda deve essere ripetuta decine di volte. Chiedendo informazioni nei piccoli negozi che si affacciano lungo le stradine di Mostar est, qualcuno allarga le mani, qualcun altro si fa ripetere la domanda e poi fa cenno di no con la testa, altri spariscono nel retrobottega per girare a un amico o a un parente la richiesta, un altro ancora simula uno sforzo di memoria, quasi che il nome gli dicesse qualcosa, ma il risultato è sempre quello, nessuno sa indicare il punto dell'esplosione. *Ne razumi.*

Enrico Maria Salerno

ATTORE, 28 FEBBRAIO 1994

Pochi se ne ricordano, ma c'è stato un tempo in cui gli attori uscivano nelle piazze alla testa di grandi manifestazioni, organizzavano scioperi e picchetti e i giornali erano pieni delle loro gesta. Non gesta di attori, divi dello spettacolo, ma di agitatori sindacali e politici. Anna Magnani, Gino Cervi, Vittorio De Sica, Arnoldo Foà, Marcello Mastroianni, Vittorio Gassman, Pino Caruso, Nino Manfredi... e io.

Combattevamo per un principio banale ma difficile da affermare: anche un attore è un lavoratore e, come tale, ha dei diritti che il datore di lavoro deve rispettare.

L'attore un lavoratore? L'artista strapagato, capriccioso, circondato dal lusso. La star che vive sui giornali, spregiudicata nell'uso della pubblicità, un lavoratore?

Quando gli attori italiani scesero in agitazione negli anni sessanta alcuni giornali titolarono: «Scioperanti in Cadillac». Che lavoratore sarà mai l'attore?

Ma ricordate che non siamo nell'antica Atene, dove la recitazione era un'arte nobile e gli artisti erano pagati dallo Stato. Oggi, per ogni divo consacrato ci sono migliaia di suoi colleghi che a fatica trovano qualche scrittura in teatro o al cinema e a stento arrivano alla fine del mese...

Angela Costantino

DONNA MAFIOSA, 16 MARZO 1994

... Cercate di prendere esempio da quelle mogli di Atene
che soffron per i loro mariti, potere e forza di Atene.
Quando essi partono soldati
intessono lunghi teli ricamati
per settimane.
E quando tornano affamati
di baci con violenza strappati e
carezze piene
oscene...

A 25 anni avevo già quattro figli. Si diventa donne presto, in terra di 'ndrangheta.
A 25 anni ero già vedova. Perché si resta sole presto, in terra di 'ndrangheta.
Un uomo mi consola. Ci innamoriamo. Resto incinta. Peccato mortale, in terra di 'ndrangheta.
La famiglia di mio marito provvede: mio cognato mi strangola, poi mi seppellisce, l'auto abbandonata in un viadotto a simulare un suicidio.

Giuseppe Diana

SACERDOTE, 19 MARZO 1994

La verità è oscena.
La verità va martirizzata.

Dicevano che ero un prete speciale. Ed è per questo che la camorra mi ha ucciso, proprio mentre stavo per andare a fare il mio lavoro – che è dire la messa – alle sette e mezzo del mattino.
C'era poca gente in chiesa quella mattina, ma a me non importava. A Casal di Principe sapevo come mobilitare la gente contro la camorra, che io chiamavo «una dittatura armata».
Mi davo da fare, scrivevo opuscoli contro il clan dei Casalesi, lanciavo appelli. Uno era intitolato: «Per amore del mio popolo non tacerò» e l'abbiamo distribuito in tutte le chiese della zona dopo la messa di Natale del 1991.
C'era poca gente in chiesa quella mattina. E pochi passi dalla sagrestia all'altare.

Un uomo sui trent'anni mi ferma e mi spara quattro colpi in testa con una pistola semiautomatica. È la festa di san Giuseppe, il mio onomastico.

«Don Diana era un camorrista» titolò il *Corriere di Caserta*. Pochi giorni dopo: «Don Diana a letto con due donne».

Ilaria Alpi

GIORNALISTA, 20 MARZO 1994

Titoli dei miei servizi al tg:

«Conflitto tra i clan in Somalia, sbarco degli americani a Mogadiscio»
«Il presidente Bush è in visita in un villaggio qui accanto»
«Movimenti somali firmano la tregua, ma la conferenza di pace fallisce»
«Grandi difficoltà a livello politico e diplomatico»
«Il comando delle operazioni passa alle Nazioni Unite»
«Ciò che importa veramente è aiutare i somali a ritrovare democrazia e sviluppo»
«Gli italiani lasciano una città divisa in due, disperata, allo sbando»
«I somali alzano il tiro contro gli americani»
«Orrore e morti nelle immagini da Mogadiscio»

Anche il mio è il martirio della verità. E continua dopo la mia morte. Il presidente della Commissione parlamentare di inchiesta che avrebbe dovuto fare luce sul mio caso, Carlo Taormina, scriverà nella sua relazione finale del 2006: «La gente deve sapere che Ilaria Alpi e Miran Hrovatin non erano depositari di alcun segreto… Passarono una settimana di vacanza conclusasi tragicamente senza ragioni che non fossero quelle di un atto delinquenziale comune».

Miran Hrovatin

CAMERAMAN, 20 MARZO 1994

Che oscenità! Ma quale vacanza!

C'era una Land Rover blu carica di uomini armati che da un pezzo ci seguiva. Fece fermare la nostra auto. Scesero degli uomini armati. Allontanarono le guardie del corpo. Scaricarono su di noi i loro fucili.
Solo nel 2014, dopo vent'anni, finalmente si potrà leggere che tutto era già chiaro dall'inizio. Siamo stati uccisi in Somalia perché avevamo scoperto un traffico illecito di armi e rifiuti. Lo dicono i servizi segreti nelle loro prime annotazioni del caso. Documenti rimasti chissà perché coperti dal segreto per vent'anni. L'8 giugno 1994 il direttore del Sismi Salazar scrisse infatti: «Secondo informazioni acquisite in via fiduciaria, nel corso di un servizio giornalistico svolto a Bosaso qualche giorno prima della morte, i due cittadini italiani in oggetto avrebbero raccolto elementi informativi in merito a un trasporto di armi di contrabbando effettuato dalla motonave *Somalfish*, per conto della fazione somala Salvation Democratic Front. Il duplice omicidio potrebbe quindi essere stato ordinato dai trafficanti d'armi per evitare la divulgazione di notizie inerenti l'attività criminosa svolta nel Corno d'Africa».

Giulietta Masina

ATTRICE, 23 MARZO 1994

Da giovane mi trasferii a Roma per fare compagnia a una zia rimasta vedova. Studiai in casa, poi feci il classico, poi Lettere. Conobbi un giovane autore, Federico Fellini. Ci siamo innamorati, ci siamo sposati nel 1943. Siamo rimasti uniti fino alla morte. Negli ultimi giorni di vita, lui ha avuto un ictus, io un tumore ai polmoni. Non avevo le forze per stare con lui, ma mi scriveva biglietti affettuosi, mai sdolcinati, mi mandava ogni giorni mazzi di rose rosse.

Abbiamo avuto anche un bambino, ma ha vissuto solo pochi giorni: è stato il dolore più grande della nostra storia.

La gioiosa macchina da guerra

28 MARZO 1994

Il mio nome me lo diede il segretario del Partito democratico della sinistra, Achille Occhetto, a febbraio, due mesi prima delle elezioni politiche. Ero l'Alleanza dei progressisti.
L'incauta dicitura fu consegnata a un drappello di giornalisti amici dopo la formazione delle liste. Occhetto mi chiamò anche: l'armata Brancaleone. Tutti risero.

Il *Corriere della Sera* scriveva: «Berlusconi non arriverà al 10%».
Scalfari sulla *Repubblica* lo chiamava «il ragazzo Coccodè».
Per Ernesto Galli Della Loggia Forza Italia era «un partito di yuppies».

Mi avviavo baldanzosa alle urne per suonare Berlusconi.
Finii suonata.
Occhetto si dimise, e su di lui cadde l'oblio.

Come Napoleone, Berlusconi in soli tre mesi aveva conquistato l'Italia, ma stavolta con un alleato formidabile: gli italiani. Il governo nascerà a maggio, con il voto decisivo di tre senatori a vita: Agnelli, Cossiga, Leone. Perché nuovo e vecchio potere si allineano subito. Non c'è neanche bisogno di bussare.

Lorenzo Nuvoletta

BOSS DELLA CAMORRA, 7 APRILE 1994

Il mio sogno era morire a casa. E ci sono riuscito. Con mia moglie e i miei nove figli accanto, nella mia villa bunker, nella collina che sovrasta Marano, il paese alle porte di Napoli che è stato, è e sarà sempre il nostro regno. Una vita passata a violare la legge, a sfuggire alla Polizia, a scalare le gerarchie criminali. E poi l'arresto e un cancro al fegato.
Sono morto senza fiori, come desideravo.
Sono morto senza funerali, li hanno vietati. Mi sarebbe piaciuto un carro con otto cavalli a trainarli. Sarebbero venuti anche i siciliani, la famiglia di Riina.
Sono morto pensando al mio impero: aziende agricole, industrie per la produzione del cemento, finanziarie, imprese edilizie.
Sono morto da sognatore.

Ruggero Orlando

GIORNALISTA, 18 APRILE 1994

Quando l'uomo ha bussato alla Luna, la più lunga diretta nella storia della televisione italiana.
O il grande black out americano del 1965.
Dallas, JFK e la fine di un sogno.

Qui, dalla collina, vi parla Ruggero Orlando.

Giovanni Goria

POLITICA, 21 MAGGIO 1994

Bello, bravo e sfortunato.
Proprio quando toccava a me...

Nella Dc sono stato un delfino senza re da ossequiare, io, il figlio di una salumaia e di un geometra e, nel 1987, il più giovane presidente del Consiglio nella storia d'Italia.
Mi ha strappato via un tumore, a 51 anni. Prima ho vissuto l'incubo del pasticcio della Cassa di risparmio di Asti, con l'ombra delle tangenti. Ne sono uscito, prosciolto da ogni accusa, pochi mesi prima di morire.
La mia mitezza mi ha procurato antipatie. «Visse belando, ruggendo morì» disse della fine del mio governo Indro Montanelli e Forattini mi immortalava con la mia barba da Sandokan e dentro il niente.

Massimo Troisi

ATTORE, 4 GIUGNO 1994

Comme aggio accumminciato a fare l'attore? Ecco... io ero 'nu guaglione... ero andato a vedere un grande film. Si trattava di Roma città aperta, *chillo grande lavoro di Rossellini. Me n'ero uscito da 'o cinema con tutte quelle immagini dint' 'a capa e tutte quante le emozioni dentro. Mi sono fermato 'nu mumento e m'aggio ditto: «Massimo, da grande tu devi fa 'o geometra»...*

(Quando finimmo di girare *Il postino*, salutai tutta la troupe, dicendo: «Ricordatevi di me». A vent'anni dalla mia morte volevano fare una fiction anche sulla mia vita. Come Padre Pio, la figlia di Mussolini, Gigi Meroni, Rino Gaetano, Domenico Modugno e tutti gli altri. Due puntate, su Canale 5, in prima serata.
Non ci sono riusciti. La mia famiglia ha detto no. Sarei stato massacrato, senza la possibilità di potermi difendere. Morto un Troisi, non se ne fa un altro.)

Il decreto Biondi

19 LUGLIO 1994

Il 13 luglio, il giorno in cui vengo pubblicato in *Gazzetta Ufficiale*, compaiono in televisione, la sera, Di Pietro, Colombo, Davigo: quelli che gli italiani chiamano «gli eroi di Tangentopoli».
In camicia, con la barba lunga, l'aria tirata, annunciano le loro dimissioni: «Chiediamo di essere destinati ad altro incarico. Questo decreto del governo Berlusconi, che vieta il carcere per i reati contro la pubblica amministrazione, è un chiaro attacco alla magistratura».

Il giorno dopo arrivano milioni di fax in tutte le redazioni dei giornali italiani, le persone scendono in piazza a sostegno dei giudici: «Stop al decreto SALVALADRI!».

Il giorno dopo ancora il ministro dell'Interno, Roberto Maroni, della Lega, dice che è stato imbrogliato, mi rinnega: «Stavo seguendo ai Mondiali la partita di calcio Italia-Bulgaria, e approfittando della mia distrazione mi hanno fatto firmare questa cosa».

E alla fine, addio decreto Biondi, per colpa di 'sti comunisti…

Giovanni Spadolini
POLITICO, 4 AGOSTO 1994

Io ero repubblicano.
Precocissimo in tutto. Avevo una grande cultura, superiore alla media dei politici italiani, e ne avevo fatto sfoggio durante gli anni di direzione al *Corriere della Sera*.
Sono stato il primo politico non democristiano a diventare presidente del Consiglio. C'era voluto lo scandalo della P2, nel 1981, perché ciò si avverasse.
Mi sentivo più contemporaneo di Cavour che di Craxi.

I miei editoriali erano encicliche.
I discorsi, orazioni.
Le critiche, scomuniche.

Domenico Modugno

CANTAUTORE, 6 AGOSTO 1994

Mi avevano scomunicato a Polignano a Mare, il paesino di pescatori dalle case bianche affacciato sul mare, in provincia di Bari, dove ero nato.
Perché? Dal mio paese ero scappato in cerca di fortuna. A Roma, quando facevo la gavetta, fui notato dal direttore del secondo canale della radio, che mi propose di partecipare a una trasmissione in quattro puntate, di cui sarei stato voce, autore, regista e rumorista. Una sola condizione, però: Modù, mi disse, ti offro questa opportunità a condizione che tu nel programma dichiari di essere siciliano, visto che le Puglie non hanno una grossa tradizione musicale. Così per tutti diventai ufficialmente siciliano.
Al paese non gradirono.
Ma il mio motivo era sempre la pagnotta, il fatto di poter mangiare e dormire. Accettavo tutto, avrei detto anche che ero americano, se fosse stato necessario.
Mi sono riappacificato con Polignano solo nel 1993. Per tre giorni organizzarono una manifestazione: «Modugno torna a casa». Io sfilavo a bordo di una barca, con un piccolo seguito, per la costa di Polignano e in paese a bordo della Lancia Aurelia del film *Il sorpasso*, di Dino Risi.

Paolo Volponi

SCRITTORE, 23 AGOSTO 1994

Mi piaceva chiamarmi Volponi e pensavo all'eroismo della volpe che, presa in trappola, si stacca la zampa a morsi pur di scappare. Io ero così, non riuscivo a rimanere chiuso in trappola e mi strappavo la gamba pur di scappare. Il mio studio, con la targhetta DIRETTORE DEI SERVIZI SOCIALI E CULTURALI, era al primo piano del palazzo della direzione della Olivetti. Ci si arrivava da una scala di marmo, una gigantesca chiocciola che conduceva a una cupola rivestita da un mosaico di cristalli sfaccettati. Sembrava un padiglione delle meraviglie, o anche la specola di un astronomo.

Moana Pozzi

PORNOSTAR, 15 SETTEMBRE 1994

Mi hai visto?

Fantastica Moana
Moana, la bella di giorno
Chiamami, sarò la tua bestia
Moana la scandalosa
La bottega del piacere
Una calda femmina da letto
Vogliose e insaziabili per stalloni superdotati
Tutte le provocazioni di Moana
Super vogliose di maschi
I vizi transessuali di Moana
Lezioni anali
La signora per... pene
Cicciolina e Moana «Mondiali»
Moana, il trans e la tettona
Vengo anch'io al Malibù Spice
Il castello del piacere
Le professoresse di sessuologia applicata
Super Moana.
Moana vive

Della volpe avevo la vanità. Nuda, mi sentivo invincibile. Sono morta da vent'anni eppure ancora ti eccito. Gonfio i tuoi organi caldi. Mi vedi?

Gustavo Adolfo Rol

SENSITIVO, 22 SETTEMBRE 1994

Ho visto cose.

Nicholas Green

BAMBINO, 1° OTTOBRE 1994

Uno vede con i miei occhi.
A uno batte il mio cuore.
Avevo una vita, ne ho donate sette.

(Ci voleva un bambino americano ucciso per una rapina sulla Salerno-Reggio Calabria per fare conoscere agli italiani il valore della donazione degli organi.)

Le vittime della grande alluvione in Piemonte
6 NOVEMBRE 1994

A noi ci divorò il Tanaro. O il Po. Il Belbo.

Per gli altri, soprattutto i bambini, anche questa disgrazia fu riassorbita dalla vita.

Il Partito socialista italiano

13 NOVEMBRE 1994

No. Non è vero che ho divorato l'Italia.

Non sono stato solo la spregiudicatezza di Craxi, il suo andare troppo oltre, o gli scandali di Tangentopoli. Anche io sono morto lapidato, seppellito sotto un cumulo di macerie. E oggi vi dimenticate che il Partito socialista fu anche dei galantuomini come Pertini, Lombardi, Antonio Giolitti, di dirigenti che al bar ordinavano la spuma, «perché costa meno e in un partito di lavoratori occorre mostrare sobrietà».
Purtroppo, di una storia lunghissima rimane solo il latrato dell'ultimo periodo. E tutto ciò che ha l'attributo «socialista» oggi è sinonimo di «rimozione».

Franco Fortini

POETA, 28 NOVEMBRE 1994

Nei miei confronti è stata scelta la via della rimozione. Ma forse il mio destino me lo sono cercato: ero troppo letterato per i politici, e troppo ideologo per i letterati. Il ceto intellettuale ha visto presto che c'era in me qualcosa di minaccioso.

All'alba della prossima guerra, in Siria, in Libia, in Medio Oriente o da qualche altra parte del mondo vi consiglio di leggere le mie *Canzonette del Golfo*, scritte all'inizio dei novanta, all'esplodere della prima guerra in Iraq. La seconda, in particolare, si chiama «Lontano lontano»:

Lontano lontano si fanno la guerra.
Il sangue degli altri si sparge per terra.

Io questa mattina mi sono ferito
a un gambo di rosa, pungendomi un dito.

Succhiando quel dito, pensavo alla guerra.
Oh povera gente, che triste è la terra!

Non posso giovare, non posso parlare,
non posso partire per cielo o per mare.

E se anche potessi, o genti indifese,
ho l'arabo nullo! Ho scarso l'inglese!

Potrei sotto il capo dei corpi riversi
posare un mio fitto volume di versi?
Non credo. Cessiamo la mesta ironia.
Mettiamo una maglia, che il sole va via.

Una toga

6 DICEMBRE 1994

«Ho finito. Do ordine ai miei collaboratori di spegnere i computer.»

Il giudice Antonio Di Pietro si liberò di me, a sorpresa, dopo una requisitoria. Lo fece in favore delle telecamere.
Dopo 1025 giorni finiva Mani pulite.

Gian Maria Volonté

ATTORE, 6 DICEMBRE 1994

Io le denunce le facevo al cinema: *A ciascuno il suo*, *Il caso Mattei*, *Indagine su un cittadino al di sopra di ogni sospetto*, *Todo modo*... Ma ho fatto gli spaghetti western e Brancaleone, e *L'idiota* televisivo.
Sono stato un attore contro, contestavo con professionalità. Essere un attore è una questione di scelta che si pone innanzitutto a livello esistenziale: o si esprimono le strutture conservatrici della società e ci si accontenta di essere un robot nelle mani del potere, oppure ci si rivolge verso le componenti progressive di questa società per tentare di stabilire un rapporto rivoluzionario fra l'arte e la vita.

Genovese Pagliuca

GARZONE DI MACELLERIA, 19 GENNAIO 1995

Ricordatevi questo nome: Angela Barra. Nelle famiglie della camorra a Caserta, negli anni novanta, era una chè contava, vera e propria conoscitrice di tutte le alleanze economiche e politiche del clan dei Casalesi.

Si innamorò di una ragazza di Teverola, una giovane e bella parrucchiera.
Tentò di avvicinarla offrendole aiuto, negozi e una vita lussuosa.
Carla si chiamava.
Era la mia ragazza.
Rifiutò la complicità, il lusso, il potere della camorra.
Sognavamo il matrimonio, una casa, dei figli, come fosse il paradiso sulla terra. E invece fu costretta a vivere l'inferno: sequestrata e violentata dai fratelli della Barra per 13 giorni.
La cercai in tutti i modi.
Quando mi sembrò di averla trovata, mi ammazzarono.

Il Movimento sociale italiano

27 GENNAIO 1995

Non ero un partito, ero un purgatorio, il polo degli esclusi, di quelli che pervicacemente rifiutavano di riconoscersi nella Repubblica italiana, nei suoi valori costitutivi. Reduci di Salò, certo, ma anche ex funzionari del regime, gli intellettuali non pentiti, il popolo dei nostalgici, incapaci di metabolizzare la catastrofe del fascismo, quelli che non c'erano ma che erano convinti che in quel Ventennio lì fosse un tutt'altro vivere.

Più che un partito, una comunità. Quelli di Ordine nuovo altro non erano che fratelli separati...

Sarà anche difficile crederlo, ma all'indomani di Tangentopoli solo io potei presentarmi come l'unico partito dalle mani veramente pulite.

Boia di un Gianfranco Fini. Voleva uscire dal ghetto, allearsi con Berlusconi. Mi ha ucciso lui, in un congresso, a Fiuggi: il partito della destra sciolto così, nell'acqua minerale. Fini trionfa, e dopo mezzo secolo finisce la mia storia, la storia del partito che fu di Michelini, Almirante, Romualdi e Pace. Finisce la diversità, comincia la fame di poltrone.

Nasce una cosa nuova, Alleanza nazionale. Nello statuto è scritto: «L'antifascismo fu il momento storicamente essenziale per il ritorno dei valori democratici che il fascismo aveva conculcato». Prima pugnalata.

Pino Rauti, Teodoro Buontempo e gli altri irriducibili hanno lottato fino all'ultimo per eliminare o quanto meno modificare questa frase. Ma Fini, no, è andato avanti. Ed è passato anche un altro articolo dello statuto dove si condannano le leggi razziali! «L'antifascismo è il senso della sfida, il Dna di Alleanza nazionale» dice Fini sul mio cadavere. Ma io sono durato mezzo secolo, Alleanza nazionale non durerà... Il fascismo, invece... quello non muore mai, e non solo in certi cori da stadio.

Pietro Sanua

VENDITORE AMBULANTE, 4 FEBBRAIO 1995

Ancora oggi mio figlio cerca di capire chi mi ha ucciso.
Ero un sindacalista e negli anni novanta stavo denunciando gli intrecci tra politica e 'ndrangheta nei mercati milanesi. Nell'autunno del '92, ero riuscito a entrare nella Commissione comunale che si occupava di commercio e mi ero messo a indagare sui meccanismi che «regolavano» l'assessorato negli anni di Tangentopoli.
Mi sparano mentre sono alla guida del mio furgone. Mi accascio su mio figlio, seduto accanto a me. Stavamo andando, come tutte le mattine, a vendere frutta e verdura al mercato di Corsico, Buccinasco, Quarto Oggiaro.

Le indagini sulla mia morte sono durate sei mesi, poi hanno archiviato tutto.

Marcello Palmisano

CINEOPERATORE, 9 FEBBRAIO 1995

Il mio mestiere sono le immagini.

Un anno dopo Ilaria e Miran, tocca a me.

C'è un filmato. Guardatelo. Rimarrete senza fiato. È l'assalto armato alla giornalista Carmen Lasorella, a Mogadiscio, vicino all'aeroporto. È l'imboscata in cui rimango ucciso.
Stiamo facendo delle riprese, con noi c'è una scorta di trenta persone. Ci tagliano la strada, una specie di posto di blocco. L'autista forza, vuole scappare. In cento prendono d'assalto il pick-up. Carmen riesce a uscire. Io rimango incastrato tra il sedile posteriore e il bagagliaio.

Antonino Lombardo

MARESCIALLO DEI CARABINIERI, 4 MARZO 1995

La lotta alla mafia, quella vera, l'avevamo cominciata noi, investigatori che ci muovevamo senza intercettazioni e senza pentiti, nel confine incerto fra Stato e antistato, utilizzando confidenti e informatori, mettendo a rischio le nostre vite. Avevo dato un importante contributo per la cattura di Totò Riina. Poi qualcosa si ruppe, e mi sono trovato accusato di essere un venduto, di non essere fedele all'Arma.
Nei miei appunti ho scritto tutto. Come arruolavo i confidenti, chi erano, quali verità scomode mi rivelavano, cosa davamo in cambio delle loro informazioni riservate, a cominciare da Gaetano Badalamenti, fino alla cattura di Riina.
Non mi stupisco che quei miei appunti siano spariti così in fretta.
Ho preferito spararmi.

Antonio Baslini

POLITICO, 25 MARZO 1995

Sono il padre del divorzio made in Italy.

Da liberale, mi sono battuto in Parlamento, per un'Italia più laica, più libera, moderna. C'è una mia foto che mi ritrae sorridente accanto al collega socialista Loris Fortuna. Era il maggio del '74, era il giorno in cui gli italiani avevano detto «sì» alla legge sul divorzio, dopo quattro anni di aspre polemiche.

Maurizio Gucci

IMPRENDITORE, 27 MARZO 1995

Magari si fosse fermata alle «aspre polemiche». La mia ex moglie, Patrizia Reggiani, pagò i miei killer 610 milioni di lire, anche se loro avrebbero voluto di più. Tanto valeva dunque la vita dell'erede dell'impero fondato da mio nonno, Guccio Gucci: foulard a fiori, i celebri mocassini, le borse, le cinture, le fibbie che hanno conquistato il mondo.
Ci eravamo amati, anche se mio padre me l'aveva detto: stai attento a quella donna. E infatti è stata una guerra a mai finire, con lei, con la mia famiglia, con tutti. Le passavo 60 milioni al mese per lei e le nostre figlie e mi dava del taccagno. Si rivolse anche a una sua amica maga, che anziché fare una fattura le diede il contatto di un sicario.
E la mia vita è finita con quattro pallottole.

Paola Borboni

ATTRICE, 9 APRILE 1995

A 16 anni lasciai la scuola per fare l'attrice. A 21 sono stata la prima attrice ad apparire a seno nudo su un palco. Lo scandalo, per l'Italia fascista, fu enorme, ma io degli scandali non avevo paura.
Durante un secolo di teatro, ho interpretato Pirandello 18 volte, sin da quando ero ragazzina.
Era bellissimo. Ai miei occhi era un uomo bellissimo. Elegante, assolutamente elegante, naturalmente elegante. Uno di quegli uomini che sotto il vestito, la camicia, il gilet, tutte quelle cose che si mettevano addosso allora, aveva un bel corpo. Il corpo di un uomo sano.

Era bellissimo anche Bruno, mio marito. L'ho sposato che avevo 72 anni. Era un uomo speciale. Io conoscevo tutte le sue virtù, gli altri solo i difetti. Troppo giovane per morire.

Amalia Liana Negretti Odescalchi Cambiasi

SCRITTRICE, 15 APRILE 1995

Fu Gabriele D'Annunzio a battezzarmi Liala: «Ti chiamerò così perché ci sia sempre un'ala nel tuo nome».
Ho scritto tanti romanzi rosa, tutti di successo. Vendevo un milione di libri all'anno e c'era una macchina, nella tipografia della casa editrice, che era impiegata solo per stampare i miei romanzi. Scrivevo fino a sette storie contemporaneamente, cercavo i nomi dei personaggi nell'elenco del telefono o nell'opuscolo pubblicitario di un allevamento di cavalli da corsa: Antinisca, Morello, Fulgenzia, Pervinca.
Le protagoniste dei miei romanzi erano tutte donne vergini fino al matrimonio. Meglio divorziare, pensavo; ma non si capisce come un uomo possa sposare una donna che è già appartenuta ad altri.
Quando in *Dormire e non sognare* faccio morire l'eroina del libro, Lalla Acquaviva, mi chiama anche un avvocato torinese: «Lei ha fatto soffrire mia moglie, che aspetta un bambino...». E l'editore Angelo Rizzoli mi manda un telegramma: «Quattrocentomila donne piangono la morte di Lalla Acquaviva. Provveda».

Vincenzina Marchese

MAFIOSA, 12 MAGGIO 1995

Un po' fu per la vergogna, un po' per amore, un po' per disperazione.
Ci eravamo sposati con mio marito, Leoluca Bagarella, nel 1991, dopo anni di fidanzamento. Una festa che neanche le eroine di Liala... C'era lui in doppiopetto blu, la Rolls-Royce fuori, l'orchestra.
Poi l'anno dopo mio fratello Pino ci tradisce. Diventa il pentito numero 224, ma, soprattutto, il pentito numero 1 nella storia dei Corleonesi.
Che vergogna!
Un fratello pentito, un marito incastrato.
Non ho retto.

È un'incognita ogni sera mia,
un'attesa pari a un'agonia...

Mia Martini

CANTANTE, 12 MAGGIO 1995

È un'incognita ogni sera mia,
un'attesa pari a un'agonia...

Quando me ne sono andata stringevo fra le mani un foglio con la scaletta della prossima serata e sulla testa avevo le cuffie del walkman: ascoltavo una delle mie canzoni. Ci tenevo molto alla meccanica del canto.

Secondo voi, chi tiene tra le mani un foglio con la scaletta della prossima serata, non ha voglia di continuare a cantare?

Portobello

PAPPAGALLO, 1995

Portobello era il mio nome d'arte. In realtà mi chiamavo Loreto, e ho fatto la star in televisione dal 1977 al 1983. Ero un amazzone fronte gialla, e facevo la spalla di Enzo Tortora.

È un mercato pazzerello
dove trovi questo e quello
e c'è pure un pappagallo con il becco giallo.
Un tantino picchiatello
non sa dire Portobello
ma cantare vuole il ritornello...

Spalla muta, ma non come la valletta di Mike Bongiorno. Solo un'attrice, Paola Borboni riuscì a farmi parlare: POOOORTOBELLO!
Per il resto, ci provarono in tutti i modi – gli italiani incollati allo schermo – per farmi parlare: carezze, cibo, richiami, minacce di strapparmi le piume. Finché Enzo Tortora disse: «In Italia è possibile corrompere tutti, tranne un pappagallo. È una cosa che dovrebbe farci riflettere».
Ero un gran chiacchierone con Luigi, il mio proprietario. Viaggiavo sulla sua spalla, lo seguivo ovunque, in televisione come al ristorante. Una volta gli offrirono una cifra spropositata: 20 milioni di lire, per me. Ma lui disse no. Ci siamo ammalati nello stesso anno, insieme ce ne siamo andati.

Fabio Casartelli

CICLISTA, 18 LUGLIO 1995

In bicicletta invece sei sempre da solo. Per me la bici è sofferenza, è gioia. Anche quando sei in gruppo, è come se fossi solo, una lunga, solitaria fuga. Anche quando cadi al Tour de France: tutti ti soccorrono, si disperano, piangono. Ma sei sempre solo, in un tranquillo pomeriggio d'estate, a 25 anni, nel caldo afoso dei Pirenei.

Il Corriere dei Piccoli

SETTIMANALE, 15 AGOSTO 1995

Roger Rivière e la bicicletta magica.
Cirillin grida con gioia / Vojo Antoia! Vojo Antoia!
Questo amabile Simplicio / con gran festa accoglie Micio!
Capitan Cocò Ricò / dà la stura a fieri ohibò!

Sono stato per decenni un simbolo di gioiosità settimanale. Poi arrivarono i cartoni animati in televisione…

Hugo Pratt

FUMETTISTA, 20 AGOSTO 1995

Per il *Corriere dei Piccoli* ho disegnato, negli anni sessanta, i grandi classici a fumetti, e ho pubblicato anche delle storie di Corto Maltese.

Quando sono morto, nell'agosto del 1995, uscirono i necrologi di rito sul *Corriere*. Uno era singolare. Era a firma del ministro della Cultura, all'epoca si trattava dello storico dell'arte Antonio Paolucci. A suo modo, un documento storico. Perché si trattava del primo riconoscimento ufficiale, ed espresso al massimo livello istituzionale (il ministero della Cultura...), del fatto che *Corto Maltese* e gli altri miei fumetti erano un bene culturale della Nazione. I francesi l'avevano capito da un pezzo, dalle nostre parti invece si continuava a fare finta di nulla.

Maria Grazia Minniti

MAFIOSA, 1° SETTEMBRE 1995

La televisione accesa sul quiz della sera. Una camicia a fiori, le pantofole colorate per scivolare dolcemente sul parquet di casa.
Bussano alla porta.
«Chi è?»
«Polizia.»
La solita perquisizione, penso.
E invece mi stendono a terra due colpi di pistola.
Ero la moglie del boss Nitto Santapaola. Io lo chiamavo amore, i miei figli «U licantropu», gli altri «U cacciaturi».
Per Catania lui è stato per venti anni il re, conteso nei salotti buoni e dai picciotti della cosca. I politici facevano a gara per farsi immortalare accanto a lui.
Padre e marito modello.
Quando era latitante stavo sempre con lui. Ci sembrava di essere in vacanza. Pure quando lo presero, nel 1993, fra le province di Ragusa e Catania, in un casolare circondato da aranci, ulivi e fichi d'India, con la stalla, il magazzino per gli attrezzi e una cappella con l'altare. Me lo ricordo, erano le 5 e 45. Ci sorpresero, nella fattoria deserta. Non un guardaspalle. Non una rete di recinzione. Una pistola, due copie del Vangelo e tanti letti. «Prima o poi doveva finire, ora andremo tutti in televisione» disse, trovandosi una Colt puntata alla testa. C'erano, ad aspettarci fuori, quattrocento persone con novanta autovetture e tre elicotteri.

Edoardo Bortolotti

CALCIATORE, 2 SETTEMBRE 1995

Prima o poi andrà in Nazionale, dicevano di me. Già giocavo nell'Under 21 allenata da Cesare Maldini.
Un calciatore dal sicuro avvenire.
Fisico invidiabile, tecnica perfetta. Giocavo nel Brescia, mi voleva la Roma.
Passavo nel campo leggero.
Quasi un campione.

Quasi.
Arrivò una squalifica per doping: ero risultato positivo alla cocaina Era il 1991. Cominciò da allora la fine della mia carriera e una discesa all'inferno, terminata con salto nel vuoto dal balcone di casa.

Sergio Atzeni

SCRITTORE, 6 SETTEMBRE 1995

Passavamo sulla terra leggeri come acqua, disse Antonio Setzu, come acqua che scorre, salta, giù dalla conca piena della fonte, scivola e serpeggia fra muschi e felci, fino alle radici delle sughere e dei mandorli o scende scivolando sulle pietre, per i monti e i colli fino al piano, dai torrenti al fiume, a farsi lenta verso le paludi e il mare, chiamata in vapore dal sole a diventare nube dominata dai venti e pioggia benedetta. A parte la follia di ucciderci l'un l'altro per motivi irrilevanti, eravamo felici.

Vincenzo Muccioli

IMPRENDITORE, 19 SETTEMBRE 1995

Ma quale leggerezza, la mano pesante ci vuole. Quel calciatore giovane, se veniva da me avrei potuto salvarlo, farlo uscire dalla sua galleria buia.
Di me alcuni dicevano che a volte sembravo un pazzo. E invece avevo solo una regola: chi sbaglia paga. È la legge di San Patrignano.
San Patrignano non era un lager, né un ghetto per delinquenti. Lo so, i miei metodi non piacevano – usavo a volte le catene, con i ragazzi, era una necessità – ma erano efficaci, con pochi effetti collaterali.

Venne a trovarmi don Gelmini, a San Patrignano, mentre stavo per morire. Portava con sé un'ampolla con le lacrime della Madonna di Siracusa, lacrime che la Chiesa considera un «segno divino». Chissà se creano dipendenza.

Qualche giorno dopo la mia morte la Cassazione decise che mi avrebbero dovuto processare per i maltrattamenti e la morte del giovane Roberto Maranzano. Io sapevo, ma avevo taciuto per il bene della comunità.
E che comunità. Chi parla male di noi lo fa per invidia. Abbiamo tutto: dal ristorante al vigneto, dai cavalli da corsa alla falegnameria, dal forno alla fattoria.

Gorni Kramer

MUSICISTA, 26 OTTOBRE 1995

Nella vecchia fattoria I-A-I-A-O
Quante bestie ha zio Tobia I-A-I-A-O

Nella stalla silenziosa ia-ia-o
dopo aver mangiato a iosa ia-ia-o
dorme il bue-bue-bu-bu-bue
c'è un bel cane-cane-ca-ca-cane
c'è il maiale-iale-ia-ia-iale
c'è un bel gatto-gatto-ga-ga-gatto
l'asinel-nel-ne-ne-nel-hi-ho
C'è la capra-capra-ca-ca-capra
Nella vecchia fattoria ia-ia-o.

Ma il mio primo amore fu il jazz. E il primo amore non si scorda mai.

Amilcare Rambaldi

FONDATORE DEL CLUB TENCO, 4 NOVEMBRE 1995

... Sta' zitto, bambino, silenzio, non piangere o ridere
sta' bravo, bambino, che qui parlo sempre di Amilcare.

Andavo a caccia di artisti anche menefreghisti,
artisti comunque, artisti ovunque e comunque,
un po' meglio di questi poeti di oggi qualunque
aedi del vuoto invocato e non mai esplorato.

Cercavano uno per farsi contare una storia
che fosse inventata o infuocata da antica memoria
bambino, non devi toccare, giocare o anche fingere
che questa qui, vedi, bambino è roba di Amilcare.

Gioacchino Costanzo

BAMBINO, 15 NOVEMBRE 1995

Io faccio il bravo. Non piango. Sto zitto.
Nella vecchia fattoria-ia-ia-o!
Aspetto in macchina nonno e gioco con gli animali della fattoria tra le sigarette che lui vende di contrabbando a Somma Vesuviana, vicino a Napoli.
Le sigarette non posso toccarle.
Non è roba mia, quello che fa nonno. Che poi neanche è mio nonno, è il compagno di nonna. Dice che gli piace stare con me e portarmi in giro. In macchina mi canta la canzone degli animali: *maiale-iale-ia-ia-iale…*
Ma la verità è che pensa che siccome in macchina ci sono io nessuno può sparargli perché c'è il rischio che colpirebbero anche me. Solo che le traiettorie delle pallottole della camorra hanno geometrie imprevedibili, come quando cerco di disegnare un animale della fattoria – *c'è un bel cane-cane-ca-ca-cane* – e non ci riesco, tutto è tondo, pasticciato.

Il proiettile è entrato dalla guancia.
Al cervello si è fermato.
Ia-ia-o

Franco Fortunato Gilberto Augusto Bonvicini

FUMETTISTA, 10 DICEMBRE 1995

Bambini fate i bravi – dicevano le mamme negli anni settanta – se fate tutti i compiti, vi faccio vedere *Supergulp!*, i fumetti in tv.

Ero Bonvi, quello delle *Sturmtruppen* – le prime strip su un quotidiano italiano –, *Nick Carter, Cattivik*.

Giuseppe Montalto

AGENTE DI POLIZIA PENITENZIARIA, 23 DICEMBRE 1995

Mai si era visto, al carcere dell'Ucciardone, a Palermo, un agente di Polizia penitenziaria sovversivo come me.
Nonostante fossero in regime di carcere duro, i boss si parlavano tra loro, decidevano affari, si scambiavano messaggi.
Ecco, a me fu chiesto di passare un pizzino, all'interno della sezione di massima sicurezza. E dissi di no. Anzi, lo sequestrai. Un gesto da sovversivo.
Mi massacrarono a Trapani davanti alla casa dei miei suoceri. Era una cortesia tra boss.
Ucciderne uno per educarne cento.

Videomusic

EMITTENTE TELEVISIVA, 31 DICEMBRE 1995

Sono stata la prima emittente televisiva italiana completamente dedicata alla musica. Anzi, in Europa c'ero solo io.
Trasmettevo dalla provincia di Lucca, ed era cominciato tutto nel 1984, con il video di *All night long* di Lionel Richie.
I Wham!, i Queen, Michael Jackson, i Clash… recensioni, interviste, videoclip, live, un concerto dei Nirvana a Roma.
Mi chiuse il nuovo proprietario, Cecchi Gori, quello dei film. Voleva fare il terzo polo televisivo. Durò poco.

Il Radiocorriere

31 DICEMBRE 1995

Il «Radio Orario» sorge collo scopo di fornire i programmi delle stazioni italiane e delle stazioni europee trasmettitrici di radiodiffusioni circolari che possono essere udite in Italia.
Quale organo ufficiale della Unione Radiofonica Italiana aggiungerà qualche nota informativa sulle linee programmatiche della Uri, a volte qualche breve cenno biografico sugli artisti che contribuiranno alle trasmissioni e infine ogni tanto un articolo di carattere non tecnico sulla radiofonia…

Giuseppe Di Matteo

BAMBINO, 11 GENNAIO 1996

Ricordo:
papà con i suoi amici
papà che parte per un viaggio
dei poliziotti che mi vengono a prendere a casa
ma non sono sbirri, li conosco, sono gli amici di papà
poi mi legano, e mi mettono dentro un furgoncino
un gancio, una stalla, poi un altro posto, un altro posto ancora.
IO HO PAURA DEL BUIO!
Le foto con il giornale in mano
«U canuzzo» mi chiamavano. Il cagnolino.
Giovanni Brusca che dice a uno dei suoi: «Liberati del canuzzu».
Indica una larva, un corpicino che non pesa neanche trenta chili: sono io.

Delle dita che affondano sul mio collo come fosse burro.
Poi l'acido, come una liberazione.

Di me non resta nulla, solo una foto. In quella foto io sono su un cavallo e mi esercito in un maneggio.

A scuola ci facevano studiare quella poesia sugli ebrei: *Se questo è un uomo.* E voi che siete sicuri nelle vostre tiepide case considerate se questo è un ragazzino. Tenuto per 779 giorni nascosto, incatenato in una botola, appeso a un gancio, ridotto a una larva, senza nome e senza forza, infine sciolto nell'acido. Come il poeta, anche io vi ordino: ricordate sempre che questa è stata la mafia. Ripetetelo ai vostri figli, a quelli che hanno gli stessi miei anni. Ripetetelo. «O vi si sfaccia la casa, la malattia vi impedisca, i vostri nati torcano il viso da voi.»

Gran Teatro La Fenice

29 GENNAIO 1996

Lavori lunghissimi, che non finiscono mai.
E lavori fatti in fretta, perché non c'è mai tempo.

È una sera fredda, sono i giorni della merla.

Ci sono dei lavori di ristrutturazione, e due elettricisti, Enrico Carella e Massimiliano Marchetti, che lavorano di fretta perché già sono in ritardo e la loro ditta rischia di pagare una penale ingente, hanno un'idea: un piccolo incendio. Così i ritardi saranno addebitati, come sempre avviene in Italia, a cause di forza maggiore.

Il fuoco si mangiò tutto. Il fumo resterà nell'aria, a Venezia, per settimane.

Roberto Raviola

DISEGNATORE, 5 FEBBRAIO 1996

Ero Magnus, quello di Kriminal, Satanik, Alan Ford.

Me ne sono andato cavalcando con Tex. Ci ho messo sette anni a completare quell'albo speciale che mi avevano commissionato. Ci scherzavo su: finito questo lavoro, muoio. E infatti nell'ultima tavola, nell'angolo a sinistra, ci sono io – pelato, i baffoni – che vi saluto.

Andrea Barbato

GIORNALISTA, 12 FEBBRAIO 1996

Per i telespettatori che mi ricordano io sono «quello della cartolina». Era il mio appuntamento serale, su Rai Tre, dove, con toni pacati, dicevo la mia su quello che accadeva in Italia.

Una delle ultime cartoline fu per Beppe Grillo. Era il 1992, e già lo ammonivo: «Lei, Grillo, centra bersagli molto ovvi. Non nego il valore liberatorio, ma davvero la furia contro i poteri e le arroganze possono essere sanate da un grido insultante? Questa è la strada maestra dell'illusione qualunquistica, dello sberleffo fine a se stesso...».

Le vittime della Banda della Uno Bianca

3 MARZO 1996

Tutto è iniziato quasi per scherzo, sembrava la parodia di un film americano. Roba da terra dei cachi.

Fabio Savi era pieno di debiti e ha pensato di fare delle rapine. E per scherzo sono morte 24 persone, e l'Emilia Romagna è stata invasa da una scia di sangue lunga sette anni. Con la scoperta, poi, che a massacrare noi, impiegati, benzinai, extracomunitari, guardie giurate, carabinieri, erano stati cinque agenti di Polizia.

Ma può essere solo il bisogno di soldi a trasformare degli agenti di Polizia in sgherri sanguinari?

Dario Bellezza

POETA, 31 MARZO 1996

Ho proposto di stipendiare i poeti, e dicevo sul serio.
Quando ho scoperto di avere l'Aids ho pensato fosse uno scherzo. Io, il cantore dei ragazzi, il provocatore, l'esibizionista.
Ho aspettato la morte, per dormire poche ore.

Luigi Ilardo

BOSS MAFIOSO, 10 MAGGIO 1996

Il mio è stato una specie di suicidio. Quando ho contattato i Carabinieri per dire che potevo portarli al covo del boss latitante Bernardo Provenzano, ho capito che sarei stato, comunque, un uomo morto.
Il giorno successivo a quello in cui mi ammazzarono, i giornali fecero un trafiletto: «Pregiudicato ucciso a Catania. Regolamento di conti».
E invece io ero il reggente della mafia in Sicilia orientale. E, soprattutto, ero un confidente dei Carabinieri.
Pochi mesi prima, era il 31 ottobre del 1995, avevo appuntamento con il mio gancio, il colonnello dei Ros Michele Riccio, a due passi dal covo di Bernardo Provenzano, che era nascosto in un casolare che io, e solo io, conoscevo.
«Dovete seguire una *trazzera* che si trova al centro di una curva sul lato destro dello scorrimento veloce in direzione di Agrigento, a circa 2,5 km dal distributore Esso sito dopo il bivio di Mezzojuso sul lato sinistro della predetta strada... la costruzione più in alto ha il tetto e la facciata di colore rossastro, mentre quella più in basso è grigia e ha un ovile...»
Ma quando arrivai, dei Carabinieri nemmeno l'ombra.
E Provenzano capì che ero diventato pericolosissimo.
C'è stato un processo, poi, per questo blitz saltato. Riccio dice che furono i suoi superiori, Mori e Obinu, a sabotare tutto. Loro invece sostengono che c'erano troppe pecore e troppi pastori, per arrestare Provenzano.
Troppe pecore e troppi pastori: è questo che passa nella mente di un rappresentante dello Stato italiano quando può arrestare nientemeno che Provenzano?

Renzo De Felice

STORICO, 25 MAGGIO 1996

Io non sono propriamente un italiano, perché ero fuori dal «politicamente corretto». Comunista fino al 1956, quando, insieme ad altri intellettuali, ho lasciato il Pci per l'appoggio dato alla repressione sovietica in Ungheria. Non ho fatto in tempo a finire il mio ultimo libro sulla biografia di Mussolini. Ci avrei messo dentro i conflitti tra Repubblica sociale italiana – un crepuscolo senza alba – e i tedeschi, i difficili rapporti dei partigiani con la popolazione, una certa versione dei fatti dell'8 settembre, alcune carte segrete del Duce che aspettavo. Tutto fuori dal «politicamente corretto», come vi dicevo. Mi mancava un ultimo tassello per chiudere la fatica di una vita, e risolvere tanti misteri di quella primavera del '45. Per mettere fine alla storia del fascismo e a quella del suo protagonista. E invece muoio. E a voi resta il mistero di una storia perduta in quelle pagine non scritte.

Luciano Lama

SINDACALISTA, 31 MAGGIO 1996

Li guardai negli occhi, e li sfidai. A chi la storia, a chi la cronaca. A me le parole di Carlo Rivolta sulla *Repubblica*:

«Alle otto del mattino, sotto un cielo plumbeo e le prime gocce di pioggia, gli schieramenti nell'Università erano già formati, anche se la tensione era ancora minima. Nel piazzale della Minerva il servizio d'ordine del sindacato e del Pci con i cartellini rossi appuntati sul bavero della giacca, qualche giovane della Fgci, molte persone un po' attempate, due o tre tute blu, presidiava la piazza del comizio. Armati di pennelli e vernice, sindacalisti e comunisti cancellavano le scritte degli "indiani metropolitani" (l'ala "creativa" del movimento, composta essenzialmente da militanti dei circoli del proletariato giovanile). Prima fra tutte una a caratteri cubitali accanto ai cancelli principali dell'ateneo: I LAMA STANNO NEL TIBET.
Gli "indiani" dal canto loro non restavano a guardare. Su una scala di quelle da biblioteca (con le ruote e un palchetto con ringhiere) avevano piazzato un fantoccio a grandezza naturale in polistirolo che doveva rappresentare il leader dei sindacati. Circondato da palloncini portava appesi tanti grandi cuori. C'era scritto: L'AMA O NON LAMA, NON LAMA NESSUNO e altri giochi di parole del genere...».

Gesualdo Bufalino

SCRITTORE, 14 GIUGNO 1996

Elvira Sellerio mi fissò negli occhi e mi sfidò: «Scommetto che lei ha un romanzo nel cassetto». Le risposi: «No, signora, ne ho due».
Avevo sessant'anni, facevo il professore a Comiso. Era il 1981.
Uno dei romanzi era *Diceria dell'untore.*

Gino Bramieri
COMICO, 18 GIUGNO 1996

Al ristorante.
«Cameriere, una mosca nella minestra.»
«Gliela porto subito, signore.»

Federico Umberto D'Amato

AGENTE SEGRETO, 1° LUGLIO 1996

Ristoranti io ne frequentavo tanti, perché ero un *grand gourmet*.
Sotto lo pseudonimo di Federico Godio tenevo una rubrica sull'*Espresso*, e ho inventato anche la sua famosa guida ai ristoranti.
Come lavoro vero, invece, tiravo le file dell'esercito degli infiltrati. Ero a capo di quello che chiamavamo «l'ufficio dei misteri» del ministero dell'Interno. Qualcuno, negli anni settanta, lo chiamò anche «l'ufficio stragi».
Un piede dentro la legalità, tre fuori. Senza farsi mai beccare, come i veri spioni. Io non sono mica finito nei guai come Henke o Miceli.
Io ero un *grand gourmet*. Loro mangiavano in mensa.
Avevo 250 informatori. Per ogni nome un compenso, dalle cinquanta alle centomila lire mensili. Una cifra più che discreta per gli anni sessanta.
Un piede dentro la legalità, tre fuori.
Un occhio alla cucina.
Quante ricette ho preparato, quante ne ho pubblicate. Ma alcune – il golpe Borghese, la strage di Brescia, la morte di Calvi – le ho portate sulla collina con me.

Caterina Picasso

PENSIONATA, 21 AGOSTO 1996

Sapere da che parte stare, l'ho sempre saputo. Mi chiamavano «nonna Mao».

Non ero una nonna da tagliatelle al ragù.

Ero la proprietaria di quell'appartamento in via Fracchia, a Genova, che negli anni settanta era stato la base delle Brigate rosse. Erano passati, per qualche giorno o qualche mese, da lì quei ragazzi, Riccardo Dura e tutti gli altri: erano così giovani, così belli, così pieni di vita...

Due stanze, più servizi. Niente riscaldamento. Io gli facevo compagnia, sapevo che erano dei clandestini, e la cosa riempiva le mie giornate di povera vecchietta sola nel quartiere popolare di Rivarolo. Avevo la seconda elementare, certi ragionamenti politici non li sapevo fare, ma ai ragazzi dicevo sempre: sono brigatista prima ancora di voi.

Il giorno dopo quello in cui i carabinieri li massacrarono, mi sono dichiarata prigioniera politica. I giornali mi chiamarono «la nonnina delle Br».

Una foto che mi ritrae nella gabbia dei terroristi, al processo del 1981, vale oggi su eBay 50 euro. «Bella fotografia originale d'epoca con lunga didascalia dattiloscritta al verso: "... Caterina Picasso, 70 anni brigatista rossa: ormai tutti la conoscono. Candidamente ha risposto ai giudici di aver scelto la militanza nel partito armato..."»

Antonio Cederna

GIORNALISTA E INTELLETTUALE, 27 AGOSTO 1996

Ho scelto di militare, con passione, dalla parte delle sentinelle, di quei pochi, cioè, che lanciavano l'allarme: attenzione ai vandali.
Ho detto cose scomode, lo so, perché non accettavo di tacere di fronte ai disastri, alle manomissioni del territorio, all'aggressione al patrimonio culturale del Paese, alla costruzione di periferie brutte e invivibili. Erano gli anni sessanta.

Già trasudavamo tossine.

L'incapacità di governare il territorio, di creare uno sviluppo sostenibile porteranno l'Italia a essere un paese arretrato. Perché la difesa dell'ambiente non è solo un tema estetico, è un problema ben più complesso, una questione civile. Deterremo il primato in Europa per le violazioni delle norme ambientali e in molte regioni il circuito economico legato alla criminalità coinciderà, non casualmente, con un alto tasso di reati ambientali, favorendo un florido settore che chiameremo «ecomafie», fatto di traffici illeciti, corruzione e inquinamento.
Boschi bruciati, città stracolme di rifiuti, spiagge inquinate, frane, alluvioni, centri storici che cadono a pezzi. E si continuerà a ragionare secondo la logica dell'emergenza.
Da Taranto alla Val Susa, da Venezia alla Campania, sarà messa in pericolo non solo la tutela dell'ambiente, ma l'idea stessa di comunità.

E la grande bellezza la vediamo solo nei film.

Giuseppe Panini

IMPRENDITORE, 18 OTTOBRE 1996

Celo, manca.

La fame della guerra era ormai un ricordo, gli italiani avevano qualche lira in tasca in più, e allora ci si poteva permettere di spendere una manciata di lire per una cosa fino ad allora sconosciuta: il divertimento.

Celo, manca.

Nacquero così le nostre figurine adesive, la «Grande raccolta calciatori», la ricerca della faccia di Pizzaballa, l'ansia di completare un album dopo un altro.

Cuore
SETTIMANALE DI RESISTENZA UMANA, 2 NOVEMBRE 1996

I giornali satirici come me, scrisse Michele Serra, sono come lo yogurt:
hanno la scadenza sull'etichetta già quando nascono.
Ecco alcune mie copertine che fecero ridere l'Italia:

«Scatta l'ora legale, panico tra i socialisti»
«Salvo Lima come John Lennon, ucciso da un fan impazzito»
«Fanno i comunisti, e poi vanno a fare la settimana bianca»
«Aiuta lo Stato: uccidi un pensionato»

Le risate però cessano in fretta e ciò che rimane non è altro che il silenzio.

Celestino Fava

UNIVERSITARIO, 29 NOVEMBRE 1996

Come altri prima di me, sono stato la persona sbagliata nel posto sbagliato. Uno dei peccati per i quali secondo la 'ndrangheta vale la pena di uccidere.

Vivevo a Palizzi, in provincia di Reggio Calabria. Mi sono ritrovato a essere, in modo del tutto casuale, testimone di un omicidio. E mi hanno ucciso all'istante, senza pietà, a 22 anni. Aveva solo due anni più di me il magistrato a cui toccarono le indagini, Francesco Cascini. Era il suo primo caso di omicidio. Cascini arrivò a individuare quattro nomi, un fuoristrada e un movente. «Per molti, moltissimi giorni» racconta nel suo libro *Storia di un giudice* «scavai su quei nomi, su quella macchina, sulle cause del delitto. Sapevo che erano stati loro. Mi tormentava il fatto che fossero ancora liberi; erano violenti, determinati e avrebbero potuto uccidere di nuovo. L'indizio più importante era equivoco. Codice alla mano avevo poche alternative: dovevo archiviare. Ripensai al giorno del sopralluogo. Se ci fossero stati reparti specializzati della Polizia scientifica, forse, sarebbe andata diversamente. Mentre fissavo le pagine che uscivano dalla stampante mi si gonfiarono gli occhi e cominciai a piangere. Pensai al giorno in cui ero arrivato sul posto, alle autopsie, ai familiari che mi guardavano, ai loro volti sfiduciati, alla fatica che avevo fatto a convincere qualcuno ad aiutarmi. Era stato tutto inutile. I genitori di quei ragazzi non avrebbero mai saputo la verità, sarebbero rimasti soli con il loro dolore.»

E così è stato.

Renato Bazzoni

ARCHITETTO, 9 DICEMBRE 1996

Senza di me non ci sarebbe il Fai, il fondo per l'ambiente.
Con Antonio Cederna pensavamo che l'assalto al paesaggio e al patrimonio artistico italiano poteva essere contrastato solo da una visione globale, per difendere insieme il suolo, l'uso del territorio, i monumenti. Perché il paesaggio è l'opera costruttiva più complessa e importante che l'uomo abbia mai intrapreso: non è solo una forma geografica, ci sono vite, millenni di storia, forme di civiltà. Il paesaggio è un corpo vivo.
Ecco perché fondammo il Fai: per creare schiere di protettori pronti a scendere in battaglia per i territori e la loro cultura. Non solo per le signore bene.

Giuseppe Dossetti

SACERDOTE E POLITICO, 15 DICEMBRE 1996

Sono l'uomo che più ha ispirato la cultura cattolica in Italia nel secondo Novecento, anche se spesso non ero in sintonia con importanti settori della Chiesa e del mio partito, la Dc.

In Vaticano qualcuno esprimeva forti dubbi. Nel 1949 in un appunto riservato, un vescovo molto ascoltato da Pio XII (insomma, non uno qualunque, sto parlando del cardinale Siri) scrive: «La corrente che fa capo all'onorevole Dossetti [aveva] organizzazione propria e piuttosto fanatica fede in colui che è riguardato ispiratore e capo; azione di punta nel promuovere riforme sociali sulla cui piena giustizia non si è concordi e tutt'altro che sicuri; azione di critica nei confronti del partito e del governo, condotta in quella forma pubblica, spettacolare e a tinta sabotatrice».

Marcello Mastroianni
ATTORE, 19 DICEMBRE 1996

Avevo visto al cinema *I Vitelloni* di Federico Fellini e ne ero rimasto talmente entusiasta che decisi che avrei fatto di tutto per poter lavorare con lui. Durante l'estate mi presentai a Fregene per incontrarlo. Era in spiaggia, sotto l'ombrellone, vestito, con lui c'era Ennio Flaiano. Mi salutò: «Marcellino, bene bene, grazie di essere venuto. Devo girare un film per De Laurentiis. Lui vorrebbe Paul Newman, ma è troppo importante e a me serve una faccia qualsiasi». Io ero disposto a tutto pur di lavorare con lui, ma per darmi un minimo di tono gli dissi che mi sarebbe piaciuto avere almeno un'idea della trama. «Ma certo» mi rispose, e chiese a Flaiano di passarmi il copione. Era una cartella, con dentro un disegno di Fellini: un uomo che nuotava, con un sesso enorme, che arrivava al fondo del mare, e attorno a quell'immenso arnese danzavano allegramente cavallucci e stelle marine. Mi sentii sbeffeggiato, ma abbozzai: «Mi dica solo dove devo venire, quando devo presentarmi».
Il film era *La dolce vita*. C'è bisogno di dirlo?

Le vittime del naufragio di Portopalo
24-25 DICEMBRE 1996

Noi siamo i fantasmi nel mare, annegati la notte di Natale.
Come nel racconto di Dickens, siamo il fantasma di un Natale possibile, che per noi non è stato.
Non è stato per il mare che ci ha inghiottiti.
Non è stato per la nave di trafficanti che ha incrociato le nostre vite in balia delle onde, e ha tenuto segregati i superstiti.
Non è stato per la Polizia che non ha creduto a chi raccontava di questa ecatombe nel mare di Natale, di questa massa di persone che si era imbarcata dall'Egitto per la Sicilia e non aveva dato più notizie di sé ai parenti, agli amici, a chi li aspettava in Italia.
Non è stato per i pescatori siciliani, che hanno recuperato come tonni i nostri corpi impigliati nelle reti e li hanno ributtati in mare, per evitare il sequestro del peschereccio per alcuni giorni, e domande a cui non volevano rispondere.
Ma quanti punti interrogativi ci sono ancora sepolti nel segreto del mare?
Noi siamo quaggiù, nel più grande cimitero del Mediterraneo. Nord: 36° 25' 31"; Est: 14° 54' 34", acque internazionali a 19 miglia da Portopalo di Capo Passero, estremo lembo meridionale della Sicilia e dell'Italia.
Dove il suono dei gabbiani non arriva, e il mare è un gorgo.
E vi giustificate ancora dicendo, per noi come per tutti gli altri che annegheranno dopo: avremmo potuto salvarli, certo, ma è stata una vista...

Ivan Graziani

CANTAUTORE, 1º GENNAIO 1997

Signore è stata una svista
abbi un occhio di riguardo
per il tuo chitarrista.

Quelli sul Pendolino

12 GENNAIO 1997

È stata una svista?
Un rumore acuto, improvviso. Uno stridore di ferraglie. Le 13 e 26, poco prima della stazione di Piacenza. Il Pendolino, il fiore all'occhiello delle Ferrovie italiane, alla curva vola come un razzo fuori dai binari e si schianta contro una serie di piloni dell'alta tensione. Si corica su un lato, si apre come una scatola di sardine.
Per qualche metro, sì, ma è stato come volare. L'unico occhio di riguardo che il Signore ha avuto per noi.

Giulio Castellino

MEDICO, 25 FEBBRAIO 1997

Punti interrogativi.

Può un medico retto, irreprensibile, puntiglioso, vivere in santa pace tra Agrigento e Palma di Montechiaro? Può svolgere il proprio lavoro senza paura, senza pressioni esterne, seguendo norme e coscienza? Può un medico, figlio di medico e fratello di medico, con un buon conto in banca che gli viene dalla famiglia e dal lavoro, andare su e giù tra Agrigento e Palma senza temere che qualcuno prima o poi gli chieda: o paghi o muori?
La risposta: tre colpi di fucile.

Quelli a bordo della *Kater I Rades*

28 MARZO 1997

La risposta alla nostra disperazione fu il blocco navale.

Siamo morti di Venerdì santo.
Affogando.
Speronati da una corvetta della Marina militare italiana. Colpiti e affondati. Era un blocco navale istituito dal governo italiano per impedire l'immigrazione clandestina.
Noi eravamo albanesi.
Questa si chiama strage di Stato.

Siamo morti che un attimo prima pensavamo a tutti gli eroi della televisione italiana, alle 800mila lire benedette di quel breve viaggio da un mondo all'altro.
Invece il benvenuto fu una barca piena di soldati che ci fece capovolgere.
Siamo morti in 81, come quelli sull'aereo sopra Ustica.
Anche per noi ci saranno muri di gomma, intercettazioni cancellate.
Corpi bianchi sotto lenzuola, ci piansero in tanti, sul molo di Otranto. Soprattutto il leader dell'opposizione, un bravo signore, Silvio Berlusconi. Che uomo di cuore. Che lacrime sincere. «Questi li porto con me ad Arcore» disse, abbracciando due che ce l'avevano fatta.

Poi vennero: la legge Bossi-Fini, il reato di clandestinità, le ronde, i pogrom contro gli zingari, i respingimenti, gli accordi con Gheddafi, le impronte ai bambini, Calderoli, i centri di accoglienza e quelli di espulsione.
Ma quel signore che piangeva così tanto perché non fa qualcosa?

Gli operai dell'Ilva di Taranto
1997

La risposta al nostro stare male era una diagnosi che non lasciava scampo: mesotelioma pleurico contratto per «la prolungata e intensa esposizione all'amianto presente nello stabilimento siderurgico di Taranto».
Perché l'amianto dell'Italsider statale e poi nell'Ilva privatizzata con l'avvento dei Riva era ovunque, pure nei guanti che ci consegnavano come protezione.
Nessuna informazione, protezioni carenti, una sciatteria disarmante della dirigenza.
Tenere insieme salute e lavoro. Davvero in Italia non si può fare?

Il «tanko»
8 MAGGIO 1997

Facevo paura, ma ero solo un vecchio trattore diesel, abbastanza grosso, dodici tonnellate, camuffato da blindato. Non ero un mezzo eversivo.
Passare dai campi di umidità e nebbia del Veneto al dolce suolo di piazza San Marco. *El leon che magna el teron.* Anche per me è stato come volare. L'ho circumnavigata, come un mondo misterioso, e poi… l'ho conquistata! Per poco, con quei quattro matti lassù, sul campanile, a liberare la millenaria Repubblica Serenissima («*Còpeme!*») e io, finto carro armato venuto dalla campagna, che mi avrebbero messo paura anche i carri armati piccoli, di plastica, quelli che si usano a Risiko, giù a fare la guardia.
E non poter neanche fare una foto con i piccioni.
Nove anni dopo mi vendono all'asta: 6674 euro. Viva il Veneto!

Tom Ponzi

DETECTIVE PRIVATO, 9 MAGGIO 1997

L'indirizzo della mia agenzia investigativa a Milano lo conoscevano tutti. Era unica nel suo genere. Venivano in tanti, dal marito tradito al magnate che voleva scoprire i piani dell'odiata concorrenza.
Ho inventato la regola delle 48 ore: un omicidio si risolve nelle 48 ore successive alla scoperta del cadavere; passati due giorni, il più delle volte resta irrisolto.

Marta Russo

STUDENTESSA, 13 MAGGIO 1997

Molto più di 48 ore dopo, ecco cosa rimane di me.
Una tomba, al Verano, riquadro 85, cappella uno, primo piano, loculo 41.
Sulla parete di fronte, quella di Alfredino Rampi, che sorride nella sua canotta bianca a righe blu.
I miei ricordi, le parole di Tiziana, mia sorella, che quel giorno mi aveva prestato i suoi vestiti e i suoi occhiali da sole, le lacrime di mia madre, i pensieri di quelli che mi hanno voluto bene.
I miei organi: il cuore per una casalinga siciliana, il fegato a un ragazzino romano, i reni ad altre due persone, le cornee per fare riacquistare la vista a un giovane romeno.

Manca la pistola con la quale mi hanno sparato, un giorno, per gioco, all'università. Ponzi, questo sì che è un vero e proprio mistero, no?

Il mio caso sembra troppo letterario per essere vero – un thriller da cestone dei supermercati, tutto a cinque euro – e invece lo è: il dottorando di Filosofia del diritto Giovanni Scattone teorizzava, in un seminario, il delitto perfetto. Simulava con gli studenti delle udienze, faceva analisi di logica giudiziaria, casi di omicidi con molti indizi e nessuna prova.
Chissà se Scattone ha avuto un brivido premonitore, mentre parlava agli alunni.

Silvia Ruotolo

CASALINGA, 11 GIUGNO 1997

Negli occhi dei miei figli la scena rivive ogni istante.
Io che faccio la salita dell'Arenella verso casa, al Vomero.
Ho il passo di una madre, non esistono tragedie nello spazio presente in cui mi muovo.
Un figlio mano nella mano. La gioia dell'ultimo giorno di scuola.
Una figlia che mi guarda dal balcone. La felicità quotidiana: una tavola apparecchiata, un piatto di pasta, forse una passeggiata, vediamo…

Un proiettile.
Io sono l'ennesima vittima innocente della camorra.

Una crostata
18 GIUGNO 1997

Quelli di destra guardavano il culo della cameriera. Avidi.
Quelli di sinistra guardavano l'argenteria e sospiravano. Languidi.
Quelli di centro guardavano me, la crostata. Splendida.
A casa del signor Gianni Letta.
Crostata fatta da sua moglie, Maddalena.

Una fetta per Luciano Violante, che chiede, a nome del Pds, una legge elettorale a doppio turno.
Una fetta per Massimo D'Alema, che vuole essere il regista delle riforme per poi prendere il posto del premier Romano Prodi.
Una fetta per quel vecchio lupo di Franco Marini e i suoi Popolari, che chiedono che non scompaia il proporzionale, per non sparire loro.
Una fetta per Gianfranco Fini che chiede a nome di An alcune garanzie.
Una fetta per Silvio Berlusconi: fate le riforme che volete, ma non toccate le televisioni, non fate la legge sul conflitto di interessi e la regolamentazione delle frequenze.

Di me rimangono solo le briciole. Come per le riforme, e per quella Commissione bicamerale che tenterà di farle. Come per An, Prodi e tutti gli altri. Briciole. Favole.
Le televisioni di Berlusconi, però, quelle, non le ha mai toccate nessuno.

Gianni Versace

STILISTA, 15 LUGLIO 1997

La mia favola è cominciata a Reggio Calabria, nell'atelier di mia madre, ed è finita a Miami, di fronte all'oceano.
Ho inventato le top model, da Naomi Campbell a Linda Evangelista a Cindy Crawford, e molte altre. Ho trasformato il look di Lady Diana, la principessa triste. Le donne con me diventavano dee.
Mi uccise un serial killer che ce l'aveva con i gay facoltosi. Stavo aprendo il cancello della mia villa, e mi sparò due colpi.
I giornali americani mi celebrarono come «l'imperatore dei sogni». Hanno fatto anche una mostra al Moma di New York, con i miei cinquanta vestiti più belli.

La mia villa, Casa Casuarina, è stata venduta per 125 milioni di dollari. Per combattere l'omofobia, neanche una lira.

Fabio Di Celmo

IMPRENDITORE, 4 SETTEMBRE 1997

Il rum del bar dell'hotel Copacabana fa girare la testa.
Qui all'Avana mi chiamano «el muchacho del Copacabana». Mi conoscono in tanti.
Qui, nella hall, vengo fatto a pezzi dalla bomba piazzata da un terrorista che adesso passa la sua dorata vecchiaia negli Stati Uniti. Ha rivendicato l'attentato, ma dorme sonni tranquilli: il governo italiano non ha mai chiesto la sua estradizione, nonostante le battaglie dei miei genitori.

Perché ci sono terroristi che gli Stati Uniti combattono.
E altri che gli Stati Uniti pagano, per destabilizzare i paesi «nemici».
E ci sono parenti delle vittime del terrorismo a cui dare voce.
E altri intorno ai quali si costruisce una gabbia di silenzio.
Ecco, questo caso è proprio il mio.

Barcollando – Umbria e Marche

26 SETTEMBRE 1997

Muoiono paesi minuscoli e case antiche fatte di sassi, si trasformano in polvere affreschi che fanno parte della storia, crollano i campanili, si sgretolano le strade tracciate dai romani. E il cuore della penisola è in ginocchio, attonito. Migliaia e migliaia di infelici si aggirano tra le macerie.

Quelli dentro la camera iperbarica al Galeazzi di Milano

31 OTTOBRE 1997

Nessuno ci aveva spiegato che il materiale infiammabile poteva essere pericoloso. Così la signora che sentiva freddo aveva portato con sé e acceso lo scaldamani ad alcol.

Venerdì mattina, 11 e 20.

La camera iperbarica.

Una fiammata ci investe.

Bussiamo con la forza della disperazione. Le nostre urla arrivano ovattate.

Nessuno può aiutarci: non c'è acqua nell'impianto antincendio e non c'è modo di aprire il portellone pressurizzato.

Quando tutto finisce rimane l'odore acre dei corpi bruciati.

(Un impianto antincendio funzionante avrebbe spento le fiamme in tre secondi.)

Camilla Cederna

GIORNALISTA, 5 NOVEMBRE 1997

L'odore acre dei corpi bruciati del 12 dicembre 1969 cambiò la mia vita. Alla fine degli anni sessanta mi occupavo di costume. Milano, davanti a me, era smaniosa di esibirsi. Poi, quando scoppiò la bomba di Piazza Fontana, mi dedicai agli eventi tragici di quegli anni, a decifrarne le trame. Era l'alba degli anni settanta, i «ricchi blindati e gorilla nervosi» dei salotti milanesi non mi interessavano più. Cominciai a scandalizzarla, la borghesia italiana. Prima mi coccolavano, adesso non mi volevano più. Non ero più la loro principessa.

Mi chiamarono «strega», «regina degli esplosivi», «amante dei bombaroli». La «carnivendola». Mi accusarono di essere la mandante morale dell'omicidio del commissario Luigi Calabresi.

Con un libro spinsi il presidente della Repubblica Leone a dimettersi. Volevo solo dimostrare che i potenti non erano intoccabili. Mi denunciarono, vinsero la causa: fu ordinato di bruciare tutte le copie del libro, fui multata, e dovetti pagare pure un risarcimento danni alla famiglia Leone.

Secondo alcuni fu una sentenza politica.

Benito Jacovitti
DISEGNATORE, 3 DICEMBRE 1997

Avevo sempre il pensiero fisso al lavoro da terminare.
Il Vittorioso, Pippo, Pertica e Palla, Cocco Bill, Zorry Kid, Kamasultra, il Diario Vitt.
La mia scrivania era disordinata come una delle mie tavole. Vespe, gomitoli, lische di pesce, dita. I salami.
E un cartello: «Vietato cosare».

Alberto Manzi

MAESTRO, 4 DICEMBRE 1997

Si chiama analfabetismo di ritorno. Oggi sette italiani su dieci non capiscono la lingua, non sanno leggere e scrivere in maniera appropriata.
E non si può fare nulla. Sono distratti, irrecuperabili.

Che dire.

È troppo tardi.

Giovanni Alberto Agnelli

IMPRENDITORE, 13 DICEMBRE 1997

Giovane presidente della Piaggio ed erede designato alla guida della Fiat. Figlio di Umberto, nipote prediletto di Gianni. Sono il golden boy più ambito del pianeta.
«Affascinante, ricchissimo e libero, perfino troppo bello per essere vero», una rivista femminile americana mi presenta così.
Poi i dolori all'addome, forse i postumi di una brutta influenza intestinale. Febbre e vomito insopportabili, forse è una peritonite.
È troppo tardi, anche per me.
Il destino doveva sospingermi sul trono della Fiat. Finisco invece ricoverato in una stanza da due milioni di lire al giorno al quindicesimo piano di un istituto per la cura dei tumori di New York. L'aria si fa sempre più immobile.

Sono Giovannino, morto prima di diventare re.

Guido Orefice

PERSONAGGIO CINEMATOGRAFICO, 19 DICEMBRE 1997

Buongiorno, principessa! Stanotte t'ho sognata tutta la notte, andavamo al cinema, e avevi quel tailleur rosa che ti piace tanto, non penso che a te principessa, penso sempre a te!

Giorgio Strehler

ATTORE E REGISTA, 25 DICEMBRE 1997

Sul palco mi sentivo un re.
Nel dopoguerra, era il 1947, fondai con Paolo Grassi e Nina Vinchi il primo teatro stabile italiano, il Piccolo Teatro di Milano, un ambasciatore della cultura italiana nei palcoscenici di tutto il mondo.
Nel 1983 il Piccolo entra nella rete dei Teatri d'Europa, nata da un'idea mia e del ministro della Cultura francese Jack Lang.
Trent'anni dopo si dovrebbe fare una festa, per questa ricorrenza. Ma non c'è nulla da festeggiare.

Visioni del presente italiano: la burocrazia soffoca i teatri, vengono tagliati sempre più fondi alla Cultura. Lo Stato tratta il teatro alla stregua di un ufficio anagrafe.

È davvero troppo tardi.

Danilo Dolci

SOCIOLOGO E EDUCATORE, 30 DICEMBRE 1997

Eppure c'è, un tempo.
Dobbiamo lottare per averlo.

Mi ricordo che non c'era il teatro, ma in effetti non c'era neanche l'ufficio anagrafe a Trappeto, a metà strada tra Palermo e Trapani, in una delle terre più povere e dimenticate d'Italia. Mancava l'acqua, non c'erano fognature. Non c'era nulla. Lì ho fatto il mio primo digiuno di protesta sul letto di un bambino morto per denutrizione. Era l'unico modo per vincere l'indifferenza. E ho smesso solo quando le autorità si sono impegnate per costruire una fogna per la città. Poi sono passato allo «sciopero alla rovescia», con centinaia di disoccupati impegnati a riattivare una strada comunale abbandonata.
Non ero un guru. Non avevo verità. Non avevo nulla da insegnare. Semplicemente, pensavo che il vero cambiamento, per il Sud, cominciasse dal coinvolgimento. È così, ascoltando i bisogni dei contadini, che è nata l'idea della diga sul fiume Jato: acqua per tutti, acqua democratica, per rendere coltivabile una terra aridissima e sottrarre alla mafia il controllo dei latifondi.

Ciascuno cresce solo se sognato.

Saverio Ieraci e Davide Ladini

RAGAZZI, 3 GENNAIO 1998

A noi furono riservati solo incubi. E colpi di lupara, sul corso principale del nostro paese, Cinquefrondi, nella Piana di Gioia Tauro.
A fare vendetta per uno sgarro consumato nella sala giochi dalla quale uscivamo fu un commando di nostri coetanei. Ci sorpresero sul marciapiede, storditi dal fumo tremante delle prime sigarette.
È così che la 'ndrangheta alleva i boss.
Cose da *cotrari*, commenteranno i nostri genitori. Cose da ragazzi.

Cose da mostri.

Alfredo Ormando

SCRITTORE, 22 GENNAIO 1998

«Il mostro se ne va per non recarvi più offesa, per non farvi vergognare con la sua ignobile presenza, per non farvi schifare e voltare le spalle quando lo incontrate per strada.»

Non tremo. Martedì 13 gennaio. Arrivo in piazza San Pietro intorno alle sette e mezzo di mattina, con una tanica di benzina.
Poeta, siciliano, gay. Ricordatemi come un martire della Chiesa.
Faccio un po' avanti e indietro. Arrivo al colonnato, mi tolgo il soprabito, mi cospargo di liquido e appicco il fuoco ai vestiti che porto.
Penso a 39 anni di continue discriminazioni, non solo nella terra provinciale e bigotta nella quale sono cresciuto. Penso alla colpa di certi baci vissuti come fossi un assassino.
Riesco ancora a fare qualche passo in direzione della basilica, poi cado.

Mario Schifano

ARTISTA, 26 GENNAIO 1998

Quanta strada…

Artisti, galleristi, critici, collezionisti, scrittori e poeti, rigattieri e antiquari: io non uscivo mai dalla mia stanza.
Che ci fossero cinque o cento ospiti ricevevo esclusivamente una persona alla volta, tra montagne di polaroid, cartoni, televisori sempre accesi. A volte in camicia, a volte con un bicchiere in mano.
Uscivo solo per mantecare il risotto o per rispondere al citofono per poi lasciare l'ospite invitato ad aspettare anche per ore fuori dalla porta. Era il mio esercizio quotidiano di sadismo.

Giancarlo Cesaroni

IMPRENDITORE, 29 GENNAIO 1998

A Roma mica c'è solo il Vaticano. C'era anche un piccolo locale, una stanza più che altro, con un palco di pochi metri quadrati, una platea per una cinquantina di persone, che lì venivano ad ascoltare nomi di giovani sconosciuti: De Gregori, Venditti, Rino Gaetano, e tanti altri cantautori romani. Musica da ascoltare chiudendo gli occhi. Una volta pure Bob Dylan, ed erano in pochissimi. Lui era pressoché sconosciuto.

Erano gli anni settanta. E il mio locale era il Folkstudio.

Il carcere dell'Asinara

31 GENNAIO 1998

Ero il carcere più sicuro al mondo. In un'isola bellissima, in Sardegna. In tutta la mia storia ho visto solo un detenuto riuscire a evadere.
E ho visto Riina, Bagarella e i primi mafiosi per i quali, dopo le stragi del 1992, fu sperimentato il carcere duro.

1. Un colloquio di un'ora al mese con i propri familiari invece di un'ora a settimana.
2. Nessuna possibilità di fare o ricevere telefonate.
3. Un pacco al mese e solo di indumenti e biancheria; niente libri né cassette.
4. Niente fornellini, per il divieto di acquistare generi alimentari che richiedano cottura.
5. La corrispondenza in arrivo e in partenza è sottoposta a censura.
6. Ogni attività ricreativa e lavorativa è sospesa.
7. Due ore d'aria al giorno contro le quattro dei detenuti comuni, solo nei cortili a ridosso delle celle.
8. Tv solo in bianco e nero.

Ho visto anche Giovanni Falcone e Paolo Borsellino. Si ritirarono qui, per un'estate, per estendere l'ordinanza del maxiprocesso alla mafia. Ero l'unico luogo di massima sicurezza in Italia che potesse fare lavorare quei due giudici in tranquillità. Fu per loro una specie di esilio, anche se vennero le famiglie, per evitare un isolamento che sarebbe stato più duro del carcere. Finito il lavoro arrivò a casa dei due giudici una fattura: era lo Stato che presentava il conto da pagare per le spese di soggiorno.

Quelli che erano sulla funivia del Cermis la seconda volta

3 FEBBRAIO 1998

La prima volta è una disgrazia, la seconda è follia.

Inermi, in rotta di collisione, come sui cieli sopra Ustica, come per quella scuola a Casalecchio di Reno.

Un incidente assurdo, una di quelle cose che vedi solo nei film. L'aereo da guerra americano che, nei suoi giochi pericolosi, incrocia la funivia piena di sciatori.
Solo che i militari, gli artefici della strage, si salvano.
Noi, la comitiva di turisti sulla funivia, no.
Ridevano e filmavano le montagne, il paesaggio splendido del lago di Garda. Mentre il loro aereo violava le regole, volando troppo basso e troppo veloce, loro giravano un video ricordo delle Alpi: un souvenir per il pilota, all'ultima missione prima di tornare negli Stati Uniti.

E poco dopo sono andati a tranciare i cavi della funivia del Cermis.

Il Partito democratico della sinistra

14 FEBBRAIO 1998

Mi hanno tranciato di brutto, che non avevo nemmeno dieci anni di vita.

Quando si è sciolto il Partito comunista italiano, dopo la caduta del Muro di Berlino, in fretta e furia sono nato io, il Pds, giusto in tempo per perdere le elezioni politiche del 1994 e assistere all'inizio del ventennio berlusconiano.
Il mio simbolo era una quercia stilizzata, alla cui base, come in un cammeo, hanno resistito per un certo tempo il nome e il simbolo del Pci.
Quando sono nato, nel 1991, il mio fondatore, Achille Occhetto, festeggiò con un brindisi insieme ai suoi collaboratori, intonando il «Va' pensiero».
Il giorno dopo, per diventare segretario, gli mancarono dieci voti. Che figuraccia! Craxi sorrideva beffardo...
Ho visto la fine di Occhetto, Berlusconi, l'Ulivo di Prodi. Fino a Massimo D'Alema, nel 1998, e le sue fatiche da equilibrista. La parola «partito» non andava più bene. E c'era da «unire la sinistra italiana». E lui, da buon padre di famiglia, ne prese atto...

Pietro Pacciani

CONTADINO, 22 FEBBRAIO 1998

Non saprete mai davvero se ero io il mostro di Firenze, ma le mie due figlie, mia moglie l'hanno sempre saputo. Le ho violentate per anni, in casa e fuori, di notte e di giorno. Sera per sera, decidevo con chi dormire. Loro, come pezzi di bastone, accontentavano i miei bisogni nelle notti nere come il catrame.
Se non obbedivano, le picchiavo con il bastone.

No, non sono io il mostro di Firenze. Sono un povero agnelluccio, che tutta la vita si è ammazzato di lavoro nei campi. Il dolore dei genitori con i figli ammazzati lo capisco perché sono anch'io un padre di famiglia.
Io sono il mostro della porta accanto.

La Banda della Magliana

27 FEBBRAIO 1998

Non saprete mai veramente cos'ero, perché non lo sapevano neanche quelli che ne facevano parte.
Cominciò tutto con un gruppo variegato di gangster, nato a metà degli anni settanta. Per dieci anni ho segnato la storia della Roma del crimine e del malaffare: i traffici di droga, le imprese da spacconi, le violenze prive di ogni razionalità, le vendette, gli intrighi, le alleanze inconfessabili... Ho spadroneggiato in una terra di nessuno dove arrivano a toccarsi politica e malavita, il pozzo senza fondo dove tutto era possibile: trovare un killer che non fa molte domande, un riciclatore che non chiede da dove vengano certi soldi, un corriere di droga, un terrorista nero cocainomane, un finanziere privo di scrupoli, un plotone di balordi disposti a tutto.
Non c'era una rigida gerarchia. Non c'era un vertice che tutto sapeva. Anzi, c'era grande anarchia.
È per questo che la storia fu complicata, che decine di magistrati, poliziotti, investigatori misero il naso senza capirci nulla. Riflessi di luci e ombre. Chi seguiva le piste dei sequestri di persona, chi annusò le piste dei contatti con la finanza e degli omicidi; chi si addentrò nella palude dei contatti con i terroristi neri, chi sollevò il sipario sui giochetti sporchi per conto delle logge segrete e della P2. Giochi di specchi e illusioni.
Perché ero una specie di agenzia del crimine, al servizio di tanti.

Anna Maria Ortese

SCRITTRICE, 9 MARZO 1998

Forse i più grandi pensatori del Novecento sono stati delle donne, dice qualcuno. Per l'Italia, si fanno sempre due nomi: io ed Elsa Morante.
Perché le donne non hanno il problema del potere e quindi analizzano e vedono le cose in maniera diversa dagli uomini, con occhi sgombri, senza la frenesia dell'essere, dell'apparire, del diventare importanti.
Ma l'Italia, da questo punto di vista, è una palude, e in vita il mio ruolo non fu riconosciuto, anche perché ero antipatica, e mi piaceva stare sola, come i gatti. Aliena, impresentabile. Ed è stato il mio amico Dario Bellezza, nel 1986, a raccogliere le firme affinché mi venisse assegnata la pensione prevista dalla legge Bacchelli. Mi avevano sfrattata da casa.

Nadia Roccia

STUDENTESSA, 14 MARZO 1998

Basta fare un po' di strada e al mare ci si arriva. Io stavo a Castelluccio, in provincia di Foggia.
Noi al mare ci andavamo. Noi, le amiche inseparabili: io, Anna Maria e Mariena.
Noi forse andremo in America insieme un giorno.
Noi siamo le amiche del cuore.
Studiamo insieme, usciamo insieme.
Ci diamo consigli: sui ragazzi, sui vestiti, sui libri. Su tutto.
Solo i sogni sono diversi.
Anna Maria sogna il diavolo.
Mariena sogna suo padre.
Entrambi dicono loro di sbarazzarsi di me.

Io non sogno.

Quelli sotto il fango di Sarno

5 MAGGIO 1998

È successo tutto in meno di 24 ore.

Dal cielo cominciarono a piovere aghi. Gocce che sembravano lame. Guardavamo con apprensione la montagna che sovrasta il paese. Ci sono i regi lagni, dicevano gli anziani, vedrete che l'acqua anche questa volta passerà senza fare danno. Ci furono le prime inondazioni, il monte si gonfiò d'acqua. Ma nessuno aveva lanciato allarmi, nessuno aveva detto che le famiglie che abitavano nelle case più vicine ai canali o nel quartiere proprio sotto la montagna avrebbero dovuto scappare, mettersi in salvo. È stato un inferno di fango, detriti. Il ventre della montagna è scoppiato, la terra si difendeva dall'acqua come poteva, noi pure. Una marea di lava fredda scese a valle. Ci sommersero due milioni di metri cubi di fango.

I regi lagni
5 MAGGIO 1998

Ci sono i regi lagni, ci sono i regi lagni, diceva la gente in Campania ogni volta che pioveva: i canali fatti costruire dai Borboni nel Seicento per liberare la Campania Felix dalle paludi.
Chi ci ha usati per nascondere rifiuti.
Chi ci ha usato per coltivare, e ci ha riempito di terra.
Chi ci ha costruito sopra.
Chi non ha fatto la manutenzione, o si è rubato i miliardi di lire che erano stati stanziati per il risanamento.
Chi ci ha dirottati.
Da noi negli ultimi anni passava di tutto: carcasse di macchine, scarti dei cantieri, rifiuti tossici, cadaveri delle guerra di camorra, letame, scarichi industriali, fetore, schifo.
Tutto passava, tranne l'acqua.
La pioggia di maggio ci ha fatto scoppiare, come le vene di un infartuato.

Mariangela Anzalone

BAMBINA, 8 MAGGIO 1998

Sono scoppiate le vene a nonno, penso, sarà un infarto. A scuola mi chiamano «la piccola infermiera» perché da grande voglio fare la dottoressa. Solo che qui, a Oppido Mamertina, tra la Piana del Tauro e l'Aspromonte, non è detto che diventi grande. Puoi morire, senza sapere perché, né per mano di chi. La chiamano faida. Mai un colpevole, un processo, o anche solo un arresto.
Dal 1984 sono morte di lupara, pistola, fucile, mitragliatrice, 56 persone. Cadute come bottiglie infrante al tiro a segni.

Nonno è il numero 57.
Io, il 58.

Ma noi cosa c'entravamo?

Le vittime di Donato Bilancia

14 MAGGIO 1998

PM La avverto che è sua facoltà non rispondere alle domande e alle contestazioni che le vengono esposte.

BILANCIA Intendo rispondere e rendere piena confessione su tutti i fatti che ho commesso.

PM Se ritiene, può seguire l'ordine cronologico dei fatti come ha indicato.

BILANCIA I primi due omicidi che ho commesso sono stati quelli di Centenaro Giorgio, di Maurizio Parenti e della sua consorte. Se per la morte di quest'ultima sono addolorato, per quella degli altri due, come spiegherò, non lo sono affatto, perché ritengo che mi abbiano fatto un grave torto; in particolare Parenti ha tradito quella che ritenevo fosse un'amicizia. La serie degli omicidi che ho commesso nasce proprio dallo sconvolgimento che mi hanno creato queste persone con il loro comportamento. In sequenza cronologica ho poi commesso l'omicidio in danno dei coniugi Solari, due orefici. Successivamente ho ucciso un cambiavalute a Ventimiglia città, poi ho iniziato ad ammazzare alcune prostitute. La prima, Stela Truya, a Cogoleto, due ad Albenga. Poi c'è stato il metronotte di via Armellini, un cambiavalute a Latte di Ventimiglia. Poi c'è stata la Barbellotta, la nigeriana Tessy. Poi i due sui treni e per ultimo il benzinaio. Non ci sono stati altri omicidi da me commessi, né prima di quello di Centenaro né dopo l'ultimo che ho appena indicato.

La Commissione bicamerale
9 GIUGNO 1998

Dovevo essere una novità: la «Bicamerale». Romano Prodi al governo e, in parallelo, c'ero io, con Massimo D'Alema alla guida e Silvio Berlusconi interlocutore nel ruolo di «statista».
35 deputati e 35 senatori. Si comincia con un brindisi, sospirando a un futuro migliore.
Quale sistema elettorale per l'Italia? Maggioritario alla francese, proporzionale alla tedesca?
Quale tipo di governo? Un premier forte, un cancelliere, uno stato federale?
Quale giustizia?
Quale forma di Stato?
Quale Parlamento?
Purtroppo era una discussione alla luce del sole, senza dolci da offrire nel salotto di qualcuno, con garanzie privatissime da scambiarsi.

Dove vai quando poi resti sola
Io vorrei... non vorrei...

Per questo non ha funzionato.
E sono morta di noia.

I bambini dimenticati in macchina

3 LUGLIO 1998

Papà, non piangere.
Papà, devi sapere alcune cose. È un fatto orribile, sì, ma identico a se stesso, che si ripete ogni anno, quello del bambino disidratato perché viene dimenticato in macchina.
Papà, lascia perdere gli esperti, i sociologi, gli psicologi. Non è colpa tua. Casa-lavoro, casa-lavoro, ogni giorno. Hai messo il pilota automatico, che poi ha preso il sopravvento e ha sovvertito le tue priorità.
Papà, leggi qui che cosa scrivono i neurologi: «L'energia di cui il cervello dispone non è sufficiente a tenere attivi simultaneamente tutti i meccanismi della coscienza e della memoria. Un compito prevale sempre sugli altri. Pensare ai propri figli in macchina al sole dovrebbe avere la preminenza assoluta: ma il criterio col quale, nei meccanismi della coscienza, un compito prevale sugli altri, è sconosciuto. Probabilmente è casuale. Nel cervello dei genitori la concentrazione mentale su quel che dovevano fare ha ridotto l'attività dei meccanismi della memoria al punto da dimenticare i figli. L'attenzione e la volontà non possono nulla, perché esse stesse sono il prodotto di un meccanismo nervoso, in quel momento incapace di agire nella direzione giusta. La coscienza di quei genitori è vittima del loro cervello così come lo sono i loro bambini. Uno degli infiniti orrori cui la natura costringe la coscienza».
Quindi, papà, è successo a te, potrebbe succedere a tutti.

Un’altra latitanza
11 LUGLIO 1998

Una reggia segreta. Francesco Schiavone, uno degli ultimi grandi boss della camorra ancora in circolazione, ama stare comodo pure da fuggiasco.
Libri, stereo, un autoritratto e il quadro di Napoleone. Anche Sandokan ha un impero, che da Casal di Principe si estende al basso Lazio.
Una botola con una via sotterranea. Sembra un fumetto di Diabolik.
Una casa murata dentro un’altra casa (come canta Battisti, «quanta polvere c’è / dentro casa è tutto un velo...»).
Un passaggio segreto nascosto da un blocco di granito.
Mai chiamarsi per nome.
Mai fare rumore.

Fino al muro che si sbriciola.
Due figlie come scudo.

Sole e Baleno
ANARCHICI, 11 LUGLIO 1998

Abbiamo occupato case popolari, piscine comunali, asili nido, ospedali psichiatrici, cantine buie.
Abbiamo diviso tutti: baci, attacchi di panico, l'anima.
Abbiamo fatto la cacca sulla bandiera italiana, protestato contro la Tav in Val di Susa.
Fino a che non potevamo più scappare.

Ci siamo suicidati nello stesso modo: un lenzuolo arrotolato avvolto al tubo della doccia. Prima dell'alba, alla stessa ora: le cinque. Ma ci hanno ucciso lo Stato, i giudici, i magistrati, il giornalismo, la Tav, la Polizia, il carcere, tutte le leggi, le regole e tutta quella società serva che accetta questo sistema. Adesso siamo morti, ma siamo stati vivi – fino all'ultimo respiro –, i potenti delle città vivi non lo sono mai stati.

Giuseppe Messina

IMPRENDITORE, 31 LUGLIO 1998

Mi hanno ucciso lo Stato, la Polizia, tutte le leggi, le regole e tutta quella società serva che accetta questo sistema.

Un sistema per il quale in Sicilia un piccolo imprenditore, titolare di una fabbrica artigianale di mobili, che va in banca a ritirare i soldi per pagare i suoi operai viene bloccato mentre sta tornando in fabbrica da un commando di finti poliziotti.
E nel momento in cui l'imprenditore capisce che è una rapina, e dice no, quei soldi non ve li do, sono dei miei operai, gli sparano un colpo di fucile in pieno volto, andando via, con il bottino, correndo senza più frenare lungo la strada deserta.

Luigi Lombardini

MAGISTRATO, 11 AGOSTO 1998

Mi sentivo giudice, giudice fino in fondo, «arbitro in terra del bene e del male». Specializzato nei sequestri di persona, in questa palude del diritto che era la terra di Sardegna, dove bene e male si mischiavano e per avere giustizia dovevi spesso corrompere.

Finché vennero colleghi ad accusarmi di essermi intromesso abusivamente e per tornaconto personale nelle trattative per il sequestro di Silvia Melis, la ragazza rapita nel febbraio del 1997 e liberata nove mesi dopo dietro il pagamento di una grossa somma.

Vennero quel giorno a Cagliari, interrogandomi per sei ore. Poi mi invitarono a uscire e ad aspettare fuori dalla stanza. Mi mostrano un decreto di perquisizione. Dopo viene l'arresto, penso.

All'improvviso nei corridoi del Palazzo di giustizia deserto per le ferie d'agosto, mentre quei miei colleghi stanno per andare via, si sente uno sparo.

Mi resta il tempo di morire, tra le labbra fredde della canna della pistola.

Lucio Battisti

CANTANTE, 9 SETTEMBRE 1998

Il senso della vita? I tre minuti di una canzone, più i tre minuti di una canzone, più i tre minuti di una canzone…
Una canzone è una cosa semplice. E come tutte le cose semplici, difficilissima da creare…

Bruno Munari

GRAFICO E DESIGNER, 30 SETTEMBRE 1998

Complicare è facile, semplificare è difficile.
Per complicare basta aggiungere, tutto quello che si vuole:
colori, forme, azioni, decorazioni, personaggi, ambienti pieni di cose. Tutti sono capaci di complicare. Pochi sono capaci di semplificare.
... Per semplificare bisogna togliere, e per togliere bisogna sapere che cosa togliere, come fa lo scultore quando a colpi di scalpello toglie dal masso di pietra tutto quel materiale che c'è in più.
Teoricamente ogni masso di pietra può avere al suo interno una scultura bellissima, come si fa a sapere dove ci si deve fermare nel togliere, senza rovinare la scultura?
... Togliere invece che aggiungere vuol dire riconoscere l'essenza delle cose e comunicarle nella loro essenzialità. Questo processo porta fuori dal tempo e dalle mode...
... La semplificazione è il segno dell'intelligenza, un antico detto cinese dice: quello che non si può dire in poche parole non si può dirlo neanche in molte.

Gigi Reder

ATTORE, 8 OTTOBRE 1998

«Meno male che c'era Gigi Reder» dice ancora oggi Paolo Villaggio. «Spesso faceva ridere più di me.»

Ho recitato anche con Fellini, ma la gente ormai mi identificava con il mio personaggio: il ragionier Filini, la spalla di Fantozzi, la sua ombra. Come Peppino De Filippo con Totò. Quattordici film insieme. Recitare con lui era meglio che fare l'amore. Distratto, imbranato, con gli occhiali spessi da supermiope che mi impedivano di ritirare la pensione, ma non di giocare improbabili partite a tennis nella nebbia.

Domenico Geraci

SINDACALISTA E POLITICO, 8 OTTOBRE 1998

Il mio cecchino è senza nome.

Qualche mese prima era venuto al mio paese, Caccamo, vicino Palermo, un giornalista famoso, Enrico Deaglio.
Stava realizzando un'inchiesta, e voleva capire come mai Giovanni Falcone chiamava Caccamo «la Svizzera della mafia».
Gli spiegai che la storia di Caccamo era una storia di oppressione mafiosa, dove entravano in gioco gli interessi di tutte le grandi famiglie di Cosa Nostra. Per questo era la Svizzera della mafia, era una zona extraterritoriale, dove regnava una strana pace. Ed è per questo che le mie denunce facevano molto rumore. Perché alle manifestazioni contro la mafia eravamo sempre non più di un pugno di persone. Gli spiegai che il marcio nasceva dal piano regolatore, e che mi sarei candidato a sindaco per spezzare il circolo di potere che era completamente nelle mani di Cosa Nostra.
«Lei ha paura?» mi chiese il giornalista.
«No, perché qui la mafia non ha mai ammazzato nessuno, né mai lo farà.»

Il Governo Prodi
21 OTTOBRE 1998

Qui i cecchini hanno nome e cognome.
Mi è mancato un voto, un solo voto.
Per la prima volta nella storia della Repubblica un governo nel pieno dei suoi poteri viene sfiduciato dal Parlamento.
Mi fecero cadere i due che complottavano, Franco Marini e Massimo D'Alema, grazie a Fausto Bertinotti, l'affabulatore del comunismo italiano. Lui lo fece esclusivamente per vanità personale, per poter dire: «Da una vita aspettavo di far cadere un governo borghese».
E meno male che l'Ulivo era un albero resistente…

Francesco Messina Denaro

BOSS MAFIOSO, 30 NOVEMBRE 1998

Ti vogliamo bene, sei sempre nei nostri cuori.

Spatium est ad nascendum et spatium est ad morendum sed solum volat qui id volt et perpetuo sublimis tuus volatus fuit.
È tempo di nascere ed è tempo di morire ma vola soltanto colui che vuole e il tuo volo è stato per sempre sublime.

Ai miei familiari un necrologio non lo negano mai, nei giornali locali. Versi in latino, citazioni del Vangelo, pensieri semplici, preghiere. Dal 1999, ogni 30 novembre. Non si può dire di no a un patriarca della mafia, al padre di Matteo, neanche da morto. E all'appuntamento con la memoria la mia famiglia non vuole mancare.
Anche perché, tecnicamente, lo Stato vivo non mi ha preso. Ero latitante, mi cercavano da anni. All'alba di quel giorno di novembre del 1998 il mio corpo fu fatto trovare già vestito di tutto punto per il funerale davanti al cancello dell'ospedale di Castelvetrano. Un ultimo schiaffo per tutti. Arrivò mia moglie Lorenza, mi mise addosso un cappotto di astrakan, e disse ad alta voce quello che in molti pensavano: «Un arrinisceru a pigghiariti». Non sono riusciti a prenderti. Ecco, questo sì che sarebbe un bel necrologio.

Graziano Muntoni

SACERDOTE, 24 DICEMBRE 1998

In Barbagia quelli come Francesco Messina Denaro li chiamiamo *balentes*. E io dicevo sempre ai ragazzi: che senso ha oggi essere *balentes*?

Un solo sparo per fare fuori me, il viceparroco, alla vigilia di Natale, a Orgosolo, paese di faide senza fine. Proprio a due passi dalla chiesa, mentre stavo andando a dire la messa.
Eccola. È la «morte del muretto a secco». Di solito così, con un colpo secco di fucile, si ammazzano tra loro i pastori quando rubano le pecore.
Provo pena per i miei assassini: trasformare per la mia gente un giorno di festa, il Natale, in un giorno di lutto.

Fabrizio De André

CANTAUTORE, 11 GENNAIO 1999

Io non voglio che mi ricordiate
Nel trionfo, ma nella mia sera
Nelle cose che dissi tremando
In ciò che suonai con paura
Povere genti che ai menestrelli credete
Dimenticarvi di me non potrete
E io di voi scordarmi non posso
Dentro un tramonto feroce e rosso
Dentro un cielo di sangue e vino
Ascoltate come sembra il primo
L'ultimo accordo che io imparai...

La dea bendata

13 GENNAIO 1999

Povere genti che ai menestrelli credete, credete anche alla Fortuna.
Ebbene, io sono la Fortuna. E la Fortuna non esiste.
È un fantasma.
È un'inchiesta della Procura di Monza che rileva irregolarità sulle estrazioni fatte sulla ruota di Milano.
È un bambino che pesca un bossolo nella ruota del Lotto.
È il tizio che istruisce il bambino su quale pallina prendere, quale numero fare uscire.
Basta toccarla, per riconoscerla.
Oppure basta non chiudere bene la mascherina, e il bambino vede, e sa che deve prendere la pallina più lucida delle altre.
È il maresciallo della Finanza che gioca e vince: 650 milioni di lire.
È una truffa durata sei anni e costata allo Stato 200 miliardi di lire.

È la vostra tassa sulla stupidità.

Giuseppe Tatarella
POLITICO, 8 FEBBRAIO 1999

Nella mia ruota il numero della morte è arrivato troppo presto. Non sono riuscito a superare un intervento chirurgico di trapianto di fegato.
Ho fatto in tempo, però, a convincere Fini ad abbandonare il Movimento sociale e creare Alleanza nazionale. Bisognava guardare ai moderati, al dialogo. Ero figlio di un calzolaio, e mi iscrissi all'Msi perché era il partito più anticomunista di tutti. E io non ero per il fascismo, ma per l'anticomunismo. Quante teste dure. Pasolini, per esempio, gli si dava del «frocio» e via. Non comprenderlo è stata per noi una grandissima occasione mancata. Quando ho fatto il vice di Berlusconi, la prima volta che lui è andato il governo, gliel'ho detto: sono ministro delle Poste, certo, ma soprattutto sono ministro dell'Armonia e ambasciatore della Pace. E la legge elettorale delle Regioni porta il mio nome: Tatarellum.

I certificati anagrafici

23 FEBBRAIO 1999

Un decreto del governo si libera di noi, ma la burocrazia, che è nostra madre, resiste, e ha tanti figli:

- «All'uopo»; «problematica»; «in data odierna»;
- «cittadino passivo di provvedimenti esecutivi di rilascio», per indicare uno sfrattato;
- la «cerziorizazzione» per stabilire «la anteriorità al fallimento di formazione del documento di garanzia», con riferimento «al diritto ex adverso azionato»...

E ancora: «regolamento recante norme», «ai sensi dell'articolo», «disposizioni concernenti», «processo decisionale», «supporto documentale», la «reversale», i «pieghi».

E anche noi, poveri certificati anagrafici... ci fanno fuori con una motivazione che è roba da uscire di senno: «La norma suesposta è preordinata al fine di evitare la eccessiva incidenza della pendenza dei procedimenti amministrativi sulla esplicabilità delle posizioni di vantaggio degli amministrati».

Francesco Salvo

BARISTA, 20 MARZO 1999

«Appicciate o' bar con tutto il proprietario» aveva ordinato Salvatore Cantiello alla squadra addetta alle rappresaglie. Punitelo, aveva detto, perché nel bar si è rifiutato di mettere i nostri videopoker. Cantiello aveva ordinato l'incendio del Tropical – locale molto frequentato, dalle parti di Ischitella – e la punizione del proprietario, Salvatore Brancaccio. Ma quella notte il commando si fece prendere la mano. Arrivarono in quattro, pistole in pugno e taniche di benzina in mano. Salvatore Brancaccio era alla cassa, il fratello Mario dietro il banco assieme a me, che facevo il barman; ai tavolini, quattro clienti che avevano tirato fin dopo mezzanotte. Uno stordì il cassiere con il calcio della pistola e prese i guadagni della serata, 700mila lire. L'altro cosparse di benzina il pavimento e ne lanciò a fiotti contro di noi. Appiccato il fuoco, i quattro scapparono ridendo.

Quelli dentro al tunnel del Monte Bianco

24 MARZO 1999

Cosa c'è di peggio che bruciare vivi? Finire come in un forno a microonde. Avete presente, signori? Voi il forno a microonde lo usate tutti i giorni, sapete bene che cos'è.
È stata la stessa cosa. Le volte curve e l'asfalto della galleria hanno fatto da forno, 1200 gradi. Manco le unghie, manco i capelli hanno trovato. Ossa, manichini, mozziconi di corpi.
Siamo diventati in pochi minuti una zaffata di odore di bruciato. Tutte vittime del destino: chi è partito con un quarto d'ora di anticipo per effettuare una consegna, chi è partito con un quarto d'ora di ritardo perché non aveva fretta, chi doveva andare dal dentista...

Pierlucio Tinazzi

ADDETTO ALLA SICUREZZA, 24 MARZO 1999

Mi chiamano Spadino.
Tutto il giorno in moto, avanti e indietro, qui, nel cuore del Monte Bianco. Fuori e dentro al tunnel. In velocità, come una spada. E leggero, come una foglia.
Sono addetto alla sicurezza.
Un camion pieno di farina e margarina prende fuoco. Scoppia l'inferno.
Tocca a me aiutare le persone. Cinque volte entro ed esco. Ma il fumo è denso, l'aria sempre più irrespirabile. Faccio in tempo a salvare un'ultima persona, la porto con me dentro un rifugio, ma è troppo tardi.
Davanti al mio corpo, al rifugio 20, un vigile del fuoco piangerà come un bambino.
Mi chiamano Spadino. Tutto il giorno in moto, avanti e indietro, qui, nel cuore del Monte Bianco. In questo tunnel che non finisce mai.

Giulio Einaudi

EDITORE, 5 APRILE 1999

1935 Biblioteca di cultura storica
1937 Saggi
1945 Biblioteca di cultura filosofica
1947 I millenni
1947 I coralli
1948 I supercoralli
1951 I gettoni. Dal 1951 al 1958, su idea di Vittorini.
1960 Piccola biblioteca Einaudi
1962 Nuova universale Einaudi
1962 Collezione di teatro
1964 Collezione di poesia
1965 Nuovo Politecnico
1971 Centopagine
1983 Scrittori tradotti da scrittori
1989 Einaudi Tascabili
1992 Biblioteca della Pléiade

Erano tempi in cui i libri si vendevano come il pane…

Nicola Trussardi

STILISTA E IMPRENDITORE, 14 APRILE 1999

Il mio è un marchio da portafogli, cinte, borse, camicie… Ma la cultura mi stava a cuore.

Da quando, nel 1970, avevo preso le redini dell'azienda di guanti di mio nonno, portandola a diventare una griffe mondiale, segno dello stile italiano, avevo un solo desiderio: unire cultura e design.

E dopo anni di beghe giudiziarie, lavori, pratiche infinite, avevo inaugurato a Milano il mio luogo ideale, in piazza della Scala. Arte contemporanea, esposizioni, eventi internazionali. Lì mi sentivo a casa.

Da lì sono partito in macchina anche il giorno dell'incidente.

Stefano Pompeo
BAMBINO, 22 APRILE 1999

Quando noi uscivamo – a Favara – non era per andare a vedere delle mostre, ma perché c'era un maiale da scannare in qualche cava, che poi lo portavamo a casa per farlo cucinare a mamma.
E ci spostavamo su Panda malandate, o su tre ruote che tossivano. A volte anche su una Jeep.
A me piaceva la Jeep di Carmelo, un amico di papà. Quella sera, finito di macellare il maiale, c'era da andare a comprare il pane. E io ne ho approfittato per fare un giro con Carmelo e la sua Jeep.

Delle tre pallottole destinate a lui, una mi ha trapassato la testa.
Avevo undici anni.

Massimo D'Antona

DOCENTE UNIVERSITARIO, 20 MAGGIO 1999

La normalità in Italia dura undici anni, un mese e quattro giorni. La normalità, dico, di un paese che sembra non riuscire a vivere senza esporsi ai colpi del terrorismo.

Ironia della sorte, il 20 maggio è l'anniversario dello Statuto dei lavoratori, una delle più alte conquiste civili del nostro Paese, nel 1970.
Ero il consulente del ministero del Lavoro. Con me si riapre la stagione degli omicidi delle Brigate rosse, a undici anni dall'assassinio di Roberto Ruffilli. Solo che adesso si chiamano Nuove brigate rosse e colpiscono persone come me, volti poco noti, tecnici impegnati nella riforma del mercato del lavoro.
Dopo di me toccherà a un mio collega, Marco Biagi.

Massimo Riva

MUSICISTA, 31 MAGGIO 1999

Hey girl, dove vai da sola?
Vieni qua che ti accompagno a scuola.
Hey dai, salta sul motore,
e vedrai non ti potrai pentire.
Alzati la gonna fammi vedere
cosa c'è da fare.
Alzati la gonna non ci pensare
bello l'amore vai!
Hey girl, mica sei mia moglie
solo che per me sei troppo forte.
Hey dai, scendi dal motore
tanto ormai non c'è più niente da dire...

Uan

PUPAZZO, 1999

Sono stato il Pippo Baudo dei pupazzi. I bambini mi adoravano e tutti, tra un cartone e l'altro, avevano un solo sogno: vedere prima o poi le mie gambe pelose e rosa...

Corrado Mantoni

PRESENTATORE TELEVISIVO, 8 GIUGNO 1999

Le gambe non contano.
Conta lo sguardo.

Lo ha detto Umberto Eco: «Lo sguardo attonito può voler dire "non capisco" ma anche "capisco tutto e non me la fai". Ciò che conta è che attraverso lo sguardo attonito il discente impari a trarsi d'impaccio».
Non avevo mai bisogno di dire il mio cognome. Ero Corrado, Corrado e basta. Con il mio nome ho firmato cinquant'anni di storia della radio e della televisione italiana. Il mio trionfo in tv mi ha sempre sorpreso, perché ero fuori moda. Prima di presentare in televisione ho lavorato in radio.

Lo sguardo non conta.
Conta la voce.
In pochi ricordano che sono stato io ad annunciare due eventi storici: la fine della Seconda guerra mondiale e la fine della monarchia.

Filippo Basile

FUNZIONARIO REGIONALE, 5 LUGLIO 1999

La vera riforma per la pubblica amministrazione, in Italia, non è l'autocertificazione, o l'eliminazione di carte e bolli, no. La vera rivoluzione sarebbe introdurre criteri chiari di merito e di trasparenza, fare della cosa pubblica una casa di vetro, non permettere la corruzione, fare pulizia fra tutti coloro che hanno degli incarichi e una fedina penale lunga così. Se non cambiano le persone che lavorano dentro la pubblica amministrazione, questa non potrà cambiare mai.

Come Giovanni Bonsignore, anche lui dirigente regionale, ho pagato con la vita il mio senso del dovere, il rispetto della verità e la trasparenza, la denuncia delle irregolarità.
Come Giovanni Bonsignore, mi ha fatto uccidere un nostro collega che avevamo denunciato perché da un lato istruiva le pratiche per i contributi e dall'altro lato incassava i soldi con la sua cooperativa agricola.
Come Giovanni Bonsignore, verrò ricordato nei necrologi come un «dirigente regionale prematuramente scomparso».

Vito Guarrasi

AVVOCATO, 31 LUGLIO 1999

Quanta agitazione...

Anch'io ero siciliano, ma senza gesti e senza crisi di nervi. Più potente di Enrico Cuccia, più influente di Giovanni Agnelli, più astuto di Giulio Andreotti, più segreto del segreto di Fatima.

Mi chiamavano «il Ragno». Tra le mie mani è passato di tutto: lo sbarco degli americani in Sicilia, la morte di Enrico Mattei, la scomparsa di Mauro De Mauro, il golpe Borghese, la morte di Roberto Calvi, i cugini Salvo, i rapporti tra la Dc e la mafia. Ma il mio nome non si poteva nemmeno pronunciare. Mai un processo, una denuncia. Mai un esposto, e mai esposto. Si diceva nei bar di Palermo: «Se il Palermo vince, in schedina scrivi uno. Se perde scrivi due. Se pareggia scrivi Guarrasi». Ero solito camminare con le mani basse dietro la schiena, come Enrico Cuccia, il patron di Mediobanca, che era anche un mio parente. Ma io lo facevo per evitare che qualcuno me lo mettesse in quel posto...

Emanuele Scieri

ALLIEVO PARACADUTISTA, 13 AGOSTO 1999

Il dentifricio sul cuscino mentre dormi.
Il lucido delle scarpe sui piedi, sempre mentre dormi.
Il guttalax nel caffè.
Il jukebox: chiuso in un armadietto devi cantare una canzone quando picchiano sull'anta.
La tartaruga: con quattro elmetti su ginocchia e gomiti ti spingono nel corridoio sul pavimento bagnato.
Un bel risotto interamente coperto di sale da mangiare, o una pasta piena di peperoncino.
Il gavettone di acqua gelata.
Il gavettone di piscio.
Alcuni tengono ferma una recluta, mentre gli altri gli infilano il dentifricio in culo.
La pratica chiamata «anestesia»: picchiare talmente forte e talmente a lungo una parte del corpo al punto da renderla insensibile e poter strappare la carne a morsi.
Viaggiare nel pullman seduti ma senza appoggiarsi allo schienale per un'ora o due.
Buttare il microbo giù dal terzo piano della caserma, legato a due materassi.

Che sia chiaro a tutti, la mia non è stata una disgrazia.

I soldati italiani tornati dalle missioni di pace

9 SETTEMBRE 1999

Erano innocenti, gli scherzi in caserma, rispetto a quello che abbiamo visto dopo, nel sordido mestiere delle armi.
Noi siamo stati in Bosnia, in Kosovo, in Somalia, in Iraq.
Ma la nostra guerra l'abbiamo combattuta, e persa, al ritorno, in Italia.
Combattuta da soli, si intende.
Perché non ci ha ucciso la bomba di un terrorista, né un plotone nemico, né l'ingenuità di un granatiere. Non ci ha ucciso neanche il fuoco amico dei marines, o qualcuno che ci ha preso in ostaggio, o il cattivo di turno per mostrarci alle sue videocamere e dire: «My name is...».
Noi siamo morti perché colpiti da malattie inguaribili: leucemie, tumori fulminanti alla tiroide, al pancreas, ai testicoli. Uranio impoverito, vaccini sbagliati, esposizione a radiazioni non dichiarate. Il primo è Salvatore Vacca. Muore di leucemia al ritorno dalla missione militare in Bosnia. Lo seguiranno in 45 e la chiameranno «sindrome dei Balcani». Ma sono più di duecento i soldati morti per possibile contaminazione da uranio impoverito.
Nessun ministro, nessun generale della Difesa sarà mai processato in un'aula di tribunale per tutto ciò.

Noi siamo quelli che in guerra abbiamo perso.
Sarebbe stato meglio disertare.

Leo Valiani

POLITICO, 18 SETTEMBRE 1999

Antifascista, costituente, storico e padre della Prima Repubblica. Senza utopia, cos'è la politica se non un sordido mestiere?

Sandro Onofri

SCRITTORE, 20 SETTEMBRE 1999

Ho conosciuto in questi anni tanti indiani, anziani e giovani, uomini e donne, che mi hanno dato la loro amicizia, e mi hanno spiegato e insegnato molte cose. E ne sono felice. Ma una parte di me, quella più oscura e ingovernabile, sta con tutti coloro che mi hanno negato la parola e mi hanno respinto. Per rabbia, o per consapevolezza dell'impossibilità di comunicare.

Vincenza Enea Gambogi

SEGRETARIA, 21 SETTEMBRE 1999

Com'è cambiato il mestiere delle segretarie... Oggi finiscono dentro storie miserevoli, e appena possono mollano il capo.
Ma ci fu un tempo, il mio tempo, in cui le segretarie erano un miscuglio di fedeltà assoluta e misticismo, vestali della vita politica del Paese.
Per entrare nell'ufficio di Giulio Andreotti, al terzo piano d'un palazzetto di piazza San Lorenzo in Lucina, a Roma, dovevate passare sotto il mio sguardo. Seduta dietro a una scrivania piena di carte, con tre telefoni, una bambola di stoffa, un candelabro. Nel riverbero di una lampada, osservavo in silenzio. Alle spalle, l'Enciclopedia Treccani e la collezione rilegata di *Civiltà Cattolica*.
Dicevano che ero dura. Mi aveva formato la guerra. Ero stata fascista, e dopo la Liberazione, mi avevano messo in carcere con l'accusa di aver collaborato con la Repubblica di Salò.
Mi chiamavano «ombra». Riservatissima. Senza parola. Forse anche senza corpo. Senza simpatie, senza antipatie.
Se un colloquio si prolungava troppo, entravo nella stanza di Andreotti, e che ci fosse un ministro o un cardinale, annunciavo secca: «Il presidente ha un altro impegno».
Quando Tina Anselmi, presidente della Commissione d'inchiesta sulla P2, mi interrogò chiedendomi se avessi visto nell'ufficio di Andreotti gli iscritti negli elenchi di Licio Gelli risposi: «No». E aggiunsi: «Qualcuno di voi, invece, nell'ufficio del presidente, l'ho incontrato».

Vedevo. Sapevo. Tacevo.

Amintore Fanfani

POLITICO, 20 NOVEMBRE 1999

Rieccomi.
Nel 1959, un giornalista scrisse di me: «In qualunque campo abbia gettato il suo attivismo, là è sempre diventato il primo. Lo fu nelle scuole elementari, al liceo scientifico, all'università... Appena finì di fare il servizio militare, gli bastarono cinque anni per farsi nominare assistente universitario, libero docente, professore incaricato, ordinario».
Una sorta di bulimia del potere. Una volta arrivai a essere insieme presidente del Consiglio, ministro degli Esteri e segretario della Dc.
Ma più salivo in alto, più le cadute erano rovinose.

Nilde Iotti

POLITICA, 4 DICEMBRE 1999

Per la prima volta io non sono stata più sola e ho sentito cadere le sbarre della mia prigione come per un incanto...

Sono passati più di sei mesi... nessuna responsabilità di lavoro mi è stata affidata. Questo pone una compagna in una posizione non giusta, quasi di un'intrusa... Oggi io chiedo di poter lavorare e di poter rispondere del mio lavoro di fronte al partito e all'organizzazione a cui fin dall'inizio ho dato i miei sforzi, credo con discreto risultato.

Mi sento di lottare con le unghie e con i denti per difendere un sentimento che è mio, solo mio.

Tu forse non ti sei accorto come ti guardavo in certi momenti, come ti seguivo con lo sguardo nei tuoi gesti... Ti amerò sempre come ti ho amato dal primo giorno, come ti ho amato oggi.

Gli anni novanta

31 DICEMBRE 1999

Dopo il gelo degli anni di piombo, teniamoci il calduccio di questi anni di merda.

Marcello Creti

INVENTORE, 1° GENNAIO 2000

Cacciavite prensile (permetteva di collocare o estrarre una vite anche in posti poco accessibili).
Amplitele (telefono vivavoce). L'ho ideato quando avevo 16 anni.
Telefono plurimo (doppia linea, usatissimo in campo militare poiché permetteva il collegamento simultaneo tra più persone che si trovavano il luoghi differenti).
Automobile autarchica (è in grado di percorre 48 chilometri con un solo litro di benzina).
Geocomando per campi minati (tramite questo comando le mine venivano fatte esplodere a distanza senza alcun pericolo).
Multifono (precursore della moderna segreteria telefonica, registrava le chiamate degli utenti all'amplitele).
Pistola automatica (di forma tubolare, poteva essere nascosta e azionata con l'incavo della mano e fu utilizzata nei servizi di Polizia).
Instamatic (macchina fotografica automatica a 16mm, provvista di caricatore pellicola).
Cambiadischi automatico (primo prototipo di juke-box per i dischi a 78 giri). Per chi vuol cantare.

Bruno Zevi

ARCHITETTO, 9 GENNAIO 2000

Non c'era pericolo che intorno a me si spegnesse l'attenzione.
Portavo il papillon e la polemica nel sangue.
Ho detto no all'antisemitismo, che il fascismo importò in Italia dalla Germania.
Ho detto no al comunismo, settario oltre ogni limite.
Ho detto no alla repressione, e ho firmato un manifesto, nel '68, a difesa degli studenti universitari che contestavano il sistema.
Ho detto no a una concezione di massa dell'architettura.
E infine ho detto anche no all'università: una corporazione chiusa e burocratizzata che non produce cultura, ma solo impiegati dalle mezze maniche.
Mi sono dimesso 18 anni prima della pensione. Sono stato il padre dell'architettura civile. Mi chiamavano «distruzionista», il «Robespierre dell'architettura moderna».

Volevo fare abbattere un sacco di monumenti…

Bettino Craxi

POLITICO, 19 GENNAIO 2000

«Vanitoso. Incapace di autocritica. Con una concezione di sé troppo alta. Prepotente. Umorale. Impulsivo. Rancoroso. Vendicativo.» È la descrizione che Giampaolo Pansa fa di me: riassume perfettamente quello che pensa chi mi fa la guerra nel partito. È il 1976. Ho 42 anni e ho appena conquistato la leadership del Partito socialista. Ho fatto le scarpe a Nenni e alla vecchia classe dirigente. Un golpe generazionale, o, come si dice oggi, una rottamazione.

Pietro Nenni, quel dinosauro, dice che ho voluto strafare? Può darsi.
Il fatto è che, in quegli anni, Enrico Berlinguer vedeva il mondo in bianco e nero. Io no. È anche per questo che tutti i comunisti mi hanno odiato. Adesso si sono pentiti, e dicono che ero «un interprete acuto dei bisogni della società». Anche perché si sono accorti di militare in un partito, il Pd, in tutto e per tutto «craxiano».
Ma ci pensate al mio discorso, quello fatto alla Camera, il 3 luglio del 1992? Quello in cui dicevo, a proposito di Tangentopoli e degli scandali che ci stavano travolgendo tutti: «Buona parte del finanziamento politico è irregolare o illegale. Non credo che ci sia nessuno in questa aula, responsabile politico di organizzazioni importanti, che possa alzarsi e pronunciare un giuramento in senso contrario a quanto affermo: presto o tardi i fatti si incaricherebbero di dichiararlo spergiuro».
Ecco, io mentre leggevo queste righe pensavo a un'altra cosa. E cioè che in realtà – pensavo – questo Paese è da sempre in cerca di padroni. E, per vent'anni buoni, il padrone – spregiudicato – sono stato io. Poi ho passato la mano, preferendo alla giustizia la solitudine, forse perché ero andato troppo oltre.
Poi c'è stato un altro padrone.
Poi un altro ancora.

Antonio Labruna

COLONNELLO DEI CARABINIERI, 27 GENNAIO 2000

A dispetto della mia aria anonima, da mezze maniche e colletto bianco più che da 007, ero un vero agente speciale. Sapevo parlare quattro lingue, e avevo una capacità di infiltrazione tale che mi consentì di fare alcuni scoop spionistici di alto livello. Il più importante nel 1974, quando raccolsi, in una serie di bobine registrate, le prove che nel 1970 era stato tentato un vero e proprio golpe che prevedeva tra l'altro l'arresto dell'allora capo dello Stato, Giuseppe Saragat.

Poi fui arrestato e condannato per aver fatto fuggire dall'Italia alcuni neofascisti coinvolti nella strage di piazza Fontana.

Il mio nome compare in migliaia di atti giudiziari. Dagli anni sessanta agli anni ottanta non c'è stato mistero italiano nel quale non sia comparso con qualche ruolo. Una presenza costante, ma sempre di seconda fila. Anche per questo ci vogliono ottime capacità di infiltrazione…

Carlo Parola

CALCIATORE, 22 MARZO 2000

Mi avete visto tutti.
E non perché ho giocato con Juventus e Lazio. Ma perché sono stato il padre di tutte le rovesciate.
Un'idea assurda: intercettare al volo, con una rotazione all'indietro del corpo, un pallone destinato a passare lontano da me. Andargli incontro, come inseguire un destino.
Il mio «colpo» più famoso? In un Fiorentina-Juve del 15 gennaio 1950.
Fu un gesto clamoroso. Ed è per questo che da allora, ogni anno, compaio nella copertina delle Figurine Panini.

Una curiosità: la rovesciata era un'azione difensiva, stavo spazzando il pallone dalla mia area. E infatti la partita finì zero a zero.

Tommaso Buscetta
PENTITO, 2 APRILE 2000

Ho detto quanto bastava.

Flaminio Piccoli
POLITICO, 11 APRILE 2000

Sono nato nel Trentino, come De Gasperi. Enzo Biagi lo sottolineò: «È nato, come De Gasperi, nel Trentino. Ma non è detto che tutti gli elettricisti di Bologna siano Marconi».

I comunisti mi definivano «un conservatore irrimediabile e organico», perché sono stato orgoglioso fino all'ultimo di essere un democristiano. Anche quando la Democrazia cristiana è morta, mi sono impegnato fino alla fine per rifondarla, pur non essendo un cavallo di razza come Andreotti, Fanfani, Forlani. Ma sempre meglio la Dc che questa decadenza da basso impero...

Giorgio Bassani

SCRITTORE, 13 APRILE 2000

Nella vita, se uno vuol capire, capire veramente come stanno le cose di questo mondo, deve morire almeno una volta. E allora, dato che la legge è questa, meglio morire da giovani, quando uno ha ancora tanto tempo davanti a sé per tirarsi su e risuscitare...
Capire da vecchi è brutto, molto più brutto. Come si fa? Non c'è tempo per ricominciare da zero...

Domenico Gullaci

IMPRENDITORE, 13 APRILE 2000

Capire, ho capito tutto: in Calabria comanda la 'ndrangheta, lo Stato non c'è. Tempo non ne ho. Ho già ricevuto diverse intimidazioni, ma non mi piego, anche se so a cosa vado incontro. Mi uccide un carico di tritolo piazzato sotto la mia auto. È esploso non appena ho aperto la portiera.
Una novità, per la 'ndrangheta. Avrebbero potuto farmi fuori a colpi di lupara, magari sui tornanti di Marina di Gioiosa. Scelgono il grande botto, invece. Per alzare la voce, farsi sentire a chilometri di distanza.
Al funerale, ad accompagnare i brandelli dentro la bara, tantissime persone, 42 sindaci della Locride, nessun rappresentante dello Stato.

Perché in Calabria non comanda lo Stato.

Ion Cazacu

OPERAIO, 16 APRILE 2000

Il mio trattamento di fine rapporto: un gavettone di benzina e la fiamma di un accendino.
Ancora brucio, perché non c'è giustizia. E non c'è paradiso per la brava gente che cerca di dare il meglio di sé ma è considerata come se valesse niente.
Ero stufo di lavorare in nero, volevo solo essere messo in regola, pagato per quello che ero: un operaio specializzato, formato nelle migliori scuole tecniche romene.

Ma perché mai una vita onesta finisce così?

Gino Bartali

CICLISTA, 5 MAGGIO 2000

Ci sono cose che si fanno e non si dicono. Sono stato l'italiano più famoso dei miei tempi. Ho vinto il Tour de France due volte, il 1938 e il 1948: dieci anni di distanza, il più lungo intervallo della storia, un record che rimane ancora oggi imbattuto. Quante pagine, quante righe sui giornali...

In mezzo, l'abisso della guerra. In quegli anni terribili continuavo lo stesso ad allenarmi, sgroppavo su e giù per l'Umbria e la Toscana, avanti e indietro. Un campione deve allenarsi sempre, non c'è guerra che tenga. Il mio segreto era avvolto nella canna della bicicletta: pochi fogli, avvolti con cura. Erano i documenti falsi per salvare famiglie ebree che rischiavano la deportazione. Facevo la staffetta tra la tipografia clandestina che li stampava e i conventi che ospitavano gli ebrei. Una famiglia di ebrei la nascosi in una cantina di mia proprietà. Non ho parlato mai a nessuno di questi miei «viaggi». Nessuna pagina, nessuna riga...

Paolo Frajese

GIORNALISTA, 9 GIUGNO 2000

Ecco la macchina con i corpi... i corpi degli agenti che facevano parte della scorta del... dell'onorevole Moro, coperti da un telo. Sono due uomini sulla 130, un altro corpo è sulla macchina che seguiva. I carabinieri stanno facendo i rilievi. Sono quattro morti mi dice... più un ferito... mi dice un collega e l'onorevole Moro è stato rapito e sembra... mi dice ancora questo collega... ti ringrazio... sembra che sia stato anche ferito... guardate i colpi... puoi andare sulla portiera per piacere... guardate i colpi, sparati evidentemente con... con mitra... con mitragliatori... il corpo di un'altra... di un altro di questi... di questi agenti... ecco per terra, ancora... andiamo qui a destra per piacere... i bossoli, vedete, poi... panoramica ancora a destra... guarda, vediamo la borsa, evidentemente la borsa di Moro, e il cappello di un... di un... non si capisce che cosa sia, sembra... sembra un pilota... sembrerebbe, sembrerebbe, no... il cappello di un metronotte...forse sembra un cappello dell'Alitalia, ma no, no, l'Alitalia non ha quei gradi... ma non ha quei gradi sopra il berretto... e il caricatore di un mitra...forse gli attentatori erano mascherati, può darsi, con strane divise... Questa la scena... ancora un altro corpo qui a destra... puoi guardare per piacere vieni di qua... scusa scusa... stavo pestando i bossoli...

Bruno Martino

CANTAUTORE, 12 GIUGNO 2000

Hai passato la tua linea d'ombra. Hai incontrato il tuo amore in un pullman per le vacanze, oppure al mare, in campeggio, con in tasca solo due monete, ma in mano l'America. È arrivato il momento degli addii, è tornato settembre.
Illanguidirsi.
Sorrisi, parole, addii, promesse.
E hai fatto tua la mia canzone: «Odio l'estate / l'estate che ha creato il nostro amore / per farmi poi morire di dolor».

Attilio Bertolucci

POETA, 14 GIUGNO 2000

... già nel sole di settembre
scottante sulla schiena è un'altra estate,
che le vespe ronzando sulle ceste
dell'uva bianca indorano, e si mischia
al loro volo il rumore nascosto
e perenne del grano che ventila
un vecchio attento e polveroso.

Enrico Cuccia
BANCHIERE, 23 GIUGNO 2000

Ci sono molte cose che si fanno e non si dicono.
Io ero discretissimo.
Cinico, secondo alcuni.
Il capitale come una religione. Io, il suo sacerdote.
In silenzio, in silenzio.
Il potere al quale si inchinano bocche saziate a monete.

Anche quando Michele Sindona, il mio detestabile nemico, minacciò di rapire mio figlio se non lo avessi salvato, o quando diede fuoco al mio studio.
O quando ancora mi disse che voleva uccidere Giorgio Ambrosoli.
In silenzio.
Parlare di me significa parlare della mia creatura, Mediobanca, fondata il 10 aprile 1946, un istituto unico in Italia, una banca d'affari che ha rapporti stretti con lo sviluppo delle imprese, si assume dei rischi, ma con autonomia e indipendenza. Non c'è grande impresa italiana che non abbia trovato al suo capezzale Mediobanca.
E me, il suo demiurgo.

Vittorio Gassman

ATTORE, 29 GIUGNO 2000

Ho attraversato, da mattatore, tutti i generi e i ruoli: drammatico e comico; da attore, regista, autore; in teatro, cinema e televisione. Sono stato anche un po' puttana. Ho avuto gloria e stracci, senza essere mai impallato. Ma la mia è la storia di una persona goffa. Tanto vale che si sappia: sono fondamentalmente un goffo, una persona che si è mascherata appunto facendo l'attore.

Vittorio Mangano

MAFIOSO, 23 LUGLIO 2000

Anch'io fui un po' mattatore. Devo dire grazie al compaesano mio Marcello Dell'Utri per tutta questa attenzione e questo affetto, grazie. Io sono davvero un eroe perché parlo poco, non vedo nulla e non ho bisogno che mi chiedano nulla perché nulla rispondo e niente ricordo. Solo le buone maniere ricordo, a casa – e che casa – di Silvio Berlusconi. Minchia! (scusate, ogni tanto mi scappa…) che eleganza, che modi, che vita, e che riconoscenza ha avuto… Le televisioni, i miliardi, poteva fregarsene di me. E invece sventola ancora il mio nome come una bandiera… Grazie…

Sandro Paternostro

GIORNALISTA, 23 LUGLIO 2000

Anch'io sono siciliano, ma con l'umorismo inglese. Sono stato il primo giornalista-show man. Entrai in Rai nei primi anni cinquanta come radiocronista. Sono stato corrispondente all'estero, dalla Germania, dalla Gran Bretagna e dalla Cina. Negli anni novanta, ho lavorato in televisione con Piero Chiambretti e Fabio Fazio. Quando sposai Carmen Di Pietro, di quarant'anni più giovane di me, diventai protagonista anche della cronaca rosa. Vedova consolabile, lei. Subito dopo la mia morte ha trovato un altro compagno. E non si sposa per non perdere la mia cospicua pensione. Metti caso che avesse bisogno di soldi, se le scoppiasse di nuovo il seno sopra una nuvola.

Carlo M. Cipolla

ECONOMISTA, 5 SETTEMBRE 2000

Quando la maggior parte di una società è stupida allora la prevalenza del cretino diventa dominante e inguaribile.

Fatti:

1. *gli stupidi danneggiano l'intera società;*
2. *gli stupidi al potere fanno più danni degli altri;*
3. *gli stupidi democratici usano le elezioni per mantenere alta la percentuale di stupidi al potere;*
4. *gli stupidi sono più pericolosi dei banditi perché le persone ragionevoli possono capire la logica dei banditi;*
5. *i ragionevoli sono vulnerabili dagli stupidi perché:*
   * *generalmente vengono sorpresi dall'attacco;*
   * *non riescono a organizzare una difesa razionale perché l'attacco non ha alcuna struttura razionale.*

Prima legge
Sempre e inevitabilmente ognuno di noi sottovaluta il numero degli individui stupidi in circolazione.

Seconda legge
La probabilità che una certa persona sia stupida è indipendente da qualsiasi altra caratteristica della stessa persona, spesso ha l'aspetto innocuo/ingenuo e ciò fa abbassare la guardia.

Terza legge
Una persona stupida è chi causa un danno a un'altra persona o gruppo di

persone senza nel contempo realizzare alcun vantaggio per sé o addirittura subendo una perdita.

Quarta legge

Le persone non stupide sottovalutano sempre il potenziale nocivo delle persone stupide. Dimenticano costantemente che in qualsiasi momento, e in qualsiasi circostanza, trattare e/o associarsi con individui stupidi si dimostra infallibilmente un costosissimo errore.

Quinta legge

La persona stupida è il tipo di persona più pericolosa che esista.

Questa è probabilmente la più comprensibile delle leggi per la conoscenza comune: che le persone intelligenti, per quanto possano essere ostili, sono prevedibili mentre gli stupidi non lo sono.

Riccardo Misasi
POLITICO, 21 SETTEMBRE 2000

Lo stupido non si riconosce quasi mai, all'inizio, perché può sembrare intelligente: è il suo segreto.

Anch'io ero l'esatto contrario di ciò che apparivo. Il corpo pesante, lo sguardo pacioso, le movenze lente, da notabile di paese, nascondevano una delle intelligenze più acute della Democrazia cristiana. Non a caso, dalla prigione brigatista Aldo Moro delegò proprio a me il compito di convocare un consiglio nazionale straordinario della Dc.
Sono stato uno degli uomini più temuti del partito. A Roma ero un raffinato stratega e a Cosenza un generoso dispensatore di posti, trasferimenti, grazie, promozioni, speranze. De Mita regnava, io governavo, unico insonne in un partito dormiente. Controllavo tutto, in Calabria, respiri e bestemmie, finanche il rumore dei sogni.
Poi è finita, ma non mi ha amareggiato questo. Mi ha amareggiato finirla male, accusato di mafia, e, da buon viceré, mi sono fatto da parte.

Paola Levi Montalcini

PITTRICE, 29 SETTEMBRE 2000

Ri' cara, tu che credevi nella ricerca scientifica sei stata costretta ad andare via. Dolorosa e straziante è stata la tua partenza.

L'America era lontana, ma il nostro legame unico, una specie di barriera contro ogni intrusione, una luce che ci illuminava. Tu negli Stati Uniti, ad affannarti intorno alle cellule, io a dipingere, disegnare, creare, con la difficoltà che ha in Italia una donna artista a essere inserita nelle mostre, a comparire nei cataloghi.

E quando il mio polso ha cessato di battere, sotto la tua mano, hai pensato che la tua vita fosse giunta al termine, e invece hai continuato a vivere.

Ma alla fine, ci siamo incontrate, come due rette parallele, nell'infinito.

Tommaso Bordonaro

EMIGRATO, 15 OTTOBRE 2000

... Dolorosa e straziande è stata la spartenza...

... Perciò io ho deciso assoluto andare in America non per il mio avvenire, perché io sapevo che dovevo trovare del pegio, ma per i figli poter fare tutte le scuole e potere imparare qualche professione e qualche mestiere e non essere schiavo al lavoro e alla miseria. Così ho deciso di lasciare la mia terra nativa ed emigrare in America.

Sono soddisfatto della mia vita passata, un po' male un po' bene.

Antonio Russo

GIORNALISTA, 16 OTTOBRE 2000

Ero soddisfatto quando facevo bene il mio lavoro, e il mio lavoro era fatto bene quando era ben documentato.
Avevo quarant'anni, lavoravo per Radio Radicale. All'alba di quel 16 ottobre, mi trovarono sul ciglio della strada in Cecenia con il torace sfondato. Stavo lì da quattro mesi, raccontando le atrocità commesse dall'Esercito russo. Avrei voluto denunciare le stragi di cui ero stato testimone alle Nazioni Unite. Fornire documenti, fatti, per costringere la comunità internazionale a lavorare unita, per fermare i massacri in Cecenia.
Quello era il mio problema. Informare e documentare.
Di questo avrei parlato all'Onu: dei bambini mutilati, dei figli strappati alle madri, degli uomini linciati, dei cadaveri per strada, delle armi chimiche utilizzate, di un popolo senza pace.

Feci solo in tempo a parlarne a mia madre, per telefono.

Il servizio militare obbligatorio

24 OTTOBRE 2000

L'età che va dagli anni ventuno ai ventiquattro è decisiva per la vita di un uomo, per un figlio di popolo in specie. Egli si è definitivamente licenziato dall'adolescenza; ha conosciuto l'amore, la fatica, il dolore e tutto sembra averlo irrobustito. Il suo sangue è una rosa che stioppa; la sua ansia di vita morde i giorni come il bambino morde la mela. Egli ha fiducia in se stesso, e negli uomini, anche se crede di diffidarne, come nelle cose che tocca, nei colori che vede. La natura, di cui egli è una forza, coi suoi turbamenti e tentazioni, comunque lo esalta. Ha interessi, affetti, ideali che assorbono interamente i suoi entusiasmi, le sue ritensioni, e la sua fede. Quale che sia. E quali che siano la sua educazione, la sua levatura mentale, le sue risorse morali, siccome il suo corpo è sano e l'assiste, egli ha il mondo nel pugno, l'avvenire davanti a sé, un destino a cui non suppone di potersi sottrarre. È a questo punto che la patria lo chiama per compiere il servizio di leva. Lo arresta nel suo slancio, brucia la strada alle sue spalle, eleva un muro sul suo avvenire. Al suo ritorno, con un'esperienza che non potrà in nessun modo agevolarlo tanto è estranea alla realtà e alle esigenze della vita civile, egli dovrà ricominciare daccapo.

Sarà stato, nel migliore dei casi, come prigioniero dentro un pozzo, diciamo dentro un vaso di spirito, un acquario. Nei tempi di pace, si fa il soldato come da ragazzi si fa una malattia. E la si offre alla Patria, al cui nome non possiamo restare insensibili. Durante alcuni anni, la nostra vita si ferma, vegeta, il nostro corpo suda e ingrassa, la «sboba» lo nutre. Il nostro cervello si piglia questa lunga vacanza. Per minuscoli che fossero stati fino allora i nostri pensieri, essi abbracciavano fatti e cose diversi, li agitavamo, se ne tiravano delle conclusioni. Ora, la prima regola che ci viene imposta è di non avere un'opinione, un punto di vista, un'iniziativa personali. Trascorre que-

sto giorno sterminato, fatto di tre anni, di millenovantacinque albe e tramontar di sole, tra una sveglia, un rancio, un'adunata, una marcia, un'ispezione. I nostri problemi sono tutti lì: le pezze da piedi, la gavetta da lavare, le scarpe la baionetta le giberne da lustrare, il meccanismo di caricamento e sparo, nuovo modello '91, il giuramento da mandare a memoria, la branda o i «castelli» da rassettare, pancia in dentro e petto in fuori, il sergente il maresciallo il tenente il capitano: secondo plotone terza compagnia; e poi: battaglione reggimento divisione…

Vasco Pratolini
Metello

Edoardo Agnelli

IMPRENDITORE, 15 NOVEMBRE 2000

Si può. Chiamarsi Agnelli, in Italia, ed essere fragili.
Si può. Chiamarsi Edoardo Agnelli, come il capostipite, quello dal quale tutto è cominciato, ed essere infelici, avere parole dentro che la bocca non sa dire.

Non avevo mai trovato spazio nell'azienda di famiglia. Ero appassionato di astrologia e di religioni.

Segui ciò che ti è stato rivelato e sopporta con pazienza, finché Allah giudichi. Egli è il migliore dei giudici.

Il mio seguire e sopportare mi ha condotto a un viadotto e a un volo di 80 metri. C'è chi dice che in realtà sono stato ammazzato: mi ero convertito all'islam, e qualcuno aveva paura che l'eredità della famiglia Agnelli potesse passare in mano a un fervente musulmano.

Bernardo Brusca

MAFIOSO, 8 DICEMBRE 2000

Per strangolare adoperavamo una cordicella di nylon molto sottile: due di noi tenevano il malcapitato per le braccia, due per i piedi e uno, messo dietro, tirava... Dopo una decina di minuti sopraggiungeva la morte. Come lo capivamo? Perché i tessuti si allentavano e la persona si faceva la pipì e la cacca addosso... Dovevamo essere sicuri che fosse avvenuto il decesso. Sarebbe stato rischiosissimo immergere nell'acido un corpo che avrebbe potuto ancora avere delle convulsioni, degli spasmi. Qualche schizzo d'acido sarebbe stato micidiale per tutti i presenti. Occorrono cinquanta litri di acido e tre ore per ottenere la disintegrazione di un corpo. Il corpo si scioglie lentamente, rimangono i denti della vittima, il cranio si deforma. Può restare parzialmente intatto il bacino... Alla fine non si vede quasi più niente. A quel punto si prendono i resti e si vanno a buttare da qualche parte. A San Giuseppe Jato li andavamo a buttare nel torrente. Quando i palermitani ci sfottevano chiamandoci «zoticoni» o «cafoni» o «peri incretati», cioè piedi sporchi di fango, noi rispondevamo: «E voi, allora? Bella acqua che bevete a Palermo...». La diga dello Jato è infatti una delle principali risorse idriche del capoluogo siciliano.

Fino all'inizio degli anni ottanta, adoperavamo un sistema molto più lento. Arrostivamo i cadaveri sulle graticole. Si cominciava di primo mattino e si finiva al tramonto: per fare scomparire un solo cadavere impiegavamo dalle sette alle otto ore, e ci volevano camion carichi di legna per tenere sempre viva la fiamma. Poi anche noi cominciammo a adoperare l'acido.

Gianfranco Bertoli

TERRORISTA, 17 DICEMBRE 2000

Sono quello della strage della Questura di Milano, nel 1973. Mia la mano che ha tirato la bomba, durante l'inaugurazione del busto in memoria del commissario Luigi Calabresi.

In uno dei pochi libri che sono riuscito a salvare nelle mie peripezie carcerarie, sull'ultima pagina è scritto: «Colui che tira una bomba ed uccide un passante dice che, vittima della società, si è rivoltato contro la società. Ma il povero morto potrebbe dire: "Ma che sono io la società?"».

Il Giubileo
6 GENNAIO 2001

Riparti da Cristo, tu che hai trovato misericordia.
Riparti da Cristo, tu che hai perdonato e accolto il perdono.
Riparti da Cristo, tu che conosci il dolore e la sofferenza.
Riparti da Cristo, tu tentato dalla tiepidezza:
l'anno di grazia è tempo sconfinato.
Riparti da Cristo, Chiesa del nuovo millennio.
Canta e cammina!

(Spalmatura con la cazzuola della calce in tre punti sulla soglia della Porta Santa e collocazione di tre mattoni e alcune monete d'oro e d'argento nella muratura della porta dentro un'urna.
Collocazione di altri mattoni da parte del Penitenziere maggiore e degli altri Penitenzieri e conclusione dell'opera di chiusura da parte dei muratori, fuori e dentro la Basilica, mentre il coro canta l'inno *Cœlestis Urbs Ierusalem*.)

Francesca Vacca Agusta

CONTESSA, 8 GENNAIO 2001

La mia porta santa era l'anta dell'armadio dentro il quale mi nascondevo con la bottiglia in mano. Libera e sola. L'ho fatto anche la notte in cui sono morta, e i domestici mi dovettero cercare per ore. Poi sono uscita, e non sono tornata più.

C'è stato anche chi, sulla mia morte, ha evocato lo «spirito di Tutankamen», perché la villa dove abitavo, a Portofino, Villa Altachiara, la splendida dimora del valore di 40 milioni di euro, era stata costruita da George Herbert, l'egittologo che scoprì la tomba del faraone.

Ho passato la mia vita tra jet-set, playboy, belle donne, alcol, molta tristezza (ero pur sempre una vedova).

E se fossi andata semplicemente a farmi un bagno?

Il mare sa essere un ottimo nascondiglio, no?

Gianluigi Bonelli

FUMETTISTA, 12 GENNAIO 2001

Tra mandrie e saloon, la più vasta produzione di letteratura disegnata mai fatta in Italia.

Il mio amato cowboy con la faccia di Gary Cooper era stato battezzato «Tex Killer», ma il cognome venne cambiato nel più innocuo «Willer» prima di andare in stampa. Il soprannome indiano fu da subito «Aquila della notte». La prima avventura fu «Il totem misterioso», uscita su carta povera, al prezzo di 15 lire, con quello strano formato rettangolare e stretto che permetteva ai ragazzini di nasconderlo nelle tasche dei pantaloni.

Una vacca

14 GENNAIO 2001

Che nostalgia della mandria. Sarei dovuta fuggire, quand'ero vitellina…

Non sono augusta ma frisona. Pur sempre vacca, però.
Sentite questa.
Una mucca dice all'altra: «Ha sentito, c'è il morbo della mucca pazza, dobbiamo stare attente».
E quella: «Che me ne frega, io sono una pecora…».

Gianluca De Nardo
RAGAZZINO, 21 FEBBRAIO 2001

«Il mio miglior amico è mia sorella Erika.»

(Il corpo in posizione fetale, immerso nell'acqua rosso sangue della vasca da bagno. 57 coltellate, ematomi dappertutto, le nocche spellate, le unghie rotte, l'arma – un coltello da cucina lungo 22 centimetri – stampata in fronte.)

Susy Cassini

MAMMA, 21 FEBBRAIO 2001

Io sono una madre felice. La madre di Erika e Gianluca.
E tutte le madri felici si somigliano.

97 coltellate non si spiegano con una rapina, né con la ferocia di un pazzo. 97 coltellate, le dà solo l'amore nero di una figlia che ti aspetta la sera quando rientri a casa.

Sergio Lenci

ARCHITETTO, 20 MARZO 2001

Ero impegnato a combattere lo squallore della speculazione edilizia.
Uno dei miei ultimi lavori è stato il nuovo carcere di Roma, a Rebibbia, progettato in antitesi al vecchio carcere e pensato come un luogo con grandi spazi aperti, che rispettasse i diritti umani dei detenuti.
In quel carcere, nel 2011, i fratelli Taviani gireranno un film che verrà premiato con l'Orso d'oro a Berlino: *Cesare deve morire*. A recitare saranno gli stessi detenuti.

Sergio Lenci deve morire, pensarono invece i terroristi di Prima linea. La mia colpa era proprio quella di aver progettato un carcere. Della mia creatività, dei miei sogni, a loro non importava.
Il 2 maggio del 1980 entrarono nel mio studio tre uomini e una donna. In due mi tennero bloccato, uno mi chiuse la bocca con un cerotto, un quarto mi trascinò in bagno. Mi fecero sdraiare a testa in giù, tra il cesso e il lavandino. Mi spararono un colpo direttamente alla nuca.
Se ne andarono convinti che fossi morto.
Ho vissuto invece ancora altri 21 anni con quel pezzo di piombo in testa. Rimarrà una lastra tra me e la vita.

Il catalogo Postalmarket

PRIMAVERA 2001

Nelle sezioni di biancheria intima femminile sono stato il sommo tentatore della lussuria per più di una generazione di ragazzi. Tra sfogliare e spogliare il passo è breve. Guardavano su, guardavano giù, poi si guardavano intorno per paura di essere scoperti, sforzavano gli occhi.

E poi c'erano le vecchine, con le loro mani ruvide. Le contadine, sedute in cerchio, davanti al portone di casa, o nel cortile. O le casalinghe, di qualche sperduta frazione.

Mi sfogliavano per mesi interi. Guardando, valutando, facendo confronti. Poche volte ordinavano, perché era un insulto alla miseria, acquistare una cosa senza prima toccarla con mano.

Giuseppe Sinopoli

DIRETTORE D'ORCHESTRA, 20 APRILE 2001

La mano. Quella cosa che comincia dove finisce la bacchetta.

Amavo Wagner, la mia gioia.
Non capivo Stravinsky.
Ero appassionato di Verdi, come essere a casa.
Preferivo non dirigere Mozart.

Per 25 anni sono salito sui più importanti podi internazionali.
Cominciò tutto con l'*Aida*, a Venezia, nel 1978.
Finì tutto sempre con l'*Aida*, alla Deutsche Oper di Berlino.

Michele Alboreto

PILOTA AUTOMOBILISTICO, 25 APRILE 2001

I miei podi erano quelli dei Gran Premi.
Attento, testardo, cinico, un po' sognatore. Al signor Enzo piacevo tanto proprio per questo.
Sono stato l'ultimo italiano a vincere con una Ferrari.

La sinistra

13 MAGGIO 2001

Contratto con gli italiani
tra Silvio Berlusconi nato a Milano il 29 settembre 1936 leader di Forza Italia e della Casa delle Libertà, che agisce in accordo con tutti gli alleati della coalizione, e i cittadini italiani si conviene e si stipula quanto segue.
Silvio Berlusconi, nel caso di una vittoria elettorale della Casa delle Libertà, si impegna, in qualità di Presidente del Consiglio, a realizzare nei cinque anni i seguenti obiettivi:

- *Abbattimento della pressione fiscale:*
  - *con l'esenzione totale dei redditi fino a 22 milioni di lire annui;*
  - *con la riduzione al 23% per i redditi fino a 200 milioni di lire annui;*
  - *con la riduzione al 33% per i redditi sopra i 200 milioni di lire annui;*
  - *con l'abolizione della tassa di successione e della tassa sulle donazioni.*
- *Attuazione del «Piano per la difesa dei cittadini e la prevenzione dei crimini» che prevede tra l'altro l'introduzione dell'istituto del «poliziotto o carabiniere o vigile di quartiere» nelle città, con un risultato di una forte riduzione del numero dei reati rispetto agli attuali 3 milioni.*
- *Innalzamento delle pensioni minime ad almeno 1 milione di lire al mese.*
- *Dimezzamento dell'attuale tasso di disoccupazione con la creazione di almeno 1 milione e mezzo di posti di lavoro.*
- *Apertura dei cantieri per almeno il 40% degli investimenti previsti dal «Piano decennale per le Grandi Opere» considerate di emergenza.*

Nel caso che al termine di questi 5 anni di governo almeno 4 su 5 di questi traguardi non fossero stati raggiunti, Silvio Berlusconi si impegna formalmente a non ripresentare la propria candidatura alle successive elezioni politiche.
In fede,

Silvio Berlusconi

Nota: Il contratto è reso valido e operativo a partire da oggi, 13 maggio 2001, con il voto degli elettori italiani.

Renato Carosone

MUSICISTA, 20 MAGGIO 2001

Pigliate 'na pastiglia
pigliate 'na pastiglia siente a mme...

Gegè, come cominciava?

Alessandro Natta

POLITICO, 23 MAGGIO 2001

Illuminista, giacobino, comunista.
Tradito dai miei figli politici, come i loro eredi hanno fatto con loro.

A Gubbio, prima di salire sul palco per un comizio, il 30 aprile del 1988, sento come un morso al collo che mi toglie il fiato. È un infarto. Per fortuna non avevo ancora iniziato a parlare, altrimenti avrei fatto la fine del mio predecessore, Berlinguer.

Ricoverato in ospedale, cominciarono ad arrivare i dirigenti del Pci. «Si deve fare da parte» dicevano i più giovani. Subito si avventarono gli articoli sui giornali: «C'è un'assenza di direzione». Poi si scatenarono. Occhetto si fece fare l'intervista da nuovo segretario in pectore, Massimo D'Alema dirà: «Il rinnovamento è necessario».
Furono spietati: mi stavano rottamando. Veloci e feroci. Mi sono dimesso amareggiato, ma senza clamore, senza andare a gridare la mia rabbia in televisione.

Michele Fazio

RAGAZZO, 12 LUGLIO 2001

«Aveme accise u uagnune buenn!»
I miei genitori, Pinuccio e Lella, hanno capito una cosa fondamentale: quando ti uccidono un figlio a 16 anni per strada, vittima innocente di una sparatoria tra clan rivali nel centro storico di Bari, uscire di casa per raccontare, raccontare, raccontare diventa quasi un obbligo, quasi un dovere. Hanno stretto la ferita, e trasformato il dolore in testimonianza. Hanno chiesto e ottenuto che, dopo quattro anni, i miei killer venissero trovati e condannati.

Il sangue dei giusti genera cambiamento.

Carlo Giuliani

RAGAZZO, 20 LUGLIO 2001

... Uscir di casa a vent'anni è quasi un obbligo, quasi un dovere,
piacere d'incontri a grappoli, ideali identici, essere e avere,
la grande folla chiama, canti e colori, grida ed avanza,
sfida il sole implacabile, quasi incredibile passo di danza.

Genova chiusa da sbarre, Genova soffre come in prigione,
Genova marcata a vista attende un soffio di liberazione.
Dentro gli uffici uomini freddi discutono la strategia
e uomini caldi esplodono un colpo secco, morte e follia.

Si rompe il tempo e l'attimo, per un istante, resta sospeso,
appeso al buio e al niente, poi l'assurdo video ritorna acceso;
marionette si muovono, cercando alibi per quelle vite
dissipate e disperse nell'aspro odore della cordite...

Genova non ha scordato perché è difficile dimenticare,
c'è traffico, mare e accento danzante e vicoli da camminare.
La Lanterna impassibile guarda da secoli gli scogli e l'onda.
Ritorna come sempre, quasi normale, piazza Alimonda.

La Salvia splendens *luccica, copre un'aiuola triangolare,*
viaggia il traffico solito scorrendo rapido e regolare.
Dal bar caffè e grappini, verde un'edicola vende la vita.
Resta, amara e indelebile,
resta, amara e indelebile,
resta, amara e indelebile, la traccia aperta di una ferita.

Carlo Bo

CRITICO LETTERARIO, 21 LUGLIO 2001

E pensare che una volta la Liguria era la terra promessa di poeti e artisti. Invece, quanta violenza…
Mi ricorda una delle mie ultime interviste. Venne a trovarmi a Sestri Levante, nel mio studio pieno di libri, un giornalista. Era il luglio del 1992, qualche giorno prima era stato ucciso il giudice Borsellino, con tutta la sua scorta. Il giornalista aveva un'aria spaesata. «Ma ha senso parlare ancora di letteratura di fronte a tutta questa violenza?»
«Certamente» risposi.

In un mondo minacciato, la letteratura dovrebbe essere una guida, non un rifugio.

Indro Montanelli

GIORNALISTA, 22 LUGLIO 2001

Io ho fondato *Il Giornale* perché volevo fare un quotidiano controcorrente. Attaccavo tutti: comunisti, socialisti, democristiani, liberali, missini, anche il presidente della Repubblica. Perché non avevo padroni. Non sopportavo le caste, i corrotti, gli evasori.
Ero un liberale di destra.

Gli operai di Taranto

AGOSTO 2001

Capimmo tardi e quasi a stento che stavamo pagando il lavoro con la salute e la vita.

La più alta ciminiera d'Europa è così vicina all'abitato, che se guardi in su, sembra stia fra i palazzi. Macina materie prime e sputa acciaio. Fuma per 24 ore al giorno, insieme alle altre 215 ciminiere.

Capimmo tardi e a caro prezzo.

Dieci milioni di tonnellate d'acciaio l'anno e migliaia di posti di lavoro in cambio di fiumi di arsenico, diossina, idrocarburi, in mare, nella terra in cielo, sulla pelle, nei polmoni.
Era bella, Taranto. Quando è nata la fabbrica, è morto tutto quello che c'era prima. L'Ilva matrigna avvelena l'anima di Taranto, senza vergogna. Chi è nato dopo il 1960, il golfo azzurro e i suoi tramonti rossi non può disgiungerli dal profilo metallico, magnetico e gigantesco dell'Italsider Ilva.

Gli abitanti delle vie De Vicentis, Lisippo, Troilo e Savino hanno affisso una lapide sulla facciata di un palazzo. Non è facile leggerne il testo, perché le polveri della fabbrica vi si posano su, cancellando le lettere. La lapide dice questo:

> *Nei giorni di vento nord-nordovest*
> *veniamo sepolti da polveri di minerali*
> *e soffocati da esalazioni di gas*
> *provenienti dalla zona industriale «Ilva».*

Per tutto questo, gli stessi
MALEDICONO
coloro che possono fare e non fanno nulla
per riparare.

Gianfranco Miglio

POLITICO, 10 AGOSTO 2001

Ve lo ripeto ancora una volta. Ci saranno tre «macroregioni» federate: la Padania, l'Etruria e la Mediterranea. Quest'ultima potrebbe anche essere governata dalla mafia. Il Sud deve darsi uno statuto poggiante sulla personalità di comando. Che cos'è la mafia? Potere personale portato fino al delitto. C'è anche un clientelismo buono che determina la crescita economica. Alcune manifestazioni tipiche del Sud hanno bisogno di essere «istituzionalizzate», è inutile cercare spiegazioni...

Germano Maccari

TERRORISTA, 25 AGOSTO 2001

Sono stato il quarto uomo del sequestro Moro. Avevo in testa di cambiare il mondo.

Insieme a Mario Moretti, Prospero Gallinari e Anna Laura Braghetti ho tenuto prigioniero Moro per 55 giorni nel covo di via Montalcini. Con il falso nome di «ingegner Altobelli» sono stato io ad allestire e insonorizzare il «carcere del popolo» dove fu tenuto prigioniero il presidente della Democrazia cristiana.
48 ore dopo l'uccisione di Aldo Moro – con l'immagine del suo corpo piccolo, nel bagagliaio di un'auto, conglomerato di carne di statista senza vita, ignominiosa morte delle Repubblica – decisi di uscire dalle Brigate rosse.

Mi erano diventati tutti i capelli bianchi.
Ecco cosa mi era rimasto in testa.

Stefano Ciaramella

STUDENTE, 3 SETTEMBRE 2001

Io avevo in testa di difendere la mia ragazza.
Eravamo spensierati e felici. Ci circondarono quattro coetanei spietati. Le volevano rubare il motorino – un vecchio Piaggio – ma prima se la dovevano vedere con me. E pazienza se erano più forti, e in quattro contro uno. Ero pronto a scagliarmi contro di loro, a fare a pugni, anche, e come Rocky gridare alto il suo nome per farmi coraggio…

Ferruccio Amendola
ATTORE, 3 SETTEMBRE 2001

Adriaaanaaaa

Gli italiani al World Trade Center

11 SETTEMBRE 2001

Stato del mondo la mattina dell'11 settembre 2001:

I carri armati entrano in Cisgiordania.
Attentati in Afghanistan e in Turchia. Elezioni parlamentari in Norvegia.
Il carabiniere Placanica viene interrogato, in una località segreta, sulla morte di Carlo Giuliani. Alcuni dirigenti della Polizia hanno ricevuto degli avvisi di garanzia per le violenze del G8 di Genova.
Grande preoccupazione per le rapine nelle ville del Nord Italia.
Lettera bomba inviata dagli anarchici al prefetto di Firenze, Serra.
Daniela Ferolla è la nuova Miss Italia. Mora, 17 anni, 1 metro e 79 centimetri di altezza per 58 chilogrammi, Daniela viene da Cerasa, provincia di Salerno, e viene incoronata da Sophia Loren.
Sandra Ceccarelli vince la Coppa Volpi al Festival di Venezia per la sua interpretazione in *Luce dei miei occhi.*
Alessia Marcuzzi debutta nella conduzione del programma televisivo *Le iene.*
In Champions, la Roma debutta con il Real Madrid all'Olimpico. Sono previsti 70mila spettatori. Chissà se la trasmettono, in qualche locale di Manhattan.

Poi vennero le 14 e 46 e tutti abbiamo smesso di dire quello che stavamo per dire.

Quelli che stavano decollando da Linate
8 OTTOBRE 2001

Non abbiamo avuto bisogno di motivazioni particolari per essere gli involontari protagonisti del più grave incidente aereo mai avvenuto in Italia.
Nessuna guerra santa, nessun grattacielo da colpire.
Solo la routine di Milano che stava per diventare Pavia.
Le solite altezze padane.
E la solita nebbia.

Gli operai del Petrolchimico di Porto Marghera

2 NOVEMBRE 2001

Mica ci hanno ucciso i veleni della fabbrica, i fanghi che scorrevano nascosti, i miasmi che ci facevano respirare.
Il cancro ci è venuto per le troppe sigarette e i troppi cabernet…

Secondo i giudici siamo stati gli unici responsabili delle nostre morti.

Giovanni Leone

POLITICO, 9 NOVEMBRE 2001

A Porto Marghera io avrei saputo da che parte stare.
Da presidente del Consiglio avevo promesso giustizia alle popolazioni distrutte dall'apocalisse del Vajont. Era il 1963. Poi però ho assunto la difesa dell'Enel, della Sade e dell'ingegnere Biadene. Mi inventai l'istituto della «commorienza» e feci risparmiare all'Enel miliardi di lire di risarcimento alle vittime.
Divenni il sesto presidente della Repubblica, il terzo della collezione Dc, nel 1972, con i voti dei monarchici e dei missini, al termine della più lunga e travagliata votazione nella storia della Repubblica. Poi, cominciarono a impallinarmi: la Dc, il Pci, i radicali, e – a proposito di donne – quella giornalista, Camilla Cederna. Perché fra tutti i potenti toccare proprio me? Le sue accuse non sono state mai provate.
Mi lasciarono solo, fui il loro capro espiatorio. Alla fine mi dimisi.

Maria Grazia Cutuli

GIORNALISTA, 19 NOVEMBRE 2001

«Nascoste, invisibili, assenti: non si vedono donne a Jalalabad. La liberazione della città afghana dai talebani ha portato nelle strade migliaia di miliziani armati, bande ubriache di vittoria, pronte a contendersi il controllo del territorio sino all'ultimo vicolo o all'ultima casa. Non ci sono donne tra chi fa la guerra, gestisce il potere, decide il futuro.»

Il mio ultimo pezzo. Poi i talebani mi hanno ammazzata.

Giovanni Marini
TERRORISTA, 23 DICEMBRE 2001

Nel 1972 ho accoltellato un mio coetaneo, Carlo Falvella, sul lungomare di Salerno.
Vivevamo come in una bolla.
Io ero un cuore rosso, anarchico.
Lui un cuore nero.

In carcere, sono diventato il «poeta dei folli e dei giusti».

La lira

1º GENNAIO 2002

Centocinquant'anni di onorata carriera, e oggi c'è una generazione che non mi conosce, e nessuno tra gli anziani fa più i conti. Quanto fa un euro? Un euro. Chissà se qualcuno dice ancora 1936,27 lire.
Mi rimpiangete in molti, ma mi cercano soltanto collezionisti e nostalgici. Ed è rimasto solo quel detto: «Sono senza una lira». Adesso siete senza «la» lira.

Umberto Ortolani

IMPRENDITORE, 17 GENNAIO 2002

Era impagabile essere al servizio di Licio Gelli, dal crac dell'Ambrosiano di Roberto Calvi alla P2 e agli affari con il Vaticano. Sono stato il cervello finanziario del Venerabile. Ma mi ha creato molti… come dire… fastidi. Anche se io lo dicevo: «Sono un signor nessuno…».

È per questo che me sono andato in Uruguay. A Montevideo avevo la ricchezza, le tenute, le ville. In Italia le accuse, i processi, storie su logge segrete e bancarotte.

Però, alla fine, meglio imputato vicino che morto lontano…

Samuele Lorenzi

BAMBINO, 30 GENNAIO 2002

«Ascolti mio figlio ha vomitato sangue e non respira, abito a Cogne.»

Tutte le madri felici si somigliano; ogni madre infelice è invece disgraziata a modo suo.

«È tutto insanguinato, ha vomitato tutto il sangue. Non respira...»

Cari telespettatori vicini e lontani, io sono il bambino nel plastico di Vespa. Come il piccolo Alfredo dal pozzo, anche io, da questa culla che è la mia tomba, vi vedo tutti: nei salotti di Maurizio Costanzo, negli editoriali di Maurizio Belpietro, nelle arringhe dell'avvocato Taormina. I manichini, la compagnia di giro dello psicologo, il penalista, la soubrette-madre-di-famiglia. Il giornalismo che diventa modellismo, un periscopio di effetti 3D, sangue dal vivo, immagini in esclusiva.

La serialità del dolore:
«Chi ha ucciso Samuele?»
«Cogne, prenderanno l'assassino»
«La mamma dal carcere: non sono stata io»
«Perizia psichiatrica o libertà»
«Senza prove; colpevole?»
«Un anno di buio»
«Fine di un incubo, niente carcere per Annamaria»
«Cogne, il giallo a una svolta»

E io che vorrei solo dire a mia madre che ho paura...

Federico Del Prete

VENDITORE AMBULANTE E SINDACALISTA, 18 FEBBRAIO 2002

Come Domenico Geraci, anch'io sono un sindacalista assassinato perché denunciava la corruzione.

E, come Domenico Geraci, il mio è un omicidio recente. Non è una storia da dopoguerra, di feudo ed esproprio. È una storia di oggi.

La camorra faceva pagare il pizzo a noi venditori ambulanti dei mercati del casertano, imponendo la fornitura dei sacchetti di plastica. Ce li vendeva cinque euro al chilo, quando in realtà il loro prezzo era di appena un euro. A Mondragone, poi, era direttamente un vigile urbano del Comune a riscuotere il pizzo.

E io, queste e altre cose, le avevo tutte denunciate. Ma ero solo.

Raffaele Ciriello

FOTOREPORTER, 13 MARZO 2002

Finire in mezzo alle storie era la mia passione.
Con la videocamera ancora in mano, mi è toccato filmare la mia morte.
Sono stato il primo giornalista straniero caduto nell'Intifada.
E pensare che ero un chirurgo plastico, avrei potuto guadagnare un sacco di soldi ma, come per Enzo Baldoni, era più forte la voglia di raccontare il mondo e i suoi conflitti assurdi. A Ramallah, in Palestina, stavo filmando il rallestramento dell'Esercito israeliano. Io inquadravo la loro violenza. I kalashnikov. Le mani, gli occhi, i volti, le urla, i gesti rapidi. Loro a un certo punto inquadrarono con il mirino me: mi uccise una raffica sparata da un carro armato. Non ci furono flash a illuminare la mia bara. I miei amici, i miei colleghi, posarono gli obiettivi, quel giorno, a Milano, in segno di lutto e di protesta per le condizioni impossibili in cui ci tocca lavorare, e a volte anche morire.
E come per Enzo Baldoni per il mio omicidio non c'è stata giustizia.

Carmelo Bene

ATTORE, 16 MARZO 2002

Stupire, trovarsi stupiti.

Sono apparso alla Madonna. Perché ho vissuto la vita come un miracolo.

Marco Biagi

PROFESSORE UNIVERSITARIO, 19 MARZO 2002

Caro Ministro,
desidero informarla che oggi ho ricevuto un'altra telefonata minatoria da...

Protestai con il ministro del Lavoro, Maroni: «Ho paura, ridatemi la scorta». Feci, inutilmente, cinque richieste.

... un anonimo, che asseriva perfino di essere a conoscenza dei miei viaggi a...

Avevo scritto, infatti, per conto del governo, il Libro bianco sul lavoro, che sarebbe poi diventata la legge che porta il mio nome, anche se non so davvero quanto delle mie idee sia rimasto in quella legge.

... Roma senza protezione alcuna, ancora una volta cercando di intimorirmi in...

Nelle mie intenzioni volevo difendere i giovani e chi perde il lavoro a quarant'anni. Ero anche consulente della Confindustria e della Cisl.

... relazione alle mie attività di progettazione svolte su incarico suo. Desidero assicurarla che non intendo desistere dalla mia attività di collaborazione con lei...

Mi uccisero una sera dopo essere tornato in treno da Modena. Avevo la bicicletta posteggiata alla stazione di Bologna, e mi stavo avviando verso casa.

... Qualora dovesse malauguratamente occorrermi qualcosa, desidero che si sappia che...

«Professore, eh, professore...!» mi chiamarono.
Il primo proiettile mi manca. Gli altri cinque mi raggiungono.

Tre mesi dopo il ministro dell'Interno, Claudio Scajola, colui che mi aveva negato la scorta, mi definì «un rompicoglioni che voleva rinnovato il contratto di consulenza».

... avevo informato inutilmente le autorità di queste ripetute telefonate minatorie senza che venissero presi dei provvedimenti conseguenti...

Giacomo Mancini

POLITICO, 8 APRILE 2002

Bettino Craxi considerava me, De Martino, Nenni e tutti i grandi vecchi del Partito socialista dei rompicoglioni.

Eppure io sono stato uno dei promotori della sua vittoria al congresso del 1976, quando lui si prese in mano il partito. Volevo anche io cambiare. Lo conoscevo poco, non mi dispiaceva, quel ragazzo. Credevo che si sarebbe fatto guidare da me, come un padre nobile. Che errore...

Però nel 1992 sono stato io a inguaiarlo definitivamente. Quando scoppiò lo scandalo dei finanziamenti illeciti ai partiti, lui, Craxi, sosteneva che la gestione della tesoreria del Psi era in mano al segretario amministrativo, Vincenzo Balzamo. Quando mi interrogarono smentii tutto: Balzamo gestiva solo la cassa, tutto il potere assoluto sulle finanze del Psi era in mano solo a Craxi.

Alex Baroni

CANTANTE, 13 APRILE 2002

Le cose non vanno mai come credi.

Gino Fasulo

IMPRENDITORE, 18 APRILE 2002

Le cose non sono mai quelle che uno crede.

Mi presero per un terrorista. Invece è stato tutto un equivoco. Io ho detto alla torre: «Torre di controllo, qui HB-NCX Aero Commander, ho un problema al carrello». E loro: «Ricevuto». «Torre di controllo chiedo di cominciare le procedure di atterraggio». «No, si allontani, si allontani». «Sei fuori rotta.» Così mi sono allontanato, e ho virato verso la città. Ma loro parlavano con un elicottero che stava per atterrare. Erano le 17 e 46 sul cielo di Linate. Meno di un minuto dopo mi schianto con il mio aereo a 300 all'ora contro il Pirellone.

Annamaria Rapetti e Alessandra Santonocito

AVVOCATESSE, 18 APRILE 2002

Fasulo, che ci importa se è stato «solo» un incidente? Noi eravamo lì, al nostro posto, all'ufficio legale della Regione Lombardia. Ci siamo sentite, per una frazione di secondo, prima di morire, come sulle Torri gemelle di New York, solo che davanti a noi non c'era un'altra torre, solo la città, una giornata bellissima. E quell'aereo, improvviso come un morso di zanzara. Adesso al 26° piano del Pirellone c'è una targa. Lo chiamano il «piano della memoria».

Umberto Bindi

CANTAUTORE, 23 MAGGIO 2002

Massacrato, umiliato, deriso. E poi dimenticato.

Il vento che correva su Genova
soffiava nella mia fisarmonica
nasceva piano la mia musica
e dentro al cuore solitudine
com'ero io, com'ero io...

Per la mia carriera, per le vendite dei miei dischi, sarebbe stato meglio morire giovane, in un incidente stradale.

Giorgio Porcaro

CABARETTISTA, 4 GIUGNO 2002

Anch'io sono stato umiliato e poi dimenticato.
Ero un comico, al Derby, il tempio della comicità milanese, la mia vita è durata il tempo di uno sketch, una risata e via. Ma ascesa e caduta non fanno parte dell'icona del clown? La gavetta, i sacrifici, il successo a portata di mano, lo vedi, è lì, e poi le luci che si spengono, una storiaccia di droga – *lassem perd* – e la malattia.
Ho creato il personaggio culto del «terrunciello» e me lo sono visto scippare – *rob de matt!* – dal mio migliore amico, Diego Abatantuono: stessi riccioli, stessa classe, diverso destino.

Pietro Valpreda

BALLERINO, 6 LUGLIO 2002

Su di me hanno creato un personaggio.
Chi è Pietro Valpreda?
Secolo d'Italia (19 dicembre 1969): «Una belva oscena e ripugnante, penetrata fino al midollo dalla luce comunista»;
Il Messaggero (17 dicembre): «Una belva umana mascherata da comparsa da quattro soldi»;
La Nazione (18 dicembre): «Un mostro disumano»;
Il Tempo (18 dicembre): «Un pazzo sanguinario senza nessuno alle spalle»;
Avanti! (18 dicembre): «Un individuo morso dall'odio viscerale e fascistico per ogni forma di democrazia»;
l'Unità (19 dicembre): «Un personaggio ambiguo e sconcertante dal passato oscuro, forse manovrato da qualcuno a proprio piacimento».

Chi ha messo la bomba di Piazza Fontana? Gli anarchici, naturalmente. Perché, si sa, gli anarchici fanno questo: mettono le bombe. E io sono stato il mostro sbattuto in prima pagina per le bombe del 12 dicembre del 1969: ballerino, drogato, squilibrato. E un tassista, Cornelio Rolandi, che diceva che mi aveva portato davanti alla banca, con una borsa, per un percorso di duecento metri. Però, prima di riconoscermi, gli avevano fatto vedere la mia foto...
Convocarono in Questura il mio amico, il ferroviere Giuseppe Pinelli, anarchico come me. Lo tennero tre giorni, interrogato senza dormire. Dopodiché venne trovato sfracellato nella notte nel cortile della Questura di Milano: era il 16 dicembre 1969.
La Polizia aveva tutto chiaro. Purtroppo si scoprirà che la sapeva troppo lunga. E purtroppo succederà altre volte in Italia.

Io vengo scarcerato dopo 1110 giorni di detenzione, e ci vuole una legge fatta apposta per darmi libertà. Solo nel 1979 verrò assolto per insufficienza di prove.

Il tempo intanto passa. Forse non è ancora il tempo maturo per sapere. O forse è Dio che ci protegge dalla verità.

Quelli che erano sul treno Venezia-Palermo

20 LUGLIO 2002

Dio è anarchico.
Di sicuro non viaggia in treno.
Se no avrebbe pietà di questi treni fatiscenti del Sud, lenti e insicuri, gelati d'inverno e caldissimi d'estate.
E manderebbe una maledizione di quelle serie a tutti coloro che parlano ancora di ponte sullo Stretto e di grandi opere, quando la vera grande opera, in Sicilia, sarebbe già avere un doppio binario, una carrozza con l'aria condizionata, un tratto ferroviario non arrugginito, una gara d'appalto non inquinata dalla mafia.
Che umiliazione, morire per un giunto malmesso...

Franco Lucentini

SCRITTORE, 5 AGOSTO 2002

Carlo,
adesso possiamo sapere davvero a che punto è la notte.

Pierangelo Bertoli

CANTAUTORE, 7 OTTOBRE 2002

Brilla il fuoco acceso nel vecchio camino
posa il suo calore da pulcino a pulcino.
una porzione di luna rischiara il viale
bianco di neve venuta per il mio Natale.
Ninna nanna piccoli, io vi veglierò
stesi tra le nuvole ninna nanna oh.

Barcollando – San Giuliano

31 OTTOBRE 2002

La nostra ninna nanna fu la veglia dei calcinacci.

Noi siamo gli angeli di San Giuliano, i bimbi morti quando è crollata la scuola. Stavamo facendo disegno, compiti di matematica, l'ora di religione. Siamo passati all'ora di terremoto, la lezione più straziante, per voi che guardate.

Siamo morti che il giorno dopo era vacanza, ma la terra non ha voluto aspettare.

Oggi saremmo cittadini di un paese, San Giuliano, che non esiste più. Con la scusa del terremoto l'hanno trasformato in un ciclopico esperimento urbanistico, con un inaudito spreco di denaro pubblico. Una città brutta, disumanizzata, violentata a vantaggio della solita cricca. Un paese di mille abitanti trasformato in una metropoli: fontane monumentali, una scuola mastodontica senza bambini, una piscina olimpionica, un palazzo dello sport, un auditorium, un edificio per la «succursale dell'Università del Molise». Quartieri ipermoderni e sovradimensionati. Si chiama «urbanicidio», un rito sacrificale che ha immolato tante città terremotate. Come San Giuliano.

Non certo una città per angeli.

Gianluca Signorini

CALCIATORE, 6 NOVEMBRE 2002

In campo non barcollavo mai. Parma, Roma, Genoa, sempre in difesa. Libero elegante, capitano e bandiera rosso blu. Il calcio era la mia ossessione. Appese le scarpe al chiodo, ho cominciato a stare male. Fino a rimanere semiparalizzato nel mio letto. Senza parlare, senza potermi muovere, ma muovendo solo le dita della mano. Con quelle ho digitato le parole: sindrome di Gehrig. E una domanda: perché colpisce gli sportivi?

Francesco De Martino

POLITICO, 18 NOVEMBRE 2002

Sono stato l'ultimo leader storico del Partito socialista. Prima di Craxi, prima che lui e i quarantenni prendessero in mano il partito nel '76 facendo fuori me, Pietro Nenni e gli altri. Prima che tutto degenerasse.
Mi misero alla porta in una riunione del comitato centrale del Psi all'hotel Midas di Roma. «È venuto il momento di seppellire un cadavere ingombrante» disse Giacomo Mancini. Credeva di poter fare il padre nobile del nuovo corso…
I capicorrente del partito, per evitare di consegnare la segreteria a un uomo forte, scelsero un leader giovane, che a loro sembrava debole: Bettino Craxi. Lì cominciò la sua avventura politica.
E in un altro hotel, il Raphaël, tra le monetine urlanti, la sua carriera politica finirà. E anche lui perderà la sua piccola guerra.

Vito Ciancimino

POLITICO, 19 NOVEMBRE 2002

Vedo, prevedo e stravedo che sempre testa di minchia è stato quel mio figlio Massimo.
Facevo bene a legarlo alla catena quando era piccolo… Poi me lo sono preso come segretario personale, quel buono a nulla, e adesso lui parla e racconta di quando Bernardo Provenzano, l'altra testa di cazzo, veniva a trovarmi a casa, e per tutti era l'ingegnere Lo Verde. Io Provenzano lo conoscevo da quando era ragazzino, gli davo ripetizioni di matematica. Mizzica, che testa dura… Una volta gli mollai pure due ceffoni per quanto era svogliato: *scecco!*
E poi cosa racconta, Massimo, tutte le nostre storie ingarbugliate e segrete… Di quando venivano i Carabinieri per cercare di fare un accordo con Cosa Nostra, delle mappe di Palermo che giravano per capire dov'era la casa di Totò Riina. E del papello. «Mio padre l'ha conservato, se volete lo recupero…». Testa di minchia… Meno male che non tutto è compromesso, che non è finito tutto…

(Però Massimo qualcosa da suo padre Don Vito l'ha imparato, qualcosa di buono dico. Si vede. Quando vuole gli funziona il cervello, il *miolo*. E quell'abbraccio con Salvatore Borsellino, il fratello del giudice, in via D'Amelio, il 19 luglio, be'… mio figlio tanto *testa nell'aria* non è…)

Antonino Caponnetto

MAGISTRATO, 6 DICEMBRE 2002

Ciancimino è persona di grande ingegno, Bernardo Provenzano, a quanto pare, no. Anche il famoso pool antimafia non era frutto di chissà quale ingegno giuridico, ma era figlio del buon senso, di un po' di praticità di Rocco Chinnici, che l'aveva ideato.
Erano in quattro, cinque a formare il pool con me: Falcone, Borsellino, Guarnotta, Di Lello, Ayala. Ed era visto come uno scandalo. Ci arrivavano un sacco di insulti. Avrebbero dovuto chiedersi invece come mai a occuparsi di mafia, in tutta la Procura di Palermo, fossimo così pochi. Venivamo guardati con sospetto, senza un favore, con mille contestazioni: non è compito dei magistrati la lotta alla mafia, eravamo troppo protagonisti, eravamo strumentalizzati dai comunisti. Odiati, invidiati, diffamati.

Sterminati.

Ciancimino era il re di Palermo. Io invece ho vissuto a Palermo tre anni senza vederla mai, costretto in un bunker della Guardia di finanza. E questo fu il culmine della mia carriera di magistrato.
Poi arriva quel pomeriggio di luglio di dieci anni fa, in cui una nuvola nera si alza su Palermo. Il sole brucia, la città brucia. Un cronista mi ferma mi chiede un commento. Gli stringo la mano come a un figlio: «È finito tutto».

Giorgio Gaber

CANTAUTORE, 1° GENNAIO 2003

Chiamatemi «Signor G.».

Certe volte mi chiedevo perché non me ne restavo tranquillo, perché non mi mettevo a scrivere cosette rasserenanti, magari gioiose. Poi mi guardavo intorno, vedevo che ci stavamo tutti abituando al grigiore, alla piattezza, alla rassegnazione e mi accorgevo che il mio compito, il mio lavoro, era quello di dire le cose che gli altri non dicono o che non avevano il coraggio di scrivere...

Domenico Pacilio

IMPRENDITORE, 4 GENNAIO 2003

Certe volte mi chiedevo perché non me ne restavo tranquillo. Poi mi guardavo intorno, vedevo che ci stavamo tutti abituando al grigiore, alla piattezza, alla rassegnazione e allora ritornavo a denunciare: la camorra e le estorsioni.
Perché ognuno ha il diritto e il dovere di pretendere di vivere in un modo migliore.

Massimo Girotti

ATTORE, 5 GENNAIO 2003

«Ognuno deve pretendere di vivere in un modo migliore. Io non ce l'ho fatta.»

È l'ultima battuta che ho recitato, nella *Finestra di fronte* di Ozpetek.

Gianni Agnelli

INDUSTRIALE, 24 GENNAIO 2003

Sono stato l'Avvocato, l'uomo più famoso d'Italia, il vero re. Solo che mi annoiavo, profondamente.
Amai, superficialmente. Innamorarsi è da camerieri.
Votai, stancamente, per il Partito repubblicano.

Mi mettevo l'orologio sul polsino, e tutti mi imitavano, illudendosi di poter tenere il mio tempo.
La mia azienda fu in grado di dettare condizioni allo Stato. Noi davamo le macchine agli italiani, lo Stato ci doveva dare le strade. Noi facevamo girare il Paese, ma alla Rai non dovevano trasmettere gli spot delle auto giapponesi. Noi facevamo debiti, lo Stato doveva inventarsi qualche cosa per pagarli al posto nostro, o farli pagare agli italiani.
Quando, nel 1996, lasciai la presidenza della Fiat, c'era un fatturato di 76mila miliardi di lire con un utile che superava i duemila.
Tentai di scalare la Citroën, ma l'affare non andò in porto. A metà degli anni ottanta ci provai con la Ford Europa, altro affare sfumato. Nel 2000 Fiat si alleò con General Motors, ma dopo ci fu un divorzio consensuale.
Sarà il mio vero erede ad acquisire il 100% della Chrysler, che colpo!

Alberto Sordi

ATTORE, 24 FEBBRAIO 2003

Al collo della statua di Pasquino, a Roma, una volta si appendevano – in gran segreto, di notte – dei fogli con versi satirici contro i personaggi più importanti. Erano le «pasquinate», che davano voce ai pensieri della gente comune contro i potenti, ma che spesso prendevano di mira anche vizi e virtù del popolo.
Io ho fatto la stessa cosa con i miei film e i miei personaggi, dal prof. Tersilli al vigile Celletti a Nando l'americano. Rappresentavo l'italiano, con il suo senso pratico e la saggia lungimiranza, un po' di ipocrisia e di cinismo. E un magistrale cerchiobottismo.

Le nuove Br

2 MARZO 2003

Ci consideravate morte e sepolte. E invece no. Abbiamo solo finto.

È tutto cominciato – anzi, ricominciato – con un gatto affidato alla mamma e un'auto presa in prestito. Era il febbraio del 1995 e c'era una donna che a 35 anni continuava a inseguire la rivoluzione. Lasciò allora l'appartamento in cui viveva, non prima di aver chiesto alla mamma di prendersi cura del micio. Parcheggiò alla stazione di Firenze e restituì le chiavi dell'auto alla sorella, spedendole per posta.
Così comincia la latitanza di Nadia Desdemona Lioce. Così ricomincia la nostra storia: un progetto di ritorno alla lotta armata con la stella a cinque punte chiusa nel cerchio, che al posto del ciclostile usa i computer, che non nasconde documenti, ma cripta file. Solo il linguaggio è lo stesso. Per noi brigatisti l'omicidio è un'«iniziativa disarticolante», una rapina diventa un «ripristino delle condizioni di autonomia materiale». Gli assalti alle banche e agli uffici postali fanno parte della storia di vecchie e nuove Br.
Il 20 maggio 1999 lei e il compagno di lotta e di vita Mario Galesi sparano al professor Mario D'Antona. A marzo 2001 tocca al professor Marco Biagi. I due sono sorpresi su un treno regionale il 2 marzo 2003, dalle parti di Arezzo. Un normale controllo dei documenti scatena la sparatoria. Muoiono il soprintendente di Polizia Emanuele Petri e lo stesso Galesi.

Così finisce la latitanza di Nadia Desdemona Lioce. Così finisce la nostra storia. Anzi, questa parte della nostra storia.

Mario Galesi

TERRORISTA, 2 MARZO 2003

Saluti rivoluzionari al dirigente militante delle Brigate rosse per la costruzione del Partito comunista combattente, caduto lottando per il comunismo in un Paese cerchiobottista e ipocrita.
Io ho ucciso Massimo D'Antona, Marco Biagi e quel poliziotto sul treno. Il suo collega ha ucciso me, su incarico della reazione controrivoluzionaria della Bi (Borghesia imperialista).
Anche nel 2000, proletari di tutto il mondo, unitevi!

Emanuele Petri

POLIZIOTTO, 2 MARZO 2003

Passa tempo passa ruota
sull'acciaio passa
come notte passa giorno
sull'acciaio lucido.

Bi? Br?
Br per me poteva essere al massimo la sigla di qualche treno, un regionale sperduto nei binari della provincia toscana.
Per questo, quando controllai i documenti a quella coppia, mentre il treno scorreva placido da Roma a Firenze, non fui io a sorprendere loro, ma loro a sorprendere me.
La storia siamo noi, dice il cantante. Anche il passato che ritorna, a volte siamo noi. Così, mi è toccato morire ucciso dalle Brigate rosse, in un giorno in cui non dovevo neanche essere in servizio, perché avevo chiesto un cambio turno per accompagnare un mio amico, un collega carabiniere, in ospedale, per una visita.
E il passato che ritorna è nel destino del mio collega, Bruno Fortunato, a cui toccò di sopravvivere, ma che non resisterà al dolore di quel giorno, e si ucciderà.

Passa tempo passa ruota
sull'acciaio passa
come notte passa giorno
sull'acciaio lucido.

Roberto Murolo

CANTANTE, 13 MARZO 2003

Come Vasco Rossi.
Come Roberto Vecchioni.
Come Jim Morrison.
Anch'io sono stato in carcere, nel '54, a Fermo, per corruzione di minore. Esperienza sconvolgente, ho pensato addirittura di non cantare mai più, di nascondermi, ma il pubblico era sempre pronto ad applaudirmi. Ero il maestro della musica napoletana.

Lasciate cantare sempre e soprattutto il cuore, perché è lui che ne ha bisogno più di noi per vivere.

Dax

17 MARZO 2003

Ricomincia tutto, in una luce nuova.
Anche l'odio dei rossi contro i neri, dei neri contro i rossi.
Una targa a Milano ricorda il mio omicidio:

RASSEGNAZIONE È PAURA E COMPLICITÀ!
CONTRO LA RASSEGNAZIONE PENSARE L'IMPENSABILE!
CONTRO LA PAURA IMPARARE IL CORAGGIO!
COSPIRARE VUOL DIRE RESPIRARE INSIEME
VIVA DAX LIBERO E RIBELLE
DAVIDE 16.03.03
UCCISO PERCHÉ MILITANTE ANTIFASCISTA

Anna Bonomi Bolchini

IMPRENDITRICE, 22 APRILE 2003

Sono stata la prima e l'unica protagonista della finanza italiana.
Mi sentivo come Dorothy nel *Mago di Oz*. La *gran sciura dei danée*, e i denari erano la mia strada di mattoni gialli. Parlavo in meneghino, ricevevo i miei ospiti con una rosa. Mi chiamavano «Anna dei miracoli», o «la signora Compro io».
Quando battevo i pugni sul tavolo la Borsa di Piazza Affari si fermava.
Perché ero così, determinata e volitiva. Decisi di comprare la Mira Lanza e i suoi detersivi mentre facevo il bagno. Immersa nella schiuma della vasca pensai a quella della lavatrice.
A me si devono tante cose, dall'invenzione del catalogo Postalmarket fino alla costruzione del Pirellone, il simbolo del mio tempo, il castello di Oz.

Ciccio Ingrassia
ATTORE, 28 APRILE 2003

Franco,
eravamo reperti della commedia dell'arte, e anche della fame. Tu piccolo e sguaiato, io alto e allampanato. Ed ero la tua spalla. Chissà perché, nessuno diceva mai Ingrassia e Franchi, semmai l'esatto contrario. E non credo fosse per puntiglio alfabetico. Tu eri il prediletto dal pubblico, persino dai bambini. Sembravamo Liz Taylor e Richard Burton, ci siamo separati più volte, pur sapendo che sul palco non potevamo fare a meno l'uno dell'altro, qualcuno ci faceva rincontrare e tornavamo a lavorare insieme.

Guido Giannettini

AGENTE SEGRETO, 12 MAGGIO 2003

Nel mondo di Oz io sarei stato uno di quegli uccellacci agli ordini della strega dell'Ovest.

Militavo nell'estrema destra, e, come altri in Italia negli anni sessanta e settanta, nei servizi segreti militari: nome in codice, Zeta, agli ordini dell'ammiraglio Eugenio Henke prima e del generale Vito Miceli dopo. Quando il mio nome spunta fuori nell'inchiesta su Piazza Fontana, per via di una serie di riunioni a Padova alle quali avevo partecipato, il colonnello Labruna e gli altri mi aiutano a fuggire all'estero.
Mi condannano all'ergastolo, poi vengo assolto.
Passa la notte della Repubblica, non la mia.
Muoio a Roma povero, reso cieco dal diabete, ignorato dai miei vecchi «amici». Gli stregoni hanno avuto tutto, e non hanno più bisogno di me.

Luigi Pintor

GIORNALISTA E POLITICO, 17 MAGGIO 2003

Io ho fatto tutto alla luce del sole, senza bisogno di scappare.
Ho raccontato la vita e la morte della sinistra italiana, fino al vuoto della quercia rotta, della margherita secca e dell'ulivo senza tronco, alla subalternità non solo alle politiche della destra, ma al suo punto di vista.

Destra e sinistra sono oggi un'area senza confini. Ma bisognerebbe invece reinventare la vita in un'era che ce ne sta privando in forme mai viste.

Luciano Berio

COMPOSITORE, 27 MAGGIO 2003

I confini, la musica…

L'ultima mia composizione l'ho intitolata *Stanze*, perché la musica è anche questo: muoversi da uno spazio all'altro.
È anche per questo che a Genova mi hanno dedicato non una strada o un corso ma un'isola di chiatte, una piazza che galleggia.
È l'unica piazza instabile al mondo.
Ci si arriva per una strada, che si chiama via Fabrizio De André. Curioso, no?

Luigi Di Bella
MEDICO, 1° LUGLIO 2003

Non mi considerava nessuno. Poi incontrai un tour operator, Ivano Camponeschi, che si improvvisò pr per conto mio e fece il giro delle redazioni di giornali e tv con una valigetta piena di fax di persone che mi ringraziavano per essere guarite dal cancro. E i giornalisti, davvero, cominciarono a interessarsi a me. Con il mio camice immacolato, i capelli candidi, la frugalità della mia vita tutta dedicata alla ricerca, bucavo lo schermo.
Mi ronzavano tutti intorno, elettrici.
C'è stato un periodo, il 1998, in cui non avete parlato d'altro: il metodo Di Bella, la mia cura miracolosa contro il cancro. Io ero l'idolo. Agli italiani piace credere ai miracoli. Lo facevate con Bonifacio e il suo siero a base di feci e urine di capra. Lo fate con il non medico Davide Vannoni e il cosiddetto «Metodo Stamina». E lo avete fatto anche con me, imparando a dire somatostatina, parola difficilissima. Ci fu anche un pretore che in Puglia ordinò la somministrazione gratuita dei farmaci usati nella mia terapia. Allora qualcun altro fece presente che era assurdo mettere in giro un farmaco del quale non si conosceva l'efficacia. Il governo diede il consenso alla sperimentazione del farmaco, tra le polemiche. Si scoprì che la somatostatina non aveva mai guarito nessuno, e costa pure parecchio.
I miei pazienti morivano come gli altri.
Ma sognare è stato bello, no?

Marcello Lonzi e i morti di Stato

11 LUGLIO 2003

In Italia ci sono ancora le Br, e c'è ancora la pena di morte. Non è stata mai abolita.

Noi siamo cittadini inermi uccisi dallo Stato, nelle sue varie articolazioni. Voi conoscete Gabriele Sandri, Federico Aldrovandi, Stefano Cucchi, Giuseppe Uva. Ma ci siamo anche noi: Michele Ferrulli, morto a Milano durante un fermo di Polizia mentre ballava per strada con gli amici, Riccardo Rasman, rimasto ucciso durante un'irruzione della Polizia nel suo appartamento dopo essere stato legato e incaprettato col fil di ferro, Stefano Brunetti, morto il giorno dopo essere stato arrestato col corpo devastato dai lividi, e io, Marcello Lonzi, ucciso in carcere da un «forte infarto» – così dice il referto – ma col viso aperto dai tagli, la mandibola spezzata, otto costole rotte, due buchi in testa.

Poi ci sono i vivi. Paolo Scaroni, finito in coma per due mesi a seguito delle cariche della Polizia agli ultras del Brescia, Luigi Morneghini, sfigurato dai calci in faccia di due agenti fuori servizio.

E tutte le altre vittime che aspettano ancora oggi giustizia.
Poi ci sono le storie di chi non ha avuto il coraggio di denunciare e si è tenuto le botte, le umiliazioni pur di non mettersi contro le forze dell'ordine e dello Stato.

Pensate di vivere in un Paese democratico dove i diritti della persona sono inviolabili. È veramente così? Noi vi facciamo questa domanda. Nell'attesa della vostra riposta, il nostro dolore continua, in questa sospensione.

Sandro Ciotti

GIORNALISTA, 18 LUGLIO 2003

Era bello sognare ascoltando il racconto delle partite alla radio davanti a una parete bianca. I ragazzini chiudevano gli occhi, sentivano le azioni dei loro idoli, le proiettavano su un maxi schermo tutto loro... Era come un circo, il calcio. Giocatori sui trapezi, il campo verde come un mondo di luna.

Scusa Ameri, qui sulla collina la giornata è fredda ma luminosa come un sorriso delle sorelle Carlucci, la ventilazione inapprezzabile, il terreno perfettamente agibile.

Cambierà tutto, il calcio e il modo di raccontarlo. Non ci sarà più spazio per i sogni e l'immaginazione e il racconto, ma solo per le azioni incalzanti, gli errori, la critica spietata.

Sebastiana Monaco

BAMBINA, 22 AGOSTO 2003

All'angolo di via Biancospini, a Rozzano, quasi davanti al bar che ha le serrande abbassate – come dopo ogni sparatoria –, c'è un reperto. Una lettera su un cartello giallo: R.
Un cerchio con il gesso sull'asfalto.
Al centro del cerchio il mio ciuccio.

Mamma era con me, quando è successo. Ero in braccio a lei. Ridevamo insieme, senza motivo, io con la bocca a soffietto, lei con il rossetto. Ha visto che mi si gonfiava la faccia.
Si gonfiava.
Poi ha visto il buco nel collo.
Mi ha pulito il sangue dai capelli biondi.

Annalena Tonelli

MISSIONARIA, 5 OTTOBRE 2003

Ero ancora una ragazzina quando ho scelto di essere per gli altri: i poveri, i sofferenti, gli abbandonati, i non amati.
Il mio primo amore furono i malati di tubercolosi, la gente più abbandonata, più respinta, più rifiutata di quel mondo. Quando li conobbi, me ne innamorai e fu amore per la vita.

L'amore è una questione di immaginazione.

L'odio è invece una questione pratica. Un commando mi uccide a colpi di mitra a Borama in Somalia, davanti all'ospedale che io stessa avevo fondato.

Quelli che erano a Nassiriya

12 NOVEMBRE 2003

Chi, allo stadio, o durante una protesta in piazza, o un corteo, urla rivolto a dei carabinieri o a dei militari: «Dieci, cento, mille Nassiriya!» dovrebbe quanto meno guardare le foto della nostra apocalisse. Si specchierebbe nell'abisso del suo odio e nella sua ignoranza.

Credevamo nella Patria, certo, e nella sicurezza della base che ci ospitava.
Credevamo nell'amicizia del popolo iracheno, giocavamo a pallone con i bambini, davamo i pacchi di pasta alle mamme.
Credevamo che anche nell'ora più scura ci fosse la speranza per quel popolo.
E invece l'autobomba entrò nel piazzale.
Il mattino brillò come oro zecchino.
E la guerra entrò nelle case degli italiani.

Emanuele Patanè

DOTTORANDO, 5 DICEMBRE 2003

Con la presente descrivo un dannoso e ignobile smaltimento di rifiuti tossici e l'utilizzo di sostanze e reattivi chimici potenzialmente tossici e nocivi in un edificio non idoneo a tale scopo e sprovvisto dei minimi requisiti di sicurezza...
... Durante il corso di dottorato, trascorrevo generalmente tra le otto e le nove ore al giorno in laboratorio per tutta l'intera settimana, escluso il sabato. Non c'era un sistema idoneo di aspirazione e filtrazione, c'erano odori e fumi tossici molto fastidiosi e spesso eravamo costretti ad aprire le porte in modo da fare ventilare l'ambiente...
... Nel laboratorio c'erano due cappe di aspirazione antiquate che non aspiravano in modo sufficiente e adeguato. Quindi lavorare sotto le cappe di aspirazione era lo stesso che lavorare al di fuori di esse.

Sono morto per un tumore ai polmoni. Nel 2008 la Procura di Catania aprirà un'inchiesta: i giovani deceduti nel laboratorio dei veleni sono 15.

Norberto Bobbio

FILOSOFO DEL DIRITTO, 9 GENNAIO 2004

Nel 1994 l'editore Donzelli ha pubblicato un mio saggio: *Destra e sinistra*. Vuoi per l'agilità (si trattava di poche pagine), vuoi perché quello era il primo anno del ventennio berlusconiano, quel libro ha venduto milioni di copie ed è diventato una sorta di manifesto politico.

Nel 2014 ne è stata pubblicata una riedizione. C'è la postfazione del presidente del Consiglio, Matteo Renzi, leader del Pd. Un'operazione furba, non c'è che dire.

Furbo è anche Renzi.

Io parlavo di destra e sinistra, come alternative.
Lui intende la «e» del titolo, invece, come congiunzione.
E mi rottama. Manda in soffitta l'asse disuguaglianza/uguaglianza come distinzione tra i due opposti della politica. Ora che i vecchi blocchi sociali sono superati, scrive il segretario Pd, «si possono recuperare idee come merito e ambizione?».

Ma chi l'ha detto che sono superati? Non è che solo per il fatto che la sinistra ha abbandonato la sua missione storica dell'uguaglianza e della giustizia sociale, allora destra e sinistra non esistono più.

Delia Scala

SOUBRETTE, 15 GENNAIO 2004

Io ci ho provato, a portare un po' di novità. Sono stata, al cinema e poi agli albori della tv moderna, una soubrette diversa, più spiritosa, meno elegante. Ballavo il mambo e il charleston. Facevo la casalinga in sciopero coniugale del sesso, la collegiale, l'ingenua, la fidanzatina.

Alessandro Bassi

MANAGER, 23 GENNAIO 2004

Il 15 dicembre 2003 Calisto Tanzi lascia il posto di presidente e amministratore delegato della Parmalat a Enrico Bondi. Pochi giorni dopo si scopre che i 3,95 miliardi di euro che rappresentavano l'attivo della Parmalat, e che avrebbero dovuto essere depositati su un conto presso la Bank of America, non esistono e il documento che ne attesta l'esistenza è stato contraffatto. Il 27 dicembre Tanzi viene arrestato per bancarotta fraudolenta.

Eravamo come delle soubrette, noi alla Parmalat, stessa spensierata leggerezza.
Il varietà è durato fin quando Tanzi ha potuto tenerlo in piedi.
Poi abbiamo esaurito i numeri e i bis.
E l'angoscia ha preso il sopravvento.
Io ero il capo della contabilità.
Lascio in eredità un tonfo sul greto di un fiume, sotto il viadotto, un fagotto color marrone in giacca e cravatta che galleggia a testa in giù.
Tanzi lascia un «buco» da 14 miliardi di euro: il più grande scandalo di bancarotta fraudolenta e aggiotaggio perpetrato da una società privata in Europa.

Dino Verde

SCRITTORE E AUTORE TELEVISIVO, 1° FEBBRAIO 2004

Per Delia Scala ho scritto una memorabile edizione di *Canzonissima*. Era il 1959.
Per Domenico Modugno, le parole di una canzone su un amore difficile e disperato:

Resta cu' mme
pe' carità
statte cu' mme
nun me lassà.
Famme penà,
famme 'mpazzì,
famme dannà,
ma dimme sì.
Moro pe' tte'...
vive pe' tte...

La censura della Rai cambiò anche dei versi. E impose la sostituzione dei sospetti «Nun me 'mporta d'o passato, / nun me 'mporta 'e chi t'avuto» – che adombravano il tema della verginità perduta – in un più casto «Nun me 'mporta si 'o passato / sulo lacrime m'ha dato».

Nuto Revelli

PARTIGIANO E SCRITTORE, 5 FEBBRAIO 2004

Anch'io ho scritto i versi di una canzone:

Quand ca j eru a Paralup i dürmiu suta i cup e sensa paja
A fasiu tirè i cinghin, a s'fasiu j tajarin cun ël tritolo.

È stata la tragica campagna di Russia, quella carneficina, a segnarmi per sempre. Tornato in Italia, ferito nel corpo e soprattutto nell'animo, all'indomani dell'armistizio dell'8 settembre 1943 non ho avuto alcun dubbio su cosa dovessi fare: andai in montagna e cominciai la Resistenza contro i nazifascisti.

Mi sono battuto per dare voce ai dimenticati di sempre: i soldati mandati dal fascismo a morire sul Don, i reduci, i contadini delle campagne più povere scarnificate dalla guerra, dalla fame, dall'emigrazione.

... Volevo che i giovani sapessero, capissero, aprissero gli occhi. Guai se i giovani continuano a crescere nell'ignoranza, come eravamo cresciuti noi della generazione del Littorio. La libertà aiuta, protegge. La libertà è un bene immenso, senza libertà non si vive, si vegeta...

Una donna con il piede in cancrena

11 FEBBRAIO 2004

Ognuno fa le sue battaglie. Io la mia l'ho fatta da ferma, ma sempre in nome della libertà, la mia libertà.
Pure il sindaco di Milano mi ha scritto per convincermi a farmi amputare il piede in cancrena. E hanno litigato comitati, medici, associazioni, politici, giudici, psichiatri, religiosi. Ma io ero sana di mente, sapevo a cosa andavo incontro. Ci tenevo troppo, al mio piede destro. E non ero tagliata per fare la protagonista di film come quello dove c'è uno che con un piede solo dipinge quadri. Comunque, all'amputazione, ho preferito la morte. Il mio non era un rifiuto di chi vuole essere convinto. Non cercavo solidarietà e conforto, né la compassione di qualche giovane dottorino. Il mio era il no di una donna che aveva deciso della sua vita e del suo corpo.

E ho aspettato paziente, mentre tutti continuavano a sbraitare.

Attilio Manca

UROLOGO, 12 FEBBRAIO 2004

Avevo 34 anni e una carriera brillante davanti, perché avevo appreso le tecniche più innovative per operare il tumore alla prostata, e lavoravo all'ospedale Belcolle di Viterbo.
Mi ritrovarono, i miei colleghi, riverso nel letto in una pozza di sangue, un giorno che non ero andato in ospedale a lavorare.
Overdose, disse la Procura di Viterbo. Nel bagno c'erano due siringhe, eroina e tranquillanti.
Un brillante medico che diventa un tossico suicida.
Ma se guardate la foto del mio cadavere c'è il naso rotto, una maschera di sangue sul volto, lividi su tutto il corpo, una ferita sul polso.
E un solo segno di agopuntura, sul braccio sinistro.
Ma io ero mancino.
La verità sulla mia morte cercatela a Barcellona Pozzo di Gotto, la mia città, vicino Messina. Nel 2003, in un convento, si nascondeva il boss Bernardo Provenzano. Era stato appena operato alla prostata a Marsiglia.

Indovinate da chi.

Marco Pantani

CICLISTA, 14 FEBBRAIO 2004

Avevo due orecchie a sventola, il cranio sempre rasato. Dicono che il mio fosse il volto di un predestinato. Una volta un giornalista mi chiese: «Perché vai così forte in salita?». E io gli risposi: «Per abbreviare la mia agonia».

Nel '98 Giro e Tour.
Nel '99 l'ematocrito. Mi portarono via dall'hotel dove dormivo come fossi un mafioso.
La mia ultima tappa: Rimini bianca di nebbia, ma senza alcun tocco felliniano, la stanza D5, al quinto piano di un residence dal nome floreale: Le Rose – 55 euro a notte per 28 metri quadri – io ad appassire, il telefono staccato, l'impianto di riscaldamento al massimo, il disordine assoluto, cartoni di pizza nell'angolo, pastiglie e foglietti per terra, la notte di san Valentino.

Eppure ancora il mio cuore lotta, scatta, pedala in fuga.

Gabriella Ferri

CANTANTE, 3 APRILE 2004

Grazie alla vita, che mi ha dato tanto,
mi ha dato la marcia dei miei piedi stanchi,
con loro andai per città e pozzanghere,
spiagge e deserti, montagne e piani
e la casa tua, la tua strada, il cortile.

Maria Geusa

BAMBINA, 6 APRILE 2004

Sindrome del bambino scosso (Sbs): indica una varietà di segni e di sintomi, in bambini generalmente sotto l'anno di età, secondari allo scuotimento violento (raramente) o a traumi della testa. La sindrome si caratterizza per danni neurologici che variano dal coma fino alla morte. Estremamente comune è il riscontro di ematomi subdurali (generalmente bilaterali) o più raramente di emorragie subaracnoidee, encefalomalacia ed edema cerebrale, emorragie retiniche e fratture scheletriche (in particolare delle ossa lunghe e delle coste posteriori).

Sono morta di botte. A due anni e mezzo, a Città di Castello.

Enrico Ameri

RADIOCRONISTA, 7 APRILE 2004

Attenzione!!!

Scusa Ciotti. Io, tu, Martellini, Alfredo Provenzali, e prima Nicolò Carosio, abbiamo inventato un genere che non esisteva, quello della radiocronaca, il racconto del calcio che allora nessuno poteva vedere se non allo stadio. E invece portavamo le storie dentro le case, da luoghi sconosciuti agli ascoltatori. Le azioni diventavano parole, la radio le portava a casa o in auto. Diventavano un mondo conosciuto.

Fabrizio Quattrocchi

GUARDIA DI SICUREZZA PRIVATA, 14 APRILE 2004

Esistono i soldati-soldati.
E i soldati-pagati.
Ero lì perché davano un buono stipendio: 10mila euro al mese. Ero un mercenario, lavoravo per una compagnia militare privata. C'è la guerra in Iraq? E noi andiamo a combattere dalla parte degli americani, che sono quelli che danno i soldi.
Al mio boia non ho dato nessuna mancia. Non facciamo poesia, facciamo la guerra. Solo, ho chiesto di aver levata la benda dagli occhi e gli ho detto: «Vi faccio vedere come muore un italiano». E l'ho fatto gratis.
Voi litigate: è un eroe, no, non è un eroe. A me è importato soltanto morire in piedi.
Adesso ho una medaglia d'oro al valore civile, conferitami dal presidente della Repubblica, con tanto di vitalizio per i miei. Roba che i carabinieri uccisi a Nassiriya, un onore così, se lo sognano. E quel giornalista, Enzo Baldoni? Di lui non avete avuto indietro neanche il corpo. Chissà dove lo hanno seppellito.

Tano Badalamenti

MAFIOSO, 29 APRILE 2004

Vi faccio vedere chi comanda, dicevo sempre.
E comandavo io.
Ero il boss della droga che dettava legge in mezza provincia di Palermo, il boss capace di imporre alla fine degli anni cinquanta la costruzione di uno scalo aereo a Punta Raisi, nel mio territorio, per poter controllare «da casa» il narcotraffico con gli americani. Erano insaziabili della nostra droga.
A Cinisi andavo in giro con i carabinieri, perché alla fine allo Stato facevo pure un favore: non facevo accadere nulla per cui impensierirsi. Ero un'amnistia vivente.
Vi faccio vedere chi comanda, dicevo sempre al mio amico Luigi Impastato. Era una minaccia, la mia, perché tenesse buono suo figlio Peppino che, minchia, si era messo in testa di fare il giornalista d'assalto alla radio. E non c'è riuscito, Luigi, a farlo stare buono a Peppino.

Ora il mio inferno sono gli occhi liquidi di quella donna, Felicia, il suo dito puntato contro di me.
Mi ha costretto ad abbassare lo sguardo.

Nando Martellini

CRONISTA SPORTIVO, 5 MAGGIO 2004

Era un lavorare per sottrazione, il nostro racconto del calcio. Poche parole, i punti esclamativi necessari. Non era ancora una droga di particolari, replay all'infinito, calciatori come divi. Il calcio era sul campo.
Le immagini erano precarie, altro che alta definizione. Svanivano, riapparivano. Si sovrapponevano. Poi c'era un disturbo. L'immagine bianca. Il campo verde. Nel campo, l'urlo.

Rossi!
Tardelli!
Altobelli

Italia-Germania, 3 a 1, Mondiali '82, Sandro Pertini presidente.

Campioni del mondo!
Campioni del mondo!
Campioni del mondo!

Umberto Agnelli

IMPRENDITORE, 27 MAGGIO 2004

Dopo la Nazionale di calcio, veniva la Fiat, come popolarità nel mondo. Noi, gli Agnelli, eravamo i campioni in pista, i veri alfieri del tricolore.
Ma la verità, Gianni, fratello mio, è che noi siamo stati, tutti, ricchissimi, potenti e tragici. Allenati ai dispiaceri. Ero la tua ombra, mi dicevi che ero il tuo successore in pectore alla guida della Fiat. Invece mi sono dovuto fare da parte per lasciare posto a Cesare Romiti. Ero cresciuto con le governanti, avevo imparato a essere come un ufficiale sabaudo abituato a ubbidire anche in circostanze in cui avrei avuto motivo di non farlo. E ho visto te regnare e lui, Romiti, governare. E il mio Giovannino, il mio delfino, morire prima di diventare re.
Sono diventato presidente della Fiat solo con la tua morte. Non è vero che le cose andavano bene, mi hai lasciato un'azienda al collasso. Sono finalmente presidente il 28 febbraio del 2003, a 68 anni. Il destino mi consegna il ruolo che mi è stato per troppo tempo negato. Sono io il patriarca adesso, unico maschio in una famiglia di sorelle troppo anziane e di figli e nipoti ancora troppo giovani. Per la prima volta il destino mi colloca fuori dalla linea d'ombra nel quale mi ha costretto per buona parte della vita.
Ma dura tutto poco: 15 mesi.

Eugenio Cefis

IMPRENDITORE, 28 MAGGIO 2004

Potente e nascosto.

Ci credete che ho contato più di un Agnelli?
Ho vissuto quasi clandestinamente. Nessuna intervista, nessuna apparizione pubblica. Ma sono stato uno dei protagonisti della finanza italiana, girando tra ombre di spettri.
Ho fondato l'Eni con Enrico Mattei, cinque anni dopo l'incidente aereo nel quale aveva perso la vita ne sono diventato il presidente.
Cominciarono le battute: c'entra Cefis, c'entra Cefis!
Uscì anche un libro, mi descriveva come un nemico che tramava nell'ombra per ottenere la presidenza dell'Eni e neutralizzare la politica fortemente indipendente dalle multinazionali americane del petrolio.
Ho fatto ritirare il libro dal mercato e dalle biblioteche italiane.
Anche Pasolini, poco prima di morire, stava indagando sul mio ruolo nella storia italiana. Ero «Aldo Troya», uno dei protagonisti di *Petrolio*, il suo romanzo inchiesta che uscirà postumo solo nel 1992. Vengo descritto come un uomo «dal sorriso colpevole», «capace di tutto», alla guida di un «impero privato». Pensava che io avessi avuto un ruolo nello stragismo. E c'è chi dice che Pasolini fu ucciso per questa sua indagine.
E ancora, c'è chi dice che il giornalista Mauro De Mauro, nel 1970, l'ho fatto sparire io.
E ancora, c'è chi dice che la loggia P2 l'ho fondata io, non Licio Gelli.
E ancora, c'è chi dice…
Quanti misteri, per l'uomo che incarnava la borghesia di Stato, la razza padrona. E anche per questo che nel mio testamento ho lasciato solo un ordine, per la mia fedele segretaria: distruggete tutto il mio archivio.

Chiara Marino e Fabio Tollis

RAGAZZI, 28 MAGGIO 2004

Dicevano che Satana avrebbe salvato la loro anima.
I boschi di Golasecca per loro erano al centro del «pentacolo immaginario».
Dicevano che Satana avrebbe salvato il loro cuore.
Le associazioni animaliste denunciavano: guardate che qui c'è una strana strage di gatti neri, cosa sta succedendo?
Infuriarono su di noi come una tempesta.
Ci misero un riccio in bocca, per non farci urlare.
Pisciarono sui nostri corpi, e gridarono sui nostri cadaveri: «E ora, zombie, camminate se potete».
Dicevano che Satana era il loro protettore, il loro più grande amore.

Nino Manfredi

ATTORE, 4 GIUGNO 2004

Quando il sole se n'è andato, e la notte si fa scura
senza stelle, senza luna, c'è una grande luce nel ciel.

Viva viva sant'Eusebio, salvatore dell'anima mia!
Viva viva sant'Eusebio, salvatore del mio cuor!

Quando infuria la tempesta, ed il tuono fa paura
in campagna o fra le mura, sant'Eusebio è qui con me.

Sant'Eusebio protettore, tu sei il mio più grande amore!
Viva viva sant'Eusebio, protettore del mio cuor!

Quando piove e tira vento, o ti brucia il solleone
tu dall'alto del convento, tieni aperto l'ombrellone.

Viva viva sant'Eusebio, sei l'ombrello dell'anima mia!
Viva viva sant'Eusebio, sei l'ombrello del mio cuor!

Quando la campagna è asciutta, e il raccolto si è seccato
tu dall'alto del creato, piangi e l'acqua viene giù

Viva viva sant'Eusebio, contadino dell'anima mia!
Viva viva sant'Eusebio, contadino del mio cuor!...

I bambini uccisi dalle loro mamme

7 LUGLIO 2004

Siamo come una poesia di parole senza senso.
Noi siamo quelli che quando leggete la notizia sul giornale, portate tutti la mano alla bocca, a dire no, non posso crederci, è contro natura.
Una madre non può.

Invece, può.

Col coltello con il quale ha appena imburrato l'ultima fetta biscottata della colazione.
Con la corda del bucato.
Con le forbici con le quali avevi ricavato un cuore nel biglietto della festa della mamma.
Con la stessa forza, lo stesso straniante dolore, lo sforzo fisco e viscerale con il quale ti ha messo al mondo.

Storie disconosciute e fragili. Carne che macina carne.

Michele Profeta

SERIAL KILLER, 16 LUGLIO 2004

Il numero 12 è stata la costante della mia vita.
La lettera che invio alla Questura di Milano per dire che comincerò a uccidere gente a caso è del 12 gennaio 2001.
I miliardi di lire che chiedo per fermarmi sono 12.
Due gli omicidi, a distanza di 12 giorni l'uno dall'altro.
«Cercasi tornitore con 12 anni di esperienza» era il messaggio in codice che avevo detto alla Polizia di fare pubblicare sui giornali se voleva comunicare con me.

Tiziano Terzani

GIORNALISTA E SCRITTORE, 28 LUGLIO 2004

In Occidente dicono: «È morto Tiziano». E tutti fanno una faccia triste. Ma perché? Chi l'ha detto che è male. Ascoltate:

C'è un baba sulla strada per l'Himalaya. Un giorno arriva un uomo: «Mio padre sta morendo, fai qualcosa». Lo caccia, lui continua a ritornare. Alla fine gli dice: «Compra una banana, dagliela da mangiare e vedrai che tutto andrà bene». L'uomo fa come gli è stato detto e il padre muore. In pace. È andata bene. Buddha lo dice così bene: la candela si spegne, ma la luce continua.

Laura Betti

ATTRICE, 31 LUGLIO 2004

Ho avuto a che fare con il diavolo, una volta, ma per lavoro: ho fatto il doppiaggio della bambina posseduta nel film *L'esorcista*.

Sono stata moglie, amante, vedova di Pier Paolo Pasolini. La nostra fu una storia d'amore, la più bella e impossibile del cinema italiano.

Enzo Baldoni

GIORNALISTA, 26 AGOSTO 2004

Facevo il pubblicitario, ma la mia passione era il giornalismo. Così, appena potevo, mi mettevo in viaggio. Giravo il mondo per raccontare le guerre, spesso mascherate, come in Iraq, da missione di pace.
Lì in Iraq mi hanno rapito. E decapitato. Forse. Il mio corpo non l'hanno mai trovato.
Un cantante, Samuele Bersani, mi ha dedicato una canzone. Fa così:

Ho lasciato la mancia al boia per essere sicuro
che mi staccasse la testa in una volta sola e ti assicuro
non lo pagai sperando di fermarlo...

Ho lasciato la mancia al boia, sai quanto mi servisse
un orologio Bulova
se il tempo lo scandiva la mia tosse
tanto che poi in cambio ottenni acqua
e un sorriso che pensai
fosse un rischio persino per lui.

Per capirmi è necessaria la curiosità di Ulisse
di viaggiare in solitaria
vedendo il mondo per esistere...

Serafina Battaglia

DONNA DI MAFIA, 10 SETTEMBRE 2004

Il mio tempo lo scandivano i lutti.

Nei primi anni sessanta vivevo a Palermo. Ho visto morire mio marito e i miei figli. Era la guerra di mafia.
Io so chi è stato.
Un giorno in tribunale, durante un processo per mafia, avvolta nel mio scialle nero, mi faccio largo tra i parenti degli imputati, mi avvicino alla gabbia, guardo negli occhi Marco Semilia, detto «il Malato» e urlo: «Tu, Marco hai bevuto il sangue di mio figlio Totuccio e perciò io, qui, davanti a Dio e agli uomini, ti sputo in faccia».
Poi mi inginocchio, bacio terra, disegno con la mano una croce nell'aria e grido: «I mafiosi sono pupi. Fanno gli spavaldi solo con chi ha paura di loro, ma se si ha il coraggio di attaccarli e demolirli diventano vigliacchi. Non sono uomini d'onore ma pezze da piedi».
Da quel giorno, comincio a fare nomi. Senza odio, senza dolore.
Come fa a sapere tutte queste cose? mi chiede il giudice Cesare Terranova. Mio marito era un mafioso, le riunioni le facevano nel suo negozio di torrefazione, e quindi i mafiosi li conosco uno a uno, perché lui mi confidava tutto.
Mi diedero della pazza. Mi chiamarono la prima pentita di mafia. Se le donne dei morti ammazzati in Sicilia avessero parlato come ho fatto io, la mafia in Sicilia non esisterebbe più da un pezzo.

Giuni Russo

CANTAUTRICE, 14 SETTEMBRE 2004

Nel settembre del 2013, Maria Antonietta Sisini, la compagna della mia vita, ha trovato nella cassetta della posta una busta bianca, con l'indirizzo vergato a mano e con il mittente: «F. Casa Santa Marta, Città del Vaticano». Che sorpresa: una lettera di papa Francesco, scritta di suo pugno!
Maria Antonietta gli aveva inviato alcuni miei cd, con le mie canzoni, quelle più spirituali. E lui ha scritto di aver apprezzato.
Ora posso dire davvero di aver cantato per il Santo Padre, nel modo più bello e intimo. Era un mio desiderio. Mai nella mia vita ho avuto un regalo di compleanno più bello.

Un profumo invase l'anima
e una luce prese posto sulla cima delle palme...

Massimiliano Carbone

IMPRENDITORE, 24 SETTEMBRE 2004

Mamma, ci pensi quando, nel 1989, hai portato noi figli in piazza con te, per esprimere solidarietà a quella donna del Nord, Angela Casella? Le avevano rapito il figlio, e lei si era incatenata.
Vento nei capelli e occhi al sole, urlava le sue parole di rabbia.
Tutti la prendevano per pazza. E noi non sapevamo che un giorno avrebbero preso per pazza anche te, che cammini con la mia foto al collo.
Mi uccisero con un solo colpo di fucile, mentre tornavo a casa dal calcetto. Avevo trent'anni e mi ero inventato una cooperativa sociale per creare lavoro in una terra, la Calabria, che lavoro non ne dà.
Ho la sfortuna, come dici tu, di non morire subito. E quindi nelle mie due settimane di agonia, tutti si dimenticano di fare le indagini.
Avevo avuto un figlio da una donna sposata con un uomo delle 'ndrine. Ecco perché sono stato ucciso. Ma non ho mai avuto giustizia, chissà perché. Forse perché nella Locride non ci può essere giustizia per i morti di serie B. Quando uccidono il vicepresidente del Consiglio regionale, Franco Fortugno, arrivano i reparti investigativi di mezza Italia. Per me nessun intervento.

Cerchi giustizia per tuo figlio, morto. E non l'avrai.

Luigi Veronelli

ENOLOGO E CUOCO, 29 NOVEMBRE 2004

Un buon assaggiatore... non beve il suo vino. Ne assorbe un sorso, lo fa passare lentamente per la lingua e per il palato, poi lo riconduce alle labbra. Allora aspira un poco d'aria: si carichi di tutti gli aromi, riempia il palato, sveli i più intimi segreti.
Si avvertono tre specie di sensazioni: saporifere (di cui, fondamentali, l'amaro, il dolce, l'acido e il salato), tattili e termiche.
Ascoltare il racconto d'un vino (sempre così diverso, di vino in vino) e coglierne ogni dettaglio, è un'arte nella quale, più ancora che la predisposizione, valgono l'amorosa volontà e la costante esperienza.
Un ultimo appunto: particolare importanza, per il corretto giudizio di un vino, ha la «pulizia» della bocca, così che non sia «occupata», al momento dell'assaggio, da alcun sapore estraneo e odore.

Felicia Impastato
7 DICEMBRE 2004

Già appena sposata ci fu l'inferno. Mio marito Luigi attaccava lite per tutto e non si doveva mai sapere quello che faceva, dove andava. Io gli dicevo, stai attento, perché gente dentro casa non ne voglio. Se mi porti qualcuno dentro, che so, un mafioso, un latitante, io me ne vado da mia madre. Con Peppino, poi, era una lotta continua. Lui stampava i volantini contro la mafia, e io andavo a nasconderli, perché avevo paura, anche se sapevo che la sua era una causa giusta.

E continuavo a dirglielo, lasciali stare, figlio mio, a questi disgraziati.

Quando lo hanno ucciso, per il dolore mi mettevo davanti la foto di mio figlio, e mi davo pugni in testa fino a stordirmi. Ma ho scelto di non stare in silenzio, di non credere alla favola che lui era un terrorista. Tanto ero già vecchia, non potevano farmi nulla. Ho aperto casa mia – mediterranea e sola – a Cinisi, a tutti quelli che volevano conoscere Peppino. Prima venivano in pochissimi, poi sempre di più, soprattutto giovani. Mi piaceva parlarci, perché così la gente capiva cos'era la mafia. E capiva che Peppino si era fatto ammazzare perché non sopportava tutto questo.

Non sono mai stata in silenzio. Il silenzio è di chi vuole vendetta. Io, invece, volevo giustizia, e in tribunale ho puntato il dito contro Tano Badalamenti e gliel'ho detto: *tu* hai fatto uccidere il figlio mio.

La signora Rosanna

GIOCATRICE DEL LOTTO, 8 GENNAIO 2005

58, gli anni miei.
53, quel numero che aspetto, sulla ruota di Venezia.

3, le estrazioni questa settimana
12 in un mese
e sempre 53, quel dannato numero, 53.

50 euro ho giocato, la prima volta, e poi altri 50 e poi 70
come in chiesa
70 volte 7

2, i figli
4, i loro occhi

53, il numero della mia stanza nell'inferno

tante
le onde che mi sommergono, per coprire la mia vergogna.

Fabrizio Meoni

MOTOCICLISTA, 11 GENNAIO 2005

Come nacque il soprannome l'Africano?
Per via della Parigi-Dakar, ovvio. Ne ho vinte due edizioni.
Io ero malato di Africa. E di quella corsa, folle e crudele.
Io e l'Africa, una vita insieme.
La Parigi-Dakar è una corsa massacrante, al limite dell'umano. Finora aveva fatto 46 vittime.
Io sono la quarantasettesima.

La duna del deserto diventa la mia lapide che curva all'orizzonte.

Achille Maramotti
IMPRENDITORE, 12 GENNAIO 2005

Come nacque il nome Max Mara?
«Mara» è un diminutivo del mio cognome mentre «Max» è il superlativo usato per rafforzare il nome e renderlo internazionale. Il progetto era vasto: la grande moda a portata di tutti. E così nasceva il prêt-à-porter.

Luigi Giussani

SACERDOTE, 22 FEBBRAIO 2005

Succede tutte le volte che capita di andare a Rimini per seguire il Meeting di Comunione e Liberazione. Ogni volta che si fa il mio nome, si percepisce una specie di vibrazione emotiva. A qualcuno viene anche la pelle d'oca.

Mario Luzi

POETA, 28 FEBBRAIO 2005

Guarda.
Guarda bene.
Ancora.
Fino in fondo.
Non ritirarti, non coprirti con le mani
il viso,
non comprimerti le palpebre,
non stornare il volto.
L'abisso d'accecante luce e tenebra
fumiga ancora tutto quanto.
La mischia
non si è spenta, il sì e il no del mondo
s'incalzano e si affrontano
nel gorgo della vorticosa danza.

Nicola Calipari

AGENTE SEGRETO, 4 MARZO 2005

Ho guardato, ho guardato bene, fino in fondo.
Non mi sono ritirato.
Ho cercato di coprirmi con le mani il viso, ma era troppo tardi.
Mi ha ucciso la pallottola amica di un marine, in un posto di blocco, in Iraq, mentre cercavo di salvare la giornalista Giuliana Sgrena, che era stata rapita. Quando il presentatore tv dà la notizia, durante il Festival di Sanremo, scrosciano gli applausi del pubblico in piedi.
Ero in missione per lo Stato, allo Stato ho dato la vita, ma giustizia non ne ho avuta, né è stato possibile accertare la verità sulla mia morte. Anche il nome – Mario Luiz Lozano – del soldato americano che sparò sulla mia auto è stato scoperto per puro caso. Gli Stati Uniti hanno respinto qualsiasi forma di collaborazione con la magistratura italiana che indagava sull'omicidio.
Nei 715 039 file rilasciati da WikiLeaks sulla diplomazia Usa ai tempi della guerra in Iraq e Afghanistan ci sono anche 26 documenti sulla mia morte – altrimenti rimasti segreti – che raccontano come Berlusconi e il ministro degli Esteri Gianfranco Fini accettarono un compromesso con gli Usa che salvò la faccia a tutti e preservò ragione di Stato, carriere e rapporti personali e diplomatici, facendo solo una vittima: la verità. La stessa cosa avvenuta con il caso del Cermis, quello della funivia tranciata da un aereo americano: un'altra strage contro cittadini inermi rimasta impunita.

Adesso mi hanno intitolato un'isola pedonale, da qualche parte d'Italia.
Sarà contenta mia moglie di aver sposato una zona a traffico limitato...

Daniele Polimeni

RAGAZZO, 30 MARZO 2005

Calipari, tu non hai giustizia, ma sai chi ti ha ucciso e sai anche perché. Mia madre Anna, invece, non ha mai saputo chi mi ha ucciso e nemmeno perché lo ha fatto con tanta violenza.

Prima mi sparano.
Poi mi denudano.
Poi bruciano il corpo.

Crescere a Reggio Calabria, in un quartiere popolare non è semplice. Conoscevo la mia strada, la strada conosceva me. Ero finito nella giungla della piccola delinquenza, giri di droga, qualche denuncia.
Eppure lo diceva, don Italo Calabrò: «La mafia può forse darvi soldi, donne, macchine blindate, se riuscirete a fare carriera nelle sue cosche. Ma una cosa ve la procura certamente e rapidamente: la morte. Fatela finita, e se per voi non è più possibile tirarvi fuori dalla mafia, evitate almeno che ci entrino i vostri figli».

Giovanni Paolo II

PAPA, 2 APRILE 2005

Io ho rinunciato ai farmaci, alle medicine, al ricovero. Gliel'ho detto, con l'ultimo filo di voce che avevo: lasciatemi morire.
La mia agonia è avvenuta sotto gli occhi di tutto il mondo. Calate il sipario, ho detto, voglio andare via.
Ero stanco di esibire la mia vecchiaia, la mia malattia. L'ultima volta a Lourdes, 300mila fedeli hanno assistito commossi alla mia omelia dell'Assunta, vedendomi piegato dal morbo di Parkinson che non mi dava tregua e dall'ennesima crisi respiratoria. Mi guardavo intorno, smarrito. Aiutatemi, dicevo. E lo dicevo in polacco: «Promoczie mi». Mi hanno dato un bicchiere d'acqua, mentre la folla applaudiva. L'unico aiuto che mi poteva dare.

Quando fu annunciato che il nuovo papa era straniero, nel 1978, piazza San Pietro ammutolì.
Il cardinale camerlengo pronunciò il mio nome: Uoitiua. E i romani che gremivano la piazza gridarono: «Hanno fatto 'r papa nero».
No, non ero nero. Dopo quattro secoli, il papa non era italiano, e per di più era un papa polacco, un vescovo di un paese comunista, la Polonia!
Già, il papa era lo zimbello dei comunisti. «Quante divisioni ha il papa?» ironizzava sempre Stalin, per dire che la ragione sta dalla parte della forza, e i sovietici avevano il più immane numero di divisioni militari che la storia avesse mai conosciuto. Potevano mandare i loro carri armati a Roma in qualsiasi momento.
Poi sono arrivato io, profeta disarmato. Ho combattuto e ho vinto.
Il comunismo non cade nel 1989, cade prima, nel 1978, il giorno della mia elezione a Pontefice. Solo che loro, quelli dall'altra parte del muro, non l'avevano capito.

Valeria Moriconi

ATTRICE, 14 GIUGNO 2005

Di me dicevano che ero indomabile, da Eduardo, che mi ha scoperto, a Lattuada, che mi ha lanciato nel cinema.
Nel 1996 sono stata indimenticabile nella *Medea* di Euripide al teatro greco di Siracusa, applaudita da settemila spettatori, come una cantante rock.

Alberto Lattuada

REGISTA, 3 LUGLIO 2005

Non solo Valeria Moriconi. Ho lanciato Catherine Spaak, Nastassja Kinski... e Carla Del Poggio, che è diventata mia moglie.

Sono stato il regista della seduzione, il cineasta che amava le donne, soprattutto le ragazze ribelli da domare, che regalavano allo spettatore le loro piccole magie. I miei film hanno indagato le più nascoste sfumature del desiderio.

Ambrogio Fogar

ESPLORATORE E CONDUTTORE TELEVISIVO, 24 AGOSTO 2005

Sono morto con Mauro Mancini quel giorno che una nave ci salvò dopo 74 giorni di naufragio in mare.
Sono morto quando il mio fuoristrada si è ribaltato durante il raid Pechino-Parigi.
Mi imbarazzava la mia immagine raggrumata in una sedia a rotelle dopo che avevo fatto conoscere agli italiani il Polo Nord e il cane Armaduk, dopo che avevo realizzato altre imprese ai limiti dell'impossibile, e le avevo raccontate in tv.
Io, che mi muovevo sempre, condannato all'immobilità.
Poi, sono morto davvero.

Sergio Endrigo

CANTAUTORE, 7 SETTEMBRE 2005

Scrivevo parole d'amore…

… scintillanti come stelle
scintillanti nel cielo del Sud
fresche come l'acqua d'estate
bevuta dopo tanto deserto.
Lasciamole là, ferme e sospese
nel sonno di quella notte
sospese come stelle nell'aria…

Forse le mie erano le più belle… Sicuramente erano le più tristi.

Federico Aldrovandi

RAGAZZO, 25 SETTEMBRE 2005

Ferrara è proprio una bella città, civile. E io sono un ragazzo come tanti: 18 anni, studente, figlio di un'impiegata del Comune e di un vigile urbano. È l'alba, sto tornando a tarda notte a casa a piedi, lungo viale Ippodromo.
Sospeso, come una stella nell'aria.
Incontro Alfa 3.
Alfa 3 è una pattuglia della Polizia.
Poi arriva Alfa 4, un'altra pattuglia.

Quattro poliziotti e un ragazzo di 18 anni che muore di botte.

Quattro poliziotti e un ragazzo di 18 anni che muore di botte: 54 lesioni ed ecchimosi sul corpo. Urla, bugie, omissioni. Mia madre verrà avvisata cinque ore dopo, e solo dopo parecchi mesi verranno aperte le indagini.

Siete tutti Federico Aldrovandi. Siete tutti cittadini che se una mattina all'alba incontrano la Polizia vogliono non avere paura.
Siete tutti genitori con figli che tornano che ormai è mattina.
Siete tutti poliziotti che vi vergognate di quello che hanno fatto i vostri colleghi e chi li ha coperti.

Sergio Citti

REGISTA, 11 OTTOBRE 2005

Ostia, un campo da calcio vicino l'idroscalo, e un regista, un intellettuale, un poeta, che muore di botte.
Io so.
Sono stati in tanti a colpire Pasolini. Pelosi è stata solo un'esca.
Io so chi ha ucciso Pasolini e come avvennero i fatti. La sua morte è convenuta a tante persone.
Qualcuno mi vuole ascoltare?

Francesco Fortugno

POLITICO, 16 OTTOBRE 2005

Fateci caso, a differenza di Cosa Nostra, gli omicidi eccellenti della 'ndrangheta sono pochissimi. Se ne contano solo tre.

Quello di Ligato, quello di Scopelliti e il mio. Ligato, patron delle Ferrovie, controllava miliardi. Scopelliti fu colpito su richiesta e per conto della mafia siciliana.

E io? Io glielo avevo detto a mia moglie: se vengo eletto, mi ammazzano. Ero il vicepresidente del Consiglio regionale.

Il mio è stato un omicidio eccellente che ha cambiato qualcosa, in Calabria. Ne è passato di tempo da quando quel povero magistrato, Scopelliti, veniva assassinato nel silenzio.

La ressa di giornalisti, l'arrivo di ministri, politici, rappresentanti delle istituzioni. Le dichiarazioni di sdegno e di solidarietà. Le solite espressioni: «sia fatta piena luce», «respingiamo con forza», «barbara violenza...». Tutto già visto.

Ma questa volta succede qualcosa di nuovo: i ragazzi. Ci sono i ragazzi che scendono in piazza, si fanno riprendere dalle telecamere, non hanno paura. E dopo qualche giorno scendono di nuovo in strada, fanno un lunghissimo corteo, sfilano dietro uno striscione con la scritta E ADESSO AMMAZZATECI TUTTI.

Se la Calabria un giorno sarà salva, lo sarà per merito dei ragazzini.

Paolo Sylos Labini

ECONOMISTA, 7 DICEMBRE 2005

Quando nel 1974 Andreotti nominò sottosegretario al Bilancio Salvo Lima, io gli scrissi: «O revoca la nomina di Lima o mi dimetto dal comitato tecnico-scientifico del ministero». Andreotti scelse Lima, e Aldo Moro mi disse: «Non si può far nulla, Lima è troppo forte e pericoloso».
Ma io, prima di essere un economista ero un cittadino, uno che ci metteva la faccia. Perché, senza regole morali, lo sviluppo si impantana.
E ve lo avevo anche detto: «Berlusconi è come Al Capone. Solo che almeno Al Capone, da onesto delinquente non ambiva a ruoli politici».
Vero, Norberto?

Carlo Digilio

TERRORISTA, 12 DICEMBRE 2005

Il mio nome ai più non dice nulla.
Ancora meno il nome di copertura che mi ero scelto nell'ultimo anno e mezzo della mia vita: Mario Rossi.
Quasi fosse un destino, la mia morte è avvenuta il 12 dicembre, 36 anni dopo la strage di Piazza Fontana.
Io sono il primo e l'unico pentito nello stragismo in Italia, l'esperto di esplosivi che ha fatto riaprire le indagini su quella bomba a Milano e ha raccontato ai magistrati del coinvolgimento di una cellula di Ordine nuovo per la realizzazione della strage. Ho ispezionato io personalmente i congegni per Piazza Fontana e la strage di Brescia.
Undici processi, nessun responsabile. Io l'unico non assolto.

Urbano Lazzaro

PARTIGIANO, 3 GENNAIO 2006

Il mio nome di battaglia era «Bill». Partigiano, ho fatto la Resistenza nel comasco.
Il 27 aprile del 1945 salgo per un controllo a bordo di un camion di una colonna di tedeschi in ritirata, a Dongo, sul lago di Como. Trovo Benito Mussolini, sta fuggendo: indossa una divisa tedesca.
Lo arresto e lo consegno al Comitato di liberazione nazionale.

Severino Citaristi
POLITICO, 10 FEBBRAIO 2006

Io amministravo i tesori della Democrazia cristiana.

Sono stato segretario amministrativo della Dc dal 1986 al 1993 con tre diversi segretari: De Mita, Forlani, Martinazzoli.
Nonostante la mia onestà fosse nota a tutti, e riconosciuta perfino da Antonio Di Pietro, nella stagione di Mani pulite pagai tutto io.
Nel 1994 avevo 73 anni e 74 processi a carico.
Finì che la sera neanche riuscivo più a guardare il telegiornale: avevo paura di sentire il mio nome.
Mi condannarono a quasi 31 anni di prigione per finanziamento illecito ai partiti. Ma io non avevo mai corrotto nessuno.
Era la politica, a costare.
La Dc costava 70 miliardi di lire l'anno.
Il Pci molto di più.
Lo Stato ci dava 24 miliardi, una decina venivano dal tesseramento. Un paio di miliardi erano i contributi che gli imprenditori mettevano in bilancio. Tutto il resto erano contributi irregolari.
Pagavano tutti, venivano nel mio studio: da De Benedetti a Montedison, dalla Fiat a Gardini. Era il sistema. Tutti sapevano tutto.

Luca Coscioni

POLITICO, 20 FEBBRAIO 2006

Non potevo parlare né muovermi, ma ho condotto la mia battaglia con la tenacia di un maratoneta, lottando per il diritto di tutti i malati del mondo alla libertà di terapia e di coscienza.
La ricerca sulle cellule staminali embrionali un giorno potrebbe curare patologie mortali come il Parkinson, l'Alzheimer, la sclerosi. Potrebbe curare, soltanto in Italia, 10 milioni di vite. Ma le pressioni clericali tentano ovunque di bloccarla. Tocca alla politica decidere quali saranno i vincitori: i difensori di una scienza laica o i talebani della legge etica, Superman o il Vaticano.

Siamo tutti chiamati a scegliere su una questione di vita o di morte. E la scelta non può aspettare.

Paul Marcinkus

ARCIVESCOVO, EX PRESIDENTE DELLO IOR, 20 FEBBRAIO 2006

La massoneria.
Michele Sindona.
La P2 e la mafia.
Il Banco ambrosiano di Roberto Calvi.
Lo Ior e il riciclaggio dei soldi sporchi.
La morte di Giovanni Paolo I e la scomparsa di Emanuela Orlandi.
Perché?
Non si può mica governare la Chiesa con le Ave Maria.

Tommaso Onofri

BAMBINO, 2 MARZO 2006

Papà, sono io, Tommy.
Non hai avuto tempo di insegnarmi cos'è il male, né io di capire come difendermi.
Mi hanno rapito perché volevano soldi, veloci e facili, da te, papà, che di soldi ne avevi pochi.
Mi hanno rapito perché dovevano pagare le rate della lavatrice, l'iscrizione in palestra, il telefonino nuovo.
Il male è sempre una cosa banale, papà.
Prima lo facevano con i cani: li rapivano alle vecchiette, poi chiamavano casa e dicevano: signora, abbiamo trovato il suo cane, glielo riportiamo, però magari centomila lire per il disturbo ce le deve.
Con me hanno voluto fare la stessa cosa.
Un canuzzo, ero, come Giuseppe Di Matteo.
Il male è banale, il male è enorme, il male ha un rumore sordo, di schianto e poltiglia, come la la badilata sulla tempia di un bimbo di 18 mesi.

Clelia Marchi

SCRITTRICE, 6 MARZO 2006

Care persone fatene tesoro di questo lenzuolo
che c'è un pò della vita mia; è mio marito;
Clelia Marchi (72) anni hà scritto
la storia della gente della sua terra,
riempendo un lenzuolo di scritte,
dai lavori agricoli, agli affetti.

Clara Calvi
24 MARZO 2006

Avrei potuto scrivere in un lenzuolo le mie verità, come ha fatto quella donna. Ho lottato perché fosse finalmente chiaro a tutti che mio marito Roberto era stato crudelmente ucciso. Altro che suicidio! La colpa era tutta del Vaticano e di quel monsignore – Marcinkus – che per tanto tempo era sembrato un amico di famiglia e aveva giocato con i nostri figli, era venuto in vacanza con noi alle Bahamas, e all'ultimo momento ci aveva voltato le spalle. Lo dissi pure a Tina Anselmi, la presidente della Commissione parlamentare della P2, quando mi interrogò: «Mio marito mi diceva che Licio Gelli era solo il quarto della lista del potere della P2». Prima di lui venivano altri tre. Uno era Andreotti. E c'era la pena di morte per chi avesse parlato dei loro affari segreti.
Si, è vero, mio marito era un uomo potente. Ma qualcuno lo era ancora di più.

Angelo D'Arrigo

AVIATORE E DELTAPLANISTA, 26 MARZO 2006

Ho volato in giro per il mondo.
Nel 2004 sono stato il primo uomo ad aver «scavalcato» l'Everest con un deltaplano.
Ho sorvolato mari, deserti, vulcani, catene montuose, insieme ad aquile e rapaci di ogni genere. A due di loro, due condor – Inca e Maya si chiamavano – ho insegnato a volare.

Un'altra latitanza ancora

11 APRILE 2006

E uno che gli poteva insegnare a farsi il bucato da solo non sono riusciti a trovarlo?

Binnu si nascondeva a Corleone, a pochi chilometri dalla moglie.
La signora aveva preparato un pacco di biancheria pulita per lui.
Il boss, dopo 43 anni di fuga (si fa per dire) dallo Stato che lo cercava, non ha mai voluto imparare a lavarsi le mutande da solo.
È stato sempre il vero guaio dei maschi.

Dio li benedica tutti quanti.

Altri militari italiani a Nassiriya

27 APRILE 2006

La bomba sistemata sotto il manto stradale era una Ied, un ordigno facile da costruire, che può essere trasportato da una sola persona e che scaglia frammenti di metallo a 10mila chilometri l'ora. Nel 2004 ne sono state fatte esplodere 5607, nel 2005 il doppio. Gli americani, i più colpiti, ci scherzano sopra: «Non è vero che Saddam non aveva le armi segrete...».

Il fattore K

11 MAGGIO 2006

Io ero un'arma segreta: il fattore K.

Mi chiamò così il giornalista Alberto Ronchey, nel 1979. «K sta per *kommunizm* in lingua russa, il latino della storia comunista» spiegava lui. E una volta che mi trovò un nome, in molti capirono che, effettivamente, io esistevo: la discriminante anticomunista che nel corso della Guerra fredda aveva chiuso al Pci le porte di accesso al governo. In altre parole: i comunisti in Italia non avrebbero mai dovuto andare al potere. A volte, perché non succedesse, non si andò molto per il sottile. Caduto il Muro di Berlino, finì il sistema, con le sue pregiudiziali. Francesco Cossiga ne parlava apertamente: «Noi eravamo costetti a fare una politica di effettiva restrizione degli spazi politici dell'opposizione. La discriminazione nei confronti dei comunisti è stata una cosa reale». La formula perse il suo potere il giorno in cui un comunista sopravvissuto, Giorgio Napolitano, salì sul colle più alto della Repubblica.

Aldo Davanzali

IMPRENDITORE, 26 MAGGIO 2006

Mi sono appellato pure al presidente della Repubblica, ma nessuno mi ha mai ascoltato.

A me la strage di Ustica ha rovinato la vita.

Mi hanno rovinato. Hanno sostenuto che il DC-9 era caduto per colpa mia, l'aereo aveva ceduto perché non c'era stata una buona manutenzione da parte della mia compagnia aerea, Itavia.
Ero io secondo loro il responsabile della morte di tutte quelle persone. Accuse infamanti: si disse che l'aereo era una bara volante, che era incrostato di sale marino.
E infatti dopo la strage di Ustica la compagnia fallì. Perché appena tu dicevi: Itavia, tutti pensavano a un aereo a pezzi.
E io mi sono rovinato per cercare di fare luce su quello che era successo. Mi sono scontrato con un muro di gomma.
Ma io lo sapevo che le condizioni dell'aereo erano ottime, che non c'era stato alcun cedimento strutturale, che quella notte, in Italia, si giocava a fare la guerra.
Tutti lo sapete che è stato un missile a colpire l'aereo, un missile francese.
E perché allora nessuno mi paga i danni?
Perché mi avete fatto morire in miseria?

Ciccio e Tore

BAMBINI, 5 GIUGNO 2006

Giocavamo leggeri come farfalle. Siamo caduti in una cisterna – una specie di pozzo, sotto un vecchio palazzo nobiliare – ma non ci ha visti nessuno. Né la tv, né il presidente della Repubblica, né i pompieri, né i cani o i giornalisti.
Nemmeno papà.

Siccome non ci trovavano hanno pensato che papà ci avesse ucciso. Perché ormai quando un bimbo sparisce non si pensa più all'orco cattivo: si pensa subito al papà.
Dopo tre anni nello stesso pozzo, profondo 25 metri, è caduto un altro bambino. Lui ha avuto la forza di gridare aiuto.
Salvando lui, i pompieri si sono accorti di noi. Di quello che restava: «Erano così leggeri che li abbiamo raccolti con una mano».
Il padre assassino non è l'assassino, dunque. E il giallo non è giallo, è solo una tragedia.

Fedele Scarcella

AGRICOLTORE, 11 GIUGNO 2006

Ma in Italia noi ci dimentichiamo di tutto.
Di Ciccio e Tore, come di Pasolini.
Solo la 'ndrangheta non dimentica.

Negli anni novanta avevo denunciato e fatto arrestare i miei estorsori, due pluripregiudicati appartenenti alla cosca dei Piromalli-Molé.
Me l'hanno fatta pagare dopo otto anni: un colpo di pistola alla nuca, il cadavere bruciato, abbandonato in spiaggia.

Lo scudetto della Juventus

14 LUGLIO 2006

«Mi è stata uccisa l'anima» disse Luciano Moggi, il direttore generale. Ma era «solo» il più grande scandalo sportivo del secolo.

Gianmario Roveraro

FINANZIERE, 21 LUGLIO 2006

Magnificat anima mea Dominum!

Il mio cadavere fu fatto a pezzi, invece, e nascosto in un casolare. Non furono le 'ndrine, non fu un nipote, ma degli uomini che agirono a volto scoperto, coordinati da un consulente finanziario di Parma che mi conosceva. Ero l'unico esponente di punta del mondo finanziario italiano a poter dichiarare la propria appartenenza all'Opus Dei, un'organizzazione che non diffonde la lista dei propri aderenti ed è additata come un'associazione segreta che persegue fini di potere nella Chiesa, nelle istituzioni e nell'economia. Portavo il cilicio. A volte lo stringevo troppo e il sangue mi macchiava i pantaloni.

et exultavit spiritus meus
in Deo salutari meo

Se Calvi era il «banchiere di Dio», io ero il suo finanziere...
Fidatevi, è meglio chiuderla qui la mia vicenda: un affare andato a male, e tre balordi che fanno a pezzi un uomo. Meglio non andare oltre...

Hina Saleem

RAGAZZA, 11 AGOSTO 2006

Mio padre mi ama.
Ogni giorno mi guarda, mi osserva. Sto cambiando.
Mio padre mi ama e non capisce. Gli amici che ho, le cose che faccio, il fidanzato. Il fatto che fumo, per esempio: alle donne, secondo il Corano, è vietato fumare. Io tento anche di spiegarglielo: «Credo in Allah, sono musulmana ma non sono più pakistana… Sono italiana».
Riunisce i maschi di casa e dice: bisogna ristabilire l'onore della famiglia. La ragazza getta fango intorno alla sua casa. Dobbiamo agire con convinzione, subito.

Giacinto Facchetti

CALCIATORE, 4 SETTEMBRE 2006

Nel 2013 il magnate indonesiano Erik Thohir compra l'Inter e ne diviene presidente dopo l'era di Massimo Moratti. Una rivoluzione, non solo per la squadra milanese ma per l'intero calcio italiano.
La prima frase che pronuncia è questa: «Il segreto di ogni trionfo è la forza della propria convinzione». Era una mia frase.

Oriana Fallaci

GIORNALISTA E SCRITTRICE, 15 SETTEMBRE 2006

Ho iniziato con «La Rabbia e l'Orgoglio». Ho continuato con «La Forza della Ragione». Ho proseguito con «Oriana Fallaci intervista se stessa» e con «L'Apocalisse». E tra l'uno e l'altro la predica «Sveglia, Occidente, sveglia». I libri, le idee, per cui in Francia mi hanno processata nel 2002 con l'accusa di razzismo-religioso e xenofobia. Per cui in Svizzera hanno chiesto al nostro ministro della Giustizia la mia estradizione in manette. Per cui in Italia mi hanno accusato di vilipendio all'Islam, cioè reato di opinione. (Reato che prevede tre anni di galera, quanti non ne riceve l'islamico sorpreso con l'esplosivo in cantina.) Libri, idee, per cui la Sinistra al Caviale e la Destra al Foie Gras ed anche il Centro al Prosciutto mi hanno denigrata vilipesa messa alla gogna insieme a coloro che la pensano come me. Cioè insieme al popolo savio e indifeso che nei loro salotti viene definito dai radical-chic «plebaglia-di-destra».

Non è vero che non avevo paura di nulla. Che cosa stupida. Avevo paura, come tutti, di tante cose.
Avevo paura dell'aereo.
Avevo paura dell'ascensore.
Avevo paura di morire.
Solo che avevo imparato, da piccola, sotto le bombe di Firenze, a stare in compagnia della paura, a guardarla negli occhi. La paura è la misura del coraggio, senza la paura il coraggio non esiste, è solo incoscienza.
In aereo ricamavo a piccolo punto.
In ascensore recitavo brani imparati a memoria.
Prima di morire ho deciso di tornare a Firenze. Perché dovevano essere la cupola del Duomo e il campanile di Giotto a vedermi andare via.
Senza paura.

Andrea Parodi

CANTAUTORE, 17 OTTOBRE 2006

La parola che preferisco della mia lingua, il sardo, è «abacada».
Perché definisce l'istante in cui la notte non è passata, ma non è ancora giorno.
Perché significa pace, armonia. Perché è la prima parola del vocabolario sardo.
Abacada.

Ah durche abacada
De custa furriada
Dae s'arziada ogros 'e voes
Lampana ispantados colores
Narana Narana
Chi sos boes non pasant mai.

Bruno Lauzi

CANTAUTORE, 24 OTTOBRE 2006

Io pure ogni tanto cantavo nella mia lingua, il genovese, anche se sembrava più brasiliano:

> *Ma quande l'è che ti t'accatti o frigideiro, cöse aspëti quest'inverno se o ghe vêu d'estæ?*
> *Ti metti in fresco un pö de bira pe'i amixi, quande vegnan a trovâte stanchi morti e suæ.*

Mario Merola

CANTANTE E ATTORE, 12 NOVEMBRE 2006

Felicissima sera,
a tutte sti signure 'ncruvattate
e a chesta cummitiva accussí allèra
d'uommene scicche e femmene pittate.

Genova è una città di mercanti e viaggiatori.
Ma chi viaggia nel mondo trova sempre Napoli.

Io ero l'artista del popolo, il re della sceneggiata.

So' nu fatecatóre
e mangio pane e pane.
Si zappi 'a terra, chesto te fa onore.
Addenócchiate, e vásame sti mmane!

Le donne uccise dagli uomini

16 NOVEMBRE 2006

La canzone dello zappatore, quella resa celebre da Mario Merola, è degli anni venti. Negli stessi anni, dall'altra parte del mondo, un prestigiatore americano inventa il numero della donna segata in due, ormai un classico in tutti gli show di illusionismo e magia.
Da allora il numero della fanciulla segata ispira centinaia di trucide varianti agli illusionisti di tutto il mondo.
E i maghi sono sempre uomini, la vittima designata è sempre una donna.
Una donna quella che sparisce.
Una donna a essere tagliata.
Una donna a essere presa a coltellate.
Una donna a essere trafitta da lame, spiedi, spade.
Una donna a essere sepolta viva.

Perché, come diceva Edgar Allan Poe, «la morte di una bella donna è senz'altro l'argomento più poetico del mondo».

Salvatore Pappalardo

CARDINALE, 10 DICEMBRE 2006

La Chiesa siciliana era complice della prepotenza mafiosa. E c'era un cardinale a Palermo, Ruffini, che giurava che mai potesse esistere qualcosa chiamata mafia.

Io ero il punto di riferimento della Chiesa che non voleva essere complice. Quando il prefetto Carlo Alberto Dalla Chiesa venne mandato a Palermo con l'incarico di coordinare la lotta alla mafia, nell'aprile del 1982, io lo sostenni.

Celebrai i suoi funerali nella chiesa di San Domenico nemmeno 18 ore dopo il delitto. La gente di Palermo urlava la sua rabbia contro i politici e la sua disperazione per i destini della città. La mia voce si alzò per sostituire lo Stato in ritirata: «Si sta sviluppando, e ne siamo tutti costernati spettatori, una catena di violenza e di vendette tanto più impressionanti perché, mentre così lente e incerte appaiono le mosse e le decisioni di chi deve provvedere alla sicurezza e al bene di tutti, siano privati cittadini che funzionari e autorità dello Stato medesimo, quanto mai decise invece, tempestive e scattanti sono le azioni di chi ha mente, volontà e braccio pronti per colpire».

La gente muta, stupore sui volti dei politici nelle prime file.

«Sovviene e si può applicare una nota frase della letteratura latina, di Sallustio mi pare, nel *De Bello Jugurtino*: "Dum Romae consulitur Saguntum expugnatur"; mentre a Roma si pensa sul da fare, la città di Sagunto viene espugnata dai nemici! Povera la nostra Palermo! Come difenderla?»

Un applauso dalla folla, come un urlo di giustizia.

I vicini di Olindo e Rosa

11 DICEMBRE 2006

Come difendersi dai vicini di casa?

Come gli operai di Parma che hanno ammazzato il piccolo Tommy, i nostri vicini sono stati tremendi nella ferocia, gelidi nella recita seguente.
Siamo rimasti avvitati in un delirio domestico partito così, con una lite sul ballatoio, e diventato una specie di tarlo che corrodeva le vite di tutti, rendendoci meschini e insofferenti.
Eravamo eserciti in guerra, il pianerottolo il nostro campo di battaglia, la sua conquista la nostra ossessione.
A volte bastava il cigolio della ruota del passeggino per cominciare la lotta.
Inutile buttarla in sociologia, la verità è che non si finisce mai di conoscere davvero bene le persone.
E così un giorno Rosi la perfettina decise davvero di farle, le pulizie. Con accanimento.

Piergiorgio Welby

ATTIVISTA, 20 DICEMBRE 2006

L'accanimento, anche quello terapeutico, genera sempre sofferenza.
Il sogno di Luca Coscioni era quello di liberare la ricerca e dare voce, in tutti i sensi, ai malati. Il suo sogno è stato interrotto e solo dopo che è stato interrotto è stato conosciuto.
Il mio sogno, la mia volontà, la mia richiesta erano nella mia mente più chiari e precisi che mai: poter ottenere l'eutanasia.

Poniamo il caso che un medico vi dicesse: «Mi dispiace, lei ha una malattia incurabile e le resta poco da vivere. A questo punto dovrò farle un buco in pancia per poterla alimentare. Dovrò praticarle un foro nel collo per permetterle di respirare. Le introdurrò un tubicino nell'uretra per consentirle di urinare. Mentre una infermiera le svuoterà giornalmente l'intestino. Inevitabilmente dovrà sopportare i decubiti, piaghe dolorose che corrodono la carne fino all'osso. In queste condizioni, tuttavia, potrà vivere ancora qualche anno o più». E poniamo poi il caso di un altro medico che invece vi dicesse: «Mi dispiace, lei ha una malattia incurabile e le resta poco da vivere, però noi potremmo ridurre le sue sofferenze al minimo e, su sua richiesta, procurarle una morte indolore». Voi quale dei due medici scegliereste?

Con il corpo ridotto a una fragile foglia, ho lottato per essere libero di farla finita. Ho voluto decidere io quando varcare la soglia, il luogo e il modo, e in compagnia di chi.

Carlo Ponti

PRODUTTORE CINEMATOGRAFICO, 10 GENNAIO 2007

La mia poesia era lei, una giovane attrice sconosciuta. Io ero il grande produttore con 22 anni di più. Le ho costruito la carriera, e tra me e lei, Sophia Loren, è stato vero amore, per tutta la vita.

Filippo Raciti

POLIZIOTTO, 2 FEBBRAIO 2007

Le tifoserie sembrano le famiglie in lotta di una faida, schierate per farsi
fuori fino all'ultimo sangue. Io in mezzo.
Cambierà tutto, dicono dirigenti, politici, sportivi dopo la mia morte.
Ma dalla collina ho visto cose…

I Pacs

8 FEBBRAIO 2007

Ci sono famiglie e famiglie.
In Italia, in verità, c'è un solo tipo di famiglia.

Noi veniamo, in ordine di tempo, prima dei Dico, DIritti e doveri delle persone COnviventi. Ma abbiamo avuto la stessa sorte, come i disegni di legge prima di noi: il nulla.
Pacs, Dico, Didore, Cus, sembra una filastrocca. È quella dell'Italia che da mezzo secolo non riesce ad approvare una legge sulle unioni civili.
Noi Pacs – Patti civili di solidarietà – durammo il tempo di un annuncio, una conferenza stampa, una nota di protesta della Chiesa, una fiaccolata dei politici a difesa della famiglia in piazza (soprattutto di quei politici che di famiglie ne hanno più d'una...). E poi marcia indietro, come le altre 44 proposte di legge fatte e abortite. Quando non ha potuto il Vaticano, si è sempre trovato un cavillo, un motivo, un ostacolo, per non mettere all'ordine del giorno in Parlamento le proposte di legge sulle unioni civili.

Adele Faccio

POLITICA, 8 FEBBRAIO 2007

Quante battaglie per i diritti civili ci sono ancora da fare.
Negli anni settanta diventai famosa per le mie lotte a favore della legge per la legalizzazione dell'aborto.
Nel 1975, a una manifestazione dichiarai in pubblico di aver interrotto volontariamente la mia gravidanza. La Polizia mi arrestò immediatamente perché ai tempi l'aborto era ancora un reato, incluso tra i «delitti contro l'integrità e la sanità della stirpe».
Marco Pannella per farmi scarcerare cominciò un digiuno di protesta.

Solo i figli che nascono da donne libere sono liberi!

Osvaldo Cavandoli

DISEGNATORE, 3 MARZO 2007

Beniamino Andreatta

POLITICO, 26 MARZO 2007

Assomiglia molto ai miei ultimi sette anni di vita, questa linea piatta. Alla fine del 1999 ho avuto un'ischemia mentre ero alla Camera dei deputati, durante la votazione della legge finanziaria. Non mi sono più ripreso.
Il coma dell'economia italiana, segnato dal crollo dell'Ambrosiano e dall'assassinio di Roberto Calvi, risale invece all'estate del 1982. Si scoprì subito che gran parte dei 1400 milioni di dollari del «buco» era finita allo Ior. In un mio intervento alla Camera, io, ministro del Tesoro, chiesi alla Chiesa e allo stesso pontefice di riconoscere le colpe dello Ior e di correre ai ripari. Volli essere fedele alla Repubblica e il mio partito non me lo perdonò: per molti anni la Democrazia cristiana mi emarginò, negandomi qualsiasi ruolo, che fosse di partito o – e figuriamoci – di governo.

Luigi Comencini

REGISTA E SCENEGGIATORE, 6 APRILE 2007

DE SICA Che te mangi?
CONTADINO Pane, marescià!
DE SICA E che ci metti dentro?
CONTADINO Fantasia, marescià!!

Carmela Cirella

RAGAZZINA, 15 APRILE 2007

Senza fantasia: io so' Carmela.
Lo scrivevo sul diario, sui muri, sul mio corpo.
Senza amore: io so' Carmela, e la mia storia è sepolta nel dolore più profondo.
Avevo 13 anni. Il 9 novembre del 2006 sono scappata di casa. Nel giro di quattro giorni sono stata violentata cinque volte, da quattro stupratori incontrati per caso e dal ragazzo di cui ero innamorata. Poi i miei genitori mi ritrovano in stato di choc. La violenza è accertata, ma i referti sono ambigui. In Questura, poi, qualcuno insinua la mia responsabilità in quello che è successo. Mi rinchiudono in un centro specializzato in violenze familiari. Mi privano dell'affetto dei miei. Cominciano a somministrarmi, a mia insaputa, psicofarmaci. Tento la fuga due volte.
Oggi, 15 aprile 2007, ho deciso di lanciarmi nel vuoto dal settimo piano.
La mia morte è senza colpevoli, e i responsabili continuano a vivere indisturbati la loro vita.

Mario Tanassi

POLITICO, 5 MAGGIO 2007

Io avrei voluto ancora fare politica. E invece sono stato il primo ministro della storia repubblicana a finire in carcere, per via dello scandalo Lockheed. Era il 1979. Fui il capro espiatorio, ma non perché ero immacolato, soltanto perché fui l'unico a pagare. Ero ministro della Difesa, e il giudizio con me fu severo perché avevo agevolato la compagnia americana Lockheed a vendere all'Aeronautica italiana i suoi C-130 Hercules. E non ero democristiano, ma socialdemocratico. Una forza politica troppo piccola per contare sull'assoluzione.

Gianfranco Ferré

STILISTA, 17 GIUGNO 2007

Camicia bianca Gianfranco Ferré made in China.
Giacca di pelle Gianfranco Ferré made in Brazil.
A breve non esisteranno più capi Gianfanco Ferré made in Italy. Nel febbraio 2014 la proprietà, una società di Dubai, ha chiuso le attività in Italia.
Di italiano, in quei capi, resta solo il mio nome.

Luigi Meneghello

SCRITTORE, 26 GIUGNO 2007

La mondanità non mi ha mai interessato. Sono stato uno scrittore anomalo, appartato.
Però ho reso noto nel mondo il mio paese natale, Malo, grazie al mio romanzo *Libera nos a malo*, e a Malo riposo, lì, nel cimitero.
Tutto comincia con un temporale.

Il Totip
30 GIUGNO 2007

Nell'Italia uscita malconcia dalla Seconda guerra mondiale arrivai io, il primo concorso legato alle corse dei cavalli. Mi chiamavo Totalizzatore ippico. Abbreviato, Totip.
Gli italiani giocavano le loro colonne. Chi vincerà, Ribot o Tornese? Ero un gioco popolare. «Totip, felici e contenti» diceva la pubblicità, oppure «La fortuna arriva al galoppo», «Se non giochi non vinci».
L'apoteosi fu l'abbinamento al Festival di Sanremo: con le schedine del Totip si poteva votare anche la canzone vincitrice.

Poi gli italiani mi voltarono le spalle, come al Totocalcio. Le scommesse on line hanno preso il sopravvento e il cavallo verde del Totip è diventato una carogna.

Michelangelo Antonioni

REGISTA, 30 LUGLIO 2007

Ho galoppato con i miei film nella nostra epoca, con un percorso originale, spesso solitario, a ostacoli, per descrivere «la malattia dei sentimenti» dell'uomo contemporaneo.

Quando nel 1995 mi consegnarono l'Oscar, già non potevo più parlare. L'ictus mi aveva leso alcuni centri nervosi. I giornalisti e il pubblico mi fecero un sacco di domande, e io rispondevo facendo dei disegnini.
«Che cosa l'ha più preoccupato di questo show?», e io ho disegnato la statuetta di zio Oscar e ho regalato lo schizzo al mio interlocutore con la postilla: «Era davvero pesante!». Visto che, esagerando, mi hanno paragonato a Picasso, mi sono reinventato come caricaturista, non come pittore, anche se io volevo fare il pittore.

Chiara Poggi

RAGAZZA, 13 AGOSTO 2007

Nella mia vita privata sono entrati tutti, come nella villetta di via Pascoli. Periti, consulenti, magistrati, poliziotti, i miei, Alberto, gli avvocati, altri giudici, altri consulenti, giornalisti.
Hanno scaricato le mie chat, messo sottosopra il mio pc, esaminato la bicicletta bordeaux, i suoi pedali, l'altra bicicletta – la Luxury nera –, i gradini della scala che porta in cantina: sono grandi abbastanza per il piede di Alberto?

Luciano Pavarotti

TENORE, 6 SETTEMBRE 2007

... Potenza della lirica
dove ogni dramma è un falso
che con un po' di trucco e con la mimica
puoi diventare un altro.
Ma due occhi che ti guardano
così vicini e veri
ti fan scordare le parole
confondono i pensieri...

I Democratici di sinistra e La Margherita

14 OTTOBRE 2007

Potenza della politica, dove ogni dramma è un falso...
Sta per cadere il governo Prodi, la coalizione non regge, ci sono troppi partiti, sigle, divisioni. Bisogna unire.
Noi siamo quelli che c'erano prima del Pd. Sono passati neanche dieci anni, sembra un secolo. L'idea di Veltroni, il sogno di Prodi: un centrosinistra unito. Le resistenze di D'Alema e Rutelli. La decisione di provarci, ma con l'entusiasmo di una coppia già stanca. E mille trucchi e trucchetti per fare vivere comunque qualcosa di noi, giusto per non perdere i finanziamenti pubblici e per non svelare i nostri tesori.
Abbiamo scelto la separazione dei beni, come una coppia stanca, appunto. Ma come dice quella canzone «con un po' di trucco e con la mimica puoi diventare un altro».

Guido Nicheli

ATTORE, 28 OTTOBRE 2007

N.C.S.: Non ci siamo!
Bisogna rimanere sempre se stessi, anche quando si recita.
Io, per esempio, ho fatto sempre il ruolo del *cumenda*, e la mia mimica era quella: lavoro-guadagno, pago-pretendo!

Meredith Kercher

STUDENTESSA, 1° NOVEMBRE 2007

Ciao, sono Meredith, ma gli amici mi chiamano Mez. A dicembre compio 22 anni.
Sono inglese, ho due sorelle, mio papà è giornalista. Frequento l'università a Leeds, studio lingue. Ma da agosto vivo a Perugia, perché sto facendo l'Erasmus.
Sto in una casa un po' appartata, in via Pergola: un soggiorno-cucina, un bagno, quattro camere.
Con me vivono Laura, Filomena, e una ragazza americana: Amanda Knox.
Amanda porta a casa un sacco di ragazzi. Da tre settimane sta con un tipo che si chiama Raffaele Sollecito. Studia ingegneria ed è appassionato di coltelli.
Mi piace ballare e uscire. Anche io da poco sto con un ragazzo di Ascoli Piceno che si chiama Giacomo e studia pure a Perugia. Vive al piano di sotto.
Facciamo l'amore e fumiamo qualche canna.
C'è un suo coinquilino che mi piace.
Insomma, vivere è bello.

(Il corpo nudo ricoperto da un piumone insanguinato dal quale spunta un piede. Violentata, forse da più persone. Lividi sulla testa. Sperma nel retto.)

Enzo Biagi

GIORNALISTA, 6 NOVEMBRE 2007

Nel 1981 vengono scoperte e rese pubbliche le liste della loggia segreta P2, di Licio Gelli, che tramava per prendere il potere dello Stato italiano sotto gli ordini del «Venerabile». Stavano preparando un colpo di Stato reazionario, in contatto con la mafia e i servizi segreti.
Nella lista degli iscritti c'erano tanti nomi, anche quello di Di Bella, mio direttore al *Corriere della Sera*.
Quando il suo nome uscì fuori, Di Bella ci convocò in assemblea e ci disse come stavano le cose: aveva incontrato Gelli tre volte perché gli era stato detto che era un finanziere interessato a ricapitalizzare il *Corriere della Sera*. Gelli aveva chiesto a Di Bella con insistenza di iscriversi alla loggia.
«L'ultima volta» raccontò Di Bella «mi disse: "Se lei vuole restare al suo posto deve fare quello che le dico. In particolare deve licenziare Enzo Biagi, perché ha fatto una trasmissione sulla massoneria".»
«Questo è il più bel giorno della mia vita!» fu il mio commento. Di Bella non provò nemmeno a farmi andare via, anzi, a dimettersi fu lui.
Ma nessuo poteva sapere allora quanto fosse profetica la richiesta di Gelli.

Passano vent'anni. Il 18 aprile 2002 da Sofia il presidente del Consiglio, Silvio Berlusconi, mi accusa di aver fatto «un uso criminoso della televisione pubblica».
Il 26 settembre mi arriva a casa una raccomandata con ricevuta di ritorno.
La Rai rescinde il contratto che avevo da 41 anni...
Potenza della P2? Vendetta? Alla fine chi ha vinto e chi ha perso?

Gabriele Sandri

TIFOSO, 11 NOVEMBRE 2007

Anch'io me la spassavo. Facevo il dj a Roma, avevo un negozio di abbigliamento, e quando potevo andavo a vedere le partite della Lazio, anche in trasferta.
Si parla tanto di violenza degli ultras, ma degli errori delle forze dell'ordine non si parla mai.
Io ero fermo a un autogrill, sull'A1, stavo andando a Parma, dove quella domenica giocava la Lazio.
Arrivano all'autogrill dei tifosi laziali, poi dei tifosi juventini, accennano una rissa. Interviene un poliziotto e spara, all'improvviso. Mi prende in pieno collo, mentre ero seduto all'interno della mia auto.

Gli operai dello stabilimento ThyssenKrupp di Torino
6 DICEMBRE 2007

Estintori scarichi, telefoni isolati, assenza di personale specializzato, turni massacranti di dodici ore consecutive, nessun corso di formazione sulla sicurezza.
E la Repubblica che «tutela il lavoro in tutte le sue forme ed applicazioni».
E noi perché non protestavamo contro le condizioni di lavoro? Perché eravamo dei poveracci che dovevano portare a casa lo stipendio, ognuno con i conti da pagare a fine mese. E poi, quale altro lavoro avremmo dovuto cercare?
La vita è amara.

Hanno tolto la dignità del lavoro alla classe operaia. La fabbrica come una roulette russa.

Daniele Emmanuello

MAFIOSO, 3 DICEMBRE 2007

Quando la mafia minacciava di morte Rosario Crocetta – futuro governatore della Sicilia – tutti pensavano a me, il principale mafioso di Gela. Dominavo il crimine in città. Tutti avevano paura di fare il mio nome, tranne quel sindaco.
Sono morto ammazzato dalla Polizia in un conflitto a fuoco. Episodio più unico che raro, perché solitamente sono i mafiosi che uccidono i poliziotti. Mi ha colpito alla nuca un proiettile mentre stavo fuggendo da un casolare, nelle campagne tra Enna e Caltanissetta. Ero tra i dieci latitanti più ricercati in Italia.
Ma la vera sorpresa è un'altra. Quando hanno fatto l'autopsia, per capire come ero morto, si scopre che avevo inghiottito, prima di morire, diversi «pizzini». Erano tutti lì, nella gola, nello stomaco, nell'esofago. Quadratini di carta di cinque centimetri di lato avvolti in un sottile cellophane. La mia cena veloce, prima della fuga.

Ettore Sottsass
ARCHITETTO, 31 DICEMBRE 2007

«Qualche volta la luce non è quantità di lux; qualche volta la luce è il cielo completo che precipita nella stanza.»
Ho dato forma al Novecento con librerie, oliere e macchine per scrivere.

I sacchi della monnezza

6 GENNAIO 2008

Per portarci via è dovuto venire l'Esercito. Ed è solo uno dei momenti di un'emergenza, durata ufficialmente dal 1994 al 2009.
Ma non dovete avere l'impressione che i rifiuti a Napoli siano scomparsi, perché è scomparsa l'emergenza, anzi... Semplicemente hanno messo i rifiuti nei paesi dell'interno, quelli dove le telecamere delle tv non arrivano. L'emergenza è ormai definitiva.
Noi siamo un'icona del paesaggio napoletano, come la pizza, come il Vesuvio, come Maradona. Non siamo più un rifiuto: siamo folklore. Ce ne stiamo buoni buoni in posa per le foto.
E ricordate anche un'altra cosa: quello dei rifiuti non è un problema di Napoli, no. È un problema di quelli del Nord. Decidono loro.
Esatto. Io sono il sacchetto di monnezza dei pezzenti, dei mariuoli, *'e fetient'*, ma vengo dal Nord, lì si fanno *'e 'mbruogl.*
Tutta la provincia di Napoli è una lunga distesa di sacchetti. Se li aprite, noterete che non contengono più rifiuti: contengono la vostra anima.

Un vassoio di cannoli

19 GENNAIO 2008

L'anima, per un cannolo, è una crema bianca, dal sapore perverso e dolce.

È strano a dirsi, ma in quella foto quella di Totò «Vasa Vasa» Cuffaro – presidente della Regione Siciliana – che festeggia con una «guantiera» di cannoli in mano la condanna a «soli» cinque anni di carcere per favoreggiamento, ecco, in quella foto noi cannoli siamo i respinti. Perché quello che la foto non dice è che i cannoli gentilmente offerti dagli amici al presidente pacioccone, furbo e buongustaio, e dunque sicilianissimo come noi, come noi cannoli, cremosi di ricotta fresca e canditi, con la crosta croccante, che la salivazione la senti nel palato già gocciolare solo a vederci, ci vedi?, ecco, a noi cannoli il presidente non ci voleva: ragazzi, ma è il caso? diceva. I cannoli, e che è, festa?, diceva – ma la saliva già inondava la bocca – e il fotografo *zac!* fa la foto, che fa il giro del mondo, e tutti a dire: bah... il presidente condannato che festeggia con i cannoli al palazzo della Regione – ma minchia vero dice? – e il povero Cuffaro, hai voglia a dire che non è così, quindi poi si dimette... e a noi cannoli qualcuno ci ha mangiato, non Cuffaro, qualcun altro, perché se tu non mangi il tuo cannolo qualcuno lo mangia per te.
E chi fa politica in Sicilia queste cose le sa.

Duilio Loi

PUGILE, 20 GENNAIO 2008

Il fatto è che bisogna capire quando bisogna ritirarsi.
Io ho ottenuto tante vittorie sul ring. Non avevo un pugno potente, ma una buona tecnica. Mettevo in difficoltà gli avversari, un colpo al fegato, uno al mento, ed erano ko.

All'apice del successo ho deciso di posare i guantoni. È anche per questo che mi ricordano come il più grande pugile italiano del dopoguerra, il re dei nasi schiacciati.

Rosa Bossi Berlusconi

MAMMA, 3 FEBBRAIO 2008

Rutelli? Un cretino, *se mett lì* come se fosse a un concorso di bellezza. Prodi? Basta vederlo in faccia. Come può pensare di mettersi a paragone con Silvio? Santoro? Un cretino anche lui, ignorante e cattivo.
Povero il mio Silvio, cosa deve sopportare. Ma chi glielo fa fare? Quando sento le persone che lo offendono, mi viene una rabbia... Se fosse un altro, direbbe a tutti di andare al diavolo. Lui vuole bene a tutti. Si è messo al servizio per il paese e in cambio ha ricevuto solo offese. Quando da ragazzo tirava la cera sui pavimenti gli davo cinquanta centesimi. Poi col papà gli demmo tutti i nostri risparmi perché iniziasse la sua attività di costruttore. Faceva case bellissime. Ha lavorato tanto. Ha costruito le città, Milano 2 e 3, le tv, che prima non esistevano. Lui mi venerava, mi telefonava tutti i giorni. Quando divenne presidente del Consiglio nel 1994, mi chiamò per dirmi: mamma, vedessi che disastri sono i bagni. Nel suo partito, Forza Italia, c'è un club, come dice lui, di donne, che si chiama Rosa azzurra.

Michele Greco

MAFIOSO, 13 FEBBRAIO 2008

Mi chiamavano «il papa», perché ero bravo a mediare tra le famiglie. Il 4 marzo del 1991 la prima sezione penale della Corte di cassazione, presieduta da Corrado Carnevale, rimise in libertà per decorrenza dei termini di custodia cautelare me e altri quaranta imputati del maxiprocesso di Palermo contro Cosa Nostra.

Mi intervistano addirittura sulle reti Fininvest, e io giuro: sono innocente! Guardo la telecamera e dico: *non ho mai mafiato!*

Antonio Longo

IMPRENDITORE, 26 MARZO 2008

Trent'anni.
Da tanto tempo aspetta di essere ultimata la strada di collegamento tra il Tirreno e lo Jonio, da Catanzaro a Vibo.
Lo so perché un pezzo l'ho fatta io. E la stavo anche terminando: mancava l'ultima galleria, la più lunga.
Le 'ndrine avevano provato a chiedere il pizzo: prima con gli incendi dei mezzi, poi con l'invio di un loro «contabile» per la riscossione...
Ed è in quella strada che collega i due mari che mi hanno ucciso.

Giovanni Nuvoletti
CONTE, 4 APRILE 2008

Ci vuole eleganza.
Io di eleganza me ne intendevo. Facevo pure una rubrica in televisione, all'interno dell'*Almanacco del giorno dopo*. Si chiamava «Le buone maniere ieri e oggi».
Mai vantarsi del numero delle donne conquistate, per esempio: la quantità non fa qualità.
Una cravatta la può imbroccare chiunque, ma il vero gentiluomo si riconosce dalle scarpe: mai troppo nuove, mai accostate con sciatteria.
Le migliori posate per mangiare il pollo sono quelle che ci ha dato il Padreterno.

Nuova morte della sinistra

13 APRILE 2008

Che polli!

Dal luglio 2006 fino al marzo 2008, Silvio Berlusconi mi ha versato tre milioni di euro per fare cadere il governo Prodi. Un milione, in chiaro, è giustificato da un accordo federativo tra Forza Italia e il mio movimento Italiani nel mondo. Altri due sono stati versati in nero. Ho partecipato così all'Operazione libertà diretta a ribaltare il governo Prodi. Già dopo il voto che mi vide eletto presidente della Commissione Difesa, discussi a Palazzo Grazioli con Berlusconi di una strategia di sabotaggio, della quale mi intesto tutta la responsabilità. L'accordo si consumò nel 2006. Il mio incontro a Palazzo Grazioli con Berlusconi servì a sancire che la mia previsione di cassa era di 3 milioni. Subito partirono le erogazioni.

In fede,
Sergio De Gregorio

Luigi Malerba

SCRITTORE, 8 MAGGIO 2008

Una volta degli studenti mi chiesero: ma lei perché scrive?
Per capire quello che penso, risposi.

Ho anche inventato i *neologissimi*. Per esempio, *scemiologia*, la scienza generale degli scemi, da non confondersi con la semiologia; *Vaffancarlo*, imprecazione composita con suffisso variabile (*vaffan-giulio*, *vaffan-giorgio*), il messaggio acquista efficacia con l'identificazione del destinatario; *pedonauta*, marciatore a piedi impegnato in una marcia di molti chilometri; *sbifo*, un disturbatore diurno e notturno, autore di piccole e fastidiose contestazioni, che cerca di farsi pubblicità senza correre rischi, un ribelle di seconda mano, un imitatore, un piccolo profittatore; *personaccio*, cattivo protagonista di eventi storici. I libri di storia ne sono pieni. Stalin è un *personaccio*, mentre Lenin è un personaggio. Scendendo più in basso, Crispi è un *personaccio*, mentre Giolitti è un personaggio. Gronchi, Segni, Saragat, Leone non sono né *personacci* né personaggi, sono solo nomi da dimenticare.

Domenico Noviello

IMPRENDITORE, 16 MAGGIO 2008

Qui non c'è bisogno di neologismi, perché è la solita vecchia storia. Anzi, la mia storia è esemplare dell'epopea dei Casalesi e del clan Schiavone. Mi portavo addosso una colpa imperdonabile: nel 2001 avevo denunciato e fatto arrestare i miei estorsori, e con me altri imprenditori e commercianti avevano avuto il coraggio di ribellarsi. Ero titolare di una scuola guida a Castel Volturno. Mi hanno ucciso alle sette e mezzo del mattino con 20 colpi di pistola.
È la legge del terrore.

Dal giorno della mia morte molto è cambiato: il clan dei Casalesi è stato decimato. Eppure è rispuntato agli onori della cronaca, grazie alla televisione. Carmine Schiavone, ex capo camorrista, cugino di Francesco Schiavone, il celebre Sandokan, sentenzia come un oracolo nelle trasmissioni televisive.
È la legge dell'audience.
Che tristezza.

Dino Risi

REGISTA, 7 GIUGNO 2008

Che te frega delle tristezze. Lo sai qual è l'età più bella? Te lo dico io qual è. È quella che uno c'ha giorno per giorno. Fino a quando schiatta… si capisce.

Giuseppe Uva

OPERAIO E COMPARSA, 14 GIUGNO 2008

Per le botte prese in caserma, arrivai a non capire più l'eta che avevo. Tre ore di violenze ininterrotte.

Pensateci bene: la mia sola colpa è stata quella di non essere un nipote qualsiasi di un Mubarak qualsiasi.

Quando i carabinieri di Varese mi fermarono, cosa potevo dire? Ero solo il fratello di Lucia. Ero ubriaco, erano le tre del mattino.

Nessuno chiamò per farmi rilasciare subito, come si fa con gli amici dei potenti. Solo un mio amico, che era con me nella caserma di via Saffi, nella stanza accanto, chiamò il 118 per chiedere un'ambulanza mentre sentiva le mie urla: «Lo stanno massacrando». L'operatore del 118 chiamò subito in caserma: «Davvero dobbiamo inviare l'ambulanza?». «No, guardi, sono due ubriachi. Ora gli togliamo i cellulari.»

E Lucia aspetta ancora oggi che qualcuno dica la verità sulla mia morte.

Mario Rigoni Stern

SCRITTORE, 16 GIUGNO 2008

Abbiamo perso la misura umana.

Negli anni cinquanta la gente cantava: si sentiva fischiettare per le strade, nei campi, nelle cucine. Oggi chi lo fa più? La musica si ascolta nelle cuffiette, ognuno per conto suo. In treno tutti stanno zitti, leggono o fanno finta, pur di non parlare. Poi scendono alla stazione senza dire buongiorno e buonasera. Isolamento e comodità sembrano procedere di comune accordo: è forse il prezzo che dobbiamo pagare al progresso?

Raffaele Granata

IMPRENDITORE, 11 LUGLIO 2008

C'è un prezzo per tutto. E il listino, in provincia di Napoli, lo fanno i Casalesi.
Sono terrorizzati e indeboliti, e forse per questo più feroci: non vogliono perdere la loro egemonia sul territorio. Quindi colpiscono chiunque si ponga come ostacolo al riconoscimento del loro potere.
E io, anziano gestore di un lido, talmente preso dal mio lavoro che la sera dormivo vicino alla spiaggia per mettermi a lavorare appena il sole spuntava all'orizzonte, io al prezzo dei Casalesi ho detto no.
Ma che terra è mai questa, dove le persone per bene vengono ammazzate e le bestie feroci, i delinquenti, fanno quello che vogliono? Dove un imprenditore onesto che non vuole pagare il pizzo deve vedersela da solo con i maledetti vampiri che gli succhiano il sangue? Dove chi dice no alla camorra rischia la pelle?

Gianfranco Funari

CONDUTTORE TELEVISIVO, 12 LUGLIO 2008

L'ho pure pensato carino, il mio epitaffio: ho smesso di fumare. Ma sono passati cinque anni prima che avessi una lapide come si deve. Un artista, però, Pep Marchegiani, aveva realizzato in mio onore una lapide di marmo con me nelle vesti di Superman, per ricordare «un immortale supereroe italiano, simbolo di ciò che l'Italia dovrebbe essere». L'opera contiene anche la dicitura: «Il popolo italiano pose». Il popolo, *la ggente*, come la chiamavo io.

Andrea Pininfarina

IMPRENDITORE, 7 AGOSTO 2008

All'epitaffio non ci avevo pensato proprio. Non lo pensavo mica che io – che avevo un nome che era un marchio, uno stile di guida, un'idea di auto – sarei morto così, banalmente, in Vespa, investito da un vecchietto che non aveva visto lo stop all'incrocio.

Stefano Rosso

CANTAUTORE, 15 SETTEMBRE 2008

Nel 1976 sono riuscito nell'impresa di non vedermi censurato un ritornello così esplicito come «che bello, due amici una chitarra e uno spinello / e una ragazza giusta che ci sta / e tutto il resto che importanza ha»», con cui ho vinto persino un Telegatto. La mia canzone «Una storia disonesta» in quegli anni la canticchiavano tutti. Non passava in Rai, ma si sentiva tranquillamente in tutte le radio private.

El Hadji Ababa e gli altri

LAVORATORI, 18 SETTEMBRE 2008

Tutto il resto che importanza ha? Noi eravamo sopravvissuti, ci importava solo essere arrivati in Italia e vivere la nostra vita in maniera onesta.

Kwave, che era fuggito dal Ghana, era sopravvissuto al deserto del Niger e aveva chiesto asilo politico.
Affun, che era passato con l'auto a prendere Kwave.
Samuel, che faceva il muratore e veniva dal Togo.
Jeemes, che mi aiutava in sartoria.
Cristopher, che faceva il barbiere a Napoli.
Joseph, che è sopravvissuto fingendosi morto, per vederci tutti morire.
E io, che ero al lavoro sulla macchina da cucire aspettando che tramontasse il sole per mangiare. Era il Ramadan.

Non c'è memoria per chi, come noi, ha questi nomi così difficili. Nomi stranieri. A Castel Volturno gestivo una sartoria: Ob Exotic Fashion. Ero in Italia da cinque anni.
Ci ha uccisi la camorra. Giuseppe Setola ha dato un ordine: «Ora tocca ai neri. Uccidete tutti quelli che trovate là. Se ci sono, anche le donne». C'era una guerra in corso tra la mafia nigeriana, che gestiva la prostituzione e la droga, e le famiglie della camorra. E in mezzo c'eravamo noi. Che non sapevamo nulla di droga, donne, camorra. Nessun ovulo di eroina dentro i nostri corpi in transito, nessuna voglia di alcun tipo di traffico. Eravamo lì solo per lavorare e sopravvivere al lavoro.
Fuori la sartoria, al chilometro 43 della Domiziana, le armi spararono all'impazzata.

Cesare Togni

CIRCENSE, 1º OTTOBRE 2008

Ta dah…!!!

Negli anni cinquanta il mio circo era così famoso che lo utilizzarono anche come set di un film di Totò, e in una scena ci sono pure io con il salto mortale sopra il trapezio e le piroette al ritorno.

E poi *venghino siori venghino*… Il domatore di leoni, il «senza sella», il Circo Americano, l'immancabile clown Romualdo…

Se è circo che vogliono
circo daremo…

Adolfo Parmaliana

DOCENTE UNIVERSITARIO, 2 OTTOBRE 2008

Volevano domarmi, come si fa con le bestie al circo.
L'ho anche scritto nella mia ultima lettera: «La Magistratura vorrebbe mettermi alla gogna, vorrebbe umiliarmi, delegittimarmi, mi sta dando la caccia perché ho osato fare il mio dovere di cittadino denunciando il malaffare, la mafia, le connivenze, le coperture e le complicità di rappresentanti dello Stato corrotti e deviati. Non posso consentire a questi soggetti di offendere la mia dignità di uomo, di padre, di marito di servitore dello Stato e docente universitario».
Ho fatto come Rita Atria. Mi sono buttato nel vuoto per denunciare le gravi responsabilità di politici e magistrati complici del potere mafioso.
Solo che io ho dovuto calcolare il posto dal quale buttarmi. E ho scelto un viadotto vicino Patti, perché se mi fossi gettato da un ponte qualsiasi vicino Barcellona Pozzo di Gotto, sarebbe stato quel Tribunale a indagare sulla mia morte, e probabilmente a insabbiare tutto. Invece il mio cadavere, per competenza territoriale, apparteneva al Tribunale di Patti.

Da morto ho continuato a parlare.
Solo da morto mi hanno dato ragione.

Vittorio Foa

POLITICO E SCRITTORE, 20 OTTOBRE 2008

Se vogliamo che le cose migliorino dobbiamo pensare che possano migliorare: la scelta è fra un mondo di possibilità e un mondo di fallimenti.

Delfino Borroni

BERSAGLIERE, 26 OTTOBRE 2008

«Borroni, vai fuori a vedere la situazione» ordinò il sergente. «Perché devo andare a morire io, che sono il più giovane?» obiettai. «Perché tutti gli altri hanno figli.»
Alla nostra generazione non fu data alcuna scelta.
A 17 anni ero già arruolato nei bersaglieri ciclisti. Era il 1917. Ho combattuto per i monti e gli altipiani. Infine, a Caporetto, in trincea.
Il freddo, la fame, il rombo delle granate, poi c'erano gli attacchi con il gas. Una sera alcuni soldati del suo battaglione fuggirono dall'accampamento per andare a trovare le loro mogli, che vivevano in un paese lì vicino. Furono scoperti e mandati davanti al plotone d'esecuzione, ma noi compagni impedimmo la loro morte urlando «Allora ammazzateci tutti», perché tanta era la nostalgia delle nostre famiglie.
Sono stato l'ultimo veterano della Prima guerra mondiale a morire. E ora? Chi tiene viva la memoria di quell'orrore?

Maria Salvata Del Carlo

NAUFRAGA, 1° NOVEMBRE 2008

E io invece sono l'ultima superstite del *Titanic*.
Ero una passeggera in incognito, ancora nel grembo di mia madre.

«Tu sali sulla scialuppa, tranquilla, io torno più tardi» disse babbo a mia mamma, Argene. Le diede un bacio. Poi fu solo buio e freddo.
Io nacqui dopo un mese. E mia madre mi chiamò Salvata, in ricordo di mio padre, che quella notte ci salvò.
Non era Di Caprio, però…

Giulio Paggio

PARTIGIANO E TERRORISTA, 15 NOVEMBRE 2008

Anche noi eravamo nella storia.

Qualcuno ci ha liquidato come dei semplici assassini, pistoleri senza scrupoli. Altro che Resistenza, una specie di *Romanzo criminale* nella Milano liberata.
Prima ci hanno mitizzato, poi ci hanno cancellato dalle pagine della storia. Eravamo troppo imbarazzanti per un partito, il Pci, di cui eravamo figli.
Noi eravamo la Volante rossa, il gruppo di partigiani che, nella Milano del 1945, continua a combattere armi in pugno, non più sui monti ma dentro le città. Eravamo una cinquantina, li guidavo io, che ero il più grande. Avevo vent'anni e mi facevo chiamare «Tenente Alavaro». Avevo giurato vendetta dopo aver visto fucilare quindici miei compagni a piazzale Loreto.
Mussolini era stato sconfitto, Hitler era seppellito sotto le macerie del suo bunker a Berlino, l'Italia era libera, ma noi continuavamo a usare mitra e pistole, anche perché i fascisti erano ben altro che scomparsi, e c'erano molti conti personali.
Armati, sparavamo. Sempre in sella a una bicicletta.

Sandro Curzi

GIORNALISTA, 22 NOVEMBRE 2008

Per i maligni ero la Volante rossa del giornalismo televisivo.
Il mio Tg3 lo criticavano in tanti per la faziosità, ma in tanti lo vedevano.
Giuliano Ferrara, con una punta di disprezzo, ribattezzò il mio telegiornale «Tele Kabul».

Vito Scafidi

STUDENTE, 22 NOVEMBRE 2008

Basta con tutte queste storie vecchie: il *Titanic*, i partigiani, i comunisti, la Prima guerra mondiale…
Come diceva Rimbaud, non si può essere seri a 17 anni. Non abbiamo di questi pensieri.
Per cosa ti crolla il mondo addosso, a 17 anni? La ragazza che ti lascia, il migliore amico che ti tradisce, la squadra del cuore che perde la partita all'ultimo minuto, o l'interrogazione andata storta, i tuoi che non ti fanno uscire la sera della festa.

A me è crollato addosso il soffitto della scuola.

Alitalia

12 GENNAIO 2009

Per il mio ultimo volo non c'è stata poesia. Era un volo di linea, l'Az329 decollato da Bruxelles alle 20 e 10 e atterrato a Roma alle 22 e 15. Mentre l'aeromobile rullava verso la fine della pista per raggiungere il terminal, il comandante, come da prassi, dava il benvenuto a Roma, con voce calma prima in italiano poi in inglese, ma aggiungendo alla fine in ambedue i casi, dopo una pausa e con un tono un po' più emozionato, un assolutamente inusuale «... questo è l'ultimo volo Alitalia».

Nessuno ha pensato a Icaro, o al folle volo di Ulisse. Ulisse per me è solo il nome della patinata rivista di bordo, che si sfoglia ma non si legge. Tutti hanno pensato ai debiti e alla nuova cordata italiana che avrebbe fatto rinascere, secondo le promesse del presidente del Consiglio Berlusconi, il marchio Alitalia nel mondo, comprando i miei poveri resti per due lire dallo Stato.

Mi smembrarono come chi si accanisce su una carcassa nel retrobottega di una macelleria. Li chiamavano «i capitani patriottici». Ma chi è venuto dopo era già più cadavere di quanto fossi io. E adesso pensano di vendere. A chi? Agli arabi, però con i debiti accollati allo Stato. Ecco come funziona il capitalismo italiano: guadagni per pochi, debiti per tutti.

Mino Reitano

CANTANTE, 27 GENNAIO 2009

I taaaa lia! I taaaa lia!
Di terra bella e uguale non ce n'èèèèèèèèè
I taaaa lia! I taaaa lia!
Questa canzone io la caaaaanto a teeeeeee
I taaaa lia! I taaaa lia!

Giuseppe Gatì

RAGAZZO, 31 GENNAIO 2009

Caro Peppino,
Sono passati ormai trent'anni dalla tua morte, dal giorno in cui salutasti la tua Sicilia.
Quanto la amavi questa terra eh? La amavi così tanto da sacrificare la tua vita cercando di poterla cambiare.
Quante lotte, e quante volte coi denti stretti e i pugni in tasca ti sei «arraggiato» contro lo schifo che ti circondava.
Non so se da qualche parte hai visto quello che hai lasciato, quanto altro sangue è scorso dopo il tuo, quante mogli rimaste vedove, e quanti bambini diventati orfani.
La mafia ha continuato a mietere altre vite dopo la tua, anche se adesso si è «ammodernata» anche lei.
I mafiosi non vanno più in giro con la coppola e i baffetti, ma indossano giacche a doppiopetto e qualche volta occupano addirittura ruoli istituzionali, oppure fanno eleggere amici e galoppini.
Ah scusami! Con la fretta ho dimenticato di presentarmi, anche io come te mi chiamo Giuseppe, e con un gruppo di amici ci siamo «amminchiati» come te, a voler fare qualcosa per vedere le cose girare nel verso giusto.
Siamo stanchi di vivere, anzi di sopravvivere tra compromessi, favoritismi, raccomandazioni e «buone parole».
Certo potresti dire che anche tu sei stanco, ma di sentire sempre le stesse cose da giovani ventenni, che credono di poter cambiare il mondo, ma che alla fine si adegueranno a questa società.
Oggi come allora, chi alza un po di più la testa, viene etichettato come comunista, anarco-insurrezionalista, no global, appartenente a un non ben definito centro sociale o meglio ancora terrorista...

Eluana Englaro

DONNA, 9 FEBBRAIO 2009

Morire subito, fulminati, come quel ragazzo, Gatì: il destino opposto al mio.

Ho iniziato a morire il 18 gennaio del 1992, anche se il mio certificato di morte porta la data del 9 febbraio 2009. Nel mezzo, la battaglia di mio padre, Beppino, perché avesse fine la mia agonia incosciente. Ha fatto della mia lunga storia di morte la sua ragione di vita. Aveva trent'anni quando sono nata. Ne aveva 51 quanto tutto si è fermato.
Per l'Italia ero l'ossessione di quell'unica foto e di un corpo immobile da mantenere a galla nel silenzio della clinica.
E mi volevano viva perché mi sapevano morta.
E credevano nel mio risveglio impossibile perché ancora meno avevano fiducia nel loro dio poco credibile.
Solo tu, contro tutti, hai voluto che morissi, per ricordarmi, e amarmi, da viva. E adesso sono davvero piena di vita, papà.

Alleanza nazionale

22 MARZO 2009

La mia storia, nata sulle ceneri del Movimento sociale italiano, sciolto nel 1995, è durata davvero poco, neanche 15 anni.
Fini mi ha creato, Fini mi ha sciolto, per confluire nell'ultima fantasia di Berlusconi, il Pdl, il partito unico del centrodestra. Un matrimonio che durerà pochissimo, una storia ancora più breve e sfortunata.
Ho chiuso i battenti in un congresso, il terzo e ultimo della mia storia, alla Nuova Fiera di Roma. Sul palco Enrico Ruggeri cantava «Si può dare di più», accompagnato dal coro Juvenes Cantorum di Corato, in provincia di Bari. Sembrava sfottesse.
«Nasce il partito degli italiani», votavano compatti i 1800 delegati. Berlusconi si fregava le mani.
Nel banco dei gadget icone di Giorgio Almirante, un cd con i suoi discorsi, Giafranco Fini, José María Aznar, Nicolas Sarkozy. Un accendino giallo con le date dell'ultimo congresso in blu. Una cartolina con tutte le tessere del partito, e la scritta: IO C'ERO. Un braccialetto tricolore di corda intrecciata. Gli immancabili cd con gli inni della Folgore. Le magliette con la scritta: GRAZIE A DIO SONO ITALIANO. E una spilla tonda, dove spicca la fiamma, su fondo azzurro.
La fiamma sarà spenta per entrare nella fredda casa del Pdl.

Barcollando – L'Aquila

6 APRILE 2009

PISCICELLI sì

GAGLIARDI oh ma alla Ferratella occupati di 'sta roba del terremoto perché qui bisogna partire in quarta subito... non è che c'è un terremoto al giorno...

PISCICELLI no... lo so (*ride*)

GAGLIARDI così per dire per carità... poveracci

PISCICELLI va buò ciao

GAGLIARDI o no?

PISCICELLI eh certo... io ridevo stamattina alle tre e mezzo dentro il letto

GAGLIARDI io pure... va buo'... ciao.

Otto ragazzi alla Casa dello studente
6 APRILE 2009

Non siamo morti per il terremoto, il terremoto non ammazza.

Ci ha ucciso chi ha sottovalutato le scosse dei giorni e dei mesi precedenti, chi ci ha detto: non è nulla, solo fantasie.
Ci ha ucciso chi ha costruito male l'edificio negli anni sessanta, chi lo ha convertito negli anni settanta da magazzino per i farmaci a residenza universitaria «per studenti meritevoli», chi non ha fatto mai il collaudo statico e chi lo ha ristrutturato nel 2000, rendendolo ancora più insicuro, una trappola per topi.

La morale è questa: fossimo stati studenti meno diligenti e preparati, oggi saremmo ancora vivi.

Mario Vanni

PORTALETTERE, 14 APRILE 2009

Io non avevo studiato granché.
Quando il giudice mi chiese: «Signor Vanni, che lavoro fa lei?», io gli risposi: «Io sono stato a fa' delle merende co' i Pacciani, no?».

L’euro mancante
19 APRILE 2009

Sono la moneta sfuggita alla grande colletta nazionale, l’euro rimasto in tasca e mai versato per le popolazioni terremotate d’Abruzzo.

Nessuna telefonata a un numero verde.
Nessun sms.
Nessun bonifico, nessun bollettino postale prestampato.

Ho resistito agli appelli dei vip, ai minuti di silenzio dei calciatori, alle testimonianze dei politici, al pianto in diretta del premier. Non mi hanno impressionato i palinsesti stravolti, le dirette no-stop, le scritte in sovrimpressione durante gli show della sera.
È la beneficenza che rovina questo Paese, lo stereotipo dell’italiano generoso, del popolo pasticcione che ne combina di cotte e di crude, e poi però sa farsi perdonare tutto con questi slanci nei momenti delle tragedie. Ecco, io sono stanco di questa Italia. Non voglio che si perdoni più nulla. La generosità, purtroppo, la beneficenza fanno da pretesto. Siamo ancora lì, fermi sull’orlo del pozzo di Alfredino, a vedere come va a finire, stringendoci l’uno con l’altro. Soffriamo (e offriamo) una compassione autentica. Ma non ci siamo mossi di un centimetro.
Eppure penso che le tragedie, tutte, possono essere prevenute. I pozzi coperti. Le responsabilità accertate. I danni riparati in poco tempo.
Basta. A che servono gli aiuti se poi si continua a fare sempre come prima?
Mi nasce una rabbia dentro che diventa pianto, quando sento dire «in Giappone non sarebbe successo», come se i giapponesi avessero scoperto una cosa nuova, come se il know-how del Sol Levante fosse solo un’esclusiva loro.

Ogni studente di ingegneria fresco di laurea sa come si fanno le costruzioni. Glielo fanno dimenticare all'atto pratico.
E io piango di rabbia perché a morire sono sempre i poveracci, e nel frastuono della televisione non c'è neanche un poeta grande come Pasolini a dirci come stanno le cose, a raccogliere il dolore degli ultimi. Li hanno uccisi tutti, i poeti, in questo paese, o li hanno fatti morire di noia.
Ma io, qui, rimango in tasca, nella tasca di un italiano, povero tra i poveri, che rivendica il diritto di dire quello che pensa.
Come la natura quando muove la terra, d'altronde.

I suicidi in carcere

1° MAGGIO 2009

Sono Graziano Iorio. Uno dei tanti.
Come in quella canzone di Daniele Silvestri...

... l'avevo detto: «Prima o poi vi frego tutti!»
quelli ridevano, pensavano scherzassi
«Da qui non esce mai nessuno in verticale»
come se questo mi potesse scoraggiare.

E poi col tempo mi hanno visto consumarmi poco a poco
ho perso i chili, ho perso i denti, somiglio a un topo
ho rosicchiato tutti gli attimi di vita regalati
e ho coltivato i miei dolcissimi progetti campati...
in aria... nell'aria.

E gli altri sempre a protestare, a vendicare qualche torto
a me dicevano, schifati, «Tu sei virtualmente morto!
a te la bocca serve solamente a farti respirare»
io pensavo: «E non è questo il trucco? inspirare, espirare»...

Achille Compagnoni

ALPINISTA, 13 MAGGIO 2009

Tutti pensavano che ci fosse il trucco.
E invece il trucco era solo questo: inspirare, espirare. Inspirare, espirare.

Sì, sì, avevo la maschera per l'ossigeno. E allora? Sono stato pur sempre, con Lino Lacedelli, il primo uomo nella storia a scalare il K2.
Per dare l'assalto a una grande montagna ci vuole cattiveria. Per questo non risposi alle grida di Walter Bonatti: «Lino! Achille! Aiutateci! Dove siete?». Lui era in forma, e se ci avesse raggiunto ci avrebbe superato. Di cosa dovevo chiedere scusa? Di averlo lasciato al freddo? Di voler arrivare primo? Per noi era come conquistare la Luna, e ancora oggi, ogni anno, per chi vuole conquistare quella vetta è una carneficina.

Susanna Agnelli

POLITICA, 15 MAGGIO 2009

Ci vuole disciplina.
Noi Agnelli siamo stati educati in maniera molto severa, con un grande senso della disciplina. A nessuno di noi è mai stato concesso di non andare a scuola perché quel giorno non stava bene. Siamo sempre andati a piedi e mai accompagnati da un autista, portando la cartella come tutti gli altri, anche quando c'era la neve. Non ricordo la mia prima macchina e nemmeno quando l'ho avuta. Mio nonno aveva l'abitudine di regalarci un'auto per il diciottesimo compleanno. Però i diciott'anni io li ho compiuti durante la guerra. Allora mi regalarono un cavallo, che a me piacque moltissimo. Nel fine settimana fuggivo con lui nelle nostre tenute.

Quelli che abitavano vicino alla stazione di Viareggio

29 GIUGNO 2009

Un convoglio ferroviario che trasportava gpl poco prima della mezzanotte deragliò nella stazione di Viareggio: alcuni carri cisterna si rovesciarono e uno si squarciò, provocando la fuoriuscita del gas. Poi, l'esplosione.

Lo Stato con noi ha scelto la fuga.
Al processo per la strage nella quale siamo morti non si è costituito parte civile.
Uno schiaffo.
Lo Stato se ne frega di 32 morti e della verità.
Alla prima udienza i nostri familiari sono arrivati in corteo, indossando le magliette con le nostre foto e uno striscione con cui c'era scritto: TAGLIARE SULLA SICUREZZA È STATA UNA SCELTA, 32 MORTI UNA PREVEDIBILE CONSEGUENZA.

Agrodolce

TRASMISSIONE TELEVISIVA, 24 LUGLIO 2009

Agrodolce il mio nome, amara la mia storia.

Dovevo essere la soap opera prodotta dalla Rai e dalla Regione Siciliana per rilanciare l'immagine dell'isola, creare occupazione e un polo per le produzioni cinematografiche e televisive a Termini Imerese – la nuova Cinecittà! – fare pubblicità ai siciliani.

È finito tutto molto presto, con il licenziamento di quattrocento persone, 25 milioni di fondi europei buttati, un sacco di soldi spariti, strani giri di amici di amici intorno al set, una montagna di debiti.

È finito tutto, come tutto finisce in Sicilia.

Mike Bongiorno

CONDUTTORE TELEVISIVO, 8 SETTEMBRE 2009

Non è finito nulla, che vi pare. Prima del successo popolare di *Lascia o raddoppia?* ho partecipato alla Resistenza, come staffetta incaricata di trasmettere messaggi a Torino e Milano. Nell'aprile del 1944 sono stato catturato da un plotone della Gestapo, e solo il mio passaporto americano mi salvò dall'esecuzione: pensarono che era meglio tenermi per un eventuale scambio di prigionieri fra tedeschi e alleati. Mi rinchiusero allora a San Vittore. Lì ho conosciuto Indro Montanelli.

«Suo marito mangia mais quando viene a casa?»
«No.»
«E come mai?»
«Sono vedova.»

A Sanremo dopo la mia morte hanno scoperto una statua in mio onore, vicino al teatro Ariston. La gente passa, si fa il segno della croce, mi tocca ed esprime un desiderio.

«Che voce! È un po' raffreddato?»
«No, no… ho subito un'operazione alle corde vocali.»
«Vedrà che adesso la voce torna…»
«Veramente sono vent'anni…»

Allegria!

I morti dell'alluvione di Messina

1° OTTOBRE 2009

Quando arriva Bertolaso ai naufraghi dell'acqua di terraferma prende come una specie di allegria. Tutto conquista forma, le cose hanno un nome, e ogni disgrazia si manifesta, finalmente, con il suo corredo di imperativi («fronteggiare l'emergenza», «assistere gli sfollati») e buone intenzioni.
Quando arriva Bertolaso i vivi sono più tranquilli, perché è arrivato Bertolaso. Con il suo completo coordinato, con lo scudetto tricolore che fa tanto Italia solidale, i capelli mai in disordine, l'espressione sempre tranquilla.
Bertolaso arriva sempre con l'elicottero.
Quando arriva Bertolaso vuol dire che qualcuno si è fatto male per davvero.
Quando arriva Bertolaso si contano i morti.
Bertolaso è una specie di uomo della pioggia.
Fa un lavoro tranquillo Bertolaso. Ha il senno del poi. Non ha bisogno di un ufficio vero e proprio. Constata, conta, provvede. Annulla vincoli e burocrazia. Ripara, rialza, salva. Ammonisce, ricostruisce, consegna. Ringrazia. E se ne va.
A quante persone dà lavoro Bertolaso? Ai giornalisti che lo seguono, ai tecnici che lo inquadrano, a quelli che raccolgono i fondi, a quelli che danno i pasti, a quelli che vendono tende, a quelli che spalano fango, a quelli che votano lo stato di emergenza, a quelli che decretano le calamità, a quelli che gestiscono la ricostruzione, a quelli che fanno le inaugurazioni delle casette, a quelli che vendono gli elettrodomestici da mettere dentro le casette. È buona parte del nostro Pil, Bertolaso.
Quando arriva Bertolaso arrivano i nostri.
Quando arriva Bertolaso, i paesi, o quel che rimane di loro, diventano famosi. L'Italia si arricchisce di nuovi nomi. E tutti quando guardate Bertolaso pensate alla maestra, alla geografia, e a quella mappa della nostra

penisola appesa a muro, in classe, e mai imparata abbastanza. Ieri Sarno, Onna, oggi Giampilieri. Dov'è Giampilieri? Oggi lo sappiamo. Grazie a Bertolaso.

Sono in tanti che vorrebbero avere una foto con Bertolaso. Solo che si vergognano a chiederlo.

Chissà dove ha casa, Bertolaso. Da qualche parte dovrà pure abitare, quando non ha addosso la polo di supereroe della Protezione civile. Magari Bertolaso vive proprio in un comune a rischio di dissesto idrogeologico. Non è difficile: sono in questa condizione il 70% dei comuni italiani.

Quando arriva Bertolaso tutto comincia a funzionare, e anche velocemente. Ha sempre fretta, Bertolaso. Anche perché ha un sacco di cose da fare, e se dovesse andare dappertutto, pover'uomo, non potrebbe fermarsi un attimo. In Italia tra il 1991 e il 2001 ci sono stati 13mila eventi di dissesto idrogeologico.

Nei luoghi dove arriva Bertolaso si blocca il pagamento delle tasse. La cosa, per chi le tasse non le paga, non è affatto una novità.

Gli anziani sanno che quando vedono Bertolaso in tivù, vuol dire che è successo qualcosa. Qualcuno trattiene il respiro. Le mamme fanno una rassegna mentale rapida di parenti o amici da chiamare.

Quando arriva Bertolaso, i calciatori sanno che la domenica andranno in campo un minuto di silenzio dopo.

Le star della tv, quando vedono Bertolaso, sanno che tra qualche settimana ci sarà una partita di pallone da organizzare, da qualche parte.

Quando arriva Bertolaso, Vespa mette da parte l'ultimo plastico. E si prepara a una prima serata.

Molti bambini dicono: «Io da grande voglio fare Bertolaso».

Dopo che arriva Bertolaso arrivano gli altri. Ognuno di loro sa i nomi dei colpevoli, ma esclude elegantemente dall'elenco il proprio. Tutti a lamentarsi della «mancata difesa del territorio», come se la colpa fosse di altri. Consumano territorio senza costruire, hanno inventato una declinazione del termine «urbanizzazione» che fa rima con aggressione. Sono riusciti a fare dell'Italia un Paese dove avviene in media uno smottamento ogni 45 minuti: dal 1918 a oggi si sono riscontrate oltre 15mila frane.

Forse è per questo che Bertolaso arriva sempre dopo.

Ma perché Bertolaso arriva sempre dopo? Dovrebbe arrivare prima, Bertolaso. Non è questione di magia. È questione di prudenza, di responsabilità.

Perché noi sapevamo. Sapevamo che un territorio violentato è un territorio che prima o poi vomita fango. Sapevamo che ciò che è costruito in pendenza prima o poi scivola.
Perché non c'è un Bertolaso che arrivava prima? E ci diceva le cose come stavano? Diceva che è un unico filo quello che lega i consigli comunali che approvano piani di lottizzazione in maniera dissennata, e certe catastrofi. Diceva che la natura si rispetta non solo per una questione di bellezza, ma per un'altra, più pratica, questione di salvezza. Diceva che le frane altro non sono che una manifestazione della legge di gravità, e su questa non c'è scudo che tenga.
I politici sanno dire solo «mai più» davanti alle telecamere. Lo urlano forte, per fare scena, ma pensano già alle eccezioni. Perché vivono di eccezioni. E tanto, a morire, siamo sempre noi, i poveri.

Perché non c'è stato un Bertolaso a Giampilieri? Stessi luoghi, stesse scene, una violenza ridotta in scala. Quella montagna doveva essere messa in sicurezza da allora, ma i lavori del Comune di Messina erano bloccati, per mancanza di fondi.
Perché non c'è stato un Bertolaso a Sarno quando tutto avrebbe potuto essere fermato?
Perché non c'è un Bertolaso che contava noi, i morti quando eravamo, ancora vivi?
Quando arriva Bertolaso è già tardi.
La chiamano «Protezione» civile. Ma allora, chi o cosa protegge?

Gino Giugni

GIUSLAVORISTA E POLITICO, 4 OTTOBRE 2009

Quando arriva Gino Giugni, i lavoratori tirano un sospiro di sollievo.

Sono stato l'uomo delle riforme nel lavoro e nelle relazioni industriali, quello che ha fatto entrare la Costituzione nelle fabbriche. Ero un riformatore, più che un riformista. E non è solo una distinzione lessicale, ma politica, dato che molti riformisti, in Italia, non hanno fatto le riforme, anzi, le hanno smontate.

Stefano Cucchi

RAGAZZO, 22 OTTOBRE 2009

Come in quella canzone di De André... «non mi uccise la morte, ma due guardie bigotte, mi cercarono l'anima a forza di botte...».

Antonio Cangiano

POLITICO, 23 OTTOBRE 2009

Mai sceso a compromessi con la camorra.
Ero vicesindaco di Casapesenna, in Campania. Mi spararono alla schiena, paralizzandomi, perché mi ero rifiutato di far vincere una gara senza appalto a un'impresa vicina alla camorra.
Sono morto dopo anni 21 anni di sofferenza fisica, nel silenzio più totale, nell'indifferenza che ha circondato il mio calvario, lasciato solo nella mia battaglia.

Per essere uomini veri in questa terra bisogna morire ed essere dimenticati.

Alda Merini

POETESSA, 1° NOVEMBRE 2009

E per essere poeti bisogna passare per matti.

Nella mia casa sui Navigli, a Milano, c'era un vecchio telefono a muro, grigio, e appoggiato su uno sgabello un secondo apparecchio, un cordless bianco.
Mi piaceva stare al telefono, di notte e di giorno. Riannodavo i miei fili col mondo in una rubrica personale che tenevo su una parete, alle spalle del letto, e un grande specchio. Lì annotavo i numeri, con la matita o con il rossetto. Questo grappolo di numeri era il mio «muro degli angeli».

Natuzza Evolo

MISTICA, 1° NOVEMBRE 2009

Sono stata anche io rinchiusa in un manicomio.
La mia storia adesso è ampiamente raccontata e studiata da giornalisti, psichiatri, medici, teologi, antropologi.
Ma qualcosa ancora vi sfugge, vero? Le stimmate nel periodo della Quaresima, le emografie, i dialoghi con Gesù e con le anime dei defunti, le guarigioni miracolose, le mie sofferenze, la bilocazione. Il futuro, quello no, non lo prevedevo.

Oggi a Paravati c'è un grande santuario che porta il mio nome. Il calcestruzzo lo ha fornito un clan della 'ndrangheta.

Brenda

TRANS, 20 NOVEMBRE 2009

Nessun santuario porterà mai il mio nome.

Sono la pecora, sono la vacca, sono la femmina camicia aperta, piccole tette da succhiare.

Non ero la *Princesa* di Piero. Quella era Natalie, si vedevano da sette anni. Io con Piero mi sarò vista un paio di volte, ma lui era fatto di cocaina e si ricordava a malapena il mio nome.
Tutti mi volevano morta. I miei clienti famosi, una banda di alcuni romeni che ci venivano a disturbare sulla Cassia, le mie compagne trans, anche se a loro facevo paura, perché ero robusta. E dopo il casino scoppiato con Piero volevo tornare in Brasile.

Lea Garofalo

TESTIMONE DI GIUSTIZIA, 24 NOVEMBRE 2009

Volevo tornare indietro. Ma ormai avevo dato appuntamento a Carlo Cosco, il mio ex compagno, il padre di mia figlia Denise. Sapevo di rischiare. Ero una testimone di giustizia. Come Rita Atria, anch'io appartenevo a una famiglia mafiosa, e avevo deciso di ribellarmi. Avevo raccontato molte cose sulla 'ndrangheta e su alcuni omicidi commessi a Milano alla fine degli anni novanta in una faida tra due cosche.
E infatti quell'appuntamento era una trappola. Carlo, insieme ad altri mafiosi, mi ha «interrogato», torturato e ucciso in un capannone della periferia di Milano. Poi hanno sciolto il mio corpo in un furgone con cinquanta litri di acido e scaricato tutto in un terreno vicino a Monza.

Dovreste prendere esempio da quelle donne di Atene
che perdonano ai loro mariti, i bravi guerrieri di Atene
quando si ingozzano di vino per trovare il coraggio di aver vicino
altre falene.
Ma poi alla fine della notte, spossati
sono quasi sempre ritornati dalle
loro piccine
Elene...

Maurizio Costanzo Show

TRASMISSIONE TELEVISIVA, 9 DICEMBRE 2009

Dal 1982 al 2009, la trasmissione più longeva nella storia della televisione italiana, e anche infallibile mezzo contro l'insonnia.
La messinscena di una conversazione tra persone normali, qualcuna intelligente, molti fenomeni da baraccone (il poeta del paese, il travestito, il critico d'arte isterico). Un tasso di banalità che sbaraglia ogni concorrenza.
Tu mi hai visto. Anche tu dicendo: ora vado a letto, ma non riuscivi a spegnere il televisore, non fosse altro per sapere fino a che punto erano capaci di arrivare quelli sul palco.
Quanto è affascinante la stupidità.
È così che sei scivolato anche tu nel sonno, ogni sera, dalle 23 in poi, davanti al *Maurizio Costanzo Show*.
E con te, l'Italia intera.

Gli anni zero
31 DICEMBRE 2009

Tutto è possibile negli anni zero
sbirri uccidono nel carcere: tu dici «Non è vero!».
Negli anni zero sembra che tutto è normale
tu dici escort ma a me sembrano puttane.
Io faccio boxe col pensiero tu fai xbox 360...

E voi credete alle bugie degli anni zero,
non credete a niente a cui dovreste credere davvero...

Dacci oggi il nostro doping quotidiano
che ci salvi dal governo e ci salvi dal Vaticano.
Dacci oggi il nostro doping quotidiano
che per oggi mi faccia scordare di essere italiano...

Leonardo Zega

SACERDOTE E GIORNALISTA, 5 GENNAIO 2010

Sono stato per diciotto anni direttore di *Famiglia cristiana*. Ogni settimana vendevamo più di un milione di copie. Io avevo una mia rubrica, «Colloqui col padre», e rispondevo a lettere di ogni genere, con ragionamenti a volte non graditi dai vertici vaticani. Parlavo con gli omosessuali, parlavo di bioetica, rapporti prematrimoniali, divorzio. Fin quando un potente cardinale disse che la mia linea editoriale era troppo «spregiudicata». Io però non ero un eretico. Alla fine mi fecero dimettere. Amen.

Beniamino Placido

GIORNALISTA, 6 GENNAIO 2010

Un'eresia. Cosa ci fa un critico letterario come te, mi dicevano in tanti, a commentare ogni giorno sulla *Repubblica* i programmi che fanno in tv? Per me era come affacciarsi alla finestra e vedere che cosa accade, chi passa, che cosa si dice, né più né meno. È sbagliato ritenere la televisione materia vile per intellettuali: io la guardavo con rispetto, e non mi faceva impressione, quella scatola magica, aprirla, toccarla. Poi, certo, molti personaggi televisivi me li cucinavo per bene...

Chiara e Marina Bellavia

BAMBINE, 23 GENNAIO 2010

Come una vecchia scatola, la casa si è accartocciata su se stessa per la troppa fatiscenza. Siamo a Favara, 30mila abitanti a dieci chilometri da Agrigento. È conosciuta come la capitale italiana dell'abusivismo edilizio. Di fronte all'ennesimo dramma causato dal degrado edilizio e ambientale, esplode la rabbia. Qui è tutto transennato, tutto pericolante.
Non era la prima volta che qualcuno moriva sotto i crolli. Ma la nostra morte ha fatto scattare in qualcuno la voglia di reagire, anziché andare via, come fanno troppi giovani dalle nostre parti.
E così una coppia di professionisti, Florinda Saieva, avvocato, e Andrea Bartoli, notaio, dopo la nostra morte hanno deciso di non andare via a vivere a Parigi, come avevano programmato, ma di restare a Favara e di lanciare un progetto di riqualificazione urbanistica. Si chiama Farm-Cultural Park. Nel centro storico di Favara, «per sperimentare, conoscere, condividere»: workshop, corsi di architettura e urbanistica, residenze per artisti stranieri, giardino per conferenze e incontri culturali, aree didattiche per bambini. Perché la bellezza può risorgere da qualsiasi luogo. Anche a Favara.

Il più grande italiano di tutti i tempi

TRASMISSIONE TELEVISIVA, 10 FEBBRAIO 2010

In testa Leonardo Da Vinci.
Secondo Giuseppe Verdi.
Terzi Falcone&Borsellino, perdono in semifinale con Leonardo Da Vinci.
Quarto Galileo Galilei, perde in semifinale con Giuseppe Verdi.
Quinta Laura Pausini, prevale su Dante Alighieri, Luigi Pirandello, Enrico Fermi.

Alberto Ronchey

GIORNALISTA, 5 MARZO 2010

Ho cominciato a scrivere sulla stampa clandestina durante l'occupazione, e poi ho fatto il cronista, il redattore capo, il corrispondente, l'inviato speciale, il direttore, il professore di sociologia, il ministro dei Beni culturali, il presidente della Rizzoli... In ogni luogo, in ogni mestiere, ho scoperto cose nuove: dalla Russia di Krusciov all'America di Kennedy, all'Europa che costruiva la sua pace e la sua unità. Sono stato l'inventore, come elemento interpretativo della politica italiana, del «fattore K» (kappa sta per «kommunizm»).

A causa del mio rigore *l'Unità* mi definiva «ingegner Ronchey». Voleva essere una critica, ma in realtà non mi dispiaceva.

Pietrino Vanacore

PORTIERE, 10 MARZO 2010

Giornali ne leggevo tanti, per passare il tempo. Facevo il portiere a Roma, nello stabile di via Poma 2, complesso di palazzine degli anni trenta nel cuore della Roma bene.

Lì, un pomeriggio di agosto, del 1990, trovarono morta dentro l'ufficio dell'Associazione alberghi della gioventù una ragazza di vent'anni, Simonetta Cesaroni.

Sospettarono subito di me.

«Dov'era?»

«A innaffiare i fiori.»

Non fui creduto. Fui arrestato tre giorni dopo, e prosciolto dopo tre anni.

Dopo dieci anni cominciò un altro processo, questa volta, all'ex findanzato, Raniero Busco. Lui disse: «Vanacore, che sa, non mi aiuta…».

Mi sono ritrovato di nuovo alla ribalta.

Non ho retto.

Emanuele Pirella

PUBBLICITARIO, 23 MARZO 2010

«Chiquita: 10 e lode». «O così, o Pomì». «Che morbido, è nuovo? No, lavato con Perlana». E ancora, la pubblicità choc anni settanta della ragazza in hot pants, per i jeans Jesus: «Chi mi ama mi segua». E come scordare il veterinario dell'amaro Montenegro, impegnato in mille avventure? Erano tutte idee mie.

Bruno Fortunato

POLIZIOTTO, 9 APRILE 2010

Quel giorno, il 2 marzo del 2003, ho visto morire il mio collega Emanuele Petri nel conflitto a fuoco che portò alla cattura di Nadia Desdemona Lioce e alla morte di Mario Galesi. Erano i vertici delle nuove Br, ma noi non lo sapevamo. Eravamo solo agenti di Polizia ferroviaria in servizio su un treno da Firenze a Roma e facevamo dei normali controlli.
In quei concitati momenti, ho avvertito come un pizzico all'addome: era un colpo di pistola sparato da Galesi, che mi aveva perforato fegato e polmone. Galesi uccise Emanuele, io uccisi lui. La Lioce cercò di spararmi, ma l'arma si inceppò.

Ho sognato quella donna ogni notte. E ho sognato tutti quelli che si sono scordati di me, gli amici che non si sono fatti più vivi.
La mia colpa era essere sopravvissuto.
Poi ho deciso di farla finita, con un colpo di pistola alla testa.
Stavolta l'arma non si è inceppata.

Edmondo Berselli

GIORNALISTA E SCRITTORE, 11 APRILE 2010

Da intellettuale, amavo travestirmi. Ero quello che si interessava di canzonette, che sapeva tutto del calcio, che a tavola con gli amici imitava la gente famosa, che amava i cani e Gatto Silvestro.
Facevo l'adulto con riserva, ma era una maschera. Perché la cultura è quel che resta quando tutto è stato dimenticato, e io elevavo a oggetto di studio ciò che ad altri sembrava superfluo.

Certa televisione, per esempio. Come Beniamino Placido, non mi vergognavo di guardarla. C'era una sit-com molto fortunata su Canale 5, *Casa Vianello*, con Sandra Mondaini e Raimondo Vianello. L'ho definita «un modo di rappresentare un'Italia media, abbastanza eterna, piuttosto governativa, tradotta in un format».

Raimondo Vianello

COMICO, 15 APRILE 2010

Una volta mi hanno chiesto: «Dopo tanti anni di sodalizio umano e artistico con Sandra Mondaini, esiste una cosa che avreste voluto fare insieme e non siete ancora riusciti a fare?».
«Sì, il divorzio.»

Gli scomparsi: persone senza corpo
2010

C'è chi si toglie la vita.
Poi c'è chi si toglie *dalla* vita.
Siamo nella collina, anzi no. Siamo ancora, no, non siamo più. Nelle foto abbiamo le stesse facce sorridenti e improbabili che avete voi nelle lapidi.
Ma noi non siamo ufficialmente morti. Siamo gli scomparsi.
Un fratello che si è allontanato un secondo da casa.
Una moglie uscita per una commissione.
Un nonno sceso al parco.
Bimbi, ragazzi, mamme, mariti, mogli.
Il deluso per amore.
L'arrabbiato con il mondo.
Il disoccupato.
L'ingenuo tradito da un orco.
Noi siamo quelli che non sono tornati. Senza un corpo da trovare, un lutto da elaborare.
Siamo la sorella, il figlio, inghiottiti dal buco nero che non dà pace.
Perché ci siamo ancora, nelle vite di chi rimane. Ci siamo ancora, anche se non ci siamo più.
Ci siamo ancora, su *Chi l'ha visto?*, alla tv. Poi col tempo scivoliamo nel nostro mondo parallelo e misterioso, in questa collina, dove non ci sono cadaveri ma immagini sempre più sfocate. E un suono nel silenzio: il batticuore di chi ci aspetta.

I non identificati: corpi senza nome

2010

Che senso ha dare un nome a un'ombra? E dei nostri corpi è solo l'ombra che rimane.

Perché un volto l'abbiamo, ma non abbiamo nome. E nel grande gioco degli accoppiamenti nessun nome di persona scomparsa coincide con quel che resta di noi.

Qui sulla collina, ci siamo anche noi.

Siamo gli invisibili delle camere mortuarie, gli inquilini degli obitori. Corpi che nessuno reclama, piange, accompagna.

Una morte persa, in cima alla fatica di una vita sola. Vita di senzatetto, di anziani senza figli, di migranti senza radici, di malati in ospedale senza visite. La nostra casa era il parcheggio di un supermercato, l'ingresso di una stazione, la pensilina della fermata di un tram che non è stato mai il nostro. O il ventre di una madre che ci ha respinto.

Il monumento a Garibaldi e ai Mille di Marsala

17 MAGGIO 2010

Se qualcuno crede ancora al mito dell'Italia Unita portatelo da me, mostrategli i miei resti: il cadavere cementizio di un poderoso monumento, a Marsala – la città dove nel 1860 cominciò con lo sbarco dei Mille di Garibaldi il processo che portò all'Unità d'Italia – che testimonia quale sia il rispetto del nostro Paese per la sua storia. Dedicato a Garibaldi e ai Mille, immaginato dopo la sbarco, promesso ai tempi del Duce, progettato per il centenario del 1960, iniziato con la posa della prima pietra da Bettino Craxi nel 1986, bloccato perché totalmente abusivo, sbloccato, ribloccato e abbandonato alle erbacce. Oggi sono uno scheletro incompiuto di blocchi, pilastri, vasche di cemento armato, divorato dal tempo e dalla salsedine e dalle erbacce e ricoperto di manifesti pubblicitari e di coloratissimi e orrendi graffiti. Il tutto con l'aggiunta di mucchi di immondizia, cartacce e topi morti. Abbiate pietà: abbattetemi. Sempre meglio le ruspe che essere un mostro di calcestruzzo che insulta l'Unità d'Italia. Fosse vivo, Giuseppe Garibaldi imbraccerebbe lo schioppo.

Ma forse no, forse sono la perfetta sintesi dell'Italia: megalomania, approssimazione, litigiosità, ottusità burocratica, contrapposizione di poteri, indifferenza per i tempi, disprezzo per il buonsenso… Sembra l'idea di un pubblicitario che voglia fare promozione al contrario, non trovate?

Graziano Verzotto

POLITICO, 12 GIUGNO 2010

Nato a Padova, la mia carriera si è svolta tutta nella parte opposta d'Italia: in Sicilia. Una carriera in continua ascesa sotto l'ombrello della Dc. Fanfani mi manda a Siracusa a fare il segretario provinciale della Dc nel 1955 «per mettere ordine al partito» e per seguire da vicino cosa fa il mio amico Mattei. Sono l'ultimo a vedere Enrico Mattei vivo prima che il suo aereo precipiti. Divento senatore. Nel 1970, l'anno in cui sparisce De Mauro, l'Eni mi nomina a capo delle relazioni esterne in Sicilia. Divento presidente dell'Ente minerario siciliano. Sono testimone di nozze del boss mafioso Giuseppe Di Cristina e in cordiali rapporti con Stefano Bontade.

È a loro che ho chiesto l'eliminazione di De Mauro. Il giornalista era vicino alla verità sulla morte di Enrico Mattei, e con il regista Francesco Rosi magari ci avrebbe fatto un film. Era venuto da me a chiedere informazioni su come muoversi.

Governavo la Sicilia, ribaltando a Palermo le decisoni che venivano prese a Roma. «Più passa il tempo e più ammiro i Borboni» mi disse una volta Aldo Moro «perché loro avevano il Regno delle Due Sicilie, e noi invece non riusciamo a governarne una.»

Nel 1975 fuggo, latitante, a Parigi, travolto dallo scandalo dei fondi neri della Banca unione di Michele Sindona.

Anche io, come Vito Guarrasi ed Eugenio Cefis, sono morto portando nella tomba tutte le tessere dei miei segreti.

Pietro Taricone

ATTORE, 29 GIUGNO 2010

Non ho segreti. La mia vita è il mio show.

Uno può dire: ma hai fatto il *Grande Fratello*, l'amore in diretta con quella bionda, Cristina, e ancora non ti bastava? No, perché quello volevo, la televisione, la fiction, il cinema, le copertine dei settimanali con le mie foto nudo, e i lanci con il paracadute.
Uno può dire: occhio, che con il paracadute si può morire. Vero, ma prima o poi moriamo tutti. Muori pure se non fai il *Grande Fratello*, se non hai fatto l'amore con la bionda Cristina, se non hai fatto la televisione, la fiction, il cinema, le copertine dei settimanali.
Muori pure se non ti lanci con il paracadute. E io mi lancio, sono un giovanotto matto.

Lelio Luttazzi

ATTORE, CANTANTE E SHOWMAN, 8 LUGLIO 2010

Vorrei baciare
i tuoi capelli neri,
le labbra tue,
gli occhioni tuoi sinceri.

Però alla mia bambina,
ch'è bionda come l'or,
io mai saprò parlare
del mio amor.

Il mio primo successo fu una canzone, nel 1943, dal titolo «Il giovanotto matto».

Guadagnai 350mila lire. Mi trasferii a Milano con il mio amico Teddy Reno, ho diretto l'orchestra della Rai, lavorato con Mike Bongiorno, scritto canzoni, come «Una zebra a pois», che cantate ancora oggi. Ho recitato per Dino Risi e Michelangelo Antonioni, presentato *Studio Uno*. Ho inventato quell'urlo dilatato, «Hiiiiiit Paraaaaaaade». Ma non mi sono mai sentito un musicista o un attore all'altezza...

Giovanni Ventura

TERRORISTA, 2 AGOSTO 2010

Io sì che ero all'altezza. Un protagonista indiscusso della strategia della tensione. Silenzioso, nascosto, taciturno.

Sono l'uomo dai mille misteri che si è rifatto una vita in Argentina.
Condannato e poi assolto per la strage di piazza Fontana avevo a Buenos Aires il ristorante italiano più famoso: Il Filo'.
Ma a voi questo non interessa. Voi volete sapere se davvero ho avuto un ruolo nella strage dalla quale tutto è cominciato, nel 1969. La risposta giudiziaria ve l'ha data la Cassazione nel 2005. Nelle motivazioni dell'ultima sentenza sulla strage alla Banca nazionale dell'agricoltura di Milano si legge, tra l'altro: «Il giudizio circa la responsabilità di Freda e Ventura in ordine alla strage di piazza Fontana non può che essere uno: la risposta è positiva...».

Quindi, sono colpevole.

Eppure, nonostante fossero emersi nelle nuove indagini sull'eversione nera il coinvolgimento sia mio che di Franco Freda nella strage di Piazza Fontana, i magistrati non hanno potuto riaprire un fascicolo nei miei confronti: ero stato già assolto nel precedente processo.

Quindi, sono innocente.

Elvira Sellerio
EDITRICE, 3 AGOSTO 2010

Anche l'editore deve stare silenzioso, nascosto, taciturno.
Ho trasformato Gesualdo Bufalino, un erudito di campagna, in uno scrittore da premio Campiello, cavato best seller da professori di provincia, visto in Andrea Camilleri il grande giallista.

Francesco Cossiga

POLITICO, 17 AGOSTO 2010

Matto saggio, giullare depresso. Dice Eugenio Scalfari che la mia vita è stata profondamente infelice. Nella primavera del 1977, quando uccisero Giorgiana Masi, ero il ministro democristiano dell'Interno, il temibile «Kossiga». Aldo Moro era mio amico, ma non sono riuscito a salvarlo. Fu sequestrato dalle Brigate rosse e assassinato dopo 55 giorni di prigionia perché aveva teso la mano ai comunisti di Enrico Berlinguer. Travolto dal senso di colpa, mi ero dimesso, alla ricerca di una vita diversa. Mi vennero i capelli bianchi e le macchie sulla pelle. La notte mi svegliavo di soprassalto dicendomi: l'ho ucciso io. Rientrai dal mio esilio volontario scalando i vertici delle istituzioni: presidente del Consiglio, poi presidente del Senato, infine presidente della Repubblica.

Io so che cosa è stata la Guerra fredda in Italia e come è stata combattuta da entrambe le parti. Non mi ha scandalizzato nulla: il fattore K come la P2, Gladio come la strategia della tensione. Anzi, a me piaceva toccare tutti i tasti dolenti senza alcuna remora. Sono stato dalla parte dello Stato. E sono stato un suggeritore dell'Antistato. L'Italia è stata una democrazia incompiuta, ma era l'unico tipo di democrazia possibile per rimanere in Occidente.

Sarah Scazzi

RAGAZZA, 26 AGOSTO 2010

Un giallo di serie B, roba da pruriginosa televisione estiva: lo zio Michele, la zia Cosima, la gelosia di mia cugina Sabrina. Quanto vi ha tenuto inchiodati allo schermo il mio omicidio? Davvero non vi ha nauseato l'attenzione morbosa di telecamere e videogiornalisti sulla mia famiglia? Tutti lì a raccontare i particolari (la mamma è andata a fare la spesa, la cugina ha chiesto un fumetto...), e nessuno invece a raccontarvi la mia storia, quello che conta oltre i miei amabili resti.

La mia vicenda è stata spappolata, anatomizzata: il racconto di zio Michele, le dita sul collo, il ragazzo conteso con mia cugina, la lite davanti al pub. L'infinitamente piccolo. Il plastico di Vespa che sembra quasi la casa di Barbie. L'infinitamente inutile. E poi gli esagitati, le vallette, quelli che attirano ascolti. Vittorio Sgarbi, la Santanchè, i criminologi e gli avvocati. La vivisezione di ogni cosa per non raccontare storie, ma solo particolari.

Se il sabato sera rimanete a casa, vi suggerisco di buttare uno sguardo su Maria De Filippi e *C'è posta per te*. Troverete sicuramente una storia simile alla mia, con zio e nipote che non si parlano, per via di vecchi dissapori. Dopo mezz'ora la pace è fatta. Grazie, Maria. Busta aperta.

L'unico rimedio per prevenire episodi come il mio è rivolgersi a Maria De Filippi. *C'è posta per te* è l'unico modo che abbiamo per prevenire tutti i potenziali casi di omicidi che ci possono essere tra consanguinei. Io sono stata uccisa perché non ho fatto in tempo a scrivere alla redazione di quel programma, ad andare da Maria De Filippi e ad aprire la busta dove dall'altra parte c'erano, seduti insieme, zii e cugina. «Zio, ti perdono! Sabrina, abbracciami!» Musica. Applausi. Lacrime, un po' di telegenica celebrità. Magari ci scappava pure una pacca innocente sul culo.

Angelo Vassallo

SINDACO, 5 SETTEMBRE 2010

Vincenzo Gentile, sindaco di Gioia Tauro, ucciso per un favore negato a un nipote di un boss della 'ndrangheta, nell'87.
L'anno dopo tocca a Luigi Rodigari, sindaco di Colzate, vicino Bergamo. Gli spara un benzinaio: non gli aveva dato l'autorizzazione per un autolavaggio.
Il 28 giugno del 1990, a Laganadi, in provincia di Reggio Calabria, un consigliere comunale uccide con il fucile a pallettoni il sindaco Antonio Calarco.
Carmine Troilo, sindaco di San Martino in Pensilis, vicino a Campobasso, è ucciso il 9 aprile del 1993 a coltellate per la mancata assegnazione di un sussidio.
Per lo stesso motivo il 7 maggio 1999 William Pilato, 22 anni, disoccupato, uccide a coltellate il sindaco di Caltanissetta Michele Abbate.
A Villa Bartolomea, vicino Verona, un autista del Comune uccide il sindaco Loris Romano nel suo ufficio, a colpi di pistola. È il 30 settembre 2006.
Il 28 febbraio 2008 a morire è Giovanni Piscitelli, 52 anni, sindaco del Comune di Cervino, nel casertano. Il corpo del primo cittadino, bruciato vivo, viene ritrovato con mani e piedi legati. Sono arrestati il responsabile dell'ufficio tecnico del Comune e un imprenditore.
Poi è toccato a me, il sindaco di Pollica: dire un no e poi morire.

Sandra Mondaini

ATTRICE E CONDUTTRICE, 21 SETTEMBRE 2010

Ho avuto due vite: una da quando sono nata fino al giorno in cui ho conosciuto Raimondo, l'altra che va da quel primo incontro con Raimondo in poi. A scuola sono arrivata fino alla quinta elementare, che ho fatto due volte e poi ho smesso per sempre di studiare. Verso i sedici anni ho cominciato a fare la modella per griffe e riviste importanti. Papà conosceva il famoso autore e umorista Marcello Marchesi che un giorno, avrò avuto 18 o 19 anni, gli disse che cercava una ragazza come me per una rivista. Marchesi, comunque, mi prese subito per la rivista *Ghe pensi mi*, e in compagnia c'era anche Franca Rame. Mi scritturarono per *Dove vai se il cavallo non ce l'hai?* con Ugo Tognazzi. Incontrai per la prima volta Raimondo. Era già un attore importante, io la soubrettina. Avevamo molto rispetto l'uno per l'altra, ma per un anno non ci siamo quasi scambiati una parola. Ma una sera, di fronte a una cotoletta alla milanese, mentre eravamo in una tavolata con tutta la compagnia, Raimondo mi dice: «Lo sai che mi sono innamorato di te?». Siccome lui scherzava sempre, gli dissi: «Vai a farti benedire». Tre anni di fidanzamento. Di notte fissava la data del matrimonio e la mattina diventava vago. Così un giorno scappai, a Milano dalla mia mamma. Subito Raimondo mi telefonò annunciandomi che ci saremmo sposati il 28 maggio del 1962.

Sergio Calore

TERRORISTA, 6 OTTOBRE 2010

Ventura, perché non ti sei mai assunto le tue responsabilità come ho fatto io?
Io ho avuto il coraggio, quando mi hanno arrestato, di cominciare a dire la verità, e di raccontare la vera storia del terrorismo nero italiano.

È stato Franco Freda a organizzare la strage di piazza Fontana del 1969. Noi terroristi di destra avevamo rapporti con molti apparati dello Stato per scambiarci reciprocamente informazioni: «Era prevista per il dicembre 1969 la attuazione di un golpe cui dovevano partecipare le stesse forze che l'anno seguente, nella notte fra l'8 e il 9 dicembre 1970, tentarono di mettere in atto quello che è noto come golpe Borghese. Quando, nel dicembre 1969, si stabilì che il golpe non ci doveva essere, alcuni giovani estremisti, più o meno collegati ai gruppi giovanili del Fronte nazionale, decisero di forzare la situazione attuando gli attentati del 12 dicembre 1969 al fine di provocare l'intervento stabilizzatore delle Forze armate».

La Domus gladiatori

POMPEI, 6 NOVEMBRE 2010

Admiror te, paries, non cecidisse [ruinis], qui tot scriptorum taedia sustineas.

Dino De Laurentiis

PRODUTTORE CINEMATOGRAFICO, 10 NOVEMBRE 2010

In Italia ero il dottor De Laurentiis e in America «mister D», o al massimo «Dino». Come Sinatra che era «Frankie» e basta. Qualcosa significa, no?

Significa che sono stato un ponte fra l'Italia e l'America, perché ho portato il lussuoso artigianato italiano a Hollywood e i sistemi dell'industria americana a Cinecittà.

Yara Gambirasio

RAGAZZA, 26 NOVEMBRE 2010

Sono uscita dalla palestra dopo la lezione di ginnastica ritmica e a casa non ci sono arrivata mai.

Sei coltellate, e ho provato anche a difendermi.
Analisi autoptiche, prelievi di terriccio e humus, tragitti cronometrati accuratamente, esami del Dna a tutti, e Polizia postale.

L'apparecchio per i denti, i guanti per il freddo, un ciuffo d'erba fra i denti: questi sono i miei amabili resti.

Mario Monicelli

REGISTA, 29 NOVEMBRE 2010

I miei film non erano le classiche «commedie all'italiana». Avevano anche un risvolto politico, solo che a sinistra non lo capivano. Così nei *Soliti ignoti* ho raccontato l'evoluzione dei problemi sociali del nostro Paese. *La grande guerra*, era, invece, ideologicamente una demistificazione, tant'è che per impedirmi di girarlo ci fu anche un'interpellanza parlamentare.
Ma non ci riuscirono. Io gestivo i miei film, come ho fatto, fino all'ultimo istante, con la mia vita. 95 anni per il cinema, 5 piani in pochi secondi.

Paolo Signorelli

PROFESSORE, 1° DICEMBRE 2010

Sette anni di carcere, mille giorni di arresti domiciliari.
Imputato per gli omicidi dei giudici Vittorio Occorso e Mario Amato, assolto in appello.
Accusato di essere l'ideatore della strage alla stazione di Bologna, prosciolto in Cassazione.
Ero il mostro dei mostri, non c'era ignominia della destra estrema che non mi venisse attribuita.

Di professione facevo l'imputato. E ho detto tutto.

Enzo Bearzot

ALLENATORE, 21 DICEMBRE 2010

Primo: non prenderle! Secondo: è imperativo vincere. Terzo: non c'è un terzo punto perché i primi due han già detto tutto.

Salvatore Cangemi

BOSS MAFIOSO, 14 GENNAIO 2011

Il mio rifugio è stata una località segreta e una nuova identità, dal giorno in cui, nel 1993, avevo deciso di passare dalla parte dello Stato per paura che Bernardo Provenzano mi facesse uccidere.
Sono stato il primo collaboratore di giustizia ad accusare Silvio Berlusconi e Marcello Dell'Utri di aver avuto rapporti con i vertici di Cosa Nostra: «Totò Riina aveva ricevuto precise garanzie in favore dell'organizzazione nonostante l'effettuazione di due eclatanti attentati (strage di Capaci e di via D'Amelio) da parte di persone importanti che ha indicato nei dottori Marcello Dell'Utri e Silvio Berlusconi».

I bambini della Terra dei fuochi

2011

«Caro Gesù, vogliamo che il cancro ai bambini e ai signori più anziani che non muiono e per i roghi tossici che non ci uccidono...»

«... e per noi che viviamo con tanti rifiuti tossici grazie che ci fai vivere ogni di più grazie Gesù, Don Maurizio dice che non ne può più di seppellire bambini, non ne può proprio più».

La Campania Felix
2011

Ma davvero avete il coraggio di far finta di niente? La gente di qui vive l'Apocalisse. Perché i politici non vengono a vedere con i loro occhi l'orrore di una terra assassinata? Perché non vengono ad affondare le loro scarpe nel mio ventre, nel mio muschio appiccicoso di terra stuprata e acidi?
Cosa scrivere sulla mia lapide? Le parole di Goethe, certo: «Tutta la campagna che circonda Napoli è solo un giardino di ortaggi, ed è un godimento vedere le quantità incredibili di legumi...». Oppure le parole di Carmine Schiavone, il cugino di Sandokan, il capo dei Casalesi, che parlando dei rifiuti tossici scaricati qui per decenni ha detto: «Mio cugino disse: qui si fanno i miliardi».

Vi benedice la Campania Felix. Vi benedice con la sua acqua dal colore di sangue raggrumato.

Nilla Pizzi

CANTANTE, 12 MARZO 2011

La carriera artistica è come una scala. A un certo punto, se sei fortunato, tocchi la cima, come ho fatto io nei primi anni ’50. E allora l’importante è trovare il modo giusto di scendere. Io ho cercato di scendere senza scivolare e senza rompermi il collo. Così mi sono sistemata sul mio gradino, da dove ho continuato a cantare, a far serate, a divertirmi.

Vittorio Arrigoni

REPORTER E ATTIVISTA, 15 APRILE 2011

Poi venne la crisi, sparirono i sorrisi, le frasi col vicino divennero scortesi: nervi troppo tesi, tasse tutti i mesi, i soldi peggio spesi, i soldi sempre attesi. Intanto tutti a testa bassa negli androni, le tasche coi bottoni, le case, i padroni, i brutti contro i buoni, i matti contro i pazzi, gli Orazi, i Curiazi, le liti, gli scazzi. Tutti a campare in apnea, c'è sempre l'alta marea, pure il weekend all'Ikea è mors tua vita mea. Il tablet per la scuola, i libri perché non funziona, il treno che ritarda tutti i giorni un'ora. Il posto traballa, il posto crolla: tutti per strada e nessuno se l'accolla. Tutti con la netta sensazione di esser soli: non c'è nessuno che ascolti nonostante ci si sgoli.
Cerchiamo di restare umani, cerchiamo di restare qui

cerchiamo con la testa e con le mani, cerchiamo i nostri simili
cerchiamo con la testa e con le mani, cerchiamo i nostri simili

Renato Superina

COMANDANTE, 28 APRILE 2011

Ero il comandante della petroliera *Agip Abruzzo*, che la sera del 10 aprile 1991 si trovava nella rada del porto di Livorno, quando venne speronata alle ore 22 e 27 dal traghetto *Moby Prince* della Navarma, da appena 23 minuti salpato con destinazione Olbia. Morirono 140 persone. La più grave tragedia della marineria italiana, in tempo di pace.

Comandante Ugo Chessa, io dissi un'atroce bugia: per radio alla capitaneria di porto di Livorno comunicai che mi era venuta addosso una «bettolina», una piccola nave da rimorchio, invece di dichiarare che ero entrato in collisione con un traghetto e che il traghetto aveva preso fuoco.

Come si può confondere un traghetto con una bettolina? È la domanda che da quella notte mi hanno fatto tutti. È come confondere un Tir con una Cinquecento, lo so. Ma io alla domanda non ho mai risposto.

Giovanni Giudici
POETA, 24 MAGGIO 2011

Metti la vita in versi.

Filippo Mancuso

MAGISTRATO E POLITICO, 30 MAGGIO 2011

Non facciamo poesia, finiamola.
Sono stato per pochi mesi ministro della Giustizia, nel 1995, quando capo del governo era Lamberto Dini.
Ho avviato un'azione disciplinare nei confronti dei magistrati del pool Mani pulite di Milano: avevano intimidito, secondo me, gli ispettori che erano stati inviati a controllare la loro attività.
Sono stato il primo e unico caso nella storia della Repubblica italiana di ministro sfiduciato individualmente dal Parlamento. Risposi a chi mi attaccava al Senato: «La menzionata richiesta (attèsone il contenuto e la perentorietà) suona immeritata offesa per la presidenza del medesimo Dini». Alla parola «attèsone» tutti sbarrarono gli occhi. Ma io parlavo così. A casa, con mia moglie, parlavamo in latino...

Il centrosinistra mi fregò da ministro. Il centrodestra poi mi fregò da possibile giudice della Corte costituzionale.

Enzo Del Re

MUSICISTA, 6 GIUGNO 2011

Parlavo a malapena l'italiano. La mia poesia era la mia voce, il mio corpo, la mia sedia.

Ero un cantastorie corpofonista.
Anarchico, senza compromessi. Fino alle estreme conseguenze, fino ad andarmene in completa solitudine, nella stanza di casa mia, nel paese in cui ero nato, cresciuto e morto, Mola di Bari.
Ai concerti arrivavo accompagnandomi con una sedia o una valigia di cartone. E cantavo fino a che l'ultimo ascoltatore non se n'era andato. Il mio repertorio si prendeva il tempo che voleva.

Uacidd pish u litt' e u cul iev mazz'te!

Le vittime di Cesare Battisti

13 GIUGNO 2011

Un maresciallo degli agenti di custodia di Udine; un gioielliere milanese e un macellaio mestrino iscritto all'Msi; un agente della Digos di Milano. Anche noi formiamo un repertorio. E il nostro assassino – ex leader dei Proletari armati per il comunismo – si è preso tutto il tempo che ha voluto. Gli hanno permesso di scappare dal carcere, lo hanno lasciato tranquillo in Francia. Quindi lo hanno fatto fuggire in Brasile, e lì un tribunale lo ha liberato.

Corrado Scieri

PAPÀ, 16 GIUGNO 2011

Non c'è giustizia, no, non c'è giustizia.

Nostro figlio Emanuele Scieri, partito da Siracusa il 21 luglio 1999 per fare il servizio militare nei parà della caserma Gamerra di Pisa, è tornato a casa un mese dopo chiuso in una bara. Non è morto per una fatalità o per una disgrazia: è stato ammazzato. Ma non si sa da chi. Perché la supercaserma pisana della Folgore, dopo essersi trasformata in un mattatoio, è diventata una centrale di omertà da fare impallidire Cosa Nostra.

Sono morto lottando e con la delusione di chi non è riuscito ad avere giustizia.

Quelli che si sono suicidati per la crisi economica

2011

Va tutto bene
più che bene
solo c'è la crisi.

Va tutto bene
più che bene
solo un po' di crisi.

Va tutto bene
solamente non ce la facciamo più.

Aldo Togliatti

9 LUGLIO 2011

Le crisi, avevo sempre le crisi.
Mamma, forse sarebbe stato meglio che la ragion di partito avesse imposto il contrario: fare abortire te, e dare un figlio a papà e alla sua compagna Nilde Iotti.
Non avevo identità. Tutti mi chiamavano «il figlio del Migliore», e basta, sballottato tra Mosca e Parigi come un piccolo vagabondo della vostra rivoluzione, e poi chiuso in collegio.
Dicevate che ero schizofrenico, e per questo mi avete seppellito vivo nella stanza di una clinica, a Modena, in gran segreto, per trent'anni. Nello schedario era indicato solo il mio nome – che liberazione! E in gran segreto, solo, sono morto.
O forse mi sono ammalato perché non mi avete mai amato. Era la ragion di partito che ve lo imponeva: si ama il popolo, compagno Togliatti, non certo i figli!

Gioacchina Stajano
SCRITTRICE E GIORNALISTA, 26 LUGLIO 2011

Ho aperto io le porte agli omosessuali. Sono stato il primo omosessuale dichiarato in Italia.
All'anagrafe ero Gioacchino Starace, nipote di Achille, il gerarca fascista. Negli anni cinquanta ho pubblicato *Roma capovolta*, il libro ipercensurato che raccontò la realtà omosessuale nell'Italia di allora.
Una volta un giornalista impertinente mi chiese: «Chissà che direbbe tuo nonno Achille Starace se ti vedesse, lui che voleva tutti gli italiani maschi e forti...». Senza scompormi, risposi: «Direbbe che dopo tanta virilità in famiglia, un po' di relax ci vuole».

Giuseppe D'Avanzo

GIORNALISTA, 30 LUGLIO 2011

Mai rilassarsi. Al mattino fai cinque telefonate a cinque fonti diverse, a persone che ti possono dare notizie, non importa quali, basta che ti spieghino come stanno le cose; studia, non smettere mai di studiare, appassionati ai problemi, falli tuoi; rispondi, devi rispondere sempre quando il giornale ti chiama; ricordati che questo lavoro lo devi vivere con passione, ogni benedetto giorno, e metti passione in quello che scrivi, coinvolgi il lettore, butta sempre il cuore in quel che fai. Altrimenti non ne vale la pena, non è giornalismo.

Ludovico Corrao

POLITICO, 7 AGOSTO 2011

Ci fu un terremoto nella mia terra, il Belice, nel gennaio del 1968. Uccise 296 persone e cancellò la città della quale ero sindaco, Gibellina, lasciando migliaia di senzatetto. A differenza che in altri posti, lo Stato arrivò tardi. Non tentarono neanche di ricostruirla, l'antica Gibellina. Non c'era niente da conservare, solo i valori nostri della solidarietà, della famiglia, del lavoro. Il resto era miseria, isolamento, oppressione.

Sciascia diceva che la Sicilia è «irredimibile», ma che comunque bisogna continuare a lottare, a pensare e ad agire come se non lo fosse. In questo agire «come se» c'è un margine di speranza e di riscatto, di speranza contro ogni logica speranza. Sopra questo kantiano «come se» io ho ricostruito Gibellina, la Fondazione Orestiadi, e tutta la mia vita.

In altri paesi già sarebbe stata proclamata dall'Unesco patrimonio dell'umanità. In Italia invece è stata abbandonata, lasciata sola. Gibellina sta morendo.

I senzatetto

2011

Siamo morti perché ci hanno picchiato, a qualcuno hanno dato fuoco. I più sono morti di freddo, in pochi davvero per fame.
Ci avete visto la notte, ci vedete la notte. Distesi sulle panchine dei viali, nei cartoni sotto i portici del centro commerciale.
Lì, sulla riva dei grandi magazzini, giacciono i nostri corpi gettati dalla risacca della crisi.
Vivi o morti, che differenza fa?
Siamo i disadattati, quelli che non hanno saputo tenere il passo.

O forse i disadattati siete voi?

Mino Martinazzoli

POLITICO, 4 SETTEMBRE 2011

Con me finì la Democrazia cristiana e cominciò un'altra Repubblica. Era il 18 gennaio del 1994, un martedì. Con la mia aria triste ero il più adatto a celebrare il *de profundis* del partito che aveva governato l'Italia per mezzo secolo. D'altronde non avevo mai posseduto pacchetti di tessere, solo tanto scetticismo. Ero un Dc anomalo, disamato, inoffensivo.
Spensi la luce della Dc, aprii quella del Partito popolare italiano. Durò poco. Tutti se ne andarono in cerca di approdi più sicuri.

Cominciai a morire anch'io.

Walter Bonatti

ALPINISTA ED ESPLORATORE, 12 SETTEMBRE 2011

Dovevo morire.
Ero il re delle Alpi, ma ho partecipato anche alla spedizione italiana di conquista del K2. E quella notte sul K2, tra il 30 e il 31 luglio 1954, io dovevo morire. Il fatto che sia invece sopravvissuto è dipeso soltanto da me…

Rimasi talmente deluso da Achille Compagnoni e dagli altri miei compagni che mi avevano abbandonato che mi dedicai solo a scalate solitarie: dal Monte Bianco, alla Patagonia, alle Ande, le cime più difficili. E poi, finito con l'alpinismo, andai alla ricerca di nuove sfide, per conoscere il mondo non solo andando in alto, ma attraversandolo, con te, Rossana. Sempre insieme, anche nella malattia. Fin quando il personale medico non ti cacciò dalla stanza d'ospedale dove stavo morendo: non eravamo sposati.

Sergio Bonelli

FUMETTISTA E EDITORE, 26 SETTEMBRE 2011

Mio padre Gianluigi vestiva con le fogge di un eroe di frontiera, e a sera, come nelle storie che scriveva, offriva da bere a tutti sguainando metafore e pistole: «Tex sono io» diceva. Ero giovane, e un po' mi vergognavo di essere un «fumettaro». Ai miei compagni raccontavo che mio padre lavorava in una ditta di import-export.
E invece anch'io sono diventato come lui. Sono stato Tex, sono stato Dylan Dog, sono stato Zagor, sono stato Mister No, sono stato…

Enzo Mirigliani
IMPRESARIO, 26 SETTEMBRE 2011

Sono stato Sophia Loren, Lucia Bosè, Silvana Pampanini, Gina Lollobrigida, Silvana Mangano, Eleonora Rossi Drago, Gianna Maria Canale, Fulvia Franco, Giovanna Ralli…

Le operaie del maglificio Cinque Palmi di Barletta

3 OTTOBRE 2011

Da piccole sognavamo Miss Italia. Eravamo giovani e belle.
La vita, invece, uno stanzone lungo e stretto. Pareti alte due metri e mezzo, un locale sotterraneo come deposito. Una fila di lampade al neon.
Tre tavoli, sei postazioni, per ognuna di noi una macchina per cucire, vecchi modelli Singer.
Lavoravamo in fila indiana. Ogununa dava le spalle all'altra.
Attaccato alla porta del bagno, un santino di Padre Pio.
Quattro euro l'ora.

Andrea Zanzotto

POETA, 18 OTTOBRE 2011

e quanto nihil
sotto questo ricchissimo nihil?

Marco Simoncelli

PILOTA MOTOCICLISTICO, 23 OTTOBRE 2011

Gli eroi son tutti giovani e belli. Almeno quelli delle due ruote.

Sepang, Gran premio della Malesia. Tutti i piloti della Moto Gp sono sulla griglia di partenza. In pole position Dani Pedrosa. Io sono quinto. Ho un asciugamano giallo in testa e in mano ho un cartello: 58MARCOSIMONCELLI.IT NEW WEB SITE. Faccio pubblicità al mio nuovo sito.

Ore 9 e 55, curva 11 del secondo giro. Sono in piega. La moto scivola, la gomma anteriore perde aderenza. Va verso l'esterno. Provo a raddrizzarla. La Honda riprende aderenza e cambia traiettoria. Curva verso l'interno. Alle spalle arrivano Edwards e Valentino Rossi. Mi travolgono. Mi colpiscono al torace e al collo. La ruota di Rossi mi sega il cinturino del casco che ruzzola via, nell'erba. Assieme alla moto di Edwards e alla mia Honda. Resto a terra, riverso sulla pista, immobile, i riccioli sparpagliati sull'asfalto.

A Coriano, il mio paese, un funerale indimenticabile, io in una teca di cristallo, le note di Vasco Rossi che siamo solo noi...

Le vittime dell'alluvione dello Spezzino e della Lunigiana

25 OTTOBRE 2011

Quartieri residenziali ostruiscono foci, case popolari ingombrano i letti di antichi fiumi, le colline sono sventrate.
La terra che non brucia e che non puzza, ormai, frana, viene spazzata via dalla pioggia. Piccoli torrenti diventano minacciosi fiumi in piena.
La corsa alla solidarietà è sempre scattante. Non per noi vittime, ma per chi resta, e per le cose che restano.
La Repubblica e Sky lanciano la grande campagna di aiuti: ricostruiamo la scuola elementare Enrico Fermi di Monterosso. Solo che l'edificio scolastico in questione non ha subito danni.
E allora da cosa salvare la scuola?

Raimondo Capella

EX GESTORE DI UN CINEMA, 9 NOVEMBRE 2011

Ho ripetuto sempre la stessa cosa: in quell'incendio della domenica 13 febbraio 1983 al cinema Statuto sono morto anch'io, ma il mio dolore non può essere messo sullo stesso piano delle vittime.
Sono andato via da Torino, era diventato insopportabile per il mio cuore. Per tre anni ho lavorato come maschera al cinema Romano perché avevo bisogno di rivedere la gente di una sala, ma anche di guadagnare dopo che tutti i beni mi erano stati sequestrati.
Come risarcimento ho versato tre miliardi di lire svendendo tutto quello che avevo. Ricordo il parente di una vittima che aveva avuto 5 milioni di lire: mi sputò in faccia.

L'ultimo governo Berlusconi

12 NOVEMBRE 2011

Sono stato il secondo governo più longevo della storia d'Italia. Il primato lo detiene un altro governo Berlusconi, durato dal 2001 al 2005. Ma in realtà è come un unico governo durato quasi vent'anni.
Non mi ha spento l'antiberlusconismo: quello è figlio del berlusconismo, fa parte, diciamo così, dell'indotto.
Non mi ha spento l'opposizione: non esiste, e non da ora.
Non mi ha spento la sinistra, anche quella, per quel che ne so, è a busta paga.
Nulla hanno potuto le inchieste delle toghe rosse, né gli articoli della stampa di regime sulle cene eleganti ad Arcore, Ruby, Noemi e le povere ragazze bisognose di aiuto e conforto e scambiate per chissà cosa.
E non credete a chissà quale regia di quella culona inchiavabile della Merkel, di Obama l'abbronzato.
Ho finito di trasmettere come finisce un programma in tv. Perché tutti i programmi, anche quelli di successo, alla fine stancano.
Il pubblico cambia gusti. Si stanca degli stessi culi, delle stesse ballerine.
Vuole facce nuove, giovani, accenti diversi, qualcosa che lo spiazzi.
Ed è cambiato il palinsesto.
Mi ha spento il pubblico, come si spegne la tv.
Ciao, bello!

Lucio Magri

GIORNALISTA E POLITICO, 28 NOVEMBRE 2011

Ho deciso di spegnermi. Alle pompe funebri ho provveduto io stesso, prima di partire per la Svizzera, il mio ultimo viaggio. Ho scelto il suicidio assistito. Vivere mi era diventato intollerabile. Una depressione vera, incurabile. Un lento scivolare nel buio: il fallimento politico, la perdita di mia moglie Mara, la mia stella. Mi sono recato in un paese civile per cercare ciò che da noi non mi sarebbe mai stato permesso: un'assistenza, piena di carità e di pietà umana, che mi aiutasse a porre fine alla mia sofferenza. Avevo ancora in mente il tuffo dalla finestra d'ospedale, come il regista Mario Monicelli.

Prima di andare ho chiamato gli amici miei di una vita, i compagni del *manifesto*. Nessun funerale, nessuna commemorazione inutile. E una lettera, da leggere quando arriverà la telefonata per dire che è tutto finito.

Il comunismo si è sfracellato a terra, non ha saputo volare.

Io le ali ho scelto di strapparmele da solo.

Angela Casella

MAMMA, 9 DICEMBRE 2011

Anche se tutti mi chiamavano «Madre coraggio», io ero solo, soltanto, sempre, la mamma di Cesare.

La mia vita cambiò il 18 maggio del 1988, quando l'Anonima sequestri calabrese rapì mio figlio, che aveva 18 anni, davanti alla concessionaria di mio marito, a Pavia. Per liberarlo volevano 8 miliardi di lire. Io ho fatto una cosa che nessuno aveva mai pensato di fare, e che solo il coraggio di una madre può: scesi nei paesi della Locride e andai a sfidare la 'ndrangheta nel cuore del suo territorio, mi incatenai in piazza per chiederne la liberazione e la solidarietà delle donne di Calabria. Quella foto fece il giro del mondo, mobilitò le coscienze e il governo. Divenni popolare, ma a me non interessava. Mi ero incatenata per fare capire che mio figlio era in quello stato da 17 mesi. Volevo solo riavere indietro Cesare. E il 30 gennaio del 1990 mio figlio fu liberato.

Il cinepanettone
16 DICEMBRE 2011

La tentazione della lettura metaforica è forte. Nasco nel 1983, primo governo Craxi. L'ultimo episodio è del 2011, la fine del berlusconismo.
Beppe Severgnini, sul Corri*ere della Sera*, si prese la biga di contare i «cazzi» in un cinepanettone, quello del 2012: sono 102, record assoluto – dicono – dai tempi del sonoro.
Fare ridere, pigiando l'acceleratore sulla superficialità, sulla volgarità, il doppio senso. Perché la comicità nasce dalla scurrilità. E chi ha paura della volgarità ha paura di fare ridere.
Ecco perché un giorno lo difenderete, il trentennio cinepanettonico. È vero, ogni film lascia il tempo che trova, ma anche per Totò si diceva così.
Non è il cinepanettone che si ispira alla realtà. È l'Italia, oggi, a essere cinepanettonica.

Giorgio Bocca

GIORNALISTA, 25 DICEMBRE 2011

Che Dio protegga questo sgangherato ma amato Paese.

Luigi Maria Verzé

SACERDOTE E IMPRENDITORE, 31 DICEMBRE 2011

Come un cinepanettone, sono stato molto amato e molto odiato.
Il prete manager più discusso in Italia. Ho creato dal nulla il più grande ospedale e il più grande centro di ricerca d'Italia, con azzardi finanziari, disinvolture amministrative, e con metodi non proprio sani per eliminare chiunque rappresentasse un ostacolo.
Ma non ero un criminale, ero un megalomane. Come Gesù.
Solo un megalomane può concepire un ospedale come il San Raffaele.
Solo un megalomane può comprarsi un jet privato per evitare le code ai check-in, acquistare con la stessa disinvoltura le migliori macchine per la clinica e la *fazenda* in Brasile.
Sono stato anche un veggente. Nel 1964 ho pronosticato a Berlusconi: «Lei farà grandi cose». Avevo questo dono, però non volevo che in giro si sapesse. Megalomane sì, ma passare per profeta, questo no.

Quelli che erano in vacanza sulla *Costa Concordia*

13 GENNAIO 2012

Erano quasi le 19. La *Costa Concordia* si era da poco lasciata alle spalle Civitavecchia e noi crocieristi scorrevamo il menu, ci distendevamo nella spa, passeggiavamo sui ponti, facevamo con il ghiaccio dentro i bicchieri i nostri brindisi tintinnanti a questo viaggio mondiale. Come se fossimo davvero in vacanza, come se fossimo al riparo.

E com'è bella la vita stasera,
tra l'amore che tira,
e un padre che predica...

Quelli che sulla *Costa Concordia* ci lavoravano
13 GENNAIO 2012

Il marconista nella sua torre,
le lunghe dita celesti nell'aria,
trasmetteva messaggi e saluti
per questa crociera straordinaria...

«Amm'a fa l'inchino al Giglio» ci disse il capitano.

Su questo mare nero come il petrolio
ad ammirare questa luna metallo...

La nave e la roccia

13 GENNAIO 2012

Non sprecate metafore: l'Italia che naufraga, come la nave. Una facile similitudine per un Paese arenato, vittima dei propri vizi. È cominciato tutto con un semplice bacio, sotto la luna. Rumoroso e mortale come i veri baci sanno essere, ecco.
La luna ci sorprese, bella come non mai quella sera.

Carlo Fruttero

SCRITTORE, 15 GENNAIO 2012

Franco,
è stato bello vivere, nonostante tutto.
Abbiamo evitato di diventare come quegli intellettuali carichi di onorificenze, invitati a tenere seminari in prestigiose università, a fare i giurati dei maggiori premi, contesi dai giornali e dalle televisioni; di essere parte di un mondo esclusivo e inebriante. Non eravamo, Franco, posseduti dal demone della visibilità e del successo. Abbiamo vissuto di libri e devo dire che questa curiosità di leggere tutto, di infilare il naso in ogni pagina, la considero una fortuna immensa.
Ci pensi, quando parlavamo della morte? Tu mi dicevi: «Guarda Carlo, non se ne può parlare in senso proprio. Va considerata come un viaggio». Ecco, la morte è inverosimile. Perché quello che succede dopo non è raccontabile. Sono stato fortunato, ma al tempo stesso ho incassato colpi terribili. E per dirla come un pugile: non sono caduto al tappeto, ho continuato il mio incontro di boxe. Ho vissuto senza aspettarmi molto, anzi senza aspettarmi niente. E se ti convinci che non ci sono speranze e che il mondo è impazzito, da quel momento in poi puoi vivere benissimo. Scherzi, ridi, conversi, perché quel problema lì lo hai chiuso. Non ci puoi fare niente e allora ti resta tutto il bello della vita.

Vincenzo Consolo
SCRITTORE, 21 GENNAIO 2012

Ricordatevi che la scrittura ha un dovere, ed è il dovere della memoria. Se no si diventa, come diceva Elliot, degli «uomini cavi» che girano intorno al ficodindia.

Anche se si scrive un libro di storia, si deve parlare del passato per rappresentare la nostra contemporaneità. Io, per esempio, ho scritto un libro ambientato negli anni venti, *Nottetempo casa per casa*, dove racconto com'è nato il fascismo. E il fascismo, sia pure con altri termini e in altre forme, è sempre attuale in Italia…

Oscar Luigi Scalfaro

POLITICO, 29 GENNAIO 2012

Me lo ricordo, il fascismo. Allora c'era una grande battaglia politica per cui impegnarsi, e bisognava farla rivolgendosi alle persone con intelligenza e cuore. Lo capii nel giorno del mio primo comizio, a Torino, fissato – e questo era molto sabaudo – in un teatro all'ora del tè. L'ambiente era freddissimo. Dovevo parlare, e mi dicevo: «Stai attento, si comincia con il soggetto, poi c'è il predicato, e infine il complemento oggetto». Pronunciai sì e no un paio di frasi e mi resi conto che lo schema, da solo non poteva funzionare. «Devo essere me stesso, e vada come vada». Andò bene. Erano presenti alcuni magistrati, curiosi di vedere come se la cavava il giovane collega che voleva darsi alla politica. Mi applaudirono.

Antonio Iannetta

MINATORE, 11 FEBBRAIO 2012

Alle 8 e 10 dell'8 agosto 1956 una nuvola di fumo si levò da un pozzo di una miniera di carbone (la Bois du Cazier) di Marcinelle, in Belgio. Era nota per essere poco sicura. Ma più della paura, era la fame che ci portava lì. Parlavo solo il molisano. Avevo azionato un ascensore mentre saliva un montacarichi. Fu tranciato un tubo di petrolio e divampò un incendio che uccise 262 minatori di 12 nazionalità. Più della metà, 136, italiani. Spinti in Belgio dall'accordo tra Roma e Bruxelles che prevedeva la fornitura di manodopera in cambio di carbone. Quella di Marcinelle fu la più grande sciagura mineraria europea. Al processo i proprietari della miniera furono assolti, l'unico responsabile ero io, mi spiegarono. Sapevano che non era vero. Mi diedero un lasciapassare per il Canada, una casa e una pensione extra in cambio del mio silenzio. Qualche anno prima di morire mi colpì l'Alzheimer: la mia memoria era tornata in miniera, io la seguii poco dopo.

Renato Dulbecco

SCIENZIATO, 20 FEBBRAIO 2012

Rita Levi Montalcini, Nobel come me, fu un mio amore giovanile, e un'amica per la vita.

Con lei, nel 2005, invitammo gli italiani ad andare a votare a favore dell'abrogazione di alcuni articoli della legge 40 sulla procreazione assistita. Una legge che era frutto di una visione oscurantista delle biotecnologie. Contro di noi avevamo uno schieramento guidato dal cardinal Ruini. Noi eravamo due Nobel che parlavamo di fatti scientifici, i prelati invece avevano opinioni. E gli italiani scelsero di stare dalla loro parte.

Oggi io non ci sono più. Non c'è più Rita, quella legge c'è ancora.

Lucio Dalla

CANTANTE, 1º MARZO 2012

Da... da bi du da bi du da... du bi du da... bi da da...

Matteo Armellini

OPERAIO, 5 MARZO 2012

Siete mai stati a un concerto di Dalla o di qualcun altro dei vostri cantanti preferiti?
Ecco, pensate a me.

Non era cosa di studiare. Così ho cominciato giovanissimo a fare l'operaio, senza paga regolare, senza lavoro, senza contributi, con turni di 16 ore. Ero un *rigger*, cioè quello che con una speciale imbracatura si arrampica sulle travi di un palco allestito per un concerto per montarne la struttura. Mi ero dovuto pagare sia l'attrezzatura che i corsi.
Sono morto durante l'allestimento del palco per il concerto di Laura Pausini a Reggio Calabria.
L'Inail ha riconosciuto a mia madre un rimborso di 1936 euro. Tanto valeva dunque la mia vita? Cosa sono, un bue?

Elio Pagliarani

POETA, 8 MARZO 2012

Sperimentai ma lasciando traccia.
Scrissi, tra l'altro, della ragazza Carla.

Carla Dondi fu Ambrogio di anni
diciassette primo impiego stenodattilo
all'ombra del Duomo.

Sollecitudine e amore, amore ci vuole al lavoro
sia svelta, sorrida e impari le lingue
le lingue qui dentro le lingue oggigiorno
capisce dove si trova? TRANSOCEAN LIMITED
qui tutto il mondo...
è certo che sarà orgogliosa.

Signorina, noi siamo abbonati
alle Pulizie Generali, due volte
la settimana, ma il signor Praték è molto
esigente – amore al lavoro è amore all'ambiente – così
nello sgabuzzino lei trova la scopa e il piumino
sarà sua prima cura la mattina.

UFFICIO A UFFICIO B UFFICIO C

Perché non mangi?
Adesso che lavori ne hai bisogno
adesso che lavori ne hai diritto
molto di più.

S'è lavata nel bagno e poi nel letto
s'è accarezzata tutta quella sera.
Non le mancava niente, c'era tutta
come la sera prima – pure con le mani e la bocca
si cerca si tocca si strofina, ha una voglia
di piangere di compatirsi
                                    ma senza fantasia
come può immaginare di commuoversi?

Tira il collo all'indietro ed ecco tutto.

Tonino Guerra

POETA E SCENEGGIATORE, 21 MARZO 2012

Andè a di acsè mi bu ch' i vaga véa,
che quèl chi à fat i à fat,
che adèss u s'èra préima se tratòur.

È pianz e' cór ma tótt, ènca mu mè,
avdài ch'i à lavurè dal mièri d'an
e adès i à d'andè véa a tèsta basa
dri ma la córda lònga de mazèl.

Antonio Tabucchi

SCRITTORE, 25 MARZO 2012

Sono andato appena un attimo di là.

Giorgio Chinaglia

CALCIATORE, 1° APRILE 2012

Giorgio Chinaglia
è il grido di battaglia!

Piermario Morosini
CALCIATORE, 14 APRILE 2012

Il mio grido di battaglia si è spezzato in gola, al minuto 31 di Pescara-Livorno, 14ª gara di ritorno del campionato di serie B.
Quell'urlo soffocato è avvenuto in diretta, commentato dai telecronisti: «Cade da solo... tenta di rialzarsi... due, tre volte... dinamica stranissima... una situazione nella quale non si può proseguire una partita di calcio... speriamo che finisca tutto bene... un pomeriggio che doveva essere di sport e divertimento... il massaggiatore del Livorno fa un gesto bruttissimo...»

Francesco Raccosta

PREGIUDICATO, 10 MAGGIO 2012

SIMONE Mattè lo sai come l'ho preso… proprio come sono partito per ammazzarlo, con la pala, ho preso la pala che ci caricavo la merda

MATTEO dai…

SIMONE la merda… dei maiali

MATTEO di taglio o di piatto?

SIMONE calcola che lui era legato e stava in ginocchio perché io gli dovevo sparare in testa, tipo esecuzione, io gli dovevo sparare una botta in testa

MATTEO per me tu sei ubriaco fratè

SIMONE la prima botta Mattè gliel'ho data qua, la prima

MATTEO di taglio?

SIMONE no dritta così… *bum!* Io gli faccio: «forse non hai capito questo ancora è niente, anzi per quanto sei merda adesso ti faccio vedere come ti faccio morire, se prima ti volevo sparare»…

MATTEO porco giuda!

SIMONE adesso neanche ti sparo, ti faccio morire da vivo gli ho detto, e adesso ti faccio vedere come

MATTEO lo hai fatto soffrire?

SIMONE l'ho fatto soffrire? Avevamo i maiali Mattè! Senti Mattè, gli ho fatto: «adesso ti faccio morire da vivo e ti faccio vedere come soffri pezzo di merda», Mattè te lo giuro l'ho attaccato come i prosciutti, lo sai come si attaccano i salami? Mattè io l'ho attaccato dai piedi e ho incominciato a prenderlo a botte di pala, l'ho preso a botte di palà dappertutto, e là lui… lui era già mezzo morto

MATTEO porco dinci

SIMONE perché io lo vedo, calcola era diventato nero in faccia, in faccia già era nero, appena ha preso le prime tre quattro botte di pala… è stata una sensazione no bella, di più… che faccio Mattè apro l'altra gabbia ho preso una femmina, ti giuro Mattè quella femmina avrà avuto due quintali due quintali e mezzo, te lo giuro, di peso fissi due quintali due quintali e mezzo di peso c'aveva, duecento, duecentocinquanta chili c'aveva… Mattè come l'ho messo dentro la mangiatura…

MATTEO lo hai buttato dentro?

SIMONE aaaahhh… è stata una soddisfazione sentirlo strillare… oh!… io gli ho visto scrocchiare la tibia, questa qua… lo sai come l'ha scrocchiata il maiale…

MATTEO con un morso

SIMONE lo sai come l'ha scrocchiata, l'ha presa così… *bam!*… ho detto: come mangia sto maiale!

Melissa Bassi

STUDENTESSA, 19 MAGGIO 2012

Brindisi. Una mattina di maggio. Una scuola. Le voci di tante studentesse che aspettano la campanella per varcare il cancello.
L'autobus che arriva puntuale alle 7 e 30.
È un sabato veloce, l'orario è corto, il mare a un passo.
L'esplosione avviene alle 7 e 45. Un primo boato, poi un tonfo. Le sbarre di ferro divelte, i vetri delle case intorno infranti, il bidone della spazzatura vola per 450 metri. Una nuvola di fumo grigio. L'odore acre. Grida e implorazioni.
Tutti mi hanno vista in fiamme.
I fogli dei quaderni sparsi per terra.
Non è mafia, nemmeno terrorismo. È, semplicemente, il male.

Barcollando – Emilia Romagna
20 MAGGIO 2012

Il male non è la terra che si muove in questa nebbia che sembra di essere dentro a un bicchiere di acqua e anice.

Cascine, monumenti, chiese, case e capannoni. Dopo pochi mesi tutto, o quasi, viene pulito, aggiustato, rialzato o definitivamente abbattuto. Se oggi, uscendo dall'autostrada a Modena, passate per la Bassa, magari fino a Mirandola, non avete l'impressione di attraversare una terra che ha vissuto la fine del mondo.
Non ci sono tendopoli, baracche. Solo qualche transenna, qua e là.
Il male non è la terra che si agita nella nebbia intorno. Il male è dentro chi resta, i vivi.
Perdere il lavoro. Perdere la famiglia. Immaginare l'ultimo sguardo di chi ti è morto davanti. Piangere, all'improvviso. Svegliarsi di notte e dire: succederà ancora? Avere paura.

Il male è il terremoto che ti entra dentro.

Il Billionaire

13 GIUGNO 2012

L'antropologia che ha dominato l'Italia negli ultimi vent'anni è passata tutta da qui. Ero la discoteca di Flavio Briatore, quella del lusso ostentato, dell'estate dei ricchi a Porto Cervo, dei megaimprenditori con yacht in rada e Magnum di champagne a bordo pista. La riproposizione pataccara della *Dolce vita*, ma senza l'ironia e il genio di Fellini.
Qui passavano tutti quelli che contano, manager, magnati, sportivi, modelle: la vera razza italiana.
Gli altri erano umiliati a guardare da fuori.

Giuseppe Bertolucci

REGISTA E SCENEGGIATORE, 16 GIUGNO 2012

No' semo quella razza
che non sta troppo bene
che di giorno salta fossi
e la sera le cene.

Lo posso grida' forte
fino a diventa' fioco
no' semo quella razza
che tromba tanto poco.

Noi semo quella razza
che al cinema s'intasa
pe' vede' donne 'gnude
e farsi seghe a casa.

Eppure, la natura ci insegna
sia su' i monti, sia a valle
che si po' nascer bruchi
pe' diventa' farfalle...

Sergio Pininfarina

DESIGNER E IMPRENDITORE, 3 LUGLIO 2012

In mio onore hanno costruito una *concept car.* Si chiama Sergio. È stata la star al più grande raduno al mondo di auto di design Pininfarina, che si è tenuto nel 2013 in Gran Bretagna. Il telaio e la meccanica sono quelli della Ferrari 458 spider. La produrranno in una ventina di esemplari. Costo: 2 milioni di euro.
Noi siamo quella razza lì.

Alfredo Provenzali

CRONISTA SPORTIVO, 13 LUGLIO 2012

Anche io sono una specie di designer, uno stilista della voce.

Se la stessa partita viene raccontata per radio, e magari gli ascoltatori sono 500mila, io ho trasmesso 500mila partite diverse, perché attraverso quello che io dico, quello che io ho detto, quello che io ho sentito, ognuno, a casa sua, attraverso l'apparecchio radiofonico, si è creato la sua partita, si è creato il suo evento...

Loris D'Ambrosio

MAGISTRATO, 26 LUGLIO 2012

Poco prima di morire, da consigliere del presidente della Repubblica, sono finito al centro delle polemiche per le intercettazioni di alcune mie conversazioni con l'ex ministro Nicola Mancino, nell'ambito dell'inchiesta della magistratura sulla cosiddetta trattativa tra Stato e mafia dopo la stagione delle stragi del 1992-1993.

Alla mia morte, Napolitano parla di una «campagna violenta e irresponsabile di insinuazioni fatta contro di me».

La stampa parla di indicibili accordi.

Mezze verità equivoche, esagerazioni, voci. Per me si tratta di indicibile stampa...

Carlo Rambaldi

ARTISTA, 10 AGOSTO 2012

Al mio funerale sono venuti tutti: E.T., il mostro di *Alien*, anche il manichino dell'anarchico Giuseppe Pinelli (quando hanno dovuto simulare il suo volo dal quarto piano della Questura di Milano, il pupazzo l'ho realizzato io), il mio King Kong alto dodici metri, e tutti gli altri.

Carlo Maria Martini

CARDINALE, 31 AGOSTO 2012

Cammino nell'ombra di un bosco pianeggiante e il crepitare delle foglie secche sotto le scarpe si riflette tra le fronde degli alberi. Questo rumore una volta mi ha salvato la vita. Ero un giovane gesuita in formazione. Mi sentivo solo, depresso, un po' in crisi. Mi domandavo che senso avesse la vita, per che cosa valesse la pena vivere. Restai in ascolto e mi resi conto che l'unica compagnia era il rumore delle foglie sotto le scarpe. La compagnia di quel rumore mi diede la forza per non scoraggiarmi, valeva la pena vivere.

Roberto Roversi

POETA, 14 SETTEMBRE 2012

La vita è rumore, solo la morte è silenziosa. Il mondo, la realtà, la società non si guardano o si leggono (e scrivono), ma *in primis* si ascoltano: se ne ascolta il rumore incessante.

E allora dimmi
se ci sono cose più belle
del canto del motore
e del rumore del vento
questi suoni che sento
fra le rose della strada
in questo tempo sciocco
che sembra durare infinito.

Salvo Cannizzo

MILITARE, 17 SETTEMBRE 2012

Questa poesia non è tua Roversi, ma di un francese, Boris Vian:

In piena facoltà
egregio presidente
le scrivo la presente
che sperò leggerà...

Sono morto di uranio impoverito: tumore al cervello. Fino all'ultimo ho combattuto la mia battaglia senza speranza per denunciare la condizione di duemila militari in Italia, abbandonati dallo Stato, ammalati senza che gli venga riconosciuto lo stato di servizio.
Ho anche intrapreso uno sciopero della chemio per vedere se il ministero della Difesa aveva il coraggio di lasciarmi morire.

Ho avuto la risposta.

Salah Kamal Ali Mohamed Mahmoud

TUTTOFARE, 28 OTTOBRE 2012

Il mio trattamento di fine rapporto: tre colpi di pistola.
Avevo trent'anni e venivo dal Sudan. Lavoravo in uno stabilimento balneare a Tropea. Volevo essere messo in regola, e avevo detto al mio ex datore di lavoro che gli avrei fatto una vertenza. Mi diede appuntamento in un parco di Roma, alla Tuscolana. Arrivò con il figlio. Ci sedemmo su una panchina. Cominciammo a discutere. Poi tirò fuori la pistola dal giaccone e mi uccise.

La gente intorno faceva jogging.

Pino Rauti

POLITICO, 2 NOVEMBRE 2012

Ho fatto un vita da pecora nera, da appestato. Sono stato un sacco di volte in prigione. Mi hanno accusato di tutte le stragi, Brescia, Piazza Fontana, Bologna, hanno costruito intorno a me un'aurea maledetta. Ho lottato fino all'ultimo perché quel giovanotto venuto dal nulla, Gianfranco Fini, non sciogliesse la gloriosa tradizione del Movimento sociale italiano, e così quando nel 1995 lui ha distrutto il nostro partito per creare Alleanza nazionale, scrivendo nel suo statuto che l'antifascismo è un valore, io ho detto di no. E ho fondato il nuovo Msi, la Fiamma tricolore, dicendo: guardate che io sono più moderno di voi. Loro invece hanno cominciato a urlare «Rauti!» come fosse una parolaccia.

Sei braccianti a Rossano
26 NOVEMBRE 2012

I passeggeri dell'unica carrozza del treno che ci ha travolto dicono che non si sono accorti di nulla.
Quando si muore così – attraversando stipati in una Multipla un passaggio a livello per andare a raccogliere le clementine in cambio di una manciata di euro – si spera sempre che le cose cambino, che la tragedia svegli le coscienze, mobiliti le persone. Si dice: il sangue versato servirà a fare rispettare l'impegno, aumenterà l'impegno dei sindacati.
E invece, fidatevi, non cambia nulla. Solo ogni tanto, come hanno detto quei passeggeri, si sente un gran botto.

Riccardo Schicchi

IMPRENDITORE, 9 DICEMBRE 2012

Ho illuminato l'innocenza erotica di Cicciolina, l'eleganza fiera di Moana – il suo mistero –, reso celebre Rocco, l'unico uomo fra tutte le mie donne, Malù, disegnato un look aggressivo per Ramba, portato in politica le pornostar.

E poi c'è Eva, la compagna di una vita, che è stata i miei occhi anche quando non ci vedevo più. Una specie di contrappasso, per me che ho reso golosi gli occhi di tanti.

Rita Levi Montalcini

NEUROLOGA, 30 DICEMBRE 2012

La mia vita è stata tutta intuito, niente potere e nemmeno marito.
A vent'anni dissi a mio padre di non avere nessuna intenzione di avere né figli né una famiglia. La mia vera vocazione era curare il vicino che stava male. Sono stata incerta tra la carriera scientifica o fare il medico. Mi è stato impedito l'uno e l'altro. Allora ho messo su un laboratorio in camera da letto e lì ho fatto quelle scoperte che mi hanno portato a Stoccolma.
A chi mi chiedeva della mia vecchiaia così lunga e così lucida rispondevo: «Ho perso un po' la vista, molto l'udito. Alle conferenze non vedo le proiezioni e non sento bene. Ma penso più adesso di quando avevo vent'anni. Il corpo faccia quello che vuole. Io non sono il corpo: io sono la mente».
Ancora oggi, io sono la mente, il corpo non conta, contano le idee che restano.

Le vittime dei botti di capodanno

31 DICEMBRE 2012

Mefisto
Zeus (meglio quello italiano, quello cinese fa schifo)
Magnum testina nera
Tsunami: quindici cilindri esplosivi, collegati a un'unica miccia.
Raudo manna
O' Pallone e Maradona: tre chili di polvere da sparo mista a stracci e carta.
La versione più piccola si chiama Bin Laden
Silver bang
Ratzingher. Si scrive con la H. C'è un involucro di plastica che fa esplodere le schegge
Mini ciccioli, ciccioli, tric trac e altra robetta...
O' Spread. Mix di polveri piriche nere, distruggono tutto ciò che è nel raggio di 100 metri
Cipolle cinesi, pericolosissime per le mani
Cobra 6 (crea delle crepe sul cemento)
Folgore, prima chiamato Cobra 3
Bomber 99, Puma, Orione (bellissimo, ma difficilissimo da trovare)
Fura 300
Enterprise (ce ne sono diversi tipi)
Mortaio pirastar
Il Provolone del Monaco: cinque chili di esplosivo. Il suo costo può raggiungere i 250 euro
La Mortadella, così definita per la sua forma allungata. Può arrivare a un peso di 15 kg. La sua esplosione può sventrare un palazzo. Costo: 600 euro.
A' capata di Zidane

Luigi Spaventa

ECONOMISTA, 6 GENNAIO 2013

Non piangere, Giorgio. Il nostro mondo ha cessato di esistere. Berlusconi mi considerava un inferiore. Ma quale economista di fama internazionale, «Spaventa è inferiore a me, perché non ha vinto neanche una Coppa dei Campioni».

Non piangere, Giorgio, sei un superstite. Sei un presidente della Repubblica, ma la Repubblica sa generare mostri. Muore, sempre, ogni giorno, ignominiosamente.

Soffri e sii grande.

Piangi pure.

Ma non indirizzare le tue lacrime ai morti.

Piangi per i vivi.

Antonino Calderone

PENTITO, 10 GENNAIO 2013

Signor giudice, non ho avuto il tempo di dirle addio. Desidero farlo ora. Spero che continuerà la sua lotta contro la mafia con lo spirito di sempre. Ho cercato di darle il mio modesto contributo, senza riserve e senza menzogne. Una volta ancora sono costretto a emigrare e non credo di tornare mai più in Italia. Penso di avere il diritto di rifarmi una vita e in Italia non è possibile. Con la massima stima, Antonino Calderone.

Mariangela Melato

ATTRICE, 11 GENNAIO 2013

Sono andata in scena o sul set con i legamenti a brandelli, o le corde vocali lacerate, due costole fracassate, il tumore, i lividi, l'herpes, i malanni di stagione, le cadute.

All'arte ho consacrato tutto.

Sono stata sposata e maga, Fedra e bisbetica domata, Medea e Madre Coraggio, bambina e ultracentenaria, sexy e androgina, prostituta e suora, comica e tragica.

C'è un'anagramma nel mio cognome. MELATO = AMLETO. Ma io sono stata più complessa di una sciarada e la mia vita più labirintica di un rebus.

Per Dario Fo ero una bestia da palcoscenico. Per Federico Fellini «una via di mezzo tra una divinità egizia e un extraterrestre».

Un pontificato
11 FEBBRAIO 2013

... Conscientia mea iterum atque iterum coram Deo explorata ad cognitionem certam perveni vires meas ingravescente aetate non iam aptas esse ad munus Petrinum aeque administrandum.

Quapropter bene conscius ponderis huius actus plena libertate declaro me ministerio Episcopi Romae, Successoris Sancti Petri, mihi per manus Cardinalium die 19 aprilis MMV *commissum renuntiare...*

La Città della scienza

4 MARZO 2013

Se un papa si brucia lentamente come un cerino e dice che si fa da parte, la notizia sconvolge il mondo intero.
Se brucia la (finta) casa del *Grande Fratello*, in migliaia piangono: ce la faranno a ricostruirla in tempo?
Se brucia la Città della scienza, a Napoli, la cosa passa innosservata. I più diranno: era solo un noioso museo.
E invece per dodici anni sono stata – con fatica – il simbolo del riscatto della città più controversa d'Italia, attrattore culturale, luogo di aggregazione sociale e incubatore di imprese. In una notte veloce, spazzata via dalle fiamme.

Pietro Mennea

ATLETA, 21 MARZO 2013

La fatica è una religione. E prima o poi tocca perdere: non puoi essere per sempre l'uomo più veloce del mondo.

La cosa che più stupiva era la mia pelle bianca, io che correvo come un nero, io piccolo, storto e meridionale, io che facevo le corse contro le macchine a Barletta, i pantaloncini cuciti da mio padre, le scarpe più grandi perché quelle giuste sarebbero durate meno, con quei piedi che crescevano più veloci di me.
Io a Città del Messico sei metri avanti a tutti nel finale. Io che ho conosciuto tutti gli stadi del mondo. Io che la mia vita era il recinto rosso di una corsia di pista tra due strisce bianche.

Ogni arrivo è una nuova partenza. Anch'io ho vinto. Anch'io fui vinto. Ma la corsa, quella, non finisce mai.

Enzo Jannacci

CANTAUTORE, 29 MARZO 2013

Io i vinti li ho raccontati: i barboni, i reduci dalla guerra, i terroni.

Calcestruzzo, mantelli di nebbia, vermouth e night club, dialetto e miserie, fabbrica e cazzeggio, *barbun* e *malnatt*, la mia *Milàn* era uno scenario perfetto. Era tutto già lì, bastava raccontarlo. Per questo tutti dicevano che non ero un vero cantante… e certo, ero un fotografo… *coi scarp del tennis.*

Franco Califano

CANTANTE, 30 MARZO 2013

Anch'io raccontavo storie che avevo sotto gli occhi. E andavo a letto cinque minuti più tardi degli altri per avere cinque minuti in più da raccontare.

Ho avuto una gioventù di ristrettezze, senza i soldi per comprare le scarpe, come casa una Fiat 1400. Nella mia vita ho avuto tanta forza e tanto coraggio. Ci sono momenti nei quali o crolli o rinasci, io sono rinato spesso.

Il ponte sullo Stretto di Messina

15 APRILE 2013

Oggi il governo di Mario Monti, grigio economista, uomo senza sogni, ha messo la parola fine con un decreto – e 300 milioni di euro – alla mia progettazione.
Ma non credetemi morto, io esisto.
Perché per me sono state spese centinaia di milioni di euro. E allora esisto.
Perché per me è scoppiata la seconda guerra di 'ndrangheta, nel 1985, per controllare gli appalti: 700 morti. E allora esisto.
Perché un sacco di capi di governo mi ha inaugurato, nel tempo. Ogni volta un pilone, una stazione, un semplice esproprio, ma tanto bastava per la grande inaugurazione.
E allora perché sono qui?
Vi è mancato l'ultimo sforzo, di immaginazione.
Ma non vi preoccupate, io sono una promessa che torna.

Noi costruiremo un Paese nuovo, dove è possibile anche avere due mogli, anche non pagare le tasse: un Paese di pilu e cemento armato! E se il ponte non basta, faremo anche il tunnel, perché un buco mette sempre allegria: qualunquemente!

Agnese Borsellino

5 MAGGIO 2013

Mi sussurravano domande dentro quei saloni bellissimi pieni di gente importante.
In quei giorni, dopo la strage, a luglio del 1992, ero contesa da prefetti, generali e alti esponenti delle istituzioni.
Mi invitavano e mi sussurravano tante domande. Su Paolo, sulle sue indagini, su ciò che aveva fatto dopo la morte di Giovanni Falcone, sulle persone di cui si fidava.
E mentre mi chiedevano, mi sembrava come se mi stessero osservando, anche se facevano altro: mangiavano una tartina, sorseggiavano un prosecco, ascoltavano il discorso dell'autorità di turno, o magari danzavano.

Ora so.

Ora so perché mi facevano tutte quelle domande.
Era la loro strategia della sopravvivenza: tutti a pensare che la verità sia una cosa giusta e invece è la fine del mondo!

Giulio Andreotti

POLITICO, 6 MAGGIO 2013

Livia, sono gli occhi tuoi pieni che mi hanno folgorato un pomeriggio andato al cimitero del Verano, si passeggiava e io scelsi quel luogo singolare per chiederti in sposa, ti ricordi? Sì, lo so, ti ricordi. Gli occhi tuoi pieni e puliti, incantevoli e incantati non sapevano, non sanno e non sapranno e non hanno idea. Non hanno idea delle malefatte che il potere deve commettere per assicurare il benessere e lo sviluppo del Paese. Per troppi anni il potere sono stato io. La mostruosa, inconfessabile contraddizione: perpetuare il male per garantire il bene. La contraddizione mostruosa che fa di me un uomo cinico e indecifrabile anche per te; gli occhi tuoi pieni, puliti e incantati non sanno la responsabilità, la responsabilità diretta o indiretta per tutte le stragi avvenute in Italia dal 1969 al 1984 e che hanno avuto per la precisione 236 morti e 817 feriti. A tutti i familiari delle vittime io dico, sì, confesso. Confesso: è stato anche per mia colpa, per mia colpa, per mia grandissima colpa. Questo dico anche se non serve. Lo stragismo per destabilizzare il Paese, provocare terrore, per isolare le parti politiche estreme, per rafforzare i partiti di centro come la Democrazia cristiana. L'hanno definita strategia della tensione: sarebbe più corretto dire strategia della sopravvivenza. Roberto, Michele, Giorgio, Carlo Alberto, Giovanni, Mino, il caro Aldo, per vocazione o per necessità, ma tutti irriducibili amanti della verità, tutte bombe pronte ad esplodere che sono state disinnescate col silenzio finale. Tutti a pensare che la verità sia una cosa giusta e invece è la fine del mondo! E noi non possiamo consentire la fine del mondo in nome di una cosa giusta! Abbiamo un mandato noi, un mandato divino! Bisogna amare così tanto Dio per capire quanto sia necessario il male per avere il bene.
Questo Dio lo sa, e lo so anch'io.

FINE

Un’era
6 MAGGIO 2013

Su Andreotti non finirete mai di scrivere e discutere. Era ambiguo, equivoco, come l’Italia che rappresentava. Ma su una cosa siete tutti d’accordo: se è vero che morto un papa se ne fa sempre un altro, è vero che morto Andreotti, invece, finisce tutto.

È come se fosse morto l’ultimo papa, perché la politica perde il suo gran sacerdote, l’uomo che ne aveva officiato i riti negli ultimi settant’anni, dal 1947.

Non sono mai esistite la prima o la seconda Repubblica. Esiste solo un prima e dopo Giulio.

Andrea Gallo

SACERDOTE, 23 MAGGIO 2013

Ma il potere non è mai con Dio. I poteri sono contro Dio perché temono coloro che pensano.

Dio sa che non è facile imparare a morire, non è facile obbedire fino alla morte e quindi fare obbedienza alla morte.

«Non c'è amore più grande di chi dà la vita per gli amici» ha detto Gesù la sera prima della Passione. Un'affermazione che è sempre piaciuta ai miei vecchi amici atei, anarchici.
Gesù non parla di immortalità ma di vita nuova, cieli nuovi, terre nuove. Ci invia un messaggio: «Miei cari, vi lascio in un mondo stordito dal fascino dell'apparenza, in una cultura che conosce il prezzo di ogni cosa e il valore di nessuna, ho sempre cercato di essere per voi uomo, padre, nonno, fratello, volevo amarvi tanto, a uno a uno, ce l'ho messa tutta. Vi ho tenuto nascosta una cosa che ora non posso più nascondervi: debbo proprio partire. Addio».

Franca Rame

ATTRICE E DRAMMATURGA, 29 MAGGIO 2013

Il mio monologo è questo, Andreotti. E in un certo senso anche questo riguarda il potere:

... Con una lametta mi tagliano il golf e la pelle, nella perizia medica misureranno ventuno centimetri. Ora tutti si danno da fare per spogliarmi, ora uno mi entra dentro. Mi viene da vomitare. Calma. Mi attacco ai rumori della città.
Muoviti puttana devi farmi godere. Non capisco nessuna lingua. È il turno del secondo. Muoviti puttana devi farmi godere. La lametta mi passa sulla faccia più volte. È il turno del terzo. Il sangue sulle guance. È terribile sentirsi godere nella pancia da delle bestie. Sto morendo. Mi spengono una sigaretta sul collo. Io lì credo di essere finalmente svenuta.
Mi stanno rivestendo, mi riveste quello che mi teneva da dietro e si lamenta perché è l'unico che non si è aperto i pantaloni. Mi spaccano gli occhiali e il camioncino si ferma per il tempo di farmi scendere e se ne va. Mi chiudo la giacca sui seni scoperti. Dove sono? Al parco. Mi sento male. Mi sento svenire non soltanto per il dolore ma per la rabbia, per l'umiliazione, per lo schifo, per le mille sputate che mi son presa nel cervello. Mi passo una mano sulla faccia sporca di sangue. Cammino per non so quanto tempo, non so dove sbattere. A casa no. Poi senza neanche accorgermene mi ritrovo davanti al palazzo della Questura. Sto appoggiata al muro non so per quanto tempo a guardarmi il portone dell'ingresso, penso a quello che dovrei affrontare se entrassi ora. Penso alle domande, ai mezzi sorrisi. Penso e ci ripenso poi mi decido. Vado a casa. Li denuncerò domani.

I soldati italiani morti in Afghanistan
8 GIUGNO 2013

C'è chi è contrario, per principio.
C'è chi invece pensa sia utile, che queste missioni servano davvero a combattere il terrorismo.
C'è chi pensa che vale la pena liberare questa gente, soprattutto le donne e i bambini, dalla brutalità talebana.
C'è chi pensa che sia tutto un affare per lucrare alle spalle di un Paese da ricostruire totalmente.

Noi non pensiamo. I militari vanno dove li mandano.
E ci sentiamo uomini un po' così.
Non siamo mercenari, ma ci pagano un po' di più per fare questo tipo di missioni qua.
Siamo sicuri che non ci succederà nulla, ma sappiamo anche che qualcuno potrebbe non tornare in Italia mai più.
«Vanno a morire per difendere anche la nostra libertà» ripete chi ci sostiene. È vero. Ma quando sei qui questa frase assomiglia a un telegramma lontano.
Usiamo armi, ma distribuiamo viveri.
Spariamo agli obiettivi, diamo caramelle ai bambini.

E ci sentiamo tutti uomini un po' così.

Emilio Colombo
POLITICO, 25 GIUGNO 2013

Ero l'ultimo dinosauro della Democrazia cristiana ancora in vita, l'ultimo padre costituente. Io, Andreotti – mio storico rivale – e tutti gli altri, siamo stati al potere in tempi di grande stile, con grandi virtù pubbliche e piccoli vizi in privato. Nel 1972 uscì un film con protagonista Lando Buzzanca. Il titolo era *All'onorevole piacciono le donne*. Avrebbero dovuto trasmetterlo, la sera della mia morte.
Sta a me come *Il divo* di Sorrentino a Giulio Andreotti. Perché il personaggio impersonato da Buzzanca, l'onorevole Puppis, è ispirato proprio a me, il politico che fa il macho per nascondere la sua omosessualità che non può dichiarare.
Qualche anno fa, infine, venne fuori la storia che tiravo ancora cocaina, a 90 anni. Un senatore a vita che si fa di coca, che scandalo. Qualcuno pensò di incolpare la scorta per insabbiare la cosa. Io invece sono intervenuto per dire: il responsabile sono io. Non tutti l'avrebbero fatto, forse quasi nessuno.

Margherita Hack

ASTRONOMA, 29 GIUGNO 2013

Io sono stata educata alla responsabilità. E alla libertà. Perché se si è responsabili si è liberi.
Sono stata volto e voce della scienza italiana, cercavo di dare una nuova visione all'Universo e di spiegarlo a più persone possibili.
E solo ora che le luci si sono spente un po', solo ora, per me è il momento di calcolare le angolazioni, di guardare davvero il firmamento.
E capire finalmente non solo come funziona il mondo, ma anche perché è fatto così.

Mario Castaldi

RAGAZZO, 4 LUGLIO 2013

Il mondo…
Play
… Il mondo funziona a gettoni.
Play. Mela. Banana Stella. Hold.
Cara mamma scusa
Stella è buono. Stella è buono… ancora…
ho sciupato tutti i soldi
coppia di jack, mi entra il terzo è fatta…
al gioco
ti ho preso 300 euro dalla Poste Pay
(avrei potuto ammazzarti: quanto vale la tua collanina?)
se vinco te li ridò
l'ultima. Poi vinco, smetto e te li ridò
voglio fermarmi, ma non ci riesco
affacciarsi, salto, volo, vuoto, bum.
finito.

Vincenzo Cerami

SCRITTORE, 17 LUGLIO 2013

Mi trovavo a essere spesso fuori campo: un romanziere fra gli sceneggiatori, uno sceneggiatore fra i poeti, un poeta fra i teatranti, un teatrante fra i politici. Non sono stato uno scrittore puro, ero un artista impuro: uno scrittore prestato al cinema, un cinematografaro prestato al teatro, un teatrante autore di poemi in versi. Ecco, ero un poeta in prestito. E tra i versi scritti, ce ne sono alcuni per un'opera in teatro, una cantata dedicata al mito di Narciso, alla sua morte. A Margherita Hack piacerebbero:

Il silenzio che venne dopo
è quello degli eterni cieli
notturni e in moto perpetuo.
Un cielo dentro l'altro
contro l'altro
con due stelle che lassù
– forse col rumore di un soffio –
si scontrano e si spengono
l'una contro l'altra
una dentro l'altra.
E quanti bagliori
lontani da tutti gli occhi
momento dopo momento
da sempre
per sempre
accendono quei cieli bui
di ultimi lampi
di respiri luminosi

di attimi che tutti insieme sommati
fanno finalmente
il nulla.

La famiglia Di Giacomo

25 LUGLIO 2013

Se proprio un filo c'è, è quello di una miccia.

Noi li sapevamo tutti i nomi dei botti, ma nella nostra fabbrica si facevano solo fuochi d'artificio in regola, a Villa Cipressi di Città Sant'Angelo. La dinastia dei fuochi, ci chiamavano. Da 35 anni lavoravamo sui colori e sugli effetti, per fare stare la gente con il naso all'insù, dalle feste patronali fino ai festival pirotecnici. Di vivere su una polveriera non ne avevamo mai fatto un problema.

Adesso al posto della fabbrica c'è quel che resta della collina.

L'innocenza di Silvio Berlusconi

2 AGOSTO 2013

Quante volte avrebbero voluto fermarlo. Ci hanno provato in tutti i modi. E invece.

Non per mafia.
Non per corruzione.
Non per sfruttamento della prostituzione.
Non per concussione.
Non per corruzione in atti giudiziari.
Non per finanziamento illecito.
Più prosaicamente, la macchia indelebile resta per una banale questione di tasse non pagate.
Come Al Capone.

Molti diranno che così si chiude il mio ventennio. Riesumeranno un vecchio scritto di Curzio Malaparte: «Io ho perso l'abitudine di agire. Sono un italiano. Non sappiamo più agire, non sappiamo più assumere alcuna responsabilità, dopo venti anni di schiavitù. Ho anch'io, come tutti gli italiani, la schiena spezzata. In questi venti anni abbiamo speso tutta la nostra energia per sopravvivere. Non siamo più buoni a nulla. Non sappiamo che applaudire».

Non parlava di me.

Luciano Martino

REGISTA, 14 AGOSTO 2013

Giovannona Coscialunga, *Quel gran pezzo dell'Ubalda*... I miei film erano poco applauditi dalla critica, ma molto apprezzati dal pubblico.

Dicevano che facevo film scollacciati. Ma quando mai: erano pulitissimi.

Anche perché le attrici erano sempre sotto la doccia...

Cosimo Fazio

COMANDANTE DI POLIZIA MUNICIPALE, 15 AGOSTO 2013

Io addosso ho due divise. Quella di carabiniere, cucita sulla pelle, e quella di capo dei vigili urbani di Reggio Calabria. Carabiniere lo sono da sempre: anche se qui ci chiamano «cani» io ho combattutto le 'ndrine e sono stato a fianco del magistrato Antonio Scopelliti, fino a quando lo hanno ammazzato.

Capo dei vigili lo sono da due settimane: il Comune è sciolto per mafia, a me hanno dato l'incarico di rimettere in piedi la Polizia municipale. Una parola. Pensate allora che per me ci siano giorni di festa? E così quel Ferragosto mi chiamano e mi dicono: sono arrivati 154 disperati, su una carretta del mare, sono turchi. Ci sono anche siriani in fuga dalla guerra, egiziani. Tante le donne, molti bambini. E allora vado incontro al barcone, li aiuto, coordino le operazioni. Abbiamo salvato anche loro, dico a mio figlio Nino quando anche l'ultimo migrante ha fatto il suo salto in banchina. Tutto a gonfie vele, penso, guardando il mare.

Poi muoio.

Federica Cardia

BLOGGER, 5 SETTEMBRE 2013

Quando la tua vita sembra andare a gonfie vele, quando hai ottenuto il lavoro desiderato da una vita, nella città che ami, quando hai degli ottimi amici e fai una vita attiva, sempre sulla cresta dell'onda tra aperitivi, musica e palestra, quando ti sembra di toccare il cielo con un dito e di poter spaccare in due il mondo con la sola forza del pensiero… ecco, è proprio in questo momento che la tua esistenza viene stravolta da una piccola parolina insignificante che inizia con la lettera C. «Ho il Cancro.» Potrai anche trovarti nel posto più bello del mondo, in mezzo a palme, mare azzurro e brasiliani in festa, che tu penserai sempre e solo a quello: "Ho il Cancro". La diagnosi diventa come una sorta di martello pneumatico, costantemente in funzione, che lavora sulle tue tempie e non ti fa più vivere, dormire e respirare, togliendoti ogni tipo di forza vitale o capacità di reazione.

Alberto Bevilacqua

SCRITTORE, 9 SETTEMBRE 2013

Può succedere che, dal cuore oscuro dell'universo, giungano all'uomo certe premonizioni o rivelazioni di ciò che accadrà.
Rientra nel normale. L'eccezione consiste, semmai, nella maggiore intensità, nel più sviluppato potere di comunicazione magica con cui la premonizione si insinua in alcuni privilegiati. Si tratta di facoltà attraverso le quali la natura concede al suo mistero di diradarsi, lievemente, affinché possa illuminarci con i segnali di una solidarietà superiore che addolcisce le nostre solitudini, accarezza e traduce in realtà i nostri sogni, non lascia morire le speranze.
È ciò che intendo per Provvidenza.

Jimmy Fontana

CANTANTE, 11 SETTEMBRE 2013

La provvidenza mi ha portato a cantare l'Italia che cambiava con il mondo. Mi chiamavo Enrico Sbriccoli ma per il mondo ero Jimmy Fontana.
Quello che il mondo non sapeva è che ero anche un gran collezionista di armi. Nel 1971 acquisto una mitraglietta Skorpion. Un gioiellino: dodici colpi al secondo. Nel 1977 la rivendo per 200mila lire. La ritrovano nel 1988 in un covo delle Br. È l'arma con la quale sono stati realizzati diversi attentati terroristici: l'omicidio di Roberto Ruffilli, quello di Ezio Tarantelli, il duplice assassino di Acca Larentia.
Non sono stato mai indagato. Intorno a me girava il mondo, come sempre.
Gira il mondo gira...

Quelli su una barca di legno al largo

LAMPEDUSA, 3 OTTOBRE 2013

Vocabolario tra vecchio e nuovo mondo:

Africa
Ben Salam Khaled, il capitano
Eritrean Brothers, fratelli eritrei
Good luck
Urla

Hotel Italia
Molo Favarolo
Lambadoza

(*il mare dietro a chi va sbatte la porta*)

Carlo Lizzani

REGISTA, 5 OTTOBRE 2013

C'era una lotta su due fronti: da una parte volevamo un cinema italiano che fosse vero, e non quello vuoto ed evasivo dei «telefoni bianchi»; dall'altra volevamo un cinema che si ponesse come obiettivo una vera rivoluzione della forma e non solo dei contenuti. Io sognavo di fare il bel cinema, indipendentemente dai generi.

Sono morto come Mario Monicelli. Ho chiesto scusa. E ho staccato la chiave.

Erich Priebke

NAZISTA, 11 OTTOBRE 2013

Di cosa pentirmi?
Spuntavo una lista. Eseguivo degli ordini. Sbarcavo il lunario e, vi dirò la verità, era un mestiere onorevole. Quando si dice la banalità del male…

Romeo Bassoli

GIORNALISTA, 16 OTTOBRE 2013

Sono il giornalista che ha inventato la scienza. Se gli italiani sanno cos'è un bosone di Higgs è grazie a me.
In ultimo, ho raccontato anche la mia lenta inesorabile malattia, giorno per giorno, senza rabbia.

Venerdì: «Notte di tosse e bombolone di ossigeno. Ma due giornate piene con figli (ultraventenni) e amici che riescono a sopportare le dinamiche esplicite del morire. Gente, non ci crederete quanto abbiamo scherzato, quanti problemi irrisolti nel tempo affrontati e ricollocati nella dimensione di una famiglia allargata che si trova a condividere una esperienza nuova, drammatica ma trasparente. E tutto in due giorni. Uno dice: e ce potevi pensà prima a risolvere i problemi. E già, e il catalizzatore dov'era?».

Sabato: «Ieri provato per la prima volta la morfina, vabbè, quella orale. Già si presenta in confezione miserrima: paiono i flaconcini dei fermenti lattici. No, dico, MORFINA, datemi il brivido del design che indica mito, generazioni perdute, il terribile doppio taglio. Invece, non fosse per il sapore alcolico pare enterogermina. Forse per quello non ha funzionato. Anche l'oppio vuole la sua parte».

Nuotiamo con vigore.

Simone D.

26 OTTOBRE 2013

A 21 anni il mio biglietto d'addio: «Gli omofobi facciano i conti con la propria coscienza».

Le vittime dell'alluvione in Sardegna
18 NOVEMBRE 2013

Oh Deus Deus, faghennos falare abbas a pintas.
Kerimus abba supra sas abbas, abbas abbadas
a ite non bides semus sididos.
Lampannos abba abbas kin abbas
Oh Deus Deus Oh Deus Deus!

Marcello D'Orta

SCRITTORE E MAESTRO, 19 NOVEMBRE 2013

Sono diventato celebre per un errore, anzi, tre. E tutti nella stessa frase: «Io speriamo che me la cavo», un'espressione «sgarrupata», che ho trasformato nel simbolo del disastro scolastico del Mezzogiorno, della sua faglia culturale con il resto del Paese. La punta dell'iceberg che Gomorra vi farà scoprire solo molto tempo dopo.

«Mia madre dice che il terzo mondo non tiene neanche la casa sgarrupata e perciò non ci dobbiamo lagnare. Il terzo mondo è molto più terzo di noi.»

«Il Papa non è venuto mai a Napoli per paura che gli chiedono i soldi. A Napoli ci sono tutti i ladri, mariuoli, assassini e drogati. Il mare è una latrina. Vendono le cozze usate.»

«I buoni rideranno e i cattivi piangeranno, quelli del Purgatorio un po' ridono e un po' piangono. I bambini del Limbo diventeranno farfalle. Io speriamo che me la cavo.»

Il Porcellum
4 DICEMBRE 2013

Non sono stata una semplice legge elettorale, ma un ordigno, innescato in extremis dal governo Berlusconi, nei primi mesi del 2006 per impedire a chi sarebbe venuto dopo – Prodi – di governare.
«Glielo dico francamente, l'ho scritta io, questa legge, ma è una porcata» disse il mio estensore, il ministro leghista Calderoli, al giornalista che lo intervistava in tv. E tutti cominciarono a chiamarmi Porcellum: liste bloccate, premi di maggioranza sballati, sbarramenti a go go.
Per cancellare non solo la governabilità, ma anche quel poco di rappresentanza di cui disponevano ancora gli italiani.
E per quanto tutti mi definissero una porcata, nessuno mi ha mai toccato. Né chi mi ha creato, né chi mi ha rinnegato, né chi era all'opposizione, né il capo dello Stato. Nominare i parlamentari, decidere in una stanza chi viene eletto o chi no, è un potere troppo bello.
Io convenivo a tutti, assolutamente a tutti. Perché i leader promettevano l'elezione dei loro vassalli solo in cambio di una devozione totale e assoluta. È dovuta intervenire, con i suoi tempi, la Corte costituzionale.
Il Mattarellum e il Matteum, il sistema tedesco e il doppio turno alla francese, il sistema ispanico o quello israelino, l'Italicum. Nessuna legge elettorale farà godere mai i politici italiani come ho fatto io, il loro dio porcello.

Rossana Podestà

ATTRICE, 11 DICEMBRE 2013

Negli anni cinquanta e sessanta ero davvero popolare, protagonista di un sacco di film, per tutti i generi, dal kolossal al rosa. Sono apparsa anche nuda nell'edizione italiana di *Playboy*. La «scandalosa Rossana» scrivevano di me. Lasciai il cinema per amore tuo, Walter. Eri il mio mito, l'uomo che ha riempito tutti i miei sogni. Podestà e Bonatti, la pin-up e l'alpinista: che fiaba.
Con lui ho scoperto il mondo, in lunghi viaggi avventurosi. La felicità si spezzò nell'estate del 2011. A Walter fu diagnosticato un tumore al pancreas. Gli nascosi la verità, ma la malattia fu più veloce delle mie bugie.
Mi rimane il dolore di non essergli stata accanto nel momento più difficile. In punto di morte, un medico mi allontanò dalla sua stanza d'ospedale: non eravamo sposati. E io ero ancora la «scandalosa Rossana».

La casa del *Grande Fratello*

VENERDÌ 13 DICEMBRE, 2013

Il *Grande Fratello* si è spento a poco a poco, dopo il boom iniziale, spiazzato dai reality delle competenze: i cuochi e i cantanti, gli artisti e gli scrittori (pure su quelli hanno fatto un reality…).

Io sono bruciata in una notte, a Cinecittà.

Pietro Taricone, Marina la gatta morta, Salvo il Pizzaiolo, il mitico Ottusangolo, Mascia Ferri – che poi ha fatto il sexy calendario – la ruspante Floriana, gli sposini Katia e Ascanio, Jonathan, e poi tante facce senza nome, sigarette, bestemmie e televoto. Il cavaliere di Malta, il trans, il non vedente, il rom, quello che da piccolo era stato rapito.

1700 metri quadri, piscina, tugurio, confessionali compresi. Tutto in fumo.

Ma mi ricostruiranno subito, lo spettacolo non può attendere.
Non sono mica la Città della scienza, io.

Arnoldo Foà

ATTORE, 11 GENNAIO 2014

Sono stato l'artista più longevo del mondo dello spettacolo italiano. In teatro, al cinema, in televisione, ho interpretato un secolo.

Paolo Onofri

DIRIGENTE DELLE POSTE, 15 GENNAIO 2014

Ci sono dolori che non si possono interpretare.

Tommy, figlio mio, capelli di miele.
Il male ha il rumore del silenzio, di quello che accade dopo.
Sono morto con te, sul greto di quel torrente dove abbiamo trovato il tuo corpo spremuto.
Sono morto due anni dopo, schiumando dalla bocca come per una cieca vendetta. Ma era solo un infarto.
Sono morto infine un'ultima volta.
Ma ogni giorno ho scontato la morte vivendo.

Cocò Campolongo

BAMBINO, 19 GENNAIO 2014

A tre anni avevo già visto tutto: la droga girare per casa, i tossici bussare alla porta di giorno e di notte, gli sbirri portarsi via mamma e papà, le sbarre del carcere, l'aula del tribunale. Ho visto tutto. Fino all'esecuzione di nonno Peppino e di zia Betty. Poi mi hanno sparato in testa e hanno dato fuoco al mio corpo. Come nonno e zia. Dieci litri di benzina per la Fiat Punto. Io ero nel sedile posteriore.

Una vita senza speranza, perché nessuno me l'ha mai data.

Michele Liguori

VIGILE URBANO, 19 GENNAIO 2014

Io ho lottato per dare una speranza alla mia gente.

Non potevo far finta di non vedere, a me i vigliacchi non sono mai piaciuti. Ero vigile urbano ad Acerra, la città della Campania diventata capitale della Terra dei fuochi. Ero il comandante, e l'unico componente del «pool» della Polizia municipale che doveva combattere la camorra della monnezza. Da solo, dietro camion di veleni, in cerca di fossi riempiti con fanghi tossici, calpestando amianto, respirando miasmi.
I camorristi mi avevano soprannominato in modo sprezzante: «'O vigile chiatto co' a barb».

Due tumori mi hanno divorato la pancia.

Claudio Abbado

DIRETTORE D'ORCHESTRA, 20 GENNAIO 2014

Divoravo il silenzio.
È il silenzio al termine di una sinfonia a dare senso alla sinfonia stessa, così è la morte che dà senso alla vita.

Carlo Mazzacurati

REGISTA, 22 GENNAIO 2014

La scena finale del mio ultimo film, *La sedia della felicità*: c'è una candida vetta innevata delle Alpi che si staglia in campo lungo, e i due protagonisti sfigati, felici perché potranno pagare i loro debiti e godersi un po' la vita. Un finale gioioso in un Paese ormai malato di autolesionismo. Come dice Nanni Moretti: continuiamo così, facciamoci del male.

Mahtab Ahad Savoj

STUDENTESSA, 27 GENNAIO 2014

Un uomo e una donna, due sagome scure riprese dalle telecamere, che aspettano un treno e salgono a bordo di un vaporetto per raggiungere il Lido di Venezia, trascinando una valigia nera.

I miei amabili resti sono lì dentro. Chiusi in un trolley fatto affondare nella laguna dai miei coinquilini. Ero una studentessa dell'Accademia di Brera a Milano.

Chissà quanti hanno posato distrattamente lo sguardo su quella valigia che che i due si portavano appresso nel loro peregrinare per dodici ore, dalla mattina alla sera. Quanti sono stati così vicini a quel trolley, senza immaginare che conteneva il mio corpo.

Eppure è stato un viaggio lungo. Alla stazione di Milano, dove di valigie se ne vedono parecchie, magari potranno anche non averci fatto caso. Ma a Lecco, qualcuno si sarà domandato cosa ci facessero quei due a passeggio con quel bagaglio sul lungolago.

C'è qualcosa di vile e anche di osceno nell'atto di rinchiudere un cadavere in una valigia. È fra i pochi gesti che superano per spregevolezza perfino l'omicidio, la più turpe fra le azioni disumane. La vittima viene definitivamente degradata da «persona» a «oggetto», e finisce nel contenitore destinato ad accogliere le cose, appunto. Gli abiti, i ricordi, ma anche la biancheria sporca, il nostro ordine o il nostro disordine, e tutte le segrete impudicizie.

Freak Antoni

CANTANTE, 12 FEBBRAIO 2014

Non c'è *davvero* gusto, in Italia, a essere intelligenti.

Resta negli annali della musica un concerto al PalaDozza, a Bologna, anno 1979, quando invece di suonare ci siamo messi a cucinare un piatto di spaghetti e alle urla rispondevo: «Questa è avanguardia, pubblico di merda».

Francesco Di Giacomo

CANTANTE, 21 FEBBRAIO 2014

Io avrei risposto: non mi rompete. Come il titolo di uno dei successi del Banco del Mutuo Soccorso.
Noi del Banco siamo stati la via italiana al rock progressivo. La mia voce ne era il simbolo.

Fulvio Sodano

PREFETTO, 27 FEBBRAIO 2014

Le persone venivano a chiedermi: Eccellenza, ci aiuti. Voi che qui in Sicilia rappresentate lo Stato, dovete sapere come vanno le cose. E cioè che lo Stato confisca le aziende ai mafiosi, poi i mafiosi le fanno fallire, e se le ricomprano a due soldi, oppure le fanno chiudere e basta.
E io non sono stato a guardare. C'era una ditta di Calcestruzzi, a Trapani, che era stata confiscata e che i mafiosi si stavano riprendendo. Ho impedito che accadesse.
E per questo, mi hanno trasferito.
E per questo, il Comune di Trapani mi ha negato per otto anni la cittadinanza onoraria, chiesta da un gruppo di cittadini che mi chiamava «il prefetto del popolo».

Perché non sempre lo Stato è dalla parte dello Stato.

Adesso quell'azienda è in mano a una cooperativa di bravi lavoratori.
La cittadinanza onoraria di Trapani, invece, l'ho rifiutata.

Il Tempio di Venere

POMPEI, 1º MARZO 2014

Il Paese qui va in disfacimento.
Non è un rifiuto a voler stare dritto, il mio.
Né un crollo per incuria. Fosse per quella, sarei già polvere da tempo: non basta puntellarmi qua e là.
E non c'entra nulla la pioggia. È inutile scrivere che «è colpa di un marzo piovoso come fosse novembre». Non ha colpa, stavolta, neanche lo «sterminator Vesevo» – come lo chiamavano da queste parti – dal profilo ancora oggi minaccioso.
È – diciamo così – un'accelerazione degli eventi. I crolli intervengono con regolarità, perché c'è un discorso cominciato.
Ogni tanto mettono un punto esclamativo, come nel 2010, con la Schola Armatorum, ma è giusto un raschiare la voce.

La storia è fatta di ruderi.
E allora, perché non essere rudere?
Pompei cade, crollo dopo crollo. Dopo il crollo c'è il buco nero. Dove c'è il buco nero c'era una volta l'Italia.
Paura? E allora, finché siete in tempo, seppellite Pompei.

Un muretto

POMPEI, 2 MARZO 2014

Il Paese va in disfacimento. Lentamente, inesorabilmente.
E te ne accorgi non dal crollo eclatante, quello che richiama reporter e che fa twittare i ministri, ma dai crolli quotidiani, nelle piccole cose. Si staccano gli intonaci, si sbriciolano i rivestimenti.
Ve lo dice un muretto della necropoli di Pompei.
Io, per quel che mi riguarda, stavo lì per essere scavalcato.
Adesso sto lì per essere schiacciato.

Schiacciato dai passi dei visitatori. Tra gli italiani, tantissime sono le scolaresche. Gli studenti passano annoiati, rubano qualche pietra come ricordo, lasciano scritte oscene. Non capiscono che questo patrimonio è anche loro, anche perché nessuno glielo spiega. Piuttosto, si aggirano tra domus e ruderi portandosi dietro la vera domanda esistenziale: ma ci sarà campo per il cellulare fra tutte queste vecchie pietre?

Un muro
POMPEI, 3 MARZO 2014

C'è un po' di piacere a crollare nel giorno in cui l'Italia vince l'Oscar con *La grande bellezza*.

Il paese va in disfacimento. Tutto scorre. Anche i muri. Soprattutto qui, nell'area archeologica più nota e peggio conservata al mondo. Lo chiamano «Grande Progetto Pompei» il maxi piano di interventi che hanno previsto, quell'insieme di carte, nomine, buone intenzioni, piani di gestione che dovrebbe salvarci. Pieno di parole come «cronoprogramma», «criticità», «linea di azione».

Siccome io sono un muro, e in quanto muro, abbastanza lapidario, dico che basterebbe una sola cosa: la memoria.

Una volta, quando si pensava a qualcosa di fermo, immobile, si pensava a un muro.
E invece anche il muro è di passaggio. Tutto scorre.
Solo l'anima, pare, sia immortale.
Cleombroto d'Ambracia, folgorato dall'insegnamento platonico sull'anima, si suicidò, gettandosi nell'Ade.
Da dove?
Da un alto muro, naturalmente.

Manlio Sgalambro

FILOSOFO, 6 MARZO 2014

La conosco la storia di Cleombroto d'Ambracia, la racconto in una canzone scritta con Franco Battiato, che si chiama appunto «Di passaggio».
Mi conoscono per quello, soprattutto: per le canzoni che ho scritto per e con Battiato. Ma il mestiere di paroliere l'ho fatto solo per curiosità e per gioco, un po' come aver sperimentato il matrimonio e aver messo al mondo cinque figli. Non professavo certo un'esistenza monacale, volevo vedere se anche all'interno di una casa piena di rumori si potesse stabilire una situazione filosofica.

Comunque mi piaceva scrivere canzoni. In tre minuti, a volte, dici molto di più di un intero trattato di centinaia di pagine, e parli a tutti.

Cesare Segre

CRITICO LETTERARIO, 16 MARZO 2014

Il fatto è che in Italia lo scrittore ambisce sempre a conquistarsi un posto nella grande letteratura. Anche i critici sembrano negare che si possa scrivere in modo piacevole e divertente senza quell'impegno di rivelazione e critica della realtà assunto dalla letteratura alta; e trascurano l'esistenza di un pubblico meno sofisticato criticamente ma curioso e amante della lettura.

Gerardo D’Ambrosio

MAGISTRATO, 30 MARZO 2014

Sono stato il giudice che ha trovato la formula del «malore attivo» per spiegare la morte dell’anarchico Giuseppe Pinelli. L’animo della sinistra era rabbiosissimo, volevano assolutamente che la Polizia fosse colpevole e che si concludesse per l’omicidio, ma tutte le risultanze lo escludevano.

Sono stato anche il capo del pool Mani pulite.
Che ingenui. Pensavamo che ottenere 1408 condanne definitive per tangenti bastasse a dare un colpo decisivo alla corruzione. Invece quando abbiamo toccato interessi più forti, ci hanno cambiato le leggi. Contro questa criminalità superiore, in ogni periodo storico, ci vogliono magistrati eccezionalmente capaci, autorevoli e preparati. E anche più coraggiosi.

Nella mia carriera ho preso insulti da tutte le parti. Mi hanno dato del fascista ai tempi di Pinelli, mi hanno dato del comunista durante Tangentopoli. Quando un magistrato è accusato sia da destra che da sinistra, vuol dire che nel suo lavoro non guarda in faccia a nessuno.

Emilio Riva

IMPRENDITORE, 20 APRILE 2014

No, non si possono conciliare salute e lavoro.
Il mio impianto siderurgico, l'Ilva di Taranto, produceva veleni, lo so, ma io rivendicavo il diritto di inquinare.
In Italia non si è mai risolto il conflitto tra industria e ambiente, tra profitto e responsabilità sociale, tra diritto al lavoro e diritto alla salute.

Ho costruito dal niente uno dei maggiori imperi mondiali dell'acciaio, ho creato decine di migliaia di posi di lavoro, eppure pochi lavoratori mi sono davvero grati.

Una bottega

POMPEI, 26 GIUGNO 2014

Non è un Paese per letterati, questo. Chi legge più, ormai? Chi ascolta i filosofi, se sono costretti a scrivere canzoni per essere popolari?
Non è un paese per assetati di giustizia. La legge serve solo ai potenti per difendere i loro interessi.
Non è un paese per gente onesta. È un paese dove conviene solo essere furbi.
Ma non tutto è perduto. Ve lo dice un rudere, qui, dall'osservatorio dell'eccellenza: Pompei.
Cominciate a guardarvi intorno e cogliete l'opportunità.
Alla Domus Aurea, alle Terme di Traiano, in uno dei tanti parchi archeologici abbandonati in Sicilia, negli scavi sommersi dalla monnezza, come qui a Pompei.
Perché scavare, drenare, ripittare, isolare, ricoprire, mostrare? Basta!
Rendete le cose più semplici, per noi rovine, e più convenienti, per voi che rovine ancora non sapete di esserlo.
Mettete una bella piattaforma panoramica, e aprite un bar per le «apericene».

Non è la fine del mondo un aperitivo davanti all'Italia al tramonto?

Un rudere

Sono a Pompei.
Sono a Roma.
Sono a L'Aquila.
Sono tra le macerie.
Sono un relitto.

Mi guardate, vi agitate, parlate tanto, non vi capite.
Anche la lingua è un relitto.

Eppure perché confondersi? L'Italia ha un'anima fossile.
Ha fatto della decadenza, della precarietà, uno status.

Tanto tutto passa, vi ripetete sempre.
E invece no. Tutto è sempre lì, come se già fosse stato.
L'Italia produce rovine, *in saecula saeculorum.*
Solitamente, dove ci sono macerie c'è stata una guerra. Qui no.

Noi pietre cadenti siamo l'anticorpo alla vostra indifferenza.
Vi ricordiamo che anche il transitorio è defintivo.
Che c'è un participio presente – il decadente – che diventa stile, forma, sostanza.

Cadiamo da sempre, noi ruderi.
Cadendo, raccontiamo.

Finché anche l'ultima pietra verrà giù.
E in quel giorno vi chiederete: ma dove sono andati tutti?

La collina

Dov'è Sandro, il partigiano con la pipa? E Francesco, che dava di matto? Dov'è Aldo, aspetta ancora la sua liberazione? E Giulio il Divo, l'ha poi capita la differenza tra cos'è bene e cos'è male?
Dove sono Bettino, Amintore, Enrico?

Tutti, tutti dormono sulla collina.

Dove sono Yara, Sarah, Simonetta, Tommy? Contateli qui, i loro amabili resti.

Dov'è Paolo? Lo sente il fresco profumo di libertà? E Giovanni? Ascolta ancora le storie di Don Masino? Dove sono tutti gli altri sovversivi? Il giudice, l'imprenditore, il poliziotto?

Dov'è Rita, la scienziata, così affezionata al suo cervello? E Rina, la triste Rina, così affezionata al suo uomo?

Dove sono i poeti, i calciatori, le donne e gli uomini di spettacolo?

Tutti, tutti dormono sulla collina.

Quelli che hanno fatto sognare. Quelli che si sono fatti odiare.
Chi ha avuto paura. Chi ha avuto coraggio.
I pezzenti e i padroni. Le schiene spezzate e i signori seduti al caffè.
I morti in prigione, i caduti da un ponte.

Le donne morte per un amore contrastato, o sotto le mani di un bruto, o inseguendo la vita.
Gli uomini venerabili, quelli mai tornati dalla loro guerra.
I bimbi piangenti. Quelli che giocarono con la vita fino all'ultimo con le loro vane voglie.

Gli assassini e i loro mandanti.
Chi è stato ucciso per un motivo valido: ma sono pochi. Molti sono stati uccisi inutilmente, assolutamente per nulla. Si va sempre in cerca di un significato, per giustificare la loro morte. E si dice: l'ideologia, l'odio, la vendetta, la famiglia, la reazione a un torto, il pane.
Ma non ci sono significati.
Non c'è senso alla storia, qui, sulla collina. Non c'è verità. Non c'è decenza.

A guardare la collina dall'alto, riflette un Paese dove non esiste la storia: è stata divorata nel sole. La vita è sciolta da ogni obbligo di possedere un significato, o una semplice coerenza logica, una narrazione.
A guardare la collina dall'alto, la scena è poco allegra: si ha un senso come di decadenza, di disfacimento. Le anime formicolanti galleggiano, come turaccioli. L'Italia è Pompei.
A guardare la collina dall'alto, non si vedono infatti che polvere e ossa, ruderi di vite tatuate, schegge. Pulviscolo, farina al vento.

Solo, ogni tanto, nel paesaggio di rovine, ci sono come delle coppe di luce, che squarciano l'ombra, nel paese accanto, dei vivi.
Fanno luce perché sanno che è nell'ombra l'essenza.
Nell'ombra c'è il buio. Nel buio c'è un seme.
Nel seme c'è un segno. Nel segno una sorte.

Allora, io, la collina, contemplo questo paesaggio di rovine.
Tutti ascolto, tutti assolvo.
E canto.

PERCORSI, FONTI, INDICE

Percorsi di lettura

Questo è un libro che si può leggere in tanti modi, non per forza dall'inizio alla fine. Qui suggerisco qualche percorso, qualche sentiero tra nomi e storie, per mettere insieme elementi comuni e fili che si dipanano nel tempo. Non ho la pretesa di essere esaustivo, ognuno può aggiungere o togliere a piacimento, comporre e ricomporre.

SORELLE D'ITALIA

Piazza Fontana, Milano, 12 dicembre 1969 › Le altre bombe, 12 dicembre 1969 › *Italicus*, 4 agosto 1974 › Piazza della Loggia, Brescia, 28 maggio 1974 › Stazione di Bologna, 2 agosto 1980 › Strage del rapido 904, 23 dicembre 1984 › Capaci, 23 maggio 1992 › Via Mariano D'Amelio, Palermo, 19 luglio 1992 › Via dei Georgofili, Firenze, 27 maggio 1993 › Roma e Milano, 27 luglio 1993

PIAZZA FONTANA E DINTORNI

Piazza Fontana, 12 dicembre 1969 › Le altre bombe, 12 dicembre 1969 › Giuseppe Pinelli, 15 dicembre 1969 › Armando Calzolari, 18 gennaio 1970 › Gli anarchici della baracca, 26 settembre 1970 › Saverio Saltarelli, 12 dicembre 1970 › Cornelio Rolandi, 16 luglio 1971 › Vittorio Ambrosini, 20 ottobre 1971 › Edgardo Ginosta, 6 novembre 1971 › Quelli che erano sul volo Alitalia AZ 112, 5 maggio 1972 › Luigi Calabresi, 17 maggio 1972 › Quelli davanti alla Questura di Milano, 17 maggio 1973 › Antonio Ferraro, Donato Poveromo, Franco Dongiovanni, 31 maggio 1972 › Claudio Varalli, 16 aprile 1975 › Emilio Alessandrini, 29 gennaio 1979 › Il Sid, 1º ottobre 1977 ›

Carmine Palladino, 3 agosto 1982 › La P2, 25 gennaio 1982 › La verità, 1° agosto 1985 › Giuseppe Saragat, 11 giugno 1988 › Mariano Rumor, 22 gennaio 1990 › Eugenio Henke, 4 febbraio 1990 › Vito Miceli, 1° dicembre 1990 › Camilla Cederna, 5 novembre 1997 › Antonio Labruna, 27 gennaio 2000 › Pietro Valpreda, 6 luglio 2002 › Guido Giannettini, 12 maggio 2003 › Carlo Digilio, 12 dicembre 2005 › Giovanni Ventura, 2 agosto 2010 › Sergio Calore, 6 ottobre 2010 › Pino Rauti, 2 novembre 2012

BARCOLLANDO

Tuscania, 6 febbraio 1971 › Friuli, 6 maggio 1976 › Irpinia, 23 novembre 1980 › Umbria e Marche, 26 settembre 1997 › San Giuliano, 31 ottobre 2002 › L'Aquila, 6 aprile 2009 › Emilia Romagna, 20 maggio 2012

DI MAFIA E ANTIMAFIA

Mauro De Mauro, 16 settembre 1970 › Pietro Scaglione, 5 dicembre 1971 › Giovanni Spampinato, 27 ottobre 1972 › Carmine Apuzzo e Salvatore Falcetta, 27 gennaio 1976 › Giuseppe Genco Russo, 18 marzo 1976 › Giuseppe Di Cristina, 30 maggio 1978 › Mario Francese, 26 gennaio 1979 › Girolamo Piromalli, 11 febbraio 1979 › Michele Reina, 9 marzo 1979 › Cesare Terranova, 25 settembre 1979 › Piersanti Mattarella, 6 gennaio 1980 › Gaetano Costa, 6 agosto 1980 › Carmelo Iannì, 28 agosto 1980 › Le vittime della seconda guerra di mafia, 23 aprile 1981 › Stefano Bontade, 23 aprile 1981 › Pio La Torre, 30 aprile 1982 › Rosario Di Salvo, 30 aprile 1982 › La famiglia Buscetta, 11 settembre 1982 › Calogero Zucchetto, 14 novembre 1982 › Carlo Alberto Dalla Chiesa, 3 settembre 1982 › Bruno Caccia, 26 giugno 1983 › Pippo Fava, 5 gennaio 1984 › Quelli che erano in piazza Scaffa a Palermo, 17 ottobre 1984 › Un'agendina, 12 novembre 1984 › Leonardo Vitale, 2 dicembre 1984 › Beppe Montana, 28 luglio 1985 › Ninni Cassarà, 6 agosto 1985 › Le guardie del corpo del Nano feroce, 11 ottobre 1985 › Nino Salvo, 19 gennaio 1986 › I Siciliani, agosto 1986 › Mario Prestifilippo, 29 settembre 1987 › Claudio Domino, 7 ottobre 1986 › Baci senza memoria, 20 settembre 1987 › L'impunità mafiosa, 16 dicembre 1987 › Giuseppe Insalaco, 12 gennaio 1988 › Il pool antimafia, 19 gennaio 1988 › Le sentenze «ammazzate» da Corrado Carnevale, 5 febbraio 1988 › Antonino Saetta, 25 settembre 1988 › Mauro Rostagno, 26 settembre 1988 › Corrado Cattani, 20 marzo 1989 › Una borsa sugli scogli, 21 giugno 1989 › Leonardo Sciascia, 20 novembre 1989 › Leonarda Cosentino, Vincenza Marino Mannoia e Lucia Cosentino, 23 novembre 1989 › Giovanni Bonsignore, 9 maggio 1990 › Antonio Scopelliti, 9 agosto 1991 › Salvo Lima, 12 marzo 1992 › Giuliano Guazzelli, 4 aprile 1992 › Giovanni Falcone, 23 maggio 1992 › Antonio Montinaro, Rocco Di Cillo, Vito Schifani, 23 maggio 1992 › Francesca Serio, 18 luglio 1992 › Paolo Borsellino, 19 luglio 1992 › Gli agenti di scorta vittime della violenza mafiosa › Rita Atria, 26 luglio 1992 › Una trattativa, 1992-1993 › Giuseppe Montalto, 23 dicembre 1995 › Domenico Geraci, 30 ottobre 1998 › Francesco Messina Denaro, 30 novembre 1998 › Tommaso Buscetta, 2 aprile 2000 › Antonino Caponnetto, 6 dicembre 2002 › Felicia Impastato, 7 dicembre 2004 › El Hadji Ababa e gli altri, 18 settembre 2008 › Loris D'Ambrosio, 26 luglio 2012 › Antonino Calderone, 10 gennaio 2013 › Agnese Borsellino, 5 maggio 2013 › Giulio Andreotti, 6 maggio 2013

AMABILI RESTI

Milena Sutter, 6 maggio 1971 › Rosaria Lopez, 30 settembre 1975 › Simonetta Cesaroni, 7 agosto 1990 › Caterina e Nadia Nencioni, 27 maggio 1993 › Elisa Claps, 12 settembre 1993 › Giuseppe Di Matteo, 11 gennaio 1996 › Maria Geusa, 6 aprile 2004 › Chiara Marino e Fabio Tollis, 28 maggio 2004 › Tommaso Onofri, 2 marzo 2006 › Meredith Kercher, 1° novembre 2007 › Sarah Scazzi, 26 agosto 2010 › Yara Gambirasio, 26 novembre 2010 › Melissa Bassi, 19 maggio 2012 › Mahtab Ahad Savoj, 27 gennaio 2014

COMPLOTTI E MISTERI

Quelli che erano sul volo Alitalia AZ 112, 5 maggio 1972 › Giuseppe Peri, 1° gennaio 1982 › Aldo Semerari, 1° aprile 1982 › Roberto Calvi, 17 giugno 1982 › Graziella Corrocher, 17 giugno 1982 › Michele Sindona, 22 marzo 1986 › Quelli che si sono suicidati durante Mani pulite, 2 settembre 1992 › Domenico Signorino, 3 dicembre 1992 › Antonino Lombardo, 14 marzo 1995 › Vito Guarrasi, 31 luglio 1999 › Eugenio Cefis, 28 maggio 2004 › Graziano Verzotto, 12 giugno 2010

ANNI

Gli anni settanta, 31 dicembre 1979 › Gli anni ottanta, 31 dicembre 1989 › Gli anni novanta, 31 dicembre 1999 › Gli anni zero, 31 dicembre 2009

L'AFFAIRE MORO

Raffaele Iozzino e gli altri di scorta ad Aldo Moro, 16 marzo 1978 › Il compromesso storico, 16 marzo 1978 › I fantasmi di via Fani, 16 marzo 1978 › Aldo Moro, 9 maggio 1978 › L'auto del signor Bartoli, 9 maggio 1978 › Mino Pecorelli, 20 marzo 1979 › Ugo La Malfa, 26 marzo 1979 › Toni Chichiarelli, 28 settembre 1984 › Gladio, 27 luglio 1990 › Paolo Frajese, 9 giugno 2000 › Germano Maccari, 25 agosto 2001 › Bruno Fortunato, 9 aprile 2010 › Francesco Cossiga, 17 agosto 2010 › Giulio Andreotti, 6 maggio 2013

OSSESSIONI

Camillo Casati Stampa, 30 agosto 1970 › Annamaria Fallarino Casati, 30 agosto 1970 › Massimo Minorenti, 30 agosto 1970 › La signora Rosanna, 8 gennaio 2005 › Mario Castaldi, 4 luglio 2013

NAVI, CAPITANI E MARINAI

Gli operai nel ventre della *Elisabetta Montanari*, 13 marzo 1987 › Quelli a bordo della *Moby Prince*, 10 aprile 1991 › Ugo Chessa, 10 aprile 1991 › La nave *Vlora*, 8 agosto 1991 › Le vittime del naufragio di Portopalo, 21 dicembre 1996 › Quelli a bordo della *Kater I Rades*, 28 marzo 1997 › Renato Superina, 28 aprile 2011 › Quelli che erano in vacanza sulla *Costa Concordia*, 13 gennaio 2012 › Quelli che sulla *Costa Concordia* ci lavoravano, 13 gennaio 2012 › Quelli su una barca di legno vicino a Lampedusa, 3 ottobre 2013

Fonti, bibliografia, ringraziamenti

La realizzazione di questo lavoro ha comportato la consultazione di tantissimi testi e siti internet. Ci sono però delle fonti che, per l'assiduità con cui le ho frequentate e per la vastità dei temi trattati, hanno un valore generale su tutta l'opera. Si tratta innanzitutto degli archivi online dei seguenti quotidiani: *la Repubblica*, *Corriere della Sera*, *La Stampa*, *il Giornale*. A proposito, leggendo e rileggendo articoli di dieci, venti, cinquant'anni fa, mi sento di dire una cosa: a dispetto di molti luoghi comuni, la qualità del giornalismo italiano è ottima. E questo libro, che ha ripreso – come è normale che sia – articoli su tutti i principali avvenimenti italiani dell'ultimo mezzo secolo, è anche un omaggio a coloro, e sono tanti, che fanno questo lavoro con passione e a testa alta.

Ci sono poi siti particolari. Innanzitutto la «Rete degli archivi per non dimenticare» (www.memoria.san.beniculturali.it) rende disponibili le fonti documentali esistenti sui temi legati al terrorismo, alla violenza politica e alla criminalità organizzata. Il giornalista Giorgio Dell'Arti, che ringrazio, da lettore, per l'immenso lavoro svolto, ha ideato e dirige un sito, www.cinquantamila.it, che è la cronaca, giorno per giorno, della storia d'Italia, dall'Unità a oggi.

Se poi volete sapere, anno dopo anno, chi è morto, irrinunciabile è la consultazione della cronologia, dettagliatissima, di Wikipedia.

Non so quanti documentari, film, reportage ho visto. Ciò è stato possibile in particolare grazie all'archivio online di uno dei più interessanti programmi della Rai, *La Storia siamo noi*: www.lastoriasiamonoi.rai.it. E grazie anche ai portali di Rai Storia (www.raistoria.rai.it) e Rai Letteratura (www.letteratura.rai.it).

Come dicevo poco fa, ci sono poi alcuni libri di impianto generale da citare:

AA.VV., *Giornalismo italiano*, 4 voll., Mondadori, Milano 2009.

Guido Crainz, *Il Paese mancato. Dal miracolo economico agli anni Ottanta*, Donzelli, Roma 2003.

Enrico Deaglio, *Patria 1978-2010*, il Saggiatore, Milano 2010.

Tommaso Detti e Giovanni Gozzini, *Il Novecento*, Bruno Mondadori, Milano 2002.

Paul Ginsborg, *Storia d'Italia 1943-1996*, Einaudi, Torino 1998.

Indro Montanelli e Mario Cervi, *L'Italia degli anni di fango (1978-1993)*, Rizzoli, Milano 2012.

Mario Rossi, «L'Italia repubblicana», in Ginsborg, *Storia d'Italia*, cit.

Pietro Scoppola, *Lezioni sul Novecento*, Laterza, Roma-Bari 2010.

Bruno Vespa, *Storia d'Italia da Mussolini a Berlusconi*, Mondadori, Milano 2007.

Stuart Woolf, *L'Italia repubblicana vista da fuori (1945-2000)*, il Mulino, Bologna 2007.

Sul terrorismo, la destabilizzazione e la strategia della tensione:

Daniele Biacchessi, *Il paese della vergogna*, Chiarelettere, Milano 2007.

Maurizio Calvi, Alessandro Ceci, Angelo Sessa e Giulio Vasaturo, *Le date del terrore. La genesi del terrorismo italiano e il microclima dell'eversione dal 1945 al 2003*, Luca Sossella Editore, Roma 2003.

Giovanni Fasanella e Antonella Grippo, *I silenzi degli innocenti*, Rizzoli, Milano 2006.

Giovanni Fasanella e Antonella Grippo, *Intrighi d'Italia*, Sperling & Kupfer, Milano 2010.

Giorgio Galli, *Storia del partito armato*, Rizzoli, Milano 1986.

Giorgio Galli, *Piombo rosso. La storia completa della lotta armata in Italia dal 1970 a oggi*, Baldini&Castoldi, Milano 2013.

Stefania Limiti, *Doppio Livello*, Chiarelettere, Milano 2013.

Giovanni Minoli, *Eroi come noi*, Rizzoli, Milano 2006.

Paolo Sidoni e Paolo Zanetov, *Cuori rossi contro cuori neri*, Newton Compton, Roma 2013.

Sergio Zavoli, *La notte della Repubblica*, Eri-Mondadori, Milano 1992.

Sulle mafie:

Attilio Bolzoni, *Uomini soli*, Melampo, Roma 2012.
Claudio Camarca (a cura di), *Dizionario enciclopedico delle mafie in Italia*, Castelvecchi, Roma 2013.
Alfio Caruso, *Da Cosa nasce Cosa. Storia della Mafia dal 1943 a oggi*, Longanesi, Milano 2005.
Danilo Chirico e Alessio Magro, *Dimenticati. Cittadini innocenti uccisi dalla 'ndrangheta e sepolti dall'indifferenza dello Stato*, Castelvecchi, Roma 2013.
Enzo Ciconte, *'Ndrangheta*, Rubbettino, Soveria Mannelli 2008.
Giovanni Fasanella, *Una lunga trattativa*, Chiarelettere, Milano 2013.
Saverio Lodato, *Trent'anni di mafia. Storia di una guerra infinita*, Rizzoli, Milano 2006.
Salvatore Lupo, *Storia della mafia dalle origini ai giorni nostri*, Donzelli, Roma 1993.
Isaia Sales, *La camorra, le camorre*, Editori Riuniti, Roma 1993.
Raffaele Sardo, *Come nuvole nere. Vittime innocenti*, Melampo, Milano 2013.

Sulla corruzione, le logge segrete, gli intrighi del potere politico:

Sandra Bonsanti, *Il gioco grande del potere*, Chiarelettere, Milano 2013.
Rosetta Loy, *Gli anni fra cane e lupo*, Chiarelettere, Milano 2013.
Sergio Turone, *Corrotti e corruttori dall'Unità d'Italia alla P2*, Laterza, Roma-Bari 1984.

Sui principali casi di cronaca:

Andrea Accorsi e Massimo Centini, *I grandi delitti italiani risolti o irrisolti*, Newton Compton, Roma 2013.
Marco Imarisio, *Italia ventunesimo secolo*, il Saggiatore, Milano 2013.
Massimo Polidoro, *Cronaca nera. Indagine sui delitti che hanno sconvolto l'Italia*, Piemme, Casale Monferrato 2005.

Un'ultima nota generale. Nella stesura di questo libro mi sono imbattuto in centinaia di vittime della violenza criminale, non esclusivamente di stampo mafioso o di matrice terroristica, che ancora oggi aspettano giustizia.

Sono giovani, padri di famiglia, madri, pensionati uccisi da persone rimaste ignote, e spesso senza un motivo se non la loro rettitudine. Accanto a loro ho incontrato però altre persone, qui, sulla collina: compagni, genitori, figli, amici che hanno lottato – invano – per scoprire la verità. A loro, e a quelli che ancora aspettano – persone vive e vere – dedico questo lavoro.

Un'ultima nota molto personale. È una dedica, che è giusto mettere in chiusura: a Serena e Adele, mio ordine nel disordine del mondo.

Indice dei protagonisti

Ultimi volumi pubblicati

don Virginio Colmegna, *Regaliamoci speranza*
Jean-Paul Manganaro, *Federico Fellini*
Joan Didion, *Prendila così*
Goffredo Plastino, *Cosa Nostra Social Club*
Niccolò Capponi, *Al traditor s'uccida*
Davide Orecchio, *Stati di grazia*
Jürgen Trimborn, *Un giorno è un anno è una vita*
Massimo Bocchiola, *Il treno dell'assedio*
David Graeber, *Progetto democrazia*
Giuliana Sgrena, *Rivoluzioni violate*
Arrigo Arrigoni, *Persona informata sui fatti*
Jaron Lanier, *La dignità ai tempi di Internet*
Patrizia Moretti, Francesca Avon, *Una sola stella nel firmamento*
Lucilla Albano (a cura di), *Il divano di Freud*
Giulia Fazzi, *Per il bene di tutti*
Enzo Restagno, *Schönberg e Stravinsky*
Giovanni Arrighi, *Il lungo XX secolo*
Alexandra Lapierre, *La regina dei mari*
Iris Murdoch, *Esistenzialisti e mistici*
Iris Murdoch, *L'incantatore*
Napoleon A. Chagnon, *Tribù pericolose*
Anthony Giddens, *Potente e turbolenta*
Giancarlo Liviano D'Arcangelo, *Gloria agli eroi del mondo di sogno*
Natalia Aspesi, *Amore mio, ti odio*
Benedetto Saraceno, *Discorso globale, sofferenze locali*
Robert Bloch, *Psycho*
Winston Graham, *Marnie*
Edgardo Franzosini, *Sul Monte Verità*
Anthony Majanlahti, Amedeo Osti Guerrazzi, *Roma divisa 1919-1925*
Douglas T. Kenrick, *Sesso, crimini e il senso della vita*
Barry Miles, *I Settanta*
Danilo Dolci, *Conversazioni contadine*
David Forrest, *Dopo di me il diluvio*
Noah Feldman, *Cool war*

Apri il lettore di QR-Code sul tuo cellulare, inquadra il codice con la fotocamera e accedi al sito del Saggiatore. Il software compatibile con il tuo telefono si autoinstalla gratuitamente collegandoti al sito: http://get.quarkode.mobi

Ristampa								Anno
0	1	2	3	4	2014	2015	2016	2017

Finito di stampare nell'agosto 2014
presso Grafica Veneta S.p.A. - Trebaseleghe (PD)